JN451397

한국의 민주주의와 언론

한국의 민주주의와 언론

조항제 지음

한국의 민주주의와 언론

지은이 조항제
펴낸이 이리라

책임 편집 이여진
편집 에디토리얼 렌즈
표지 디자인 엄혜리

2020년 8월 31일 1판 1쇄 펴냄

펴낸곳 컬처룩
등록번호 제2011-000149호
주소 03993 서울시 마포구 동교로 27길 12 씨티빌딩 302호
전화 02.322.7019 | 팩스 070.8257.7019 | culturelook@daum.net
www.culturelook.net

ⓒ 2020 조항제

ISBN 979-11-85521-83-1 93300

* 이 도서의 국립중앙도서관 출판예정도서목록(CIP)은 서지정보유통지원시스템 홈페이지(http://seoji.nl.go.kr)와 국가자료공동목록시스템(http://www.nl.go.kr/kolisnet)에서 이용하실 수 있습니다. (CIP제어번호: CIP2020036228)
* 이 책의 출판권은 저자와의 계약을 통해 컬처룩에 있습니다. 저작권법에 의해 보호를 받는 저작물이므로 어떤 형태나 어떤 방법으로도 무단 전재와 무단 복제를 금합니다.

culturelook

차례

일러두기

• 한글 전용을 원칙으로 하되, 필요한 경우 원어나 한자를 병기하였다.

• 한글 맞춤법은 '한글 맞춤법' 및 '표준어 규정'(1988), '표준어 모음'(1990)을 적용하였다.

• 외국의 인명, 지명 등은 국립국어원의 외래어 표기법을 따랐으며, 관례로 굳어진 경우는 예외를 두었다.

• 사용된 기호는 다음과 같다.

신문 및 잡지 등 정기 간행물, 논문, 방송 프로그램 등 : 〈 〉

책(단행본): 《 》

머리말

언론을 전공한다 하면, 주변에서 곤혹스런 질문을 한다. "언론, 왜 그래요?" 어떤 신문, 특정 방송이 아니고 그냥 뭉뚱그려 언론이다. 구체적으로 행위를 지적하지도 않는다. 그냥 막연하게 '왜 그래요'다. 물론 계기가 있으므로 그런 불만이 나오는 이유를 대충은 안다. 세월호가 그렇고, 최순실이 그렇고, 탄핵이 그렇고, 조국이 그렇다.

반드시 답을 원하지 않는 그런 힐난조 질문을 들으면 일단 불편하다. 내가 언론학을 전공할 뿐이지 언론을 주재하는 사람이 아니란 반발을 먼저 하게 된다. 물론 설명을 아주 할 수 없는 건 아니다. 관련된 전문용어들도 떠오른다. 그러나 상대는 내 얘기에 별로 귀 기울이지 않는다. 그도 이유를 대충은 안다는 뜻이다. 그럴 때, 내가 다른 연구자에게 했던 같은 성격의 질문이 생각난다. "정치, 왜 그래요?"(같은 맥락에서 '대학입시, 왜 그래요?'도 있다) 한국에서 정치와 언론은 다른 나라의 것과 반드시 같지 않은 묘한 상동성과 친연성을 가진 거 같다. 한국 정치는 그 자체로 '정치 언론'이라는 생각이 절로 든다.

이 상동성의 중심에는 양자가 받는 높은 불신이 있을 것이다. 정치인이나 정치 기구(특히 의회)가 불신 순위의 맨 밑바닥에 있는 건 적어도 한국 사회에서는 오래된 일이다. 그런데 이번엔 언론으로 전 세계 언론 가운데 가장 불신의 순위가 높다. 영국의 로이터연구소가 매년 조사하는 대상 40개 국가 중 한국의 언론은 꼴찌다. 물론 이를 무슨 GDP나 월드컵 순위처럼 우열이나 선후를 나누는 순위로 볼 수는 없다. 한국 바로 위가 프랑스이고, 역시 선진국 중 하나인 영국은 최근 신뢰 수치가 12점이나 감소해 34위로 떨어진 반면, 개발도상국인 브라질이나 케냐는 무려 10위권 안에 들어 있기 때문이다.

언론이 이 지경에 이르는 데는 언론도 언론이지만, 정치의 문제가 더 심각하다. 단적으로 한국의 정치와 언론은 일종의 불신의 연쇄spiral of mistrust 속에 빠져 서로를 동반으로 하락시킨다. 언론은 정치를 보도할 때, 장점을 부각해 신뢰를 높이기보다는 약점을 더욱 부풀려 불신을 조장한다. 정치 역시 언론을 이용해 상대를 공격하고 지지자를 결집한다. 조국 사태에서 '서초동'과 '광화문'으로 극단적으로 대조되는 흔히 진영화로 불리는 양극화는 정치와 언론 사이의 합작품이다. 전통적으로 언론에는 사회 단위 간, 각축하는 세력 간 갈등을 줄여주는 '상관 조정 기능' 같은 게 있지만, 언제부터인가 한국 언론은 이런 기능을 전혀 쓰지 않는다.

이 정치-언론 사이에는 지금까지는 잘 지적되지 않았던 수용자가 있다. 한국의 정치-언론의 '시민-수용자'들은 상당히 모순적이다. 언론이 공적이어야 한다고 하면서도 논쟁의 양측을 모두 소개하는 언론에는 '솔직하지 않'거나 심할 경우 '진실을 은폐한다'고 느낀다. 자기 생각과 다른 언론은 '내 의견과 다르다'가 아니라 '공정하지 않다'라고 비판한다.

정치와 비슷하게 편이 갈린 언론이 평소와 다르게 내 의견에 동조할 때는 전향轉向이라며 좋아한다. 그들은 자신의 지지 당에 '반드시 이겨라, 그러나 싸우지는 마라' 같은 이율배반적인 요구를 한다. 갈등은 싫지만, 굴복은 더 싫다는 것이다.

기자와 쓰레기의 합성어인 '기레기'는 한국 사회가 이런 언론에 부친 혹독하리만큼 부정적인 별명이다. 세월호 사태 당시 '전원 구조' 같은 치명적인 오보, 대개 허위였던 정부 발표의 받아쓰기, 유족에 대한 몰지각한 태도에서 연유한 이 별명은, 그러나 지금처럼 남용되기에는 사실 부적절한 측면이 많다. 우리 언론에게도 있는 나름의 좋은 점까지 매도할 우려 때문이다. 이는 예컨대 '진보 언론'에서 잘 드러난다. 이들 신문은 주지하다시피 이전 권위주의 시절부터 있었던 주류 언론과 사뭇 다르다. 창간 과정이나 목적, 사주(주주)의 성격, 구성원의 가치·논조·비전 등이 그렇고, 상대적이지만 품질 면에서 평가도 좋은 편이다. 물론 그렇다고 이들이 한국 언론에서 완전히 예외가 된다고 하는 것은 아니다. 옥석을 가리는 것이 그래도 언론과 정치의 미래를 위해 좋다는 뜻이다.

한국 언론이 기레기가 된 이유 중에는 정파성(정치병행성)의 비중이 클 것이다. 뚜렷하게 선호하는 정당이나 이념이 있어 우리 편에 우호적이고 상대편에 적대적이다. 유리한 기사는 크게 다루고 불리한 기사는 작게 다루거나 아예 빼 버린다. 팩트를 강조하지만, 관점이 때로는 앞선다. 편향의 방식도 노골적이어서 제목이나 사진만 봐도 쉽게 속내를 알 수 있다. 과거 프랑스 언론에 대해 "정당 간 갈등에 합의된 경계를 세우기 어려울 만큼 그 격차가 커서 정치적 토론에서 균형 있고 중립적 위치를 잡기가 거의 불가능하다"라는 레이먼드 쿤Raymond Kuhn의 주장은 오히려 한국 언론에 더 어울리는 주장이 된 셈이다. 그래서 한국과 프랑스가 나란히 꼴찌와 꼴찌에서 2등인 것인가.

그러나 이런 차이가 정말 중립 지점조차 찾기 어려울 만한 극한 수준인지는 의문이다. 나는 다음의 반문을 공유共有하면서 이러한 현실 또는 현실 인식에 이의를 제기한다. 지금 시대의 대표적인 이념인 사회민주주의와 (신)자유주의는 정말 같이 한 사회를 구성할 수 없을 만큼 공약이 불가능한가. 이들이 각기 사회와 개인을 중시한다지만, 결국 사회를 구성하는 것은 개인이고 개인은 사회가 아니면 삶의 조건 자체가 형성될 수 없는 것 아닌가. 절차적 민주주의와 실질적 민주주의의 차이가 커 서로 반목하지만, 그래도 같은 민주주의의 틀 내에 있지 않은가. 심지어 일부 논자들은 절차를 열심히 준수하다 보면 어느 정도는 실질까지 보장하게 된다고 하지 않는가. 언론의 자유를 말할 때, 기초가 되는 소극적 자유가 자주 비판받지만, 이 비판의 주동자인 적극적 자유론자들이 정작 필요로 하는 건 소극적 자유와 적극적 자유를 연결할 수 있는 고리 아닌가.

언론이라는 통칭과 기레기라는 별명은 지금 우리 한국인의 언어 습속 중에서도 많은 오해와 부적절한 적대를 야기하는 것이라고 나는 생각한다. 물론 이 같은 정치병행적 언론이 '많은 문제가 있다'는 점에 나는 아무런 유보 없이 동의한다. 한국 언론은 과연 꼴찌다. 그러나 그렇다고 이 동의가 '언론, 특히 직업 언론이 없어져야 한다'거나 '언론이 적이다' 같은 극단적 주장에까지 이르러서는 안 된다고 본다. 어떤 언론이 더 나쁘고, 때로 어떤 언론은 좋으며, 자주 좋은 언론도 있다. 최근의 '가짜 뉴스' 현상은 오히려 한국 언론에 이런 다층성이 존재함을 역설적으로 잘 보여준다. 가짜 뉴스는 우리가 흔히 '시민 언론citizen journalism'(여기서의 시민은 아마추어라는 뜻도 있다)이라고 부르는 곳에서 창궐했다. 아무런 책임도 윤리도 느끼지 않은 채, 언론이 극단적으로 도구화되면 이런 뉴스 아닌 뉴스가 만들어진다. 이 가운데는 아주 악의적인 조작까지 있다. 이런 가짜가 그래도 우리가 직업 언론이라고 생각하는 측에서는 상대적으로 적었다. 내가 이 책에서 주류 언론을 '반민주적'이라고 비판했지만, 그래도 이렇게까지 터무니없는 가짜 뉴스를 마구 퍼뜨린 경우는 아니었다.

이런 현상이 '범람'으로 부를 수 있는 미디어(이제는 미디어다)의 양적 풍요에 의해 뒷받침된다는 점은 익히 알려진 바다. 과거에도 그랬지만 이제부터는 더욱더 미디어를 떠난 정치는 그 자체로 불가능하다. 장외정치, 직접민주주의, 시민민주주의 등으로 불리면서 거리로 나온 외침조차도 미디어로 보도되지 않으면 그저 '먼 곳의 메아리'일 뿐이고, 저마다 손에 든 스마트폰이 아니면 이제는 아예 '군중'(스마트몹smart mob)조차 될 수 없다. 굳이 미디어화론mediatization을 원용하지 않더라도 현실의 이런 추세를 부정하기는 어렵다. 그러나 미디어 논리에 맹목적으로 따르기에는 한국 정치의 현주소가 웅변으로 보여 주는 바대로 상당한 어려움을 자초할 수 있다. 현실의 추세를 거스르지 않되 기존 민주제도의 핵심을 유지하고자 하는 노력이 필요하다. 미디어를 잘 활용하면서도 미디어화가 낳는 여러 현상에 주의를 기울이고 이의 부작용을 경계하는 정치적 태도와 실천이 그것이다. 나는 이를 '포스트미디어화 민주주의postmediatized democracy'로 부르고자 한다.

최초로 정권이 교체되어 진보 정부 대 보수 언론의 대립 구도가 만들어지고, 이를 틈타 진보 언론이 성장하면서 한국에서도 보수와 진보 사이에 정치-언론의 병행적 구도가 조성되기 시작했다. 이런 정치병행성의 약점은 언론이 단순히 어떤 정치적 입장을 갖는다거나 특정 이념을 전파하는 데 있지 않다. 사실 언론, 특히 신문이 어떤 주장을 하는 것을 부자연스러운 일로 볼 수는 없다. 미국을 따라 한국에서도 객관주의가 모범이 되기는 했지만(물론 실천은 딴판이었다), 글로벌 차원에서 훨씬 더 많은 것은 정파적 저널리즘이다. 문제는 이런 주장과 앞서거나 양립해야 하는 또 다른 준칙이 저널리즘에 있다는 점이다. 이 준칙은 병행되는 정당과 언론 사이를 지나치게 친화적이거나 적대적이지 않게 만든다. '친구'와 '적'으로 당파를 가르고, 자당에 필요한 비판이나 견제는 소홀하게 하는 양극적 편파성은 이런 준칙을 소홀하게 하는 주인主因이다. 한국 언론의 정치병행성은 자파에 대해 좀 더 엄격하고, 상대에 대해서는 더 많은 관용을 가져야 이런 극단적 편파성을 벗어날 수 있다. 같은 편끼리의 유대bonding에 못지않게 상대방과의 가교bridging에 신경써야 한다. 사회 구성원 간 유대와 가교의 균형이야말로 인류가 개발한 가장 이상형에 가까운 정치사회 체제의 모습이다.

현대의 민주주의에 언론–미디어는 크게 기능적이지 않다. 그러나 이스라엘 학자 에바 에치오니할레비Eva Etzioni-Halevy의 지적대로 지금의 민주주의 체제는 참으로 희한한 것이 성문화된 절차를 거쳐 어렵게 성립된 정부에 대한 감시와 견제를 '스스로 선택한' 이 사기업에 맡긴다. 특별한 자격이나 조건이 필요하지도 않다. 오히려 허가하거나 검열하면, 인권과 민주주의에 저촉된다. 권력 감시의 기초가 되는 '환경 감시watchdog function'는 전통적인 언론의 기능론에서 나온 것으로, 무슨 법이나 제도의 하나가 아니다. 굳이 따지자면 자유주의가 설계한 공론 정치의 한 얼개 정도로 볼 수 있을 것이다. 그러므로 언론이 감시를 하지 않는다 해서 도덕적 차원이 아닌 법적 차원 같은 강제적 측면에서 책임을 물을 수는 없다. 민주주의(정치)에는 결코 언론을 움직일 수 있는 수단이 없다.

그러나 이런 언론을 빼고 정치나 민주주의를 말하는 것은 상당히 공허한 일이다. 이를테면, 이는 박근혜 초기의 댓글 공작을 수사하던 채동욱 검찰총장이 〈조선일보〉의 혼외자식 건 제기에 의해 직을 유지하지 못하게 된 경우 같은 것을 말한다. 댓글 공작 수사가 원칙대로 계속되었다면, 박근혜 정부는 이명박 정부 때처럼 처음부터 위기를 만났을지 모른다. 언론사에 대한 정례적 세무 조사가 나라 전체를 뒤흔드는 '정국'이 되는 경우 역시 마찬가지다. 대통령조차 언론의 공격이 두려워 주눅이 들지 않았던가. 또 그 누가 짐작이나 했을까? 보수 정부의 우군 중 우군인 TV조선의 특종이 역사상 최초 대통령 탄핵의 기폭제가 될 것을. 언론의 자유가 일정 수준 보장되고 정치가 장사가 되는 나라에서라도 이런 예는 그렇게 쉽게 찾을 수 없을 것이다.

민주주의와 언론 사이의 비대칭이 주는 답답함 때문에 '언론 개혁'이라는 정체가 모호한 화두가 부각된다. 한때, 언론 개혁은 언론에 몸담은 사람이라면 누구나 동의하는 주제였다. 그만큼 언론은 구조(시장)나 행위(뉴스 관행)에서 모두 뭇사람의 집중적인 성원과 비판을 받았다. 언론도 자기 개선에 의욕이 있었다. 그러나 어느 시점인가부터 언론 개혁은 진보/보수를 나누는 기준의 하나가 되었다. 아마도 〈조선일보〉의 최장집 검증이 물의를 빚을 때부터였을 것이다. 본격적으로 '정국'까지 된 것은 김대중 정부의 세무 조사 때였다. 그러나 사회 전체를 진동시키는 갈등을 겪으면서도 언론은 달라지지 않았다. 종이 신문의 가속화된 주변화 속에서도, 일반적인 품질 평가에서도, 방송 시장까지 진출하게 되어서도, 가끔 나오는 권력 유착의 스캔들에서도, 뿌리 깊은 후견주의 굴레를

떨치려는 노력 속에서도 구태는 반복되었다. 개혁의 기치 역시 정치화의 물결을 피하지 못했고, 이제는 분명하게 내용도 없는 채 그저 하나의 클리셰처럼 돌아다닌다. 개혁을 주장하는 측도, 개혁의 대상인 측도 그저 상대의 주장을 가짜라고만 몰아붙인다. 이런 임기응변식 몰논리·몰전략으로는 언론을 바꿀 수 없고, 설득이 필요한 개혁은 더더욱 엄두조차 낼 수 없다. 이런 정황은 과거 노무현 정부 때보다도 훨씬 더 악화된 것이다. 그때도 실패했는데, 지금 성공하기란 그야말로 언감생심이다.

언론 개혁이 성공하려면 분명하게 '할 수 있는 것'과 '해야 하는 것'에 대한 목표와 비전을 확립해야 한다. 그저 언론을 비판만 하고 공격만 한다 해서 개혁이 되었다면, 김대중 정부의 세무 조사나 노무현 정부의 신문법 제정 때 이미 개혁이 돼야 했다. 가능한 사회 전체를 대표할 수 있는 논의의 마당을 만들어 이제부터라도 조금씩 바꿔나가야 한다. 언론 역시 자신의 열악한 위상(신뢰 순위가 꼴찌라는 게 말이 되는가)을 깨닫고 이에 참여해 변화를 모색해야 한다. 양측 모두 당장 눈에 보이게 성과를 거두겠다는 조급함이나 욕심을 버려야 한다. 지금의 미디어 환경이 수십 년에 걸쳐 형성된 것처럼 개혁 역시 그런 장기적 태세로 한다는 마음가짐이 필요하다.

나는 2003년 《한국의 민주화와 미디어》(한울)를 통해 한국의 민주주의와 미디어 관계를 이미 한 번 살펴본 바 있다. 이 책이 전반부라면 지금 책은 한 세대, 30년의 완성본에 가깝다. 단순히 시간적 프레임만 확장한 건 아니다. 나는 2017년에 낸 "한국의 민주화와 언론: 1987~2017"(《언론과사회》, 25권 3호)에서 미디어화론을 도입해 '고양된 역사적 인식'을 새로운 설명 틀로 삼았고, 미디어가 가진 양가성을 좀 더 큰 체계적으로 포착하고자 했다. 또 이 기간에는 언론 개혁을 통치 슬로건으로 내세운 노무현 정부가 있었고, 또 언론에 의해 탄핵까지 당한 박근혜 정부도 있었으므로 이전 책보다 훨씬 더 많은 경우의 수와 분석 가치가 높은 사례들을 다룰 수 있었다. 이번 작업을 통해서도 나는 민주주의가 정치-언론 복합체의 산물이라는 점을 새삼 느끼고 또 느꼈다.

2018년에 낸 "한국 공영방송 노동조합의 자율성 투쟁: 반후견주의와 전문직주의 노조주의"(《언론정보연구》, 55권2호)를 통해서는 방송노동조합에 관한 내용을 추가했다. 나는 지금도 한국의 민주화에 이바지했던 단위 세력으로 방송노동조합을 첫손가락에 꼽는다(아마도 두 번째로는 진보 언론쯤이 되지 않을까 한다). 그들의 희생과 노력이 아니었다면, 후견주의와 엽관제는 거부할 수 없는 '문화'의 하나로 정착되었을 것이다. 후견주의와 포퓰리즘 등도 따로 더 공부해야 했다. 특히 포퓰리즘은 여러모로 설명력이 있어 공부를 즐겁게 했다. 이 주제를 더 온전히 보려면 사회운동에서 미디어의 역할이나 시민언론운동, 대안적 미디어 등도 다루어야 했지만, 필자의 능력으로는 너무 부치는 일이었다.

이 정도 책을 내는 데도 많은 사람의 도움이 필요했다. 그간 나는 이 주제에 관해 여러 편의 글을 발표하고 공간公刊했다. 많은 동료 연구자들이 토론도 해 주고 심사도 해 주었다. 이들의 훌륭한 충고와 평가의 노고를 내가 제대로 반영하지 못한 것 같다는 자괴감이 많이 든다. 더불어 이 주제에 더 많은 연구자가 관심을 가졌으면 하는 바람도 커졌다. 논문 위주의 풍토가 정착하면서 민주주의 같은 큰 개념은 장식성 의례儀禮 용어로 전락하는 것 같아 안타까운 마음이 많이 든다.

이준웅 교수와 박홍원 교수, 정준희 박사는 꼭 이 책의 피로 때문만은 아닌 짜증과 외로움을 받아 주고 늘 좋은 조언을 아끼지 않았다. 배재영 조교는 바쁜 와중에도 목차나 그림 같은 귀찮은 문서 작업을 도와주었다. 강주현 박사도 참고 문헌 정리를 도와주었다. “넌 왜 그렇게 항상 바쁘니” 하시면서도 번거로움은 늘 피하게 도와주시는 부모님, 친구의 역할까지 도맡아 준 아내 정혜인, 이제는 모두 어엿한 대학생이 된 정래 · 영은에게도 감사한다. 과거의 조그만 인연으로 지금까지 돈 안 되는 수고를 계속해 주시는 컬처룩의 이리라 사장과 약속을 밥 먹듯이 어겨 지금도 미안한 이여진 편집장에게도 고맙다. 방송문화진흥회는 이 책의 출간에 재정적 도움을 주었다. 이 자리를 빌려 모든 이에게 감사드린다. 독자 여러분의 질정을 기대한다.

2020. 8.

조항제

1장

민주화와 언론

'제3의 물결'의 일원으로 한국이 민주화된 지도 어느덧 한 세대가 지났다. 한국 민주화의 성격이 '협약'이든 '수동 혁명'이든, 또는 '굴복'이든, 이후의 과정에서 그렇게 기대만큼 민주주의가 진전되지 못한 점은 분명한 듯하다. 특히 정초선거定礎選擧로 볼 수 있는, (직선제) 개헌 후 첫 대통령 선거에서 다시 군부가 승리하고 다음 선거에서도 인위적 정계 개편인 '3당 합당'이 집권의 계기가 됨으로써 그런 판단은 더욱 설득력을 얻었다. 그러나 비록 위기를 틈타기는 했지만, 공고화로 볼 수 있는 정권 교체가 그로부터 10년 후에 있었고, 다시 보수가 집권해 또한 10년이 흘렀으므로 이제야말로 민주주의는 권력 결정의 '유일한 게임'(Linz & Stepan, 1996)으로 정착된 것으로 보인다.

민주주의 역사가 수백 년 된 서구 선진국들도 수시로 위기를 겪고 있지만, 상대적으로 시스템적 고민은 거의 하지 않는다. 문제가 생길 때마다 헌법이나 통치 체제의 문제를 꺼내지는 않는다는 뜻이다. 이에 비해 한국은 늘 개헌이나 대통령 집중제가 도마 위에 오른다. 그러면서도 정작 또 개헌은 되지 않는다. 고치기는 해야 하지만 손대기는 쉽지 않기 때문일 것이다. 이런 면만 보아도 한국 민주주의는 아직 정착되지 않았고 제도의 문제든 사람의 문제든 조금은 근본적 변화가 필요한 듯하다. 진행형적 표현인 '이행'은 이행학transitology으로 불리는 이론에서의 이행·공고화 같은 개념과는 다르게 이런 변화를 앞둔 한국 민주주의의 전반적인 상태를 표현하는 데 적절한 말이다.

언론·미디어 영역에서도 논의가 유사하게 진행되어 한국 체제는 '이행 모델'로 명명된 적이 있다(이준웅·조항제·송현주·정준희, 2010). 각기 다른 정치적 전망을 보이는 주요 언론 및 정파의 경쟁이 뚜렷한 방향을 잡지 못한 채 표류 중이라 이렇다 하게 고정된 특성을 추출하기가 어렵다는 함의다.[1] 과도기의 다른 말에 가깝다고 할 수 있다. 핼린과 만치니의 노작(Hallin & Mancini, 2004)이 보여 준 바대로 서구의 미디어 체제는 비교적 형태화되어 있다. 예를 들어 페레 등(Ferree, Gamson, Gerhards, & Rucht, 2002)이 파악한 미국과 독일의 공론장은 성격이 다르다. '낙태' 같은 사회 문제에서 독일은 상대적으로 국가나 정당원 같은 제한된 정보원에 상당히 경직된 태도를 보이는 데 비해 미국은 여러 정보원을 폭넓게 활용하면서 훨씬 열린 태도로 논의한다. 걸프 전쟁이나 이라크 전쟁 같은 국제 정치 문제라면 두 나라의 공론장 스타일이 반대로 나타날 가능성이 크다. 언어나 사고가 '목록화indexicalization'되어 한계가 있는 미국에 비해 독일이 훨씬 더 폭넓고 진지하게 논의할 것이다(Bennett, 1990;

---

1 "'이행기'란 개념은 '더 완성된 민주주의'로 나아가기 위한 전 단계로서의 미성숙성이나 미완결성을 드러내기 위해 사용한 것이 아니다. 그보다는 자기 체계 나름의 자기 관찰이 아직 매듭지어지지 않았기 때문에 민주적 전망에 대한 여러 가지 판본이 존재하고 경쟁하고 있음을 드러내고 강조하기 위해 사용했다"(이준웅 외, 2010: 135~136).

Bennett et al., 2004). 그러나 이렇게 '결정結晶'된 것이 한국의 경우에는 아직 없다. 그런 면에서 이 이행이라는 표현은 '규정'적이라기보다는 현상을 단순히 '기술'하는 의미가 강하다.[2]

이런 이행에는 발전론에서의 서구처럼 어떤 특정한 목적론적 종점teleological ends이 전제될 수 없다.[3] 왜냐하면 이 기간 동안에는 서구도 한국과 똑같이 끝을 알기 어려운 미디어의 급변을 경험했고 지금도 하고 있기 때문이다. 한국에서는 지난 30년간 (종이) 신문과 텔레비전, 케이블TV, 위성방송, 인터넷, SNS 등 주요 미디어들이 한꺼번에 등장(또는 성격 변화), 발전, 진통, 성숙, 퇴조하고 있다. 서구에서도 인터넷과 SNS 등은 최신의 경험이다. 민주주의라면 늦었더라도 미디어만큼은 서구의 시간과 한국의 시간이 크게 다르지 않다. 서구의 미디어 체제가 잘 형태화되어 있다고 하나, 이 변화가 끝나는 시점까지 처음의 모양을 유지할 수 있을지는 누구도 단언하기 어렵다.[4]

---

2 이 점과 관련해 최근 시간과 변화에 대한 연구자들의 안이한 태도를 비판하는 미헬리와 스태니어의 일련의 논문(Mihelj & Stanyer, 2018; Stanyer & Mihelj, 2016)은 시사하는 바가 크다. 우리가 정해진 형태라고 간주해도 사실은 변화가 내재하고, 변화한다고 해도 그것이 과거의 경로를 그대로 따르는 경우가 많다는 것이다. 시기 구분periodization 역시 자의적이거나 미디어 중심적인 오류를 범한다고 한다. 나는 이 주장에 찬성한다. 그런 면에서 정치든 언론이든 쉽게 변화하기 어렵다고 생각한다. 또 이런 변화에 대한 사고의 전형이라 할 수 있는 민주화 이론에서 이미 한국은 이행이 끝나고 공고화조차 어느 정도 완성된 것으로 주장된다. 그런 면에서 '이행'의 인식과 표현은 재고해 봐야 할 여지가 적지 않다.

3 미디어에서도 정치·민주주의와 마찬가지로 자주 이렇게 서구가 목적론적 종점終點이 된다(Sparks, 2008; Meng & Rantanen, 2013). 그러나 처음 대중 미디어를 개발해 사회에 정착시켰고, 수반되었던 여러 문제에 먼저 맞닥뜨려 고민한 경험이 있는 서구는 후발 주자에게는 어쨌든 좋은 의미의 참고가 됨을 부정할 필요는 없다.

4 핼린과 만치니(Hallin & Mancini, 2004)가 서구의 미디어 체제를 비교 연구한 끝에 하나의 보편적 경향성으로 제시한 '상업화'나 '미국화,' '분화,' '탈분화'는 이런 변화를 논

이 책의 목적은 민주화 이후 지난 30년간 한국의 민주주의와 언론·미디어가 어떤 궤적 속에서 어떤 관계를 맺으며 지금에 이르렀는지를 살펴보는 데 있다. 민주주의와 언론·미디어는 대의제 민주주의와 민주주의가 사실상 같은 뜻으로 취급받는 시대에는 떼려야 뗄 수 없는 사이다. 대표를 뽑는 선거에 정당과 후보자에 대한 정확하고 균질적인 정보, 그 정보의 효과적이고 신속한 전달이 필수적이기 때문이다. 그러나 현대에 이르러 언론·미디어는 민주주의의 영역인 정치 체계의 부속물이 아니다. 정당이 언론과 직접적인 연계를 잃어버린 지 상당한 세월이 흘렀다. 이제 언론과 정치는 생존과 발전 논리가 달라졌다. 그런 면에서 양자가 어떤 관계를 맺느냐는 민주주의의 성격에 상당한 영향을 미친다.

이 책은 주로 신문과 방송을 중심으로 한다. 이러한 대상의 제한은 사실 21세기 들어 확대·다변화된 한국의 미디어 환경에는 적절한 것으로 보기 어렵다. 특히 정치 변화의 결정적인 계기로 작용한 장외場外의 개인 미디어와 온라인 네트워크를 주변화한 점은 큰 한계가 아닐 수 없다.[5] 이렇게 대상의 초점을 좁힌 이유는 내 역량이 모든 미디어를 두루 살필 수 있는 수준에 못 미쳐서이지만, 나름대로는 신문과 방송만으로도 어느 정도는 그간의 언론과 민주주의의 관계를 보여 줄 수 있다고 생각했기 때문이다. 물론 최근으로 올수록 이런 대중 미디어들의 메시지도 주로 온라인, 특히 포털이나 모바일로 옮겨 읽히고, 그 과정에서 효과 또한 과거보다 더 증폭되거나 때로 댓글 같은 피드백을 통해 다시 영

의할 때, 자주 나오는 준거다.

5 물론 기존 연구 자체가 충분하지 않은 탓도 있다. 이론적 가정과 전제, 외국 사례 연구(이항우, 2012; 최재훈, 2017; Bennett & Segerberg, 2012)는 있는 데 비해 우리의 사례 연구는 아직 일천하다.

향을 받는 점까지 무시할 수는 없다.[6] 또 일부 소셜 미디어의 의제가 기존 대중 미디어로 다시 돌아오는 이른바 "역의제 설정"(김성태·이영환, 2006)도 반드시 고려해야 하는 대상이다. 그런 면에서 일부 뉴 미디어 현상은 불가피하게 분석 대상이 된다.

이 책에서 '언론'은 뉴스에 중점을 둔 보도 활동 전반을 지칭한다. 뉴스에서 중시되는 것이 '정치'와 '여론'이므로 언론은 이와 불가분의 관계에 있다. '미디어'는 인터넷이나 뉴 미디어까지 포괄할 때 쓰고자 한다. 미디어에서도 뉴스가 중시되므로 양자의 영역은 거의 중복될 수밖에 없다. 가능한 구분해 쓰려 노력하지만, 상당 부분이 혼용될 것이다. 특히 '미디어화mediatization'를 다룬 앞의 이론 부분에서는 불가피하게 미디어가 언론을 포괄하는 형태로 사용된다.

이 책은 시기별로 크게 보수 1기, 진보, 보수 2기 등 두 정부씩을 하나로 묶어 세 부분으로 나누어 살펴본다.[7] 이유는 크게 두 가지다. 첫째는 진보/보수 이념별로 정부와 언론 사이, 더 나아가 민주주의와 언론 관계가 분명하게 차이가 있고, 보수 1기와 2기 역시 크게 다른데, 여기에는 가운데 놓인 진보 정부 10년의 영향이 컸기 때문이다. 둘째는 종이 신문

---

6 이런 미디어 상호성은 미디어끼리 서로 영향을 미치는 것이다. 지금까지는 대체로 신문에서 방송으로, 신문이나 방송에서 인터넷으로 의제가 파급되었다. 한국에서는 오프라인과 온라인의 메시지가 거의 같다. 온라인으로 신문을 읽는 사람들은 종이 신문을 따로 볼 필요가 없다. 이럴 경우, 양 미디어 사이에는 보완보다 대체가 발생하지만, 공통된 작업 관행이나 준칙, 메시지의 효과는 커진다(스웨덴의 경우; Ghersetti, 2014 참조).

7 진행형인 문재인 정부가 직접 분석 대상에서 제외되기는 하지만, 큰 변화의 전기轉機가 있지는 않았으므로 이전 정부와 완전히 다른 논리가 적용되어야 한다고 생각하지는 않는다. 물론 '촛불 혁명'과 탄핵, 적폐 청산, 선거(지방 선거 및 총선) 결과 등의 새로운 '사실들'데 대해서도 역시 마찬가지다.

이 퇴조하고 인터넷이나 SNS 등이 보편화하는 등 미디어 생태계가 전환되는 가운데서도 언론 현상과 구조 자체는 크게 변하지 않았다는 가정에서 '변화와 유지'의 동학을 보고 싶었기 때문이다. 미디어 전환은 저널리즘[8]의 변화로 이어지지 않으면 의의를 살릴 수 없고, 민주주의 역시 언론과 정치 사이가 바뀌지 않으면 도약을 기대하기 어렵다.

한국에서 전통적인 여/야에 진보/보수나 좌/우의 이름을 붙이는 것은 늘 반발을 부른다. 여당이 보수나 우파가 되는 것은 큰 문제가 없는데, 야당이 진보나 좌파가 될 때는 진보나 좌파의 원래 어의(사실은 유럽적 기준)와 맞지 않는다고 보기 때문이다. 야당의 정강政綱이나 집권했을 때 폈던 정책이 이 기준에 비추어 결코 좌파가 될 수 없다고 한다. 그러나 강원택(2005)은 '반공 이데올로기의 거부/수용'과 '자유주의/권위의 선택'으로 진보와 보수를 나눈다. 반공이나 권위는 계급·노동·이념(사회주의) 문제를 중시하는 유럽에 비해 상당히 한국적인 기준이다. 이에 따르면, 1998년 교체된 야당 정부는 반공 이데올로기를 거부하면서 권위보다 자유주의를 선택하는 것에 해당해 '진보'로 부를 수 있다. 나는 강원택의 기준이 '의식意識' 측면에 치우쳐 있다고 보기는 하지만, 유럽과 한국이 걸어온 길, 특히 정치 역사와 계급 정당의 판이한 경험에 비추어 계급이나 이념이 꼭 진보를 독점해야 한다고 생각하지 않는다. 또 반공이나 권위(일종의 '갑질'이다)가, 특히 한국의 현실에서 계급이나 노동과 완전히 동떨어진 개념이라고 생각하지도 않는다. 반공은 이념과, 권

8 나는 '언론'과 크게 다르지 않은 뜻인 저널리즘을 어미에 붙은 그 이즘-ism에 걸맞게 준칙이 강조된 좀 더 '엄격한 의미의 언론'으로 쓴다. 나는 이런 사용을 네론(Nerone, 2012)에서 따왔다.

위는 노동이나 민주주의와 같은 계열의 개념이 될 수 있다. 그런 면에서 나는 강원택의 기준이 일리가 있다고 생각한다.[9]

이 책에서 지난 30년을 보는 관점은 역사적 제도주의다. 이 주의는 제도를 중시하지만 제도를 보는 관점이 이전과 다른 신제도주의 중 하나다. 신제도주의에서 제도는 "정체 또는 정치 경제의 조직 구조 속에 뿌리박은 공식적·비공식적 절차, 관행, 규범, 그리고 관습"(Hall & Taylor, 1996: 938)이다. 공식적 제도에 치중하는 이전 관점보다 훨씬 범위가 넓다. 신제도주의는 네오마르크스주의에 영향받아 국가를 중시하며, 여기에서 국가는 "더 이상 중립적 중개체broker가 아니라 집단 갈등의 특성과 결과를 구조화할 수 있는 제도들의 총체다"(p.938).

신제도주의에는 역사적 제도주의, 사회학적 제도주의, 합리적 선택 제도주의 등이 있는데, 이 중 역사적 제도주의는 다음과 같은 세 가지 특징을 갖는다(Bannerman & Haggart, 2015; 조항제, 2018b), 첫째, 역사적 제도주의는 이름 그대로 제도의 역사적 발전에 관심을 기울인다. 이 주의는 이전 제도가 미래의 변화에 영향을 미치는 '경로 의존path-dependency' 효과를 중시한다. 우리가 사는 사회는 모든 가능성이 똑같은 확률을 지니는 진공 상태가 아니다. 미래는 과거와 현재에 영향받으면서 변화한다. 같은 자본주의, 같은 민주주의 내에서도 미디어의 제도는 매우 다양하며, 이는 제도의 범위를 공식적 법제로 한정하지 않을 때, 더욱 그러하다.

---

9 그러나 '좌파'는 조금 다르다고 생각한다. 진보의 쓰임에는 상대적 의미가, 좌파에는 절대적 의미가 크다고 보기 때문이다. 좌파에 들어 있는 노동 본위적 함의는 민주당 정부를 기껏해야 '자유주의 우파' 정도로 만들어 버린다.

한국의 민주화는 이전 권위주의와 단절하면서 성취된 것이지만, 30년이 지난 지금의 제도에도 과거의 유산이 가득하다. 대표적인 예가 임기 5년의 대통령 단임제다. 장기 집권이 두려워 서둘러 만든 이 제도에는 장점보다 단점이 훨씬 더 많다. 그러나 한 세대가 지나는 동안에도 한국 정치는 좀처럼 개헌의 기회를 얻지 못했다. 대통령 탄핵을 낳은 '촛불 혁명'[10]조차 사실상 합의를 본 것이나 다름없는 중임제를 실천에 옮기지 못했다. 보수든 진보든 야당이 된 쪽에서 상대방에 주도권을 줄 가능성 때문에 적극적으로 반대하기 때문이다(이를 상대방에 대한 반대를 자신의 의의로 삼는 제로섬 게임, 곧 '비토크라시vetocracy'[11]라 불러도 좋을 것이다). 또 반대로 자신과는 별 관계도 없는 개헌을 큰 위험 부담을 안고 감행할 정권도 없다. 소선거구제도 역시 마찬가지다. 제정 당시에는 여소야

---

10 한국 정치에서 '촛불'은 주지하다시피 두 가지의 큰 정치적 계기를 상징한다. 2008년의 미국산 쇠고기 수입 반대 집회와 2016년부터 2017년의 대통령 탄핵 집회가 그것이다. 둘 다 촛불 시위로 통칭되지만, 이 책에서는 혼란을 막기 위해 용어 사용에 무리가 있을 수 있음에도 2008년 것은 '촛불 시위'로, 2016년 것은 '촛불 혁명'으로 쓰고자 한다.

11 비토크라시는 경쟁하는 세력 가운데 "어떤 하나의 존재도 스스로 결정을 내리고 효과적인 책임을 질 수 있을 만큼 충분한 권력을 획득할 수 없는 역기능적인 거버넌스 체제"를 말한다(Wikipedia; Vetocracy). 이 개념은 정부나 제도 내에 거부권을 사용하려는 능력이나 의지가 과도하게 허용되는 제도적 허술함을 지적한다. 정치학자 프랜시스 후쿠야마Francis Fukuyama(2015)는 미국의 대통령·연방·양원·(사법)분리제도가 영국의 웨스터민스터 체제에 비해 비토플레이어가 너무 많아 유권자의 의지를 실천할 수 있는 결정 능력이 없고, 이 점이 오히려 일부 로비스트나 활동가 중심으로 정치가 왜곡되는 것을 조장한다고 한다. 한국의 의회 역시 국회선진화법으로 다수당이라 하더라도 의석수가 3/5에 미치지 못하면 예산안을 제외한 법안의 강행 처리가 불가능하다. 이 법안은 의장의 직권 상정 남용을 막고 여야 간 대화와 타협을 강제해 놓은 의의가 있으나, 여야 간 갈등이 극심할 경우, 아무것도 결정하지 못해 '식물 국회'가 되어 버리는 단점이 있다. 그러나 비토크라시가 꼭 여당에 불리한 것만은 아니다. '발목 잡는 야당'이 오히려 여당의 무능에 알리바이가 되기도 하기 때문이다.

대(1988년 13대 총선)를 만들어 개혁을 추진하는 데 기여했다. 그러나 이 제도는 의회가 가지는 국민대표의 성격을 가장 불합리하게 배분하는 치명적 약점이 있다. 이 제도 때문에 소수당이 의회에서 설 자리를 잃고 있다 해도 과언이 아니다. 2020년 법이 개정되었지만 기존의 정치적 이해관계 때문에 그야말로 개혁이라는 말을 붙이기도 어렵게 기형적 형태가 되어 버렸다. 이런 정치 왜곡의 근저에는 한국 사회에 내재된 깊은 갈등이 자리한다. 이를 극복하려면 제도가 정합성과 일관성을 갖춰야 하고 관련 제도나 관행도 동반으로 정비되어야 한다. 항상 문제가 되는 것 하나만 단편적·일과적으로 바꾸므로 악순환이 반복되고 불신도 쌓이는 것이다. 이 역시 '경로 의존' 중 하나다.

둘째, 제도는 사회적 권력 관계를 체현한다. '경로 의존'은 제도가 사회적으로 적정한 균형을 반영하거나 갈등하는 이해와 관심을 중재한다는 생각과는 거리가 먼 사고다. 제도의 법과 관행, 규범과 관습은 특정한 이들을 편애하며 그렇지 않은 사람들을 배제한다. 역사적 제도주의는 제도 자체를 정치적 경쟁의 산물로 보면서 "제도의 생성이나 개혁이 이해관계를 가진 행위자들 사이에 어느 정도의 힘의 충돌을 낳을 것인지"(Bannerman & Haggart, 2015: 6)에 특히 주목한다. 이런 제도와 사람 사이의 갈등은 역사적 제도주의가 가장 중시하는 것이다.

셋째, 역사적 제도주의는 이념이나 생각이 행위자들의 선호나 결과가 정해지는 데 기초적 역할을 한다고 본다. 이념의 역할은 크게 두 가지인데, 하나는 행위자들이 전략적으로 움직일 때 '조건화된 합리성situated rationality'으로 작용한다는 점이고, 다른 하나는 앞과 반대로 행위자들이 자신의 이해관계를 고려하는 데 일종의 도구로 활용된다는 점이다(Bannerman & Haggart, 2015: 7). 이를 캠벨은 전자는 '배경적'인 것으로, 후자는 '전경적'인 것으로 간주한다(Campbell; Bannerman & Haggart, 2015: 7에서 재인용). 행위자들에게 '당연시하는 것,' '자연적인 것,' '바람직한 것'으로 느끼게 하는 것이 배경이라면, 전경은 합목적적 행위나 상대방에 대한 설득에서 일종의 명분으로 작용하는 것을 말한다.[12] 이처럼 이념은 한편으로는 합리성으로 행위자들을 규제하고, 다른 한편으로는 행위자들이 주변을 설득하는 데 주요한 자원으로 활용된다.

역사적 제도주의가 '변화'를 설명하는 방식은 크게 두 가지다(Bannerman & Hoggart, 2015). 첫째는 '결정적 전기critical junctures' 접근이다. 이 접근은 안정된 제도가 어떤 일정한 단계에서, 주로 외적 요인에 의해 변화가 발생한다고 설명한다. 외적 요인은 새로운 테크놀로지일 수도 있고 경제적 위기 같은 것일 수도 있다. 1930~1940년대 미국에서 벌어진 미디어 정책 논쟁은 테크놀로지를 비롯해 격변했던 사회적·정치적 요인의 산물이었다. 논쟁의 결과, '미디어는 자율적으로 규제되어야 한다,' '미디어는 (명목상의) 사회적 책임을 실천해야 한다,' '미디어는 언론의 소극적(정부 불간섭의) 자유에 의해 보호받아야 한다'는 등의 세 가지 전제가 만들어졌다. 이런 산업 친화적 전제의 정책은 "미디어 개혁 운동을 억제시켰고, 대안 미디어를 탄압했으며, 미국 미디어 체제에 대한 구조적 비판을 좌절시켰고, 공중보다 미디어 소유자들의 권리를 우선했다. 이 관

---

12 이런 생각은 앞서 세 가지 외에 새롭게 제기된 '담론적 제도주의'로 확장된다(Hanitzsch & Vos, 2017). 이 제도주의에서는 배경적 이념이 제도를 만들고 유지하는 데 비해 전경적 담론은 이에 대해 비판적으로 소통하고 이들을 바꾸는 데 기여한다. 제도는 그 안에서 행위자들이 생각하고, 말하고, 행동하는 '주어진바given'로서의 구조적 맥락과 이런 사람들로부터 기인하는 의미의 구성물로서 '조건화contingent' 등 구조와 행위 모두 포괄한다. 제도는 이념이고 가치이며 집단적 기억이고, 이는 만들어지고 경쟁되며 영속화된다.

계는 오늘날까지 그대로 이어진다"(Pickard, 2010: 170). 1940년대가 지금의 미디어를 만드는 데 '결정적인 국면'이었다고 피카드는 주장한다.

둘째는 '불안정한 제도' 접근이다. 앞의 '결정적 전기' 접근이 외적 요인을 강조한다면, 이 접근은 제도 내부의 요인을 강조한다. 제도가 외적 요인에 의해 변한다면, 같은 요인이 작용했음에도 다르게 변화한 여러 나라나 사회를 설명하기 어려워진다. 이전 제도와 외적 요인이 어떻게 결합하고 갈등했느냐를 분석할 수 있어야 이런 변이를 파악할 수 있다. 그런 면에서 '결정적 전기' 접근은 '아무것도 설명하지 못할 때까지는 모든 것을 설명할 수 있다'는 역설에 빠지게 된다. '불안정한 제도' 접근에 따르면, 제도는 계속 유동적인 상태에 있다. 내외부의 변화들은 제도의 재생산을 강화하거나 약화한다. 결정적 국면에 들어가기 이전에 이미 제도가 변화를 위한 준비들을 마쳐 놓고 있다. 내외의 요인을 모두 고려해야 한다는 점에서 양 접근은 상호 보완적 형태를 띤다.

한국 언론에서 가장 큰 변화의 동인은 정치다. 민주화(이행)와 정권 교체(공고화)는 언론 비판과 언론 개혁을 제기했고, 정부와 언론의 관계를 비롯해 권위주의 시절에 정착된 많은 관행을 바꾸었다. 다음은 (미디어) 테크놀로지였다. 인터넷과 모바일은 언론을 포괄적 의미의 멀티미디어 중 하나로 만들었다. (종이) 신문을 비롯해 언론의 시장 환경은 급격하게 위축되었으며, 그 힘 역시 크게 줄어들었다. 그러나 언론 개혁은, 관점에 따른 차이를 일부 감안하더라도, 적어도 외형 면에서는 완전히 실패했다. (앞으로 자세하게 살펴보겠지만) 법(신문법)은 결국 폐기되었고, 공영 방송의 후견주의도 여전하다. 생태계적 변화를 가져온 테크놀로지이지만, 정치적 담론의 질적 지형까지 바꾸지는 못했다. 가짜 뉴스 같은 병폐까지 만연해지면서 보기에 따라서는 이전보다 악화되었다는 판단도

가능하다. 경로 의존은 이런 한국 언론에 가장 어울리는 개념일 것이다. 그러나 그렇다고 제도가 안정적이거나 변화가 정체되어 있다고 보기는 어렵다. 지금도 계속 변화하고 있고, 반드시 결정적이지는 않더라도 중대 전기 역시 여러 번을 거쳤다. 디지털화-모바일화 등은 이를 아우르는 대명사가 될 것이다. 역사적 제도주의는 민주화 이후 한국 언론 30년을 설명하는 데 적합한 접근 방식이다.

2장

이론으로 보는 민주주의와 미디어

1. 민주주의-미디어 관계와 미디어화론의 필요성

1) 미디어의 민주주의적 역할

미디어에 민주주의를 연계시키는 패러다임은 미디어를 민주주의에 기능적으로 대입시키는 규범적 목적론의 형태를 띤다. 미디어가 민주주의에 '어떤 역할'을 효과적으로 수행해 주어야만 민주주의가 제대로 작동될 수 있다는 것이다(이런 주장은, Christians, Glasser, McQuail, Nordenstreng, & White, 2009; Schudson, 2009). 민주주의는 목적이고 미디어는 수단이다. 그러나 주지하다시피 현실 민주주의에서 미디어는 자신의 필요 이상으로 정치에 헌신하지는 않는다. 흔히 거론되는 표현의 자유나 미디어의 자율성은 자유주의의 산물에 가까우며, 미디어의 필요 자원은 대부분 시장에서 온다. 민주주의는 "저널리즘이 도산을 당하지 않을지 같은 조건에는 아무런 관심이 없다"(Zelizer, 2012: 469). 만약 정치학자 조반니 사르

토리Giovanni Sartori(1987/1999)의 말대로 시장과 민주주의의 결합이 불행한 것이라면, 미디어와 시장의 결합도 민주주의에는 불행하다.

민주적 코포라티즘 체제에서는 국가가 미디어의 자유를 책임지고 시장에도 개입한다지만(Hallin & Mancini, 2004), 이를 현실 속 자유·민주주의에서 벌어지는 보편적 현상으로 보기는 어렵다. 미디어는 민주주의에 기여할 수 있지만, 조건에 따라 그럴 수도 아닐 수도 있다. 민주주의 원리에서 추론한 기대만큼 미디어를 정말 '자유롭고 독립적'이게 만드는 제도적 편제는 없거나 매우 미흡하다. 그저 아무것도 하지 않는 방임이거나 사실상 시장에 내맡긴 것이나 다름없다(미국의 경우, Pickard, 2015b).[13] 미디어 정책은 그래도 용어라도 있지만, '저널리즘 정책'은 그조차 없다(Pickard, 2017). 한때 미국에서는 민주주의와 미디어가 기능적 친연을 맺은 적이 있다.[14] 그러나 미국의 언론역사학자 존 네론(Nerone, 2012)

---

13 그러나 1960년대에 나온 '4이론'에서 언론의 '사회적 책임이론'은 이런 시장근본주의를 마치 자유주의가 크게 수정된 것인 양 새로운 '모델'로 만들었다(Siebert et al., 1963/1993). 최근에 이르면 ① 테크노 유토피아주의, ② 수정헌법 제1조 절대주의, ③ 시장근본주의, ④ 기업적 자유지상주의 등 네 가지가 지배적 '주의ism'가 되었다(Pickard, 2020a).

14 19세기 말 20세기 초반에 미국은 진보주의 정치운동으로 지역별로 독점을 누리던 정당의 위세가 꺾이면서 이전까지 정당과 행보를 같이하던 많은 신문이 정치적 중립을 꾀하기 시작했다(Kaplan, 2010). 치열한 경쟁으로 한 주 또는 한 도시에 한 신문만이 남게 되면서 어느 한 당파만을 계속해서 주장하기도 어렵게 되었다(Streckfuss, 1990). 1차 세계 대전과 러시아 혁명 당시 오보를 남발하면서 추락한 독자의 신뢰를 회복해야 하는 것도 큰 숙제였다. 기업의 PR 행위가 성행하면서 뭔가 '언론'으로서 이와 다른 자신만의 정체성을 보여야 할 필요도 커졌다(Schudson, 1978). 기자들이 노조(길드)를 결성하는 움직임을 보이면서 퍼지기 시작한 친노동자적 성향도 신문 자본가들에게는 위협의 대상이었다. 물론 당시에는 이미 진보적 색채가 대부분 빠지고 난 다음이었지만(Dreier, 1978), 언론직이 단순 '노동직'이 아니라 '전문직'이라는 강조는 필요했다. 전보나 통신사 같은 데서 쓰이는 간단하면서 빠른 문체도 참고 대상이 되었다(Maras, 2013). 이상이 20세기 내내 늘 모범으로 간주되었던 미국 언론

이 '어리석은 규범화'로, 아르헨티나계 미국학자 실비오 웨이스보드Silvio Waisbord(2012)는 '골동품 애호주의antiquarianism'로 부르는 것처럼 이 연계를 모든 곳에 적용할 수는 없다.

> "저널리즘과 민주주의 패러다임은 매우 특징적인 시간과 공간의 산물이다. 바로 19세기 후반과 20세기 초반의 미국이다. 태어난 시간과 장소의 특징이 강하게 배어 있음에도 불구하고 이 모델은 글로벌하게 수출되었다. 물론 잘 맞기 어려운 데도 그렇다는 말이다. 학술 문헌들은 이 패러다임보다 (각 나라의) 현실에 기초해 상황을 비판하는 것을 좋아한다. 여기(이 저널의 특집에서)의 저자들도 저널리즘과 민주주의(를 연계시키는) 패러다임이 노후화되었고, 21세기의 저널리즘을 너무 제한하거나 왜곡시킬 수조차 있다고 하면서 이를 비판적으로 평가한다"(Josephi, 2013: 445. 괄호 안은 인용자).

민주주의와 미디어를 연계시키려 하는 측은 늘 규범적 미디어론(자)이었다. 적어도 정치 체제로서의 민주주의론에서 미디어의 자리는 없었다. 다양한 민주주의 유형을 다룬 유명한 책 《민주주의의 모델들*Models of democracy*》(Held, 1996)에서 (대중) 미디어는 색인을 기준으로 보면 단 한 번, 마르쿠제를 다룰 때 나온다(p.239).[15] 그도 그럴 것이 미디어가

의 객관주의가 만들어진 배경이다. 언론이 민주주의에 기능적이라는 논지도 여기에서 확실한 근거를 얻었다. 경쟁은 치열했지만 이전에도 수익은 높았다. 안 바꾸었어도 경제적인 문제가 있지는 않았다. 하지만 역사는 언론을 변화시켜 객관주의를 미국 언론의 '신deity'으로 만들었다.

15 2판을 기준으로 보면 그렇다. 3판(번역본)에는 색인에는 없는, 그러니까 그런 정도로 중요하거나 근본적이지 않은 것, 예컨대 '미디어 시간에 대한 접근(권)의 동등한 분배'나 '정보의 자유,' (글로벌화를 촉진한) '새로운 정보 테크놀로지의 등장' 등에서 여러 번 언급

하는 '민의'의 매개 또는 중재intermediary 기능[16]을 민주주의에서는 정당을 비롯한 국가 기구들(또는 일부 시민사회)이 하기 때문이다. 미디어의 정치적 기능을 중시하는 논의들이 한결같이 '정당의 약화'를 거론하는 것은 결코 우연이 아니다. 미디어와 정당은 어느 정도는 호환이 가능한 대체재인 것이다.

정당이 약화되면서 민주주의와 미디어의 관계는 역전된다. 민주주의는 미디어를 필요로 하지만, 반대 방향, 곧 미디어가 민주주의에 의존하는 정도는 이와 같지 않다(Josephi, 2012; Zelizer, 2012).[17] 미디어 조직이 정치를 보도하는 이유는 그들 자신의 필요에 따른 것이다. 그들이 정치를 감시하는 것도 이 필요의 하나일 뿐이다. 그러나 민주주의 입장에서는 자의적이고 사익적인 이 감시견에 때로 '재갈'(정책적 개입)을 물려야 한다. 이 (미디어) 감시와 (정부의) 개입 사이가 어떤 양상으로 전개되느냐가 현대 정치에서 매우 중요해졌다. 미디어가 정치의 중심이 되었다는

되었다. 물론 참여를 민주주의의 필수 조건으로 여기는 공동체주의를 비롯해 일부 주의들은 미디어를 중시한다(Waisbord, 2012).

16 이 중재와 매개는 사실상 부분으로 전체, 또는 부재로 현재를 '대신'하는 과정(representation; 대표·대리·대의)을 지칭한다. 대표자를 통해 전체의 결정을 대신하는 현대의 '대의'제 민주주의가 실패하는 이유 중 하나는 미디어가 사실상 정당이나 의회가 해야 하는 중재와 매개를 '대신'하면서도 정작 책무성이나 다양성, 실재(민의)의 반영 같은 민주적 제도의 논리에는 구속되지 않기 때문이다.

17 미디어에서 민주주의에 가장 친화적인 직업의 전문직주의가 보장될 수 있었던 조건이 안정적 이윤을 보장하는 시장 '독점'과 사실을 우선하는 객관주의 '과학'이었다는 점을 상기해 보면 쉽게 이 비대칭성이 증명된다(Nerone, 2015). 이런 조건이 악화할 대로 악화한 지금 미디어에서 전문직주의는 사실상 기대하기 어렵다. 민주주의와 미디어 사이에 존재하는 수많은 신화와 고정관념(Graber, 2003)은 현실을 이해하는 데 오히려 장애가 될 정도다. 현실에서 미디어는 자신의 조건에 따라 '양가적'인 영향만을 미칠 뿐이다(Voltmer, 2013).

마촐레니의 "코페르니쿠스적 전환"(Mazzoleni, 1995)은 다소 과장되기는 했어도 이런 사고를 반영하는 역설적 수사다. 그러나 최근 등장한 뉴 미디어들(SNS)은 대상이 이전의 추상적 '대중'이 아닌 구체적 '개인'이므로 아예 시민상市民像조차 '자기실현성self-actualizing 시민권'이나 '관여적engaged 시민권'으로 바꾸면서 기존 정치와 시민의 거리를 벌린다.[18] 이런 민주주의와 미디어의 비대칭성에 대해 몰이해가 기능주의에서 흔한 "가치는 있다 해도 너무 빤한 주장"(Blumler & Cushion, 2014), 곧 미디어의 민주주의적 역할론을 낳는다.

그런데 이런 기능주의적 사고는 민주주의 모델이 하나가 아니고 여럿이 있을 때 더욱 곤란해진다(George, 2012; Waisbord, 2012). 어떤 민주주의는 어떤 기능을 선호하고 다른 민주주의는 다른 기능을 필요로 할 때, '어떤 민주주의인가'가 규범적으로 자명하지 않다면, 기능 사이에도 규범적 판단은 어렵게 되는 것이다. 예컨대 가장 현실에 어울린다는 슘페터적 자유민주주의를 모델로 여기면, 미디어에 최소한의 정보 기능만 요구하게 된다. 도둑이 들어왔을 때, 경보를 울리는 정도만 되도 좋은 이른바 '도난 경보 표준burglar alarm standard'을 말한다. 시민 참여의 질을 강조하는 숙의민주주의쯤 되면, 기준도 현상의 결과뿐 아니라 원인(도둑질이 자주 발생하는 이유)에 대해서도 풍부한 함의를 제공해야 하는 '충분 뉴스 표준full news standard'으로 바뀐다(Zaller, 2003). 강조점도 서로 다르

---

18 이외에도 '참여적 시민,' '참여적 정치,' '대안적 민주주의,' '비판적 시민,' '개인화된 정치personalized politics' 등 정치학, 사회학, 미디어학 등 다양한 학문 분야에 걸쳐 여러 연구자들이 대안적 정치·시민상을 모색하고 있다(Kligler-Vilenchik, 2017). 이런 시민들이 등장하면서 기존 대의제에 의문이 제기되는 것은 자연스러운 일이다(윤성이, 2012; 김범수·조화순, 2017). 물론 이는 보기에 따라 대의제를 보완해 내실을 확충해 주는 것일 수도 있다.

다. 권력 남용을 우려하는 자유주의는 정부에 대한 '감시견 기능'을 강조하지만, 시민의 자기 통치를 강조하는 사회민주주의 모델은 민주 정치를 가르치는 '교육이나 포럼 기능'을 앞세운다(Kelly & Donway, 1990). 미디어 독점은 민주주의를 이루는 두 축, 곧 '사적 계약에 따른 자유로운 정보'를 요체로 하는 자유다원주의와 '논의를 통한 공동선 추구'의 시민공화주의가 입장을 완전히 달리하는 문제다. 자유다원주의는 미디어 독점을 극구 거부하면서 터부시하는 반면, 시민공화주의는 만약 이 미디어가 포용적이면서 책무성을 갖출 수 있다면 용인할 수 있다는 차별성을 보인다(Baker, 2002).[19]

물론, 민주주의의 여러 모델을 서로 비교해 어느 모델이 더 우월하다고 할 수는 충분히 있다(조항제, 2008). 선거에서 후보를 선택하는 권리를 주권 행사의 근간으로 삼는 슘페터식 자유민주주의는 민주주의의 한 유형임이 틀림없지만, '민주'주의에 반대되는 엘리트 지배의 다른 이름으로 자주 비판받기도 한다. 나라나 사회가 처한 조건에 따라 어울리는 모델이 다를 수도 있을 것이다. 의회제와 대통령제로 크게 나뉘는 민주주의의 통치 형태는 제도 자체보다는 처한 여건에 따라 우열이 가려진다. "경쟁하는 규범적 관심들을 연계하고 중재할 수 있는 가치의 추구 또는 방법 제시"를 민주주의의 가장 큰 의의(Held, 1996: 298)로 보아 정보 공유와 열린 토론을 강조한다면, 블럼러와 콜먼(Blumler & Coleman, 2015)

---

19 베이커(Baker, 2002)의 대안은 양자가 일정하게 조화를 이루는 '복합민주주의'다. 이 민주주의는 자유롭게 정보가 유통되면서도 논의를 통해 공동선도 창출한다. 그래서 이 민주주의에서는 미디어에 서로 갈등하는 두 가지 기능을 모두 요구한다. 하나는 시장의 문턱이 낮으면서 사실과 의견 제시에 충실한 신문 또는 인터넷(들)에 의해, 다른 하나는 여러 의견이 담론적으로 제시되면서 공동선을 창출하는 데 기능하는 공영 방송에 의해 수행될 수 있다.

의 주장처럼 '커뮤니케이션에 민감한' 민주주의의 정의가 따로 필요하다고 할 수 있을 것이다. 그들이 강조하는 민주주의의 핵심은 관료제적·조작적·관성적 권력에 대항하는 투쟁이 필수적 속성인 '집단적 자기 결정'이다. (다음에 살펴볼) 미디어화 현상이 크게 진행된 사회라면 이런 민주주의 모델이 확실히 도움이 될 것이다.

그러나 아직 이런 모델은 정립되지 않았고, 민주주의에 기여하는 미디어 기능은 여전히 일치되지 않는다.[20] 물론 현실에서는 앞의 도난경보 표준에 가까운 뉴스, 곧 "상대적으로 정확하고, 접근 가능하며, 다양하고, 중요하며relevant, 시의적이면서 독립적으로 생산된 정보"(Nielsen, 2017)가 그래도 최선의 규범으로 받아들여진다. 민주주의 최소주의자들은, 반현실적 이상론에 빠지지 않고 현실 그대로에 천착한 이런 진단과 처방이 그나마 실제 미디어가 '할 수 있고,' '하고 있고,' '하려 하는' 부분에 집중하는 미덕이 있다고 한다. 이는 그래이버(Graber, 2003)나 웨이스보드(Waisbord, 2017)가 현실의 저널리즘에 대해 내리는 큰 틀의 긍정적 판단과도 관련이 있다.

웨이스보드는 워터게이트를 비롯해 그간 있었던 언론의 빛나는 사례들을 거론하며, 많은 비판에도 불구하고 미디어가 아직은 장점이 있다고 본다. "의외로 민주주의는 비판가들이 몹시 싫어하는, 저널리즘의 특성, 즉 이벤트 중심성이나 갈등, 아이러니, 냉소주의로부터 혜택을 받는다. 저널리즘은 지칠 줄 모르게 민주주의를 위해 일하기 때문이라기보다는 오히려 자신의 이익을 추구함으로써 공공선에 기여한

---

20 물론 가까운 모델이 없지는 않다. 숙의민주주의를 말하는데(Dahlgren, 2009), 그러나 민주주의자들에게 미디어를 통한 숙의는 여전히 주변적이다.

다”(p.1227). 정치학자 그래이버 역시 “타블로이드쯤을 제외하면 대부분의 인쇄·방송 뉴스 미디어들은…… 네 가지 기본적인 기능을 수행했다”(p.154)고 간주한다. 이 네 가지 기능은 다양하면서 갈등하는 견해들의 ‘포럼,’ ‘여론 형성,’ 시민을 대신한 ‘정보 수집,’ 공적 ‘감시견’ 등이다. 정부의 권위가 공식적 제도나 법에서 나온다면, 언론의 권위는 정당성에서 나온다. 이 정당성은 “그 존재의 행위가 사회적으로 구성된 규범이나 가치, 믿음, 그리고 정의定意에 비추어 바람직하거나 적절하거나 어울린다는 보편화된 인식과 가정”이다(Suchman; van Dalen, 2019: 3에서 재인용). 언론의 네 가지 기능이 이런 정당성의 기초를 형성한다.

2) 민주주의와 미디어화

많은 비판에도 불구하고 미디어가 나름의 역할을 ‘한다’는 사고는 자연스럽게 민주주의보다 미디어를 사고의 중심에 놓고, 규범(‘ought to’)보다 현실(‘is’)에 좀 더 천착하는 중간 범위 사고[21]를 지향한다. 미디어의 내부 논리와 발전 과정, 미래 전망을 추론해 보면, 어떻게 민주주의(행위 단위로는 정부·의회·정당·집단 행동 등)가 미디어의 변화를 유도할 수 있을지, 어떤 조건이나 지점, 수단이 유효할지, 또는 반대로 어떻게 미디어의 부정적 틈입을 막아 온전하게 자신을 지킬 수 있을지가 잘 보일 것 같기

---

21 ‘규범적인 것’과 ‘경험적인 것’ 사이를 말한다. 규범에 치우치면 현실을 도외시하기 쉽고, 경험에 매몰되면 가치를 잃어버리기 쉽다. 블럼러는 규범적 연구를 “시민적 이상을 지키고 어떻게 그것을 진작시키는 방법이 있는가를 찾기 위해 지배적 배치를 분석하는 시도”(Blumler & Cushion, 2014: 262)라고 정의하는데, 중간 수준은 목적을 잠시만 ‘유보하고 bracketing’ 배치의 분석에 일단 중점을 두는 것이라고 할 수 있다.

때문이다.[22] 그런 면에서 먼저 논리의 거시적인 틀로, 미디어의 논리와 영향력이 정치를 비롯해 사회 변화를 주도한다고 보는 미디어화 이론을 주목할 필요가 있다.

'미디어화'는 새로 만들어진 용어로, 최근 들어 독일과 네덜란드, 스웨덴 등 중북부 유럽 연구자들이 집중적으로 사용하고 있다. 이전에도 하버마스나 부르디외 등 유럽권 연구자들이 이 용어를 사용하긴 했으나 미디어가 중심 주제가 아니었으므로 단순 기술descriptive 수준에 머물렀다. 본격적으로 주목받기 시작한 것은 정치가 미디어 때문에 자율성을 잃었다고 파격적으로 주장한 이탈리아의 마촐레니와 슐츠(Mazzoleni & Schulz, 1999)의 연구 이후였다. 당시에는 텔레비전이 중심이었지만, 곧이어 인터넷과 스마트폰, 소셜 미디어 같은 뉴 미디어들이 급격하게 보급되고, 기왕의 정치 외에 사회, 문화 영역으로 미디어의 영향도 넓어지면서 이 연구의 중요도나 인용 빈도가 크게 높아졌다(이 과정에 대해서는 Hjavard, 2008). 이 연구에서 마촐레니와 슐츠는 다음처럼 미디어가 민주주의의 고전 법칙을 깨뜨리고 있다고 주장했다.

> "정당들이 유권자들에게 자신의 정책에 관한 책무를 느끼는 반면, 어떤 법령도 미디어가 그들의 행위에 대해 책무를 느껴야 한다고 하지는 않는다. 미디어에 책무성이 결여된 것은 민주주의에 대해 심각한 위험이 발생

---

22 이야말로 민주주의와 미디어가 서로를 규제하면서 상승 작용을 일으키는 이른바 상호 규제co-regulation 또는 이중 과정의 계기가 될 수 있다. 영국의 미디어정치경제학자 제임스 커런James Curran(2002)이 기존 주장을 결합해 제시한 미디어의 민주주의 '실천 모델working model'이 이를 구현한 예다. 그러나 라틴아메리카 포퓰리즘의 미디어 정책 일부를 제외하면, 적어도 현실에서 이런 기획은 온전히 시도된 적이 없다.

할 수 있음을 함축한다. 왜냐하면 그것이 미디어(제4부다)를 대중적 의지의 제재로부터 보호받을 수 있는, 영향력이 있으면서도 통제받지 않는 힘으로 만듦으로써 민주주의의 게임에서 권력 균형의 고전적 법칙을 해치기 때문이다"(Mazzoleni & Schulz, 1999: 248).

이 이론의 주창자들은 먼저 미디어화를, 이와 유사하면서 일반적으로 많이 쓰이는 '매개(화)mediation' 개념과 구별한다. 이들은 매개(화)를 면 대 면의 직접적인 것을 제외한 모든 커뮤니케이션으로 간주하며, 다른 함의 없이 메시지만을 전달하는 기계적 행위로 정의한다. 매개(화)는 이들에게 다소 막연하고 정태적인 개념이다. 이에 비해 미디어화는 미디어가 일상생활 전반에 미치는 광범위한 영향을 분석하는 과정 지향적 개념이다(Strömbäck & Esser, 2014). 또 이 개념은 미디어를 광의의 제도로 파악함으로써 협의의 성문화된 제도를 넘어 비제도적인 것까지 연구의 대상으로 삼는 신제도주의적 접근을 취한다(Hjavard, 2008). 이 점에서 미디어화는 이중적인 과정(Strömbäck & Dimitrova, 2011)으로, 한편으로는 다른 경향과 더불어 경쟁하는 미디어화, 곧 '미디어 개입주의'를 다루지만, 다른 한편으로는 미디어가 어떻게 다른 여러 사회적 하부 제도들에 통합되거나 연계되는가를 분석한다. 미디어화는 결코 일원적인 과정이 아니며 영향이 균일하지도 않다(Lundby, 2009).

이런 정의나 접근 방식을 공통적으로 취하는 가운데서도 세부적으로 보면 연구자에 따라 개념의 의미나 쓰임새에 차이가 있다. 피네만(Finnemann, 2011)은 이를 크게 세 가지로 나누어 설명한다. 첫째는 지금의 대중 미디어에 주목해 미디어가 다른 정치 사회적 현상에 작용하는 논리를 강조하는 부류, 둘째는 올드 미디어와 뉴 미디어의 관계에 집중해 뉴 미디어의 특성을 미디어화 과정과 연계시켜 파악하려는 부류, 셋째는 미디어화를 역사적 차원에서 글로벌화나 개인화, 상업화 등에 준하는 전반적 사회 변화의 메타과정으로 생각하는 부류 등이다. 대체로 최근의 경향은 정치와 미디어 사이의 관계에서 더욱 커진 미디어의 영향력을 제도주의적 관점에서 경험적으로 증명하고자 하는 첫째 유형(Mazzoleni & Schulz, 1999; Strömbäck & Dimitrova, 2011; Strömbäck & Esser, 2014)과 매클루언이나 메이로위츠 등의 '매체 이론'과 연계하여 역사를 미디어 생태계의 변화 과정으로 보는 셋째가 대종을 이룬다(Finnemann, 2011; Krotz, 2009). 물론, 첫째 유형도 메타과정을 부정하지 않는다는 점에서 둘은 크게 다르지 않지만, 강조점이나 사용하는 방법론 등에서는 차이가 있다.[23]

역사적 제도주의는 제도의 하나인 '매개화된 커뮤니케이션'이 주요 사회 변화를 낳는 동인 중 하나로 "역사적으로 조건화된 점"(Couldry & Hepp, 2017: 16)을 중시하므로 첫째와 셋째 유형 모두와 깊은 관련이 있다. 특히 한국 민주화의 지난 30년은 정치(민주주의 이행과 공고화, 10년을 주기로 한 진보와 보수의 교대 집권, 대의제와 직접 민주제의 갈등과 협력)와 미디어(레거시 미디어의 퇴조, 디지털화와 개인화)의 단절과 연속의 분기점으로 '고양된 역사 인식'(Lunt & Livingston, 2016: 465)이 더욱 필요한 시기이기도 하다. 미디어화와 이에 반하는 개인이나 집단·제도의 탈미디어화 노력 사이의 갈등과 협상이 첨예하게 맞부딪쳤기도 하다.

미디어화론의 장점은 '단순하다'는 비판에도 불구하고 집중적으로

---

23 예를 들어 한쪽이 행위주의·기능주의를 보이는 반면, 다른 한쪽은 문화주의적·사회주의적 관점을 가지며, 접근 방식에서도 한쪽이 미시적·중간적이라면 다른 한쪽은 거시적인 태도를 보인다(Krotz, 2009).

미디어를 부각시키는 점이다. 이들에게 미디어는 사회 변화의 가장 큰 동인 중 하나이고, 정치의 논리를 바꿀 정도로 영향력이 크며, 미디어는 글로벌화나 개인화에 비견될 수 있는 장구한 메타변화의 일환이다. 이들 중 한 부류(앞서의 첫째 유형)는 '미디어의 권력화'로 부를 수 있는 가설을 제시한다. 사실 미디어의 힘 자체를 주장하는 논의는 그렇게 새로울 것이 없다. 왜냐하면 현대 민주주의가 가진 대의 또는 대표성과 대중 미디어의 여론 조성 능력이 가지는 권력적 상동성homology은 일찍부터 포착된 것이기 때문이다. 그러나 다른 논의들이 상대적으로 정치의 우위라는 한계 내에서 기껏해야 개인의 의식을 대상으로 미디어의 '효과'를 보았던 반면, 미디어화 이론은 정치의 제도나 관행의 변화를 포함해 미디어의 광범위한 사회 '구성'력에 주목하는 특징이 있다.

2. 미디어화론과 정치

1) 정치 미디어화의 단계

현대 정치가 과거와 크게 다른 점 중 하나는 미디어의 영향이다. 스웨덴의 미디어학자 예스페르 스트룀베크Jesper Strömbäck(2008)는 정치가 미디어화되고 있다고 주장하면서 경험적으로 증명이 가능한 네 개의 단계적 차원을 설정한다. Ⅰ단계는 미디어가 얼마나 정보의 원천, 정치 커뮤니케이션의 중요한 채널이 되는지의 차원이다. Ⅱ단계는 정치나 민주주의 같은 다른 정치 제도들로부터 미디어(제도)가 얼마나 독립적인지의 차원이다. Ⅲ단계는 미디어 영역과 관련된 것으로 미디어 내용이 얼마

표 1. 정치 미디어화의 네 단계와 주요 구성 요소

구분	정치 논리	미디어 논리	비고
I 단계: 주요 정치 커뮤니케이션	• 면 대 면 · 집단(조직) 커뮤니케이션(정당 · 사회 집단)	• 매개 커뮤니케이션의 발전	• 지역에서 민족-국가 등으로 정치 공간 확대 • 대의제 민주주의의 확립
II 단계: 미디어의 자율성	• 정치적 자유주의(언론 · 출판 · 집회 · 결사의 자유)의 확립	• 대중 미디어의 발전 • 언론 자유의 보장	• 자유주의의 발전 • 미디어의 경제적 자립 • 미디어 시장의 팽창
III 단계: 미디어 내용	• 정치 제도의 '신성화' • 미디어의 도구화 • 정치적 후견주의 • 미디어 가산주의	• 상업주의(뉴스 가치, 선정주의, 탈규제) • 전문직주의(객관주의, 권력 감시, 경영 · 편집의 분리) • 테크놀로지의 발전(뉴미디어)	• 정치병행성 • 공영 방송 제도의 정착
IV 단계: 정치적 실천	• 공식적 정체 · 정당 · 선거 · 정책 • 관료제의 확립 • 의회 · 정치 문화의 성숙	• 정치의 전문화 · 전략화 • 정당의 미디어 의존 • 정치의 식민화, 정치의 자기미디어화 • 미디어의 권력화	• 정치병행성 • (정치 · 미디어) 포퓰리즘 • 포스트모던 민주주의 • 접속행위론 • 의제 설정 기능, 프레이밍

* 출처: 원안은 Strömbäck, 2008: 235. 내용은 필자.

만큼 미디어 논리 또는 정치 논리에 의해 결정되는지의 차원이다. Ⅳ단계는 Ⅲ단계와 반대 맥락에서 정치 행위자들의 실천이 미디어 논리에 의해 얼마나 지배되는지의 차원이다. 표 1은 이런 정치 미디어화의 네 차원을 재구성한 것이다. 비고에는 특징적인 정치·사회 변화와 고려해야 할 이론 등을 넣었다.

순차적 느낌이 드는 '단계'로 표현했지만, 사실 Ⅰ단계와 Ⅱ단계는 조건에 해당하고, Ⅲ단계와 Ⅳ단계는 미디어와 정치가 각각 편에서 얼마나 상대방의 논리를 받아들이는가 하는 결과적 현상에 가깝다. 현대의 정치 커뮤니케이션의 성격을 세 시기로 나누는 블럼러와 캐버나

(Blumler & Kavanagh, 1999)에 따르면, 1기와 2기 때 정치는 미디어에게 범해서는 안 되는 '신성한' 것이었다.[24] 이런 1, 2기 때 미디어 내용은 정치 논리에 의해 결정되었다고 볼 수 있다. 텔레비전이 부각되는 3기에 미디어는 스스로의 내용을 결정할 수 있게 되는데, 이때가 바로 스트룀베크의 Ⅳ단계에 해당한다. 여론vox populi의 향배에 민감해지면서 뉴스 관리에 주력하게 되는 정치의 전문화·전략화 단계다. 이 단계에서 정당들은 일반 대중을 상대하는 '선거의 장'에서는 말할 것도 없고, 정책을 수립하기 위해 다른 당 정치인을 설득하는 '의회의 장'이나 당원의 결집을 위한 '(정당) 내부의 장' 등 대부분의 정치 활동 영역에서 미디어의 논리에 적응하는 노력을 기울인다(Strömbäck & van Aelst, 2013).

Ⅳ단계 때는 경우에 따라 너무 심하게 미디어 논리를 '받아들여' 정치 논리와 미디어 논리가 서로 구분되지 않게 되기도 한다. 이는 미디어에 의한 정치의 '식민화'(Meyer, 2002) 또는 정치 스스로 행하는 '자기미디어화self-mediatization'[25]로 부를 수 있을 것이다(Strömbäck & Esser, 2014). 이 단계에서는 미디어가 '규범'과 '시장' 중 어느 쪽을 따르느냐에 따라 정치는 '민주적 사회의 공론장'이나 '사적 이익을 극대화시키는 상업적 대중 시장' 같은 미디어의 상반된 극단에 의해 영향받는다(Landerer, 2013).

---

24 미디어는 정치의 의제를 스스로 '설정'하기보다는 정당의 것을 원래 그대로 '보내는' 일에 주력했다. '세팅setting'과 '센딩sending'의 차이다.

25 이를 에서(Esser, 2013)는 다음과 같이 정의한다. "근대의 정치인들은 미디어의 주목 법칙, 생산 관행, 선별 기준 등을 내부화하고 정치적 목적을 달성하는 데 이 지식을 이용하려 한다. 만약 정치 행위자들이 미디어의 시선을 끌기 위해 이벤트를 펼친다면, 미디어의 필요에 맞추기 위해 이벤트를 변용하려 한다면, 우리는 이를 **자기미디어화**라고 부를 수 있다. 정치인들이 마케팅 전략, 주도적 뉴스 관리 그리고 전문적 공보 행위spindoctoring 등을 도구적으로 이용한다면 이 또한 같은 용어로 부를 수 있다"(p.162; 강조는 인용자).

미디어 간 경쟁이 치열해지고 상대적으로 공공 영역이 줄어든 최근 들어서는 시장 논리의 비중이 훨씬 커졌다. 대중적이면서 감성적이고, 현재적이면서 오락적인 스타일과 콘텐츠가 이의 결과다. 이런 미디어포퓰리즘은 대의민주주의 체제에서는 거의 공통적으로 나타나는 현상이다. 직접민주주의의 성격이 강한 스위스 같은 나라에서는 상대적으로 이런 시장–미디어화가 잘 나타나지 않는다(Esser & Matthes, 2013).

미디어 영향이 현대 정치의 성격을 바꾼다는 '우산 개념umbrella concept'[26] 성격의 이 복합 이론은 거시 차원에서 신제도주의, 미시 차원에서는 의제설정이론(Asp, 2014; van Aelst et al., 2014)과 프레이밍이론(de Vreese, 2014)을 주요한 얼개로 포용한다. 대표적인 신제도주의자인 쿡(Cook, 1998)은 정치가 미디어에 "전투에서는 승리하지만 전쟁에서는 패배한다"(p.163)[27]고 하면서, 미디어와 정치가 일상적으로 "뉴스 가치를 협상한다"(뉴스 의제를 협상 끝에 결정한다)고 주장한다. 의제설정이론은 대중적 주목을 받는 상징 영역에서는 상대적으로 미디어의 효과가 크게 나타나는 점을 실증적으로 포착한다(van Aelst et al., 2014). 정치 엘리트에 대항해 언론인들이 설정하는 프레임은 사회를 변화시키려는 '재량적 힘' 중 하나가 될 수 있다(de Vreese, 2014).

---

26 가족 유사성 또는 하부성을 가진 다른 개념·이론을 공통 범주로 포괄할 때 사용되는 개념 또는 용어다. 예컨대 바라이치(Varraich, 2014)는 부패를 후견주의, 후원 관계, 국가 포획, 가산주의, 특별주의 등을 망라하는 우산 개념으로 설정한다.

27 전투에는 이기지만 전쟁에 패배하는 이유는, 단기 목적을 달성하기 위해 뉴스 미디어가 원하는 것을 수용할 수밖에 없고, 그러다 보면 모든 정치적 이슈, 정책 그리고 정치를 판단하는 기준 자체가 뉴스의 그것을 따르게 되어서다. 이의 가장 큰 해악은 정치인과 언론인 사이의 경쟁과 갈등, 그리고 서로를 이용하려는 전략이 초래하는 '불신의 연쇄적 악순환spiral of mistrust'이다(Esser & Matthes, 2013).

그러나 스트룀베크 등이 비록 단서를 달지는 않았다 해도 미디어화의 단계론은 하나의 이념형으로, 현실은 이의 중간, 곧 미디어와 정치 사이의 협상 결과로 이루어지는 어떤 지점에 있는 경우가 많다. 이를테면, 다음에서 보는 바대로 미디어의 의제 설정 기능이나 프레이밍, 정치 병행성political parallelism, 포스트모던 민주주의, 미디어 포퓰리즘, 접속 행위론 등도 모두 어느 하나의 단계에 완전히 들어맞지는 않는다.

미디어의 의제 설정은 언제나이기보다는 특정의 어떤 조건에서만 힘을 발휘한다. 전문적인 '정책'의 영역에서는 미디어보다 제도의 힘이 훨씬 크다는 뜻이다(Walgrave & van Aelst, 2006). 대표적 효과 이론인 프레이밍framing[28]에서도 미디어의 영향은 미디어적인 것뿐만 아니라 정치·사회적으로 구성된 맥락에 따른다(Vilgenthart & van Zoonen, 2011). 다른 이념·정파 사이에서 정치와 미디어가 일정한 병행 관계를 이루어 서로 경쟁하는 체제인 정치병행성(Artero, 2015; Mancini, 2012) 역시 어느 하나가 아니라 병행(연합)하므로 정치의 영향력은 여전히 유지된다. 지식과 이성 대신에 감성과 연대를 중시하는 포스트모던민주주의(Brants & Voltmer, 2011)나 반기성 체제·반엘리트주의로서의 미디어포퓰리즘(백영민, 2016; Krämer, 2014) 등도 정치와 미디어의 힘이 어느 정도 균형을 이룬 상태에서 서로 영향을 주고받는 형태들이다. 미디어가 조직과 함께 정치적 집단 행동의 한 축을 형성하는 '접속행위론connective action'(Bennett & Segerberg, 2012)도 빼놓을 수 없는 미디어-정치의 복합 현상이다. 민주

28 프레임과 프레이밍은 자주 같이 쓰이지만 의미는 조금 다르다. 나는 블리겐타트 등(Vliegenthart & van Zoonen, 2011: 102)을 따라 프레임은 '뉴스의 내용적 특성'으로, 프레이밍은 '뉴스의 생산과 소비의 과정적이면서 맥락적 특성'으로 정의한다. 프레이밍은 프레임이 갖는 효과의 특성까지 포괄한다.

주의의 실현 정도는 결국 이런 정치–미디어 사이의 역학, 상호 작용에 달려 있다고 볼 수 있다.

일반적으로 '미디어가 정부에 적대성을 보이는 모델'과 '사실보다 해석을 중시하는 저널리즘'이 좀 더 이런 미디어화 형태를 띤다. 미국과 같이 자유주의 모델로 분류되지만(Hallin & Mancini, 2004), 신문은 미국의 객관주의를 따르지 않고 정치병행성을 보이는 영국의 경우, 때에 따라 이런 미디어화 현상이 자주 나타난다. 예컨대 블럼러와 에서(Blumler & Esser, 2018)는 2015년 영국 총선에서 보수당과 노동당의 총선 캠페인을 분석해 노동당이 실패했다고 판정했다. 그들은 노동당의 전략이 미디어에 주도권을 잃어버린 일방적인lopsided 미디어화에 그쳤다고 주장했다.

또 '정치 뉴스에서 나타나는 정치인의 사운드바이트의 수,' '보도하는 기자가 스스로 드러나는 가시성visibility의 정도' 같은, 미디어를 앞세우는 형식들의 미시적 지표들[29](Strömbäck & Dimitrova, 2011)도 이 이론을 증명해 준다. 물론 이를 두고 '뉴스의 내용적 측면에서 보도에 용인되는 것과 없는 것'의 결정, '서로 간에 갈등할 때, 어느 쪽이 우위를 차지하는지 여부' 등을 연상시키는 '개입'이나 '재량적 파워' 같은 용어까지 사용할 수 있을지는 미지수다. 미디어화를 주장하는 블럼러와 에서(Blumler & Esser, 2018)조차 인터뷰 질문이 공격적이고, 미디어가 사실을 해석하는

---

29 나머지 지표는 '정치 뉴스에서 나타나는 정치인의 사운드바이트의 수,' '보도하는 기자가 스스로 드러내는 가시성visibility의 정도,' '기자가 마무리 멘트를 하는 랩업wrap-up,' '정치인이 나오는 그림에 기자가 자신의 목소리를 입히는 립 플랩lip flaps,' '정치를 게임이나 경마처럼 프레임해 정치의 논리를 흩뜨리는 정도,' '사실에 중점을 두는 기술적 스타일이 아닌 논평을 위주로 하는 해석적 스타일의 기사' 등이다.

정도가 높아졌을 뿐, 힘의 순서 자체가 역전된 것으로 보기는 어렵다고 한다. 정치와 미디어 사이는 조건이나 관점에 따라 때로 선후나 인과, (피)결정의 관계를 맺는다 해도 전체적 양상은 '상호적'이라는 것을 부인하긴 어렵다.[30]

2) 정치와 미디어의 상호성

미디어와 정치는 상호적이다. 둘의 관계는 한쪽의 강화가 다른 쪽의 약화를 전제하는 제로섬 게임이 아니다. 오히려 동반 상승이나 동반 하락도 얼마든지 가능한 경쟁적이면서도 보완적 관계다(Downey & Neyazi, 2014). 경험적 연구에서도 정치와 미디어는 한쪽의 영향이 커지면, 다른 쪽의 반작용도 같이 커지는 '상호 강화' 현상이 발견되었다(van Aelst et al., 2014). 이를 에서(Esser, 2013)는 정치인과 언론인이 서로에 영향을 주면서 같이 맞물려 돌아가는 '상호적 고리reciprocal loop'라고 표현한다.

미디어가 정치(당)와 연합해 특정한 이념이나 이익을 대변하는 정치 병행성 현상은 이런 상호적 고리를 잘 예증한다. 여기에서 미디어는 정치의 단순한 국외局外의 관찰자나 논평자가 아니라 아예 행위자가 된다(Eberwein, Porlezza, & Splendore, 2015). 사실 미디어화론은 의아스럽게도 정치병행성같이 정치와 미디어가 맺는 일종의 공생이나 연합 관계는 크

30 다른 연구에서 스트룀베크 등(Strömbäck & Nord, 2006)이 미디어가 정치와 미디어 사이의 '탱고'를 주도한다고 주장하면서 '뉴스 기사의 내용'과 '뉴스 제작 과정에 행사되는 힘,' '이슈의 유형과 중요성salience에 영향을 미치는 힘'과 '뉴스 프레임의 통제' 사이를 구분할 때도 마찬가지다. '누가 주도하는가'라는 질문에 전제되는 것은 그 둘이 같이 정치를 만들어간다는 상호성이다.

게 주목하지 않았다. 이런 거시적 시스템론보다는 (미국의 경험적 연구 경향을 의식해서인지) 정치와 미디어 사이의 미시적 영향 관계를 더 중시했다(Strömbäck & van Aelst, 2013). 그러나 넓게 볼 때, 정당과 신문(의 선거 보도) 사이의 연계로 출발한 이 이론은 미디어화론의 일부가 되기에 적합하다. 정치의 핵심 인자인 정당이 미디어와 공동 보조를 맞출 수밖에 없게 현실이 변화되었다고 주장하는 것이기 때문이다. 다음에서 자세히 살펴보지만 나중의 병행성은 병행의 대상이 '특정한 정당'에서 '정치적 성향'으로 바뀌고, 결정하는 요인도 거쳐 온 '역사'나 '조직적 연계,' '목표,' '구성원 또는 지지자의 공통성' 같은 정당적인 것보다는 미디어의 '소유주'나 '내용,' '주요 수용층,' '주요 언론인의 정치적 연계'처럼 대부분 미디어적인 것이 되었다. 정치병행성은 미디어가 시장을 세분하는 사업 전략 중 하나가 되었고, 정당 입장에서는 선거에 이기기 위해 미디어로부터 얻어내야 하는 과정적 목표가 되었다(Artero, 2015; Mancini, 2012).

정치병행성은 지금까지 자신의 논리로만 스스로를 설명해 온 정치가 이제는 미디어도 함께 고려해야 한다는 점을 새삼 일깨운다. 정치 논리도 하나가 아니듯 미디어의 논리 역시 규범적 논리와 시장 논리로 구분된다. 표 2에서 볼 수 있듯이 미디어나 정치 행위자들이 어느 것을 따르느냐에 따라 정치의 성격, 민주주의의 실천 양태가 완전히 달라진다. 공적 서비스 방송과 정책 논리의 조합이 비교적 이상적인 것이라면, 상업적 미디어 기업과 포퓰리즘적 정당 논리가 만나 선거는 (경마) 게임으로, 정책은 선심성 공약으로 온통 얼룩져 버린다면 아마도 최악이라 할 수 있을 것이다(표 2 참조) .

미디어 논리는 좀 더 자세하게 전문직주의와 상업주의, 테크놀로지

표 2. **미디어·정치 행위자의 규범적 논리와 시장 논리**

구분	규범 논리	시장 논리
미디어 행위자	공공 논리 (예. 공적 서비스 방송)	상업 논리 (예. 상업적 미디어 기업)
정치 행위자	정당의 논리, 정책 추구 행위자 (예: 테크노크라시 정당)	선거 논리, 관직 추구 행위자 (예: 포퓰리즘적 정당)

* 출처: Landerer, 2013: 250.

등 세 차원에 걸쳐 살펴볼 수 있다(Strömbäck & Esser, 2014). 전문직주의는 미디어가 직업적 자율성을 갖고 뉴스의 생산과 전달에 가치와 규범을 준수함으로써 공익에 봉사하는 것이다. 상업주의는 기업으로서 미디어가 생존 및 확대 재생산에 필요한 재원을 위해 경쟁하는 과정에서 작용하는 논리다. 이 논리에서 중요한 것은 '누가 어떤 정보에 대해 지불 능력이 있느냐'다. 전문직주의가 '시민'의 자격에 필요한 정보나 의제를 선별·설정·통제하는 것이라면, 상업주의는 '소비자'의 기호에 맞추기 위해 정보를 가공·변형·강조·단순화하는 것이다. 게이트키핑이나 의제설정, 정보의 해석과 비평 등이 전자에 해당한다면, 선정주의·인포테인먼트·드라마화·편향화 등은 후자의 결과다. 정보의 (재)생산 과정에서 작용하는 테크놀로지의 능력과 내재적 특성 또한 미디어의 논리를 규정한다. 텔레비전 같은 시청각 미디어의 등장이 계기가 된 비주얼화, 즉각성과 상호작용성을 가능하게 한 디지털화, 각종 메시지를 하나의 미디어로 통합시킨 멀티미디어화 등을 미디어 논리의 주요한 예로 꼽을 수 있다. 이를 도표화하면 표 3과 같다.

미디어화론은 이런 세 가지 사이에 우선순위를 설정하지 않는다. 셋이 맺는 구체적인 관계, 즉 갈등이나 결합하는 맥락도 특정한 논리보

표 3. 뉴스 미디어의 논리

전문직주의 측면	상업적 측면	테크놀로지적 측면
저널리즘의 규범과 기준에 따른 뉴스 생산	경제적 동기 원리에 따른 뉴스 생산	뉴스 생산의 매체 특징적 테크놀로지 조건
• 뉴스 가치(↔ 정치적 가치)에 따른 게이트키핑과 보도 • 매개된 공론장에 대한 접근의 통제 • 의제 설정 • 균형적 보도(정치적 도구화의 극복) • 해석적·분석적 보도 • 비판적 감시견 보도('비판적 전문직주의') • 적대적 공격견 보도(정치적 도구화 시도에 대한 반격)	• 뉴스의 볼거리화 spectacularization • 갈등의 오락화confrontainment (절충보다 갈등 우선) • 드라마화 • 인포테인먼트 • 개인화(제도나 정당보다 개인 우선) • 담론의 변용(정치적 뉴스의 단편화) • 탈정치화(이슈의 내용 측면의 주변화)	• 라디오·텔레비전·인쇄 매체·인터넷의 포맷 • 텔레비전: (인쇄 매체에 비해) 선형적·비주얼·정서적·인지적으로 단순 • 인터넷: 개방성·상호작용성·유연성·참여성 • 인터넷: 상의하달의 전통적 커뮤니케이션에 대한 대안 • 인터넷: 뉴스집적, 블로그 등의 대안적 뉴스 공급자(제한된 성공)

* 출처: Esser, 2013: 166~174 정리.

다는 사례의 구체성에 맡기는 편이다. 어느 사회에서나 통용될 수 있는 '보편적 미디어 논리'란 존재하지 않는다고 생각한다. 명시적으로 "자본주의의 변화가 낳는 경제적·상징적 권력의 다각적 함축"(Murdock, 2017: 121)을 중시하지는 않는다 해도 상업화가 모든 행위를 추동하는 기본 과정 중 하나라는 점은 인정한다(Krotz, 2007). 그런 면에서 미디어화의 정치적 전망이 다소 어두운 것은 사실인 듯하다. 특히 앞에 인용한 마촐레니와 슐츠(Mazzoleni & Schulz, 1999)의 주장을 보라. 그러나 이 또한 미디어화 이전과 이후를 정밀하게 비교한 끝에 나온 결론으로 보기는 어렵다(Brants & van Praag, 2017). 인터넷을 비롯해 각종 뉴 미디어가 가세한 미디어 생태계의 변화와 그에 따른 정치 제도, 시민권, 접속 행위 등이 자본의 일원적 지배(상업화)를 얼마나 제어하고 분산시킬 수 있느냐에 미

디어화의 미래가 달려 있다.[31]

3) 미디어화론 비판과 옹호

단계론과 미디어 논리를 중심으로 한 이런 미디어화론의 가장 큰 약점은 앞서 '현실'에서 본 대로 상당히 단순하다는 느낌을 주는 미디어중심주의다(Couldry, 2008; Deacon & Stanyer, 2014). 마치 미디어의 힘이 '스스로 만든 것innately powerful' 같다거나 증거로 드는 미디어화 논리가 기껏 기존 광고나 PR의 논리를 반복하는 것 같다는 비판이 그것이다.

> "다음의 이유로 볼 때, 지금 미디어화론이 설명되는 방식은 너무 단순하다. 우선 시간에 따른 변화를 야기하는 힘에 대한 설명 방식이 협소한 인과 변인, 즉 대중 미디어와 정보통신 기술에 의해 주도된다는 설명에 머무른다. 모든 맥락에서 미디어화의 인자들을 변화를 야기하는 필요조건이면서 충분조건으로 보는 경향이 있다. …… 변화하는 커뮤니케이션 실천에 같이 영향을 미치는 비미디어 요인들의 역할이 대체로 간과된다. 우리는 변화에 대한 이런 미디어 중심적 내러티브가 (미디어와 비미디어의) 공동적 요인의 포착에 의해서만 확보될 수 있는 충분성을 잃고 있다고 생각한다"(Deacon & Stanyer, 2014: 1041; 괄호는 인용자).

---

31 일련의 연구들(Blumler & Coleman, 2015; Mazzoleni, 2017; Schulz, 2014; Splichal & Dahlgren, 2016; Voltmer & Sorensen, 2016)이 이를 전망하는 최근의 노력이다. 미디어화의 미래적 성패에 대해서는 '양가적ambivalent'이라는 말이 자주 나오는데, 이는 '정해져 있지 않다,' '조건에 따라 결과가 달라질 수 있다'라는 뜻이다.

케플린저(Kepplinger, 2002) 역시 지난 (독일의) 정치사에서 미디어의 비중이 커지는 것이 하나의 추세임은 분명하지만, 보기에 따라서는 이 또한 복합적 사회 변화의 일부분에 지나지 않는다고 주장한다. 실제 연구들로 볼 때도 미디어·커뮤니케이션을 '변화의 (직접적) 동인'으로 보는 연구보다 민주화나 초국적화 같은 '사회 변화의 (간접적) 환경'이거나 그 또한 이의 영향을 받는 종속 변인으로 보는 연구가 훨씬 더 많다(Milhej & Stayner, 2018).

이에 대해 미디어화의 주창자들(Hepp, Hjarvard, & Lundby, 2015)은 일방적인 '미디어중심주의'와 전체론적holistic '미디어-중심성'을 구분해 경우의 수 전체를 균형적으로 고려하는 관점을 유지하려 한다고 반박한다. 그러나 여전히 비판자들(Deacon & Stanyer, 2014, 2015)은 단선적인 인과인 '~의 미디어화mediatization of ~'와 균형적인 '미디어화와~mediatization and ~'의 차이로 해석하면서 지금까지의 미디어화론 주장은 결코 후자가 아니었다고 한다.

그러나 지금 사회에서 "어떻게 미디어가 우리가 커뮤니케이션하는 방식에 모종의 압력을 행사하느냐"(Hepp, 2013: 54)에 중점을 두는 미디어화가 미디어 중심성을 피하기는 쉽지 않은 노릇이다. 그런 면에서 미디어화론에 필요한 것은 '맥락적 특정성'이다(Ekström et al., 2016). 다양한 정치·사회·문화에서 미디어는 다양한 영향과 변화를 낳으며, 스스로 다양한 유형·장르·테크놀로지·제도를 지니므로 중심성이든 인과성이든 영향과 효과를 특정화해야 한다는 것이다.

다소 단선적이어서 '앙상하다'는 느낌까지 주는 단계론의 주창자들은 미디어화론이 미디어의 자유를 보장하는 성숙된 민주주의 사회에서나 가능한 이론이라고 했지만, 이미 많은 연구들이 지적한 대로 미디어의 정치적 영향은 오히려 신생 민주주의에서 훨씬 더 크게 나타난다(Voltmer, 2013; Voltmer & Sorensen, 2016; Albuquerque, 2019). 볼트머와 소렌슨(Voltmer & Sorensen, 2016)은 그 이유로 다음의 세 가지를 든다. 첫째는 미디어 환경이 인터넷과 모바일 등으로 과거에 비해 근본적으로 달라진 점이다. 둘째는 전문직 저널리즘이 재정형화re-orientation되어 적대성, 선정주의, 스캔들화 등이 크게 늘어난 점이다. 이런 정형은 기존의 정치 논리를 부정적 방향으로 바꾸고 있다. 셋째, 미디어의 영향에 따라 시민권의 성격이 달라지는 점이다.

또 보기에 따라 권위주의나 파시즘처럼 미디어의 자율성이 사실상 거의 없는 경우에도 독자적인 미디어 영향이 나타나지 않는 것은 아니다. 예컨대 나중에 살펴볼, 미디어가 정치를 결정하는 미디어화의 가장 높은 '권력화' 현상은 오히려 권위주의 잔재가 많은 신생 민주주의에서 더 많이 나타날 수 있다(예컨대, 멕시코; Vaca-Baqueiro, 2014). 이 점은 미디어화가 하나의 보편적 추세이면서도 상황과 조건에 따라 구체적인 형태와 정도가 상당히 달라질 수 있음을 의미한다. 내가 미디어화에서 강조하고 싶은 것은 정치와 미디어 사이의 활발한 권력 작용과 역사성이 내재된 일종의 '미디어 전환'을 이 이론만이 동시에 포착할 수 있다는 점이다.[32]

---

32 이를 미디어화론자들은 '깊은deep 미디어화'라고 부른다. 이는 디지털화와 데이터화에 따라 사회 과정에서 이전보다 훨씬 더 강하게 미디어가 개입하는 현상이다. 검색, 알고리즘, 데이터베이스 등을 전형적인 예로 들 수 있다(Andersen, 2018).

4) 한국의 민주주의-미디어 관계와 미디어화론

미디어화론을 이 책의 근간 이론으로 삼는 데는 다음과 같은 점이 중요하게 작용했다. 첫째, 미디어화는 지난 한국 민주주의 30년이 상당히 언론 밀착적인 형태로 전개됐고, 이 과정이 결코 민주주의에 도움이 되지 않았다고 하는 이 책의 주장에 잘 어울린다. 한국에서는 권위주의 체제의 유산으로 언론 시장이 집중·왜곡되어 주류 언론의 영향이 강한 반면, 정당이나 시민사회 등 다른 여론 기제는 낙후되어 언론이 늘 과잉으로 대표성을 부여받아 왔다(조항제, 2003a). '저널리즘의 미디어화'로도 부를 수 있는 이런 현상이 비단 한국만의 것은 아니지만(Kunelius & Reunanen, 2016), 민주화 때부터 한국 언론에서는 높아진 정치적 비중에 비해 소유주를 비롯한 기존 상층부의 지배가 여전해서 수용자의 신뢰에 필요한 언론의 자율성(전문직주의)은 정체되거나 감소하는 큰 한계를 보였다. 말하자면 신뢰를 별로 받지 못하는 언론이 과도하게 정치적 대표성을 발휘한 것이다. 미디어화론은 단계론이 잘 보여 주는 것처럼 이런 언론이 행사하는 정치적 힘을 가장 직접적으로 포착하고자 하는 이론이다. 특히 정치가 스스로 미디어의 논리를 의식해 행동한다는 '자기 미디어화'나 자신의 정체성을 잃고 미디어에 종속된다는 '식민화' 논리는 권력화론과 매우 비슷하다. 이는 구체적인 내용과 형식은 다르다 해도 대부분의 나라나 사회에서 미디어가 권력적으로 현신現身할 수 있다는 것을 의미한다. 이 점은 정치나 민주주의가 미디어의 동향에 민감하지 않다면, 자신의 존재 의의나 미래적 전망을 찾기가 지금보다 더 어려워질 것임을 웅변한다.

둘째, 물론 정치는 미디어에 **'의해서'**가 아니라 미디어와 **'함께'** 또는 미디어를 **'통해'** 자신을 만든다(강조는 필자). 과정 또한, 정치가 발의하면 미디어가 받고, 이에 다시 정치가 반작용하는 순서가 일반적일 것이다(이른바 PMP: Politics-Media-Politics다; Wolfsfeld, 2011). 민주주의에 대해서도 마찬가지다. 미디어가 아무리 힘이 강해진다 해도 정치나 민주주의를 대체할 수는 없다. 때로는 거꾸로 미디어의 영향이 '탈미디어화'를 낳아 정치권력을 더욱 집중시키는 역효과를 내기조차 한다(Voltmer & Sorensen, 2016). 정치-미디어화를 주장하는 미디어화 이론가들 역시 이를 어느 정도 인정한다. 그러나 '함께'의 정치-미디어 상호 작용이나 미디어까지 포함된 역학으로 정치-권력을 본다는 관점 또한 이전에는 없었던 것이다. 중요한 것은 새롭게 주목받는 이 상호 작용의 복합성과 다층성인 것이다(Blumler, 2015).[33]

이의 대표적인 예로 앞서 언급한 정치병행성을 들 수 있다. 정치병행을 통해 언론은 단순한 국외局外의 관찰자나 논평자가 아니라 아예 행위자가 된다. 보수 정당과 병행·연합한 한국의 시장 주류 신문들은 기존의 간접적 '영향의 정치'를 넘어 유권자에 직접적으로 메시지를 전달하는 '전쟁 국면'을 창출했다. 격렬한 시장 경쟁 속에서 제대로 정착하지 못한 언론의 전문직주의 역시 이런 정치 개입을 조장했다(박진우, 2015). '적대적 미디어 신드롬'이나 '초적대주의' 같은 말에서 볼 수 있듯

---

33 관료제에도 미디어의 영향은 작지 않게 나타난다. 장관이나 부처의 의제, 자원 할당, 의사 결정에 미디어가 미치는 영향을 분석한 한 연구(Figenschou et al., 2019)에 따르면, 미디어는 여러 다양한 '전략적 정치 행위자'에 의해 먼저 활용되고 이 미디어가 다시 공중이나 관련 당사자들을 자극하면서 생기는 '밀고 당기는 힘push and pull forces'에 의해 영향을 발휘한다. 미디어가 홀로 행위 차원의 직접적이면서 단기적인 효과를 발휘하지는 못한다는 기존의 결론은 여전히 유효하다. 그러나 미디어가 관료제의 일상에 스며든 정도와 미디어·정치의 상호 작용의 수준은 이전에 비할 수 없다.

이 언론이 정치를 대하는 태도는 이전에 비해 상당히 달라졌다. 갈등과 적대 자체가 하나의 엔터테인먼트가 되고(이른바 confrontainment다; Esser, 2013), 정치병행이 언론의 일상이 되어 버린 것이다. 이런 현상은 이전과는 사뭇 다른 양상으로 정치를 변화시켰고, 또 시키고 있다.

셋째, 미디어화론은 대중 미디어 또는 뉴스 미디어의 영향력에 치중해 왔던 초기의 문제의식을 넘어 과거와 현재, 미래를 아우르는 역사적·미래적 이론으로 발전할 수 있는 이론적 잠재성을 내포하고 있다(Ekström et al., 2016). 나는 사실 이 책의 모태가 된 논문을 심사받을 때도 그랬고, 이 책의 초고에 대한 리뷰에서도 미디어화가 그렇게 쓸모 있는 이론이 아니라는 질책을 많이 들었다. 앞의 두 가지 정도로는 심사자들을 설득시킬 수 없었다는 것인데, 나 역시 그들의 주장에 일부 동의하면서도 이 이론을 고집한 것이 사실은 셋째 때문이었다는 속내를 뚜렷하게 밝히기는 어려웠다. 왜냐하면 이 시기에 한국 사회에서는 새로운 미디어의 '등장-적응-부상'과 레거시 미디어의 '융성-퇴조' 등이 모두 나타나는 그야말로 생태계적 변화[34]가 있었지만, 나는 서론에서 밝힌 바대로 이를 충분히 보여 줄 수 없었기 때문이다. 이런 '고양된 역사적 인식'의 필요성이 없었다면 굳이 미디어화론은 필요하지 않았을지도 모른다.

특히 내가 이 책의 주제인 민주주의와 관련해 더욱 주목한 현상은

---

34 주지하다시피 이 시기에는 진정한 멀티미디어로 불리는 인터넷이 기록적으로 보급되면서 각종 플랫폼 산업이 주역으로 도약했고, 신문과 정당(정부)이 이념별로 연합하면서 미디어 정치가 두드러졌으며, 융성했던 (종이) 신문이 퇴조했고, (공영) 방송이 치열한 논쟁과 갈등 속에서 정치화·무력화되었으며, 신문의 시장 확대로 타블로이드 TV인 종합 편성 채널이 등장했다. 이 시기 미디어에 가장 중요했던 것은 초경쟁의 장에서의 생존과 적응이었고, 이는 정치와의 관계에도 지대한 영향을 미쳤다.

촛불 시위·혁명과 결정적으로 연관되어 등장한 "미디어 친화적 시민(권)"(Kligler-Vilenchik, 2017)이다. 네티즌으로 불리는 이 시민(권)은 '참여-비판-개인'을 특징으로 기존 정치를 반전시켰다. 전문직 저널리즘의 탈전문화와 더불어 유튜브 등을 기반으로 시민저널리즘이 성행되기 시작한 점(Splichal & Dahlgren, 2016)도 이 즈음에 등장한 중요한 현상이다. 트위터나 페이스북 같은 네트워크 미디어(소셜 미디어)(Klinger & Svensson, 2016)가 새로이 등장해 기왕의 대중 미디어와 공존하게 된 점 등도 빼놓을 수 없다. 이 미디어들은 한때 새로운 정치적 바람을 불러왔으나 '댓글 공작'을 비롯한 기존 제도의 반격에 밀려 때 이르게 조락凋落한 듯하다. 이런 일련의 현상들은 아직 충분한 학문적 조명을 받지 못해 유효한 설명 논리를 제시하기 어렵지만, 그렇다고 중요도가 낮아지는 것은 아니다.

이런 미디어화를 '우산'으로 삼아 '민주화 과정과 언론의 자유,' '정치병행성과 정치적 극단화,' '미디어의 권력화,' '정치적 후견주의' 등 네 가지의 부대 또는 하부 이론을 더 살펴보려 한다. 이보다 비중이 낮은 포퓰리즘은 보론에서 다룬다. '민주화' 부분에서는 이행 및 공고화 테제와 이전 체제의 유산이 미치는 경로 의존 영향에 주목한다. 다음 '정치병행성'에서는 진보 정부와 보수 신문 사이의 정치적 대결, 정당과 언론 사이의 연합이 형성되는 과정을 살펴볼 것이다. 이의 병폐는 극단화가 야기하는 진영화다. 극단화는 대립되는 양자 사이의 공감대가 거의 없는 상태로 양측의 협상이나 합의의 여지가 최소한으로 국한된다. '미디어의 권력화'는 정치의 자기미디어화, 곧 미디어의 논조나 행위에 정치가 크게 의존하는 상태를 말한다. 특히 한국 사회에서는 시장의 주류를 이룬 세 신문의 담합이나 블록화가 보수뿐만 아니라 정치 전반을 좌우해 왔다. 권력화는 이를 포착·부각하고자 한 이론적 시도다. 공영 방송이 정치적 독립성을 이루지 못하고 수신료가 수십 년 동안 단 한 차례도 인상되지 못한 채 표류하는 현상을 해명하려 한 이론은 '정치적 후견주의'다. 크게는 정치권력이, 좁게는 대통령과 정부가 후견인이 되어 방송을 좌우했고, 방송은 노동조합을 형성해 이에 대항해 왔다. 안주했든, 반대했던 후견주의는 민주화 이후 방송을 거시적 틀에서 설명할 수 있는 유력한 이론이다.

3. 민주화와 단계주의/경로 의존

'민주주의와 언론' 같은 다소 고착화된 이념형적 사이와 '민주화와 언론' 같은 이행·격변기에서의 현실 사이는 큰 틀에서는 몰라도 세부적인 내용에서는 상당히 다를 수 있다. 전자에서 민주주의와 언론은 민주주의와 자유주의 또는 민주주의와 시장 관계와 비슷할 것으로 보인다. 개방이나 공시성, 자율성 같은 가치에 비해 중요성이나 정확성, 다양성 등에서는 양자의 공유 정도가 떨어질 것 같다는 뜻이다. 개방과 공시는 자유·시장에 필요한 미덕이지만, 저널리즘 가치인 정확성이나 다양성 등은 자유를 제한할 수도 있다.

이런 상충은 민주주의의 자리에 민주화 같은 동적인 개념이 들어갈 때는 사뭇 더 강해진다. 아직도 많이 남아 있는 민주화 이전의 잔재, 그러니까 권위주의나 파시즘 같은 구체제의 유산에 따라 자유나 시장이 가져오는 미덕의 정도가 상대적으로 불확실해질 것 같다는 것이다. 이는 경로 의존 효과가 변화의 효과보다 크게 나타날 가능성을 가리킨다. 이럴 경우, 민주주의 일반이 갖는 서구적 보편성에 비해 해당 사회의 특수성이 작용하는 정도도 훨씬 높아질 듯하다. 민주주의와 친화적인 저널리즘의 가치들, 이를테면 객관성이나 진실성 같은 것이 이슬람 사회에서 갖는 의미는 결코 기독교권과 같지 않을 것이라는 말이다(이를테면, Hafez, 2002). 유교권이나 불교권에서 느끼는 것도 이슬람과 크게 다르지 않을 것이다. 구체제가 사회주의냐 권위주의냐에 따라서도 차이가 작지 않게 나타날 것이다.

민주화의 핵심은 물론 정치 제도의 변화다. 그러나 이 변화는 예컨대 헌법 같은 성문적 제도 차원만으로는 완성되지 않는다. 설사 법령이 제(개)정되어 정치적 권리 조항이 신설되고 자원 배분이나 의사 결정 방식(보통선거의 다수결)이 달라지더라도 문화나 관행의 압박으로 언제 예전으로 돌아갈지 모른다. 제도는 이를 둘러싼 환경이나 문화와 동반으로 변화되지 않으면 변화를 비가역적인 것으로 만들 수 없다. 미디어·언론 같은 정치 변화의 주요한 매개체도 제도와는 직접적 관련이 없고, 숙의(심의, 토론) 같은 절차적인 것도 마찬가지다. “정치적 토의가 진정성이 있고, 포용적이며, 중요하게 간주할수록, 정치 체제가 더욱 민주적으로 된다”(Dryzek, 2009: 1380)는 걸 모르지 않지만, 이를 제도만큼 중시하는 경우도 거의 없다. 경제(적 평등)도 참여의 기초적 조건으로 간주되지만, 다른 한편으로는 민주주의가 해내야 하는 가장 큰 숙제 중의 하나일 뿐이다.[35] 이런 역학적 측면을 고려할 때, 민주화는 전방위적이면서 언제나 ‘진행형적’이고 ‘영구적’인 것이다.[36]

---

35 정치적 변화에 주력하는 절차적 민주주의론자들이 실질적 민주주의(경제적 변화)를 낙관하는 이유도 절차를 강조하다 보면, 자연히 다른 ‘민주’의 조건(경제적 기본 조건의 보장과 평등)도 보장하게 되기 때문이다.

36 물론 이럴 때, 경제 민주화, 언론 민주화, 교육 민주화하는 식으로 민주주의 개념이

이런 민주화에서 미디어 역할의 중요한 변수로 오닐(O'Neil, 1998)은 아직 민주화되지 않았거나 민주화에 저항하는 기존 제도를 들고, 랜들(Randall, 1998)은 자신의 '단계주의' 테제stage-ist theses를 통해 공고화기에 작동하는 시장 압력의 당파성을 지적한다. 이 둘의 공통점은 민주화 가운데서도 변하지 않은 기존 미디어와 제도의 (시장) 지배력이다. 랜들이 조심스럽게 주장한 단계주의는 민주화의 추이에 따라 달라지는 미디어의 기능을 서술적으로 밝혀보기 위한 것이다. 이 테제는, 미디어는 자신이 스스로 정치적 통제에서 벗어나려 할 때, 또는 뉴스와 정치적 변화에 대한 공중의 큰 갈망으로부터 이익을 얻을 수 있을 때, 민주화를 적극 지지하면서 그 자유화의 열기를 높이지만, 이후의 공고화 단계에 접어들게 되면 점차 그 지지가 모호해진다는 것이다. 이 모호해짐은 미디어가 생존, 곧 시장의 논리에 적응하면서 나타난 결과다. 이행/공고화의 도식을 따른 랜들의 이러한 단계주의는 이행 과정에서 미디어의 역할을 고민하는 연구자들에게는 여러모로 숙고해야 할 소재를 제공해 준다.

단계주의의 강조점은 역시 민주화가 진전될수록 미디어의 정체가 '모호'해진다는 것이고, 그렇게 되는 이유는 '상업적 생존의 압력'이 점차 강해져서다. 여기에 오닐은 보다 더 구체적이고 미디어적인 다음 두 가지 이유를 덧붙인다. 첫째는 과거 권위주의의 잔재이고, 둘째는 새롭게 형성된 제도의 성격이다. 권위주의의 잔재는 미디어와 구체제의 결

불필요하게 확장되어 오히려 문제 해결이 어려워질 우려도 있다(박동천, 2006). 한국의 민주주의에 역사적이고, 이상적이며, 때로 민족적이고, 심지어 도덕적인 요소까지 들어 있다는 지적 역시 같은 맥락의 사고다(김우창·최장집, 2010). 그러나 분단과 냉전, 오랜 권위주의를 거치면서 무규범을 체질화해 온 한국 사회에서는 포괄적이면서 규범적 방향 전체를 응집시켜 놓은 정치 개념이 있는 게 없는 것보다는 훨씬 낫다고 생각한다.

합 정도 및 체제 이행 과정이 기존 미디어의 기득권에 미친 영향 정도를 말한다. 이와 '새로운 제도가 얼마만큼 대안적 이념의 생산·유통을 위해 기능적인가'인 둘째는 서로 길항하는 관계에 있다. 만약 권위주의의 잔재가 크고 새로운 제도 역시 그리 기능적이지 않다면, 미디어로 인해 이행의 과정은 순탄치 못한 길을 걸을 수도 있다. 이러한 양가적 미디어에 대해 오닐(O'Neil, 1998)은 다음과 같이 지적한다.

> "이행의 공고화 단계에서 만들어진 새로운 제도들은 대부분 이전 질서의 잔재로부터 만들어졌으며 그 부패의 방식에 영향을 받았다. 말하자면, 전반적인 제도 환경 — 기존의 정치적, 문화적, 그리고 시장 패턴 등 — 이 변화에 영향을 미칠 수 있는 정치적 선택을 쉽게 제한할 수 있다는 것이다. 사익을 위해 만들어진 조직을 발전시킴으로써 미디어와 같은 제도들은 상당한 힘을 축적할 수 있었으며, 정치적 변화와 민주화의 전망을 꼴 지웠다. 이행과 그것이 일어나는 사회는 진공 상태가 아니다. 주위의 구조가 변화에 저항하거나 유지하고, 특정 사회적 행위에 힘을 실어 주거나 제한하는 것이다"(pp.6~7).

이행은 국가와 사회, 엘리트와 대중을 연결하는 미디어의 기능에 많은 것을 의존하게 된다. 오닐의 주장은, 미디어 시장이 적절하게 변화되지 않는다면, 다시 말해 민주화라는 전기轉機가 기존 미디어의 판도에 큰 영향을 주지 못한다면, 미디어가 민주주의로의 진전에 장애가 될 수 있다는 것을 보여 준다.[37]

---

37 이러한 랜들이나 오닐의 보고는 발전이론에 의해 제기된 바 있는 '미디어와 사회

이를 앞서 테제에 비추어보면 하나의 딜레마로 설명된다. 즉 권위주의 체제의 해체, 곧 정치적 자유화는 미디어 시장을 팽창시키고, 팽창된 시장은 시장의 자유를 하나의 '성역'처럼 간주하는 경제적 자유화를 낳는다. 이 과정에서 정치적 자유로서의 미디어의 자유와 경제적 자유로서의 (미디어) 시장의 자유는 기존 시장의 정책적 재편을 오히려 막게 된다. 결국 미디어의 자유가 시장에 대한 타자의 개입을 적극적으로 방해하면서 기존 시장이 온존되고, 이 기존 시장이 미디어에 대한 일반 시민의 접근을 구조적으로 제한하는 딜레마가 나타난다.

이를 폴란드의 방송인 출신 학자 카롤 야쿠보비치Karol Jakubowicz (2002)는 사회주의권 사례에 비추어 다음처럼 자세하게 설명한다. 민주화로 이행되어 가는 과정에서 언론 역시 변화의 단계를 밟게 된다. 첫 단계에서 언론은 자유화, 다원화, 탈규제화 등의 변화를 겪게 되는데, 이는 민주화를 경험한 대부분의 나라에서 거의 예외 없이 나타난다. 그러나 두 번째 단계부터는 양상이 달라지는데, 그 이유는 이행기 이후 많은 나라의 민주화가 유동적인 상황, 곧 민주화가 더는 진전되지 않고 교착 상태에 빠지기도 하기 때문이다. 만약 민주화가 계속 진행된다면, 언

의 영향 관계'에도 새로운 시사점을 제공해 준다. 기존에는 미디어와 사회가 동등한 범주가 아니라는 점에서 미디어가 사회에 주는 영향은 사회 변화로부터 연유된 '파생적derivative'인 것으로 보았다. 따라서 이 영향 관계는 주기cyclic 관계를 갖게 되고, 선후 관계가 비교적 분명해진다. "사회 변화는 사회에 영향을 미치는 미디어 행위에 불을 붙이거나 미디어가 사회에 영향을 미칠 수 있는 조건을 창출해 낸다"(Jakubowicz, 1995: 22)는 것이다. 이를 이행 과정에 적용시키면, 이행을 추동하는 사회 변화 또는 사회 내의 어떤 부문(특히 권력 블록)의 변화가 미디어의 변화를 불러일으킨다. 이 미디어의 변화는 사회 변화를 더욱 촉진catalyst시키나, 사회 변화가 주춤하게 되는 시점에 이르게 되면 미디어 역시 이 영향을 받게 된다. 이렇게 변화된 미디어는 다시 사회에 영향을 미친다. 물론 이 같은 영향의 주고받음이 등가 관계에 있지는 않다.

표 4. 정치·사회적 변화에 따른 언론 변화

<table>
<tr><th>단계</th><th>성격</th><th>정치 · 사회적 변화</th><th>언론 변화</th></tr>
<tr><td>1</td><td rowspan="2">이행</td><td>정치적 요인에 의존해서 언론에 나타날 수 있는 변화</td><td>• 자유화
• 다원주의적, 공개적open
• 탈규제화
• 언론인의 전문직주의를 촉진</td></tr>
<tr><td>2</td><td>정치, 경제가 언론에 나타날 수 있는 다음의 변화 내용을 결정함</td><td>• 자율성의 획득
• 탈중앙화
• 내용에서의 다양성
• 소수자 집단에 대한 배려
• 국제화</td></tr>
<tr><td>3</td><td rowspan="2">공고화</td><td>경제, 시장 메커니즘은 다음의 언론 변화를 장려할 수도 있고, 방해할 수도 있음</td><td>• 언론 독점의 제거
• 상업화
• 집중
• 글로벌화</td></tr>
<tr><td>4</td><td>'문화적 변화'에는 다음의 변화가 필요함</td><td>• 언론의 비정치화depoliticization
• 법질서의 제도화
• 공익의 정의와 공익에 대한 서비스
• 여론의 발전
• 편파적이지 않은 감시견으로서의 언론</td></tr>
</table>

론은 정치·경제로부터 일정한 자율성을 얻게 되며, 소수자 집단에 대한 배려가 커지는 등 언론의 다원주의가 심화하고 탈중앙화가 이루어지게 된다. 그리고 공고화 시기인 3단계에 이르러서는 경제·시장 메커니즘이 더욱 중시된다. 경쟁의 결과로 상업화·집중화 경향이 나타나게 되고, 언론의 독점이 문제가 되면서 제도적 규제가 이루어진다. 그리고 이 시기에 일부 언론은 글로벌화되는 변화가 나타나게 된다. 마지막 4단계에는 '문화적 변화'가 나타난다. 이 변화로는, 언론의 비정치화, 법질서의 정착, 언론의 공적 서비스 보편화, 언론의 비정치화, 편파적이지 않은 감시견 기능의 활성화 등을 들 수 있다. 물론 여기에서 단계는 분석의 편

의에 따른 것일 뿐 단선적인 것도 아니고 진화론적인 것도 아니다. 단계마다 기존 체제의 반격이 있을 수 있고, 이 과정은 언제든지 회귀될 수 있다(Rozumilowicz, 2002).

야쿠보비치는 마지막의 "이것(편집진의 개인적/직업적 독립)이 없이는 미디어의 독립을 지키려는 모든 법적·제도적 조치들은 '비어 있는 껍질'에 불과할 뿐이다. 반대로, 미디어 독립의 공식적 보호 장치가 없다 해도 개인적/직업적 독립을 유지하는 편집진은 큰 차이를 보일 수 있다"(p.205)라고 말한다. 야쿠보비치가 보기에 변화의 완성은 공식적·법적인 것이 아니라 비공식적·경제적·문화적 저변의 변화에 달린 것이다. 따라서 야쿠보비치는 자신의 이러한 문화적 변화의 단계가 민주주의의 공고화라는 정치·사회적 전제 없이는 가능하지 않다고 한다. 그가 전제하는 여러 조건 중 가장 핵심적인 것은 시민사회의 실재와 여론 및 공익에 대한 사회적 신뢰, 공영 방송의 확립, 자유 시장의 존재와 경제 성장[38] 등이다.

이런 과거의 잔재는 비단 시장 구조에만 있지 않다. 구래의 저널리즘 문화나 관행에도, 이를 뒷받침하는 인적 구조에도 있다. 특히 인적 구조의 상층부를 볼트머(Voltmer, 2013)는 '미디어 부르주아'로 부르면서 정치·경제적 엘리트와의 커넥션을 지적한다.

> "'미디어 부르주아'는 언론의 소유주이거나 그 안에서 상당한 지분을 획득함으로써 미디어 기업가로 부상한 소수의 일부 언론인으로 구성되어 있

38 야쿠보비치는 동유럽의 예를 들면서, 미디어가 "경제적으로 성공할 수 있을 때만"(p.206) 독립할 수 있다고 주장한다. 이 점은 그가 시민사회에 더욱 큰 권한을 부여하는 규범적인 접근을 어느 정도 포기하면서 이른바 '표준화된 모델'을 채택한 결과다. 물론 이 조건이 동구권에 국한된 것만은 아니다.

다. 아이러니하게도 이 새로운 계층의 구성원들은 종종 독재 체제에 봉사했던 '구세대 언론인'이다. 자신의 정치적 의사 결정자들과 긴밀한 네트워크를 이용하고 구정권의 소멸 직후 법 공백을 이용함으로써 새로운 질서에서도 엘리트로 자신의 지위를 새로 확립시킬 수 있었다. 이 새로운 미디어 엘리트들은 …… 정치 계급 및 기업계와 좋은 관계를 유지하는 데 기본적인 관심이 있다"(Voltmer, 2013: 206).

볼트머는 미디어가 주변 환경과 상호 의존하는 복잡한 네트워크 속에 깊게 연계되어 있기 때문에 미디어를 민주화한다는 것은 단순히 미디어 조직을 재구조화하는 것을 넘어선다고 한다. 말하자면 그것은 정치적·경제적·사회적 환경 전체가 더욱 민주화되는 것을 요구한다. 미디어를 민주화에 헌신시키려면 그것을 위한 조건을 정치·경제가 만들어 주어야 한다. "국가가 민주적 거버넌스에 헌신하면, 시장이 질 높은 저널리즘을 위한 자원을 제공하면, 시민/수용자가 개방적이면서 관용적인 공적 토론에 임한다면, 미디어 역시 민주적 기능을 다 할 수 있다"(Voltmer, 2013: 224).

4. 정치병행성과 정치적 극(단)화

1) 개념적 논의

정치병행성은 특정 정당과 미디어가 정치적 주의·주장을 같이하는 경향, 곧 이념이나 논조에서 공동 보조(병행)를 취하는 일종의 정치와 미디어의 연합coalition 현상이다(Artero, 2015; Hallin & Mancini, 2004). 대립하는 주의·주장이 있고, 각자에 정당과 미디어가 존재해 일정한 대칭을 이루는 일종의 위상학적 개념이다(Albuquerque, 2018). 아르테로(Artero, 2015)가 지적한 대로 서구 유럽에서는 거의 예외 없이 나타나는 언론과 정치 사이의 연계를 가리키는 현상이기도 하다.

처음 이를 제기했던 영국의 학자 세이무어우어의 용어는 '정당 언론 병행party press parallelism'이었다(Seymour-Ure, 1974). 이때 세이무어우어는 이런 경향이 생기는 이유로 언론과 정당 사이에 "소유와 조직 연계," "주요 언론인의 정당 참여나 정치 성향," "수용자의 정치 성향" 등의 관계가 있다는 점을 들었다. 핼린과 만치니는 이를 원용해 "미디어 체제의 구조가 정당 체제의 그것과 병행하는 정도"(Hallin & Mancini, 2004: 27)로 개념을 확대했고, 이름도 '정치병행성'으로 바꾸었다. 핼린과 만치니는 서구 유럽의 미디어 체제를 분류하는 네 가지 기준 중 하나로 '정치병행성'을 상정했다(나머지 셋은 '대중 언론 시장의 발전 정도,' '언론의 전문직화,' '국가의 역할' 등이다).

미디어(신문)가 정당 조직의 일부였던 이전의 정론지 시대와는 다르게 지금의 정치병행성에서 정치(당)와 미디어는 소유나 재원 차원의 구조적 제휴보다 시장 전략 차원에서 다변화와 분점을 노린 이슈나 논조, 소유주나 대표 언론인의 정치적 신념, 주 소비자층의 지지 정당·이념과 연계된 공조를 많이 한다(Artero, 2015). 양자가 병행하지만 서로 자율적으로 선택한 것이라는 점에서 '도구화'와는 큰 차이가 있다. 만치니는 이후 글에서는 "경쟁하는 주장들이 적절히 근거를 갖는 조직되고 안정된 집단의 존재, 그리고 표현된 문화적 논쟁의 전통"(Mancini, 2012: 270)으로 이를 정의해 미디어에 병행하는 정당의 범위를 집단·문화 등으로 확대했다. 정당은 약화되지만, 정치의 외연은 넓어지는 최근 경향을 반영하려 한 것으로 보인다. 사전을 집필하면서는 "다양한 이데올로기·정치·문화적 관점에 따라 신문이 배열되는 현상"이라고 종합적으로 정의한다(Mancini, 2016: 922). "그 배열은 항상은 아니라도 대부분 정당, 또는 더 빈번하게 정당들의 연합의 위상을 반영한다. 물론 이들과 신문의 구조적이거나 종속적인 연계는 없다." 그러면서 만치니는 시장이 세분화되는 최근의 시장 상황과 정치병행성과의 밀접한 연계 가능성을 제기한다. 만치니가 보기에 정치병행성을 더욱 주목하게 하는 인자는 미디어다.

이에 대한 이의는 상대적으로 정당·정치에 더 많은 비중을 두는 브라질 연구자 알부케르크(Albuquerque, 2013, 2018)가 제기한다. 알부케르크는 '충분히 경쟁적인 정치 체제'에서가 아니면 미디어와 정당 사이에 공조가 나타나도 정치병행성으로 볼 수 없다고 주장한다. '충분한 경쟁'의 조건은 힘의 균형이다. 대립되는 연합(병행)들은 어느 한 측이 현격한 우위를 지니고 있지 않아 경쟁이 성립한다. 미디어와 정치 사이의 이념적·정파적 관계 또한 안정적이어서 '병행'의 패턴이 급변하지 않을 것도 조건으로 달았다. 병행(연합)의 수가 너무 많으면 서로 간 응집력이 떨어질 수 있으므로 수도 고려의 대상이다.

이런 알부케르크의 조건은 정치병행성을 보는 규범적 판단과 밀접한 관련이 있다. 대체로 서구에서 1970년대 이후 제기된(현상은 이전부터 있었다) 정치병행성은 근절되어야 할 병폐로서 거론되는 경향적 편향과는 의미가 사뭇 다르다. 정치적 갈등의 수위가 극단적이지만 않다면, 정치병행성은 다원주의를 진작시키거나(Mancini, 2012), 정치에 관심이 없는 사람들에게 정치적 참여를 권장하는 것(van Kempen, 2007)으로 경우에 따라 오히려 장려될 수도 있다. 그러나 시장을 독점하는 언론이 기득권 정당과 병행하는 경우에는 외견상으로는 비슷해도, 사실은 '지배'의 효과가 나타나 다원주의를 오히려 해치게 된다(이른바 '기울어진 운동장론'과 유사하다. 다음에 나올 '권력화' 부분을 보라). 이 점은 특히 권력이 제대로 분산되지 않고 정당이 이념별로 고루 발전하지 못한 신생 민주주의에도 이런 정치병행성론을 적용할 수 있는지의 과제를 제기한다.

이런 정치병행성 이론에는 분석적 시각에서 살펴봐야 할 몇 가지 논점이 더 있다. 첫째는 병행되는 양자가 결합하는 방식이나 수준의 문제다. 이에는 연구자들 대부분이 큰 이견을 보이지 않는 듯하다. 과거와 다르게 소유나 조직의 차원에서의 연계는 없지만,[39] 이념이나 정치·문화의 차원에서 친화성이 있는 일종의 담론 동맹이라는 점이다. 물론 이 친화성이 (다음에 나올) 스완슨이 주장하는, 상당히 정규적·조직적인 의미를 띠는 '복합체complex'라는 표현에 어울릴지는 나라나 사회마다 차이가 있다. 그러나 즉흥적이거나 일회적인 것에 그치지 않을 것이라는 점은 다소 분명해 보인다. 물론 일부 정당 또는 의회와 언론인 사이의 (개)인적 연계를 통한 정치병행성도 분명하게 존재하는 현상이다(Ciaglia, 2013). 특히 미디어가 심하게 정치화된 극(단)적 다원주의에서 이런 연계는 다른 유형에서보다 훨씬 많이 나타난다.[40] 그러나 그렇다고 이를 과

---

39 만치니(Mancini, 2012)는 이런 연계가 미디어를 도구화시키는 결정적 계기였다고 본다. 특히 정치적 목적을 앞세운 순수하지 않은 소유자, 즉 그의 말대로 '외적 소유자external owners'는 미디어를 정치의 도구로 만든다. 이 점에서는 정치를 미디어와 같이하는 이탈리아의 실비오 베를루스코니Silvio Berlusconi와 미디어만 하는 호주영국의 루퍼트 머독Rupert Murdoch도 서로 다르다.

40 예컨대, 언론인이 의회에서 차지하는 비중에서 극(단)적 다원주의 국가인 이탈리아의 비중은 12.4%로 자유주의 유형(영국 하원)의 6.5%나 민주적 코포라티즘 유형(독일)의 3.9%와 비교해 볼 때, 훨씬 높은 편이다. 이런 비중에 못지않게 중요한 것은 언론인의 순위인

거 의미의 소유 연계 같은 것과 비교할 수는 없다.

둘째, 병행 내부의 권력 관계 문제다. 여기에는 분명한 차이가 있어 보인다. 정당이나 정치에 우위를 두는 연구자는 브라질의 알부케르크다. 그는 정치병행성이 정당이 안정적이면서 힘을 가진 체제(의원내각제)에서 많이 나타난다고 한다. 그런 면에서 미국은 유럽보다 정당의 권력이 약해(대통령제) 이런 정치병행성이 나타나지 않는다. 물론 이런 이유만 있지는 않겠지만, 대체로 미국이 대통령직에 조금이라도 초정파적 위상을 부여한다는 점에는 이견이 없을 듯하다. 알부케르크는 정치병행성에서 가장 중요한, '누가 의제를 설정하느냐'에서 선후를 구분해 세이무어우어의 처음 문제의식대로 정당에 우선권을 준다. 정치병행성에서 대부분의 의제는 정당이 제기하고, 미디어는 이를 받는 일방향성을 띤다고 한다. 반대 방향은 거의 없다는 것이다(Albuquerque, 2018). 그러나 이에 대해 앞서 보았던 만치니는 미디어(신문)가 여러 이유로 이런 정치적 배열을 보이게 되었고, 이 점이 자연스럽게 기존 정당과 공동 보조를 취하게 된 것으로 설명하면서 자율적 미디어에 우위를 둔다. 특히 만치니는 최근의 양적 범람 상황에서 다양한 틈새 수용자를 찾아다니는 미디어의 세분화 전략을 강조한다.

물론 정치병행성에서 정당은 중요하다. 그러나 유럽을 포함해 지금

데, 영국에서는 5위이고, 독일에서는 7위인데(교사나 엔지니어보다 낮다), 이탈리아에서는 변호사와 같이 1위다(Ciaglia, 2013). 각 나라의 특수 사정으로 미루어 이를 굳이 언론인의 도덕적 해이 같은 부패 현상으로 볼 필요는 없을 것이다. 그러나 이 세 국가의 정치–미디어 관계에 대한 상대적·규범적 평가(독일이 가장 높고 이탈리아가 가장 낮다)까지 무시할 수는 없다. 참고로 한국의 경우, 19대, 20대는 8.7%로 앞의 사례에 비추어 중간에 해당하지만, 이전의 16대에는 20.1%까지 되기도 했다(김세은, 2017). 가히 권력화라 불러도 조금도 손색이 없는 수치다(일찍이 강명구[1993]는 이런 사례를 두고 '권력기구화'라고 주장했다).

의 정당은 대표성이나 결집력에서 과거의 면모가 아니다. 정치병행성이 생겨난 것도 사실은 정당의 힘이 약해졌기 때문이다. 강했다면 기존의 정당-언론 연계가 완전히 사라지게 되지는 않았을 것이다. 정당이 메시지를 만들고 미디어는 그대로 따라 한다는 도식도 이제는 그렇게 유효하지 않다. 이미 증명된 대로 미디어는 매우 능동적으로 변했으며(앞의 미디어화에서 미디어 논리 부분을 보라), 정당 역시 미디어에 상당 부분 의존적이게 되었다(Strömbäck & van Aelst, 2013).

셋째는 정치병행성의 적용 범위 문제다. 앞서 잠시 살펴본 대로 알부케르크(Albuquerque, 2013)는 신생 민주주의에 이를 적용하는 것을 경계해 '충분히 경쟁적인 정치 체제'와 '미디어와 정치 사이의 안정적 관계'를 전제 조건으로 들었다. 그의 주장대로라면 서구 유럽 같은 선진 민주주의 체제가 아니면 이런 정치병행성을 적용하기 어렵다. 그러나 이는 정치병행성을 너무 협소하게 해석한 결과일 수 있다. 이를테면 핼린과 만치니가 제시한 세 가지 모델을 검증하기 위해 브뤼게만 등(Brüggeman et al., 2014)이 양화量化시킨 정치병행성은 어느 나라에서나 활용될 수 있는 것이다. 그들은 '뉴스와 비평의 불분리,' '정당의 영향과 (각 미디어가) 옹호하는 정책,' '언론인의 정치 성향,' '(수용자의) 미디어-정당-병행,' '정치적 편향,' '공영 방송의 정치적 종속' 등으로 정치병행성의 정도를 측정하고자 했다. 마지막에 공영 방송을 넣은 것은 독립된 공영 방송의 불편부당성이 여론 시장을 주도한다면, 설사 다른 언론에서 정치병행이 있다 해도 그 효과가 그리 크지 않을 것으로 보았기 때문이다. 앞서 '극(단)화된 다원주의 유형'을 소개했지만, 이 유형에서는 공영 방송이 정부에 종속된 경우가 많아 제대로 불편부당성을 실천하지 못한다.

마지막으로 정치병행에 대한 규범적 평가 부분이다. 앞서 본 대로 만치니는 정치병행성이 '외적 다원화'와 비슷하다는 입장이다. 특히 만치니는 정치병행성을 도구화와 대조시켜 정치적 스펙트럼에 따라 미디어가 다양하게 배열될 가능성이 있다는 점을 바람직하게 평가한다. 볼트머 역시 정치병행성의 한 단면으로 볼 수 있는 정치적 당파성을 고품질 저널리즘과 양립 가능할 수 있는 것으로 본다. 저널리즘의 일반적인 원칙을 준수하고도 얼마든지 입장이나 주의를 가질 수 있다는 뜻이다. 정치와의 연계를 고려할 때, 병행하는 정당에 대한 감시견 기능에 문제가 있을 것으로 보이지만, 준칙과 입장 사이를 원만하게 일치시킨 언론이 그렇게 희귀한 것만은 아니다.[41] 알부케르크도 '힘의 균형' 같은 부대조건을 달았을 뿐, 정치병행성 자체에는 불만을 표시하지 않았다. 병행성이 정치적 참여를 높이는 동원 기능을 가진다는 부분에도 많은 연구자가 동의한다. 특히 이런 동원 기능이 발휘되면 당파성과 뉴스 소비의 형태가 유사해지지만(원하는 정보만 섭취하는 경향이 늘기는 한다), 교육 수준에 따른 수

41 그렇다고 병행하는 정당이 권력을 잡았을 때, 그 권력을 감시하는 게 쉽다는 뜻은 아니다. 아무래도 반대쪽에 대해서보다는 우호적일 것이기 때문이다. 그러나 경쟁하는 정당 사이에 권력 교체가 잦아질 때, 정치적 입장에 대한 태도와 권력 유무로 갈라질 수 있는 '존중과 비판,' '옹호와 냉소'의 극단성은 희석되기 마련이다(다음 표를 참조하라). 찬성하는 정치 세력이 권력을 잡았을 때, 얼마나 감시할 수 있는가와 반대 세력이 곤경에 처했을 때, 얼마나 냉소나 무시를 하지 않을 수 있느냐가 관건이다.

정치 세력의 입장에 대한 찬성/반대, 권력 유/무에 따라 나타날 수 있는 미디어의 정당(치)에 대한 태도

구분		정치 세력의 입장에 대한 미디어의 태도	
		찬성	반대
정치 세력의 권력 유무	권력(여당)	존중 · 방조(찬성 권력)	비판 · 감시(반대 권력)
	비권력(야당)	옹호 · 장려(찬성 비권력)	냉소 · 무시(반대 비권력)

용자의 성향 차이는 적어진다(Horwitz & Nir, 2015). 정치병행성에서는 교육 수준이 별문제가 안 된다는 뜻이다('동원자'이자 '균등자'인 셈이다).

그러나 핼린과 만치니(Hallin & Mancini, 2004)는 정치병행을 속성으로 하는 '극(단)화된polarized' 다원주의를 상당히 부정적인 것으로 판단한다. 이 유형에서 당파적 갈등은 극(단)화되어 있어 상대적으로 절충이나 협상이 어렵다. 전문직주의와 정치병행성이 공존하는 민주적 코포라티즘 유형에서는 상대에 대한 적대 정도가 그렇게 높지 않다. 1990년대 이후 구사회주의권과 최근의 민주화 과정(그가 '제4의 물결'로 부르는)을 주로 연구해 온 볼트머(Voltmer, 2013)도 신생 민주주의의 정치병행 현상에 주목하면서 이를 '어두운 면'으로 꼽았다. "폭력적인 집단 갈등으로부터 벗어나려 하는, 또 현존하는 갈등을 통제하려고 노력하는 신생 민주주의에서 (미디어와 정치의) 병행은 혼란을 조장하는 요인이다. 이렇게 분할된 사회의 경험은 불안정한 상황에서 언론의 자유, 그리고 표현의 자유의 한계에 대해 근본적인 문제를 제기한다"(Voltmer, 2013: 226. 괄호는 인용자). 볼트머가 보기에 이들 나라들은 민주주의의 연조가 짧은 만큼 갈등을 조절하는 기술도 수준이 낮다. 특히 신생 민주주의 나라들이 주로 겪고 있는 종족 문제, 종교 문제는 본질주의 성격이 강해 협상의 여지가 작다.

그러나 볼트머의 입장은 정치병행을 '주어진 현실'로 보아 개선 가능성을 모색하자는 쪽이다. 미국식의 중립적 객관주의 보도가 미디어의 전문직주의 모델로 널리 인정받고 있지만, 시야를 글로벌 차원으로 넓히면, 가장 보통이면서 가장 성공적인 모델은 오히려 미디어가 특정 정치 세력 또는 집단과 연계 맺는 병행이라고 한다(Voltmer, 2013). 웨이스보드(Waisbord, 2013) 역시 "언론이 정치적·경제적 이익을 멀리한다고 해서 민주주의가 더 잘 성취된다는 사고를 정당화할 만한 그 어떤 강한 (사상적) 토대도 존재하지 않는다"(p.51. 괄호는 인용자)고 주장한다. 그러나 볼트머는 단점을 장점 못지않게 주목한다. '어두운 면'에 대한 그의 해답은 '적'을 존중하면서 공적 토론의 포용성을 높이는 것이다. 다음에서 살펴볼, 극단(적 대립)성이나 갈등 비용을 줄이는 것만이 정치병행성의 장점인 다원주의를 극대화할 수 있는 방법이다.

2) 정치병행과 극(단)화

만약 진실이 있다면 또 진실을 쉽게 찾을 수 있다면, 이런 병행성에서 어느 한 측은 오류나 편향이 될 수밖에 없을 것이다. 그러나 정치야말로 이런 상반과 불일치, 진실 부재의 어려움이 상존하는 영역이다. 이와 닮은 언론 역시 그러하다. 특히 정치와 논조나 내용이 병행하는 언론이라면 이 유사성이 더욱 클 것이다. 영국의 언론평의회는 이를 다음처럼 담담하게 진술한다. "보수적 신문이 자신의 의견을 내면, 사회주의 신문은 이에 명확하게 반대한다. 둘 다 옳을 수는 없을 것이다. 그럼에도 불구하고 그들은 자신이 믿는 것을 주장할 수 있는 권리가 있다"(Press Council; Hampton, 2008: 485에서 재인용).

이렇게 '보수주의'와 '사회주의'(이들은 그저 하나의 대명사일 뿐이다)와 맞부딪히는 정치와 언론의 장에서는 갑자기 무소불위의 진실이 등장해 판을 가름하지는 않는다. 그렇다면 정치병행성은 알부케르크의 지적대로 어느 정도의 힘의 균형, 미디어-정치 간 관계의 안정성만 존재한다면 바람직한 현상일 수 있을 것이다. 정치병행이 공통적으로 나타난다고 해도 정도나 유형은 상당히 다양한 편이다. 특히 병행하는 세력 간 대립의 정도가 관건이다. 이를테면 프랑스나 이탈리아 같은 나라에서는 대립하는 세력 간 공역대가 작은 '극단'의 형태를 띠며, 정치 불신을 조장하는 부정성이 다른 나라보다 훨씬 높다. 독일이나 스위스의 미디어도 정치병행적이지만 갈등이 극단적이지 않다. 미국이나 영국은 중간이다(Esser & Umbricht, 2014a).[42] 이를 두고 핼린과 만치니는 지중해 지역의 '극(단)화된 다원주의' 유형을 분리해 낸다.[43]

이 유형이 갖는 규범적 함의는 다원주의는 바람직하지만 대립이 너무 극(단)화되어서는 안 된다는 것이다. 그러니까 문제는 정치와 언론이 병행하는 것이 아니라 병행 간 갈등이 너무 심해서 사실조차 왜곡하거나 집단 간 의견 차이가 너무 커서 교집합이 거의 없는 '극(단)화 polarization'다.[44] 이런 정치적 극(단)화가 둘로 나누어질 때 발생하는 '양극화'는 중간의 견해가 거의 없게 상반된 두 입장으로 의견 지형이 나누어지는 경우를 말한다. 대립이 이론적 최대치까지 확장된 상태이며,

---

42 최근에는 미국 역시 이런 유럽을 닮아가고 있다는 지적이 나온다. 19세기 때처럼 상업주의와 정치(적 당파)화가 결코 상호 배제적인 행위가 아니고, 이전에는 규범을 준수하는 일(중립적 입장)이 이제는 오히려 정직하지 않은 짓처럼 되어 버렸다는 것이다. 이를 두고 미국이 이전의 자유주의에 '극(단)화된'이라는 수식어가 붙은 혼종인 '극(단)적 자유주의 polarized liberalism'로 바뀌어 간다는 주장까지 나온다(Nechushtai, 2018).

43 핼린과 만치니는 극단화된 다원주의와 민주적 코포라티즘이 같이 정치병행성이 높다고 했지만, 이후의 여러 실증 연구들이 밝혀낸 바대로 그 정도는 민주적 코포라티즘이 훨씬 낮았다(Brüggemann et al., 2014; Kaiser & Kleinen-von Königslöw, 2019).

44 나는 지금까지 영어 '폴러라이제이션'을 '극(단)화'로 번역해 왔다. '양극화'도 있지만, 극(단)화가 의미를 좀 더 포괄하는 것 같았기 때문이다. 양극화는 경제적 차원에 국한해 관용적으로 많이 쓰이며, 용어적 측면에서는 따로 'bi-polarization'이 있기도 하다. 물론 앞으로 논의하는 바대로 이런 극(단)화가 '우리'와 '그들'이라는 대립적 두 부류로 사회를 나누는 포퓰리즘과 결합하게 되면, '양극화'가 확실하게 현상을 지칭하는 용어가 된다. 이 책에서는 그때그때의 쓰임에 따라 극(단)화와 양극화를 혼용하고자 한다.

내부로부터 계속해서 반대가 생성된다. 개개의 입장은 하나의 큰 주제 내에 집합되어 있고, 그 의견끼리는 연계성이 커서 내부를 응집시키지만, 외부에 대해서는 배타적이다. 이것이 이데올로기적 극(단)화다. 대립하는 집단 사이에 인종이나 민족, 종교, 세대, 지역 같은 구조적 차이가 존재하는 경우는 정체성에 기초한 극(단)화다(Dimaggio et al., 1996). 둘이 합쳐지면 적대성으로 발전하기 쉬운데, 앞서 본 '적대적 미디어 신드롬'이나 '초적대주의'는 이의 실례다. '초적대주의hyper-adversarialism'는 "정치에 중요한 사실들을 분명히 밝히거나 해명하는 것이 아니라 극적dramatic이면서 군중 유희용 경쟁을 추구하는 언론인들의 공격적이고 대립적인 입장"(McNair, 2009: 244)이다.

최근의 극(단)성은 대체로 다음 네 가지 양상으로 벌어지는 경우가 많다(Friedland & Hove, 2016). 첫째, 극(단)화는 지역적·문화적·이데올로기적·인종적 선을 따라 나타나는 정체적 균열을 반영한다. 최근에는 경제적 불평등도 중요한 균열의 선이 되었다. 둘째, 교육은 이차적 극(단)화 현상을 낳아 교육을 많이 받지 못한 층은 사실에 기반을 둔 담론조차 거부한다. 셋째, 극우파의 이데올로기적 반향실 역할을 하는 자기 폐쇄적인 미디어가 많이 늘어났다. 폭스 뉴스를 많이 시청하는 층은 실제 정치 지식이 낮았다. 넷째, 극(단)화는 권위주의의 부상과도 관련이 있다. 이들은 합리적·공적 판단을 방해한다. 이런 극단을 조장하거나 이에 편승하는 언론은 가장 불공정한 언론이라 해도 과언이 아니다.

미디어·언론이 급증하는 최근의 상황에서 이런 극(단)화가 조장되는 현상은 물론 잘 이해가 된다. 과거의 독(과)점된 형태에서는 아무래도 '더 많은 수용자'를 위해 중앙으로 몰렸지만(Ognianova & Endersby, 1996), 지금처럼 난립한 상황에서는 언론이 포괄하는 정치적·이데올로기적 범위가 넓어지기 마련이다.[45] 의제에서도 자신의 구독자(시청자)가 좋아하는 정당의 메시지가 더 많이 채택된다는 것은 당연한 노릇이다(van der Pas et al., 2017). 문제는 중간이 사라지면서 양극단이 팽창하는 의도하지 않은 효과가 나타난다는 점이다. 객관주의 영향으로 중간적 위치에 몰려 있던 미국 저널리즘에 폭스 같은 극단적 방송이 인기를 얻으면서 이런 우려가 커졌다(Stroud, 2010). 사실 이전부터 정치병행성이 있던 유럽에서는 상대적으로 이런 극(단)화의 증거가 발견되지 않는다(van Aelst et al. 2016).

그러나 베넷과 아이엥거(Bennett & Iyengar, 2008)의 테제식 진단에도 이 부분이 등장한다는 것은 극(단)화가 전 세계적으로 확실한 징후가 되고 있음을 보여 준다. 문제는 극단에서 오는 적대를 줄일 수 있느냐는 것이다. 갈등을 없애는 것은 가능하지도 바람직하지도 않지만, 그 적대성을 완화시키는 것은 대부분 논자들이 원하는 것이다. 이에 대한 민주주의자, 특히 숙의민주주의자들의 해법은 서로의 주장을 완화해 공동의 장을 만드는 간접적 방식이다. 이를테면, 주장이나 지평은 서로 다르다 해도 큰 틀에서 행동은 같이할 수 있는 '실행적 일치workable agreement'나 상대방의 주장에 동의하지는 않지만 그 가치까지 부인하지는 않는 '규범적 메타합의normative meta-consensus' 같은 것이다.[46] 이런 갈

---

45 물론 이는 개별 나라나 사회의 조건에 따라 달라질 수 있을 것이다. 정당 또는 정치 세력에 대한 대중적 지지의 정도, 미디어 시장의 경쟁 정도, 미디어에 대한 신뢰 정도, 인터넷을 비롯한 뉴 미디어의 보급 정도 등이 이 조건이 될 것이다. 이에 따라 더 많은 수용자를 위해 정파성이 줄어든다는 관찰도 있고, 특정 수용자층에 충성하는 맞춤식 병행이 변화된 시장에 어울린다는 지적도 있다. 경우에 따라서는 양자가 모두 나타나는 역설적인 상황도 있을 수 있다(Voltmer & Sorensen, 2016).

46 이를테면, 선거·투표 같은 공동의 정치 행위, 그 결과에 대한 합의와 승복, 헌법의 준수 등을 말한다. 이는 롤스식으로 말하면 일종의 '합당성'reasonableness의 틀 같은 것이

등 관리 방식이야말로 극단적 적대를 온건한 경합으로 바꾸어 갈등의 비용을 줄이고 사회를 건강하게 조절할 수 있게 해 준다(Dryzek, 2013).

이탈리아처럼 이런 적대 자체가 하나의 문화로 정착되는 경우도 생각해 볼 필요가 있을 것이다.[47] 이탈리아에서는 다른 나라에서 점증하는 이런 경향성(정치병행성이 하나의 흐름일 수 있는 해석적 보도의 증가 추세)이 1960년대나 2000년대나 큰 차이 없이 한결같다. 정말 '문화'인 것이다(Esser & Umbricht, 2014a, 2014b). 이 점에는 이탈리아의 저널리즘이 엘리트들의 무대인 점이 감안되어야 한다. 엘리트들에게 이런 분화나 병행은 그렇게 큰 문제가 아니다. 여기에서도 중요한 것은 갈등의 존재 유무가 아니라 이를 어떻게 관리하는가다.

3) 극(단)화와 진영화

비교정치학에서 이런 극(단)화, 양극화는 "사회 속에서 정상적으로 존재하는 차이의 다양성이 하나의 차원으로 배열되고, 교차-횡단적 차이가 강화되고, 점점 더 사람들이 정치와 사회를 '우리'와 '그들'로 인식하고 기술하는 과정"(Somer & McCoy, 2019: 13)으로 정의된다. 나중에 자세

다. 롤스는 이런 '옳음'의 바탕(기본적 전제) 위에서 '자유사회주의'나 '재산소유민주주의' 같은 특정 가치('좋음')의 주장들이 꽃필 수 있다고 주장했다(Rawls, 2005/2016). 합당성은 민주 사회라면 반드시 갖춰야 하는 일종의 기본 조건 같은 것이다.

47 이를 따로 '정치커뮤니케이션 문화'로 개념화할 수도 있다. 정치커뮤니케이션 문화는 "정치커뮤니케이션의 특정 대상을 향한 정치적 메시지의 생산 시스템에서 경험적으로 관찰 가능한 행위자들의 성향이다. 이는 정치 행위자들과 언론 행위자들이 그들의 공통적 정치적 공중과 관련하여 커뮤니케이션하는 방식을 결정한다"(Pfetch, 2004: 348). 한국의 정치커뮤니케이션에서 최근 크게 늘어난 막말과 극단적 표현은 적대의 한 단면이다.

히 살펴볼 포퓰리즘의 어휘로 바꾸면 '부패한 엘리트들'과 '고통받는 보통 사람들'의 이분화다. 정치 차원에서 비롯되지만, 극(단)화의 정도가 커지면 앞서 본 정체성의 양극화와 비슷한 '사회적 양극화,' 활동 공간까지 달리하는 '공간적 양극화,' 삶의 모든 부문에서 공존이 어려운 '정서적 양극화'로 발전하기도 한다. 이런 양극화는 신생 민주주의에서, 그리고 최근에는 성숙한 민주주의들에서도 자주 나타나는 현상이다.

이런 극(단)화의 이유로 건국이나 민주화 같은 역사의 결정적 시점에서 나타난 '형성기 균열formative rifts'이나 전통적인 좌-우파 구분 같은 것을 많이 꼽지만, 사례를 살펴보면 꼭 그렇지만도 않다. 특정 사안이나 인물, 단순한 정치적 주의·주장, 경제적 이데올로기, 종교 같은 문화적 불만 같은 것도 계기가 된다. 여기에 절충이 어려운 역사적 균열이 동원되고 가세할 경우 갈등의 골은 훨씬 깊어진다. 이런 양극화의 속성을 꼽아 보면 다음과 같다(McCoy & Somer, 2019). 개별 속성에 대한 보충적 설명은 내가 붙였다. 여기서 양극화는 진영화로 바꾸어도 큰 무리는 없을 것이다.

(1) 다중적으로 존재했던 균열이 하나의 지배적인 균열 또는 경계선으로 바뀜으로써 사회 전체가 두 개의 적대적 진영으로 분할됨: '우리'와 '그들'로 사회 전체가 재편성되면서 갈등의 정도가 심해짐. 이 점이 다른 갈등과 양극화의 차이임.

(2) 두 진영의 정치적 정체성은 구성원들이 자신이 하나의 '팀'에 속해 있다고 느끼고 그것에 대해 강한 충성심을 보여 줌으로써 사회적 정체성으로 발전됨: 정치적 정체성이 범위가 넓은 사회적 정체성으로 발전.

(3) 그러한 정체성을 중심으로 정치적 요구와 이해관계가 형성됨: 이런 요

구나 이해관계는 원래의 것보다 강도가 훨씬 세어짐.

(4) 두 진영은 도덕적 차원에서 '선'과 '악'의 성격을 띰: 마니교적 선악 이분법에 의존하므로 상대와 협상이나 절충의 여지가 크게 감소함.

(5) 두 진영의 정체성과 이해관계가 상호 배타적이고 적대적인 것으로 간주되고, 이 집단 사이에 공통적 관심사가 발생할 가능성이 부정됨: 감염병(최근의 코로나)처럼 모두에게 완전히 똑같은 사안인 경우에만 예외가 됨.

(6) 집단 내에서는 응집력이 커지는 반면, 집단 간 갈등과 적개심은 더 커짐: 내 것에 대한 찬성이 아니라 상대방에 대한 반대, 곧 부정적 당파성이 주 정체성이 됨. 때로 상대에 대한 적개심을 키워 응집력을 키우고 내부 비판을 사라지게 만듦.

(7) 직접적인 의사소통 및 사회적 상호 작용의 부족에 따라 외부 집단에 대한 고정관념과 편견이 만들어짐: 상대의 단점만, 그것도 가장 극단적인 사례를 골라서 편견화함. 심지어는 가짜 뉴스까지 통용시킴.

(8) 중심 또는 중간은 없어지고 양극화된 진영은 사회의 모든 개인과 집단을 하나 또는 그 반대로 분할하려고 시도함: 중간은 꼭 옳아서가 아니라 양극화의 불통gridlock이 커지지 않게 완충 지대의 역할을 해 주기 때문에 중요함. 그러나 주변으로부터 소외를 피하기 위해 중간 집단은 점차 자신의 정체성을 거부하고 양 극단의 하나로 흡수됨.

(9) 미디어를 포함해 대부분의 기관들이 소유권, 경영진, 구성원의 변화뿐만 아니라 담론적 변화를 통해 공적·정치적 담론의 중간 지대를 약화시킴으로써 한 블록 또는 다른 블록의 지배를 낳음: 미디어는 이런 풍조를 일종의 공포 전략으로 삼아 상업적으로 활용함.

(10) 대립적 관계는 양극화된 집단의 공간적·심리적 분리로 나타남: 마치 영남과 호남, 서울의 강남과 강북처럼 공간조차 분리하고 정치적으로 상대

에 반대하는 것뿐만 아니라 심리적·정서적으로도 싫어하게 됨.

사회에 존재·교차하는 여러 균열들이 하나로 중첩되면서 사회 전체가 대립되는 두 개의 진영으로 나뉘고, 진영 사이 교류나 소통은 없어지는 양극화가 민주주의에 심각한 위기가 되는 것은 당연할 것이다. 이런 양극적 진영화에는 크게 세 가지 패턴이 발견된다(McCoy & Somer, 2019). 첫째는 엘리트 내 권력 투쟁의 일환으로 체제 지향적인 것이고, 둘째와 셋째는 대중의 집단 행위를 토대로 기존 정치를 변화시키고자 하는 것으로 각각 '배제적인 것'과 '포용적인 것'이 있다. '배제적인 것'은 외부적인 것을 배제할 목적으로, '포용적인 것'은 이전에는 주변화되었던 집단들을 포용할 목적으로 양극화가 조성되는 것이다. 양극화에 대한 평가는 대체로 부정적이지만, 셋째 유형에서는 긍정적인 사례도 발견된다.

긍정적(진보적·포용적) 진영화는 정치 참여를 진작시키고 투표 행위를 단순화시키며 정당의 지위를 강화한다(McCoy, Rahman & Somer, 2018). 전체적으로 민도가 떨어지고, 정치 전반에서 정당의 비중이 약하며, 정치에 대한 효능감이 높지 않은 사회에서 진영화는 상당히 긍정적인 효과를 낳을 수 있다. 특히 약자의 처지로 민주적 개혁을 도모하고자 할 때는 진영화가 내부의 차이를 없애고 역량을 총동원하는 유력한 전략이 될 수 있다(Stavrakakis, 2018). 이른바, '민주 대연합' 같은 것을 말한다.[48]

---

48 민주 연합적 양극화가 성공하려면, 크게 두 가지 요건이 필요하다(LeBas, 2018). 첫째는 어느 정도 세가 균형적이어야 한다는 점이다. 현저하게 세가 미달하면 이런 양극화는 성공할 수 없다. 둘째는 기존에 있던 국가적 차원의 귀속적 균열, 예를 들어 인종적·민족적·종교적 균열 같은 것이 없어야 한다는 점이다. 민주 연합이 만드는 '민주 대 반민주'의 구도에 다른 강한 균열이 개입하면 양극화가 만들어지기 어렵다. 많은 신생 민주주의에서, 특히 경

정치학자 댄 슬레이터Dan Slater(2013)의 도식화에 따르면, 민주주의의 유력한 경로 중 하나는 일반적 통념과 달리 수평적 책무성이나 권력의 분산적 정도는 낮지만, 상대적으로 유권자를 크게 의식해 수직적 책무성은 높은 포퓰리즘 체제[49]다. 권위주의 체제가 민주화되면 먼저 의회나 사법부의 독립 정도만 보장하는 낮은 수준의 민주주의, 곧 '소수 지배 체제oligarchy'로 가게 된다. 여기에서 순탄하게 발전하면 루소의 길

제 사정을 비롯해 제반 여건이 어려운 나라들에서 정치 개혁이 성공하는 데는 대중 동원(내부 분열의 극복)과 민주주의 교육을 가능케 했던 이런 양극화 전략이 주효했기 때문이다.

49 포퓰리즘이란 용어가 이미 나온 바 있으므로 혼동될 수 있을 것이다. 여기에서 포퓰리즘은 정치 체제의 일종이다. 앞서 '미디어' 포퓰리즘과 구분하기 위해 포퓰리즘 '체제'로 썼다. 물론 양자는 많은 부분을 공유한다. 여기에서 포퓰리즘 체제는 개인(소유)과 시장이 중심이 되는 자유민주주의의 엘리트·제도적 성격을 비판하면서 피플the people(인민 또는 민중)을 내세우는 민주주의의 한 모델로, 특정한 주장이 있는 '주의ism'라기보다는 일종의 스타일·대중 운동에 가까운 것이다(Waisbord, 2012, 2018). '중심이 얇은thin-centered 이데올로기'로 다른 것과 잘 결합하는 기생적 성격이 있다(Mudde & Kaltwasser, 2017/2019). 슬레이터(Slater, 2013)는 포퓰리즘을 '소수 지배 체제'에 대립시켜 유권자에 대한 수직적 책무성이 강하지만, 상대적으로 수평적 책무성이 약한 체제 일반으로 설정한다. 웨이스보드의 포퓰리즘과 약간의 차이는 있지만, 민주적 효능성이 강하다는 합리적 핵심은 공유한다. 다음 표를 보면 민주주의와 권위주의 사이에서는 '민주주의의 공고화냐 붕괴냐'의 축이, 포퓰리즘과 소수 지배 체제 사이에서는 '소수냐 다수냐'의 축이 적용된다. 물론 개별 나라의 특성에 따라 이 두 책무성이 배합되는 정도는 달라질 것이다. 포퓰리즘에 대한 이런 사고는 이를 '대중영합주의'쯤으로 폄하해 거센 비판을 퍼붓는 주류 미디어와 사뭇 다른 것이다.

민주주의 구분과 책무성의 종류

구분		수평적 책무성	
		강함	약함
수직적 책무성	강함	(성숙한) 민주주의 체제(루소)	**포퓰리즘 체제**(마키아벨리)
	약함	소수 지배제	권위주의 체제(슈미트)

* 출처: Slater, 2013: 745에서 그림 3을 표로 전환. 괄호 안은 슬레이터가 제시한 대표적인 논자.

을 따라 성숙한 여론 정치로 갈 수 있겠지만, 경제 사정을 비롯해 기반 조건이 좋지 않으면 소수 지배 체제로 정체되어 '결함 민주주의defective democracy'에 머무르거나 최악의 경우 권위주의로 회귀하게 된다. 이보다 나은 가능성이 마키아벨리를 따라 포퓰리즘 체제로 가는 것이다(주 48 참조).

그러나 포퓰리즘 체제의 경우, 민주주의의 효능성은 상대적으로 높아지지만, 다수의 전횡과 즉흥의 문제(위임민주주의)[50]를 노정시킬 수 있다. 경쟁의 수위 여하에 따라 정파 간(다수 대 소수, 민중 대 엘리트) 공존 자체가 위기에 봉착하고, 사회 전체가 큰 혼란에 빠지면서 비민주적·비자유적 해결책에 대한 유혹이 커지게 된다. 상대가 이겨야 할 '경쟁자'가 아니라 없애야 할 '적'이 되면, 한 나라, 한 사회를 같이 유지하기가 어려워지는 것이다. 또 진영이 폐쇄적 '부족tribalism'으로 바뀌면서 내부 비판이 어려워지고, 모든 전략이 상대를 부정·적대하는 것으로 바뀐다. 내가 잘하는 게 아니라 남의 잘못을 틈타고, 내 편에 대한 지지보다는 상대편에 대해 반대하는 게 선거의 유효한 전략이 된다.[51] 갈등을 완화하고 협상이나 절충을 가능하게 해 주는 중간 집단은 계속해서 압력

---

50 위임민주주의를 비롯한 다양한 결함민주주의에 대해 내가 참고한 문헌은 묄러와 스카닝의 연구(Møller & Skaaning, 2010)다. 러시아를 비롯해 1980년대 이후 민주화된 많은 나라가 완전한 민주주의로 가지 못하고 결함이 있는 상태에서 정체되고 있다.

51 이 경우, 상대에 대한 '적개심antipathy'이 투표 선택의 유력한 설명 요인이 된다. 미국을 예로 들면, 1994년에는 공화당원의 21%, 민주당원의 17%만이 상대에 대해 '높게 비우호적인' 태도를 보였지만, 22년이 지난 2016년에는 그 비율이 각각 58%, 55%로 크게 상승했다. 또 상대의 정책을 '위협적'으로 느끼는 비율은 2년 만에 각각 8%, 10%로 올랐다(Pew Research Center, 2016; McCoy, Rahman & Somer, 2018: 30에서 재인용). 이는 양극화가 상당히 정서적이면서 부정적인 형태로 진행된다는 것을 말해 준다.

을 받아 양측으로 흡수되어 버린다. 엘리트 간 내부 투쟁이나 체제 유지·배제적 양상으로 양극화가 될 경우, 이런 현상이 더욱 커짐은 두말할 나위가 없다.

이런 비교정치학의 추론 과정에서 지속적으로 주목되는 것은 미디어의 행태다. 대체로 이들 나라에서 미디어는 중간을 부정하고, 어느 한편에서 상대 진영에 대한 부정적인 캠페인을 일삼으며, 단순하고 사소한 계기들을 큰 갈등으로 비화시킨다. 특히 소셜 미디어 저널리즘에서는 가장 기초적 준칙인, 쉽게 확인이 가능한 사실까지 이런 적대적 갈등의 대상이 됨으로써 민주적 제도 전반에 대한 불신의 정도를 크게 높인다. 이를테면 오바마 대통령이 미국에서 태어났는지 아닌지, 방글라데시에서 한 종교인의 얼굴이 달에 나타났는지 아닌지 같은 것을 말한다(Somer & McCoy, 2018). 그리스처럼 위기에 처한 나라에서 주류 미디어들이 포퓰리즘에 대해 보여 준 '비인간적 수사dehumanizing rhetoric'나 시위현장에 모인 대중에 대한 비하적 표현들 — (경멸적 의미로) '서민들,' '대중,' '군중,' '폭도들' 등 — 도 이의 전형이 될 만하다(Stavrakakis, 2018). 플러스적 긍정보다 마이너스적 부정이 더 많이 정치적 결정을 주도해 극(단)화가 조장되어 온 미국의 비토크라시(Fukuyama, 2015)에서도 저널리즘의 객관성·중립성 정도는 지속적으로 낮아지고 있다. 대체로 진영화가 심한 곳에서 미디어의 역기능은 거의 빠지지 않고 언급된다.[52]

이에 대한 해결책은 역시 사회 전반적으로 반양극화 태세를 확립

---

52 물론 미디어가 홀로 그런 분위기를 만들었다고 볼 수는 없다. 오히려 사회적 분위기 때문에 미디어가 그렇게 되었다고 보는 측면이 강할 것이다(Voltmer, 2013). 그러나 나라나 사회에 따라 미디어의 비중은 차이가 있다. 미디어의 권력화가 운위되었던 한국에서 미디어는 조금이라도 더 능동적 측면이 있다.

하는 것이다. 매코이와 소머(McCoy & Somer, 2019)는 크게 세 가지 방안을 제시하는데, 약간만 응용하면 미디어에도 쉽게 적용될 수 있다. 첫째는 헤게모니를 쥔 정당이 내부적 개혁을 통해 더 민주화되는 것이다. 미디어는 이런 개혁을 장려·고무한다. 둘째는 반대 정당에도 같은 개혁을 유도하면서 선거 제도를 통해 갈등을 흡수하는 것이다. 선거 제도가 적절하게 국민을 대표할 수 있게끔 바뀌고 갈등이 사유화되지 않게끔 통제되면 제로섬 게임의 극(단)화가 줄어들 수 있다. 미디어 역시 부정이나 고발 일변도의 선정주의 행태를 버리고 포지티브 캠페인으로 이를 도와야 한다. 셋째는 참여를 도모하는 여러 균열을 위해 이를 정치적으로 대표할 수 있는 다원적 정당 체제를 건설하는 것이다. 이원적 정당 체제는 양극화가 재연될 수 있는 '원료'나 다름없다. 비유적으로 말해 오바마와 트럼프 사이를 오가면서 "날것 그대로의 통제되지 않은 적대를 넘어 경합적인 중간 방법을 구성할 수 있는 능력"(Starvrakakis, 2018: 56) 곧 교차 지식인, 중간 집단을 권장하고 이들의 역할을 크게 하는 것 또한 같은 맥락이다.

5. 미디어의 권력화

1) 권력: 개념적 논의

권력[53]은 사회과학에서 오랫동안 논의된 바 있는 이른바 '본질적으로

53 파워power는 일반적으로 '힘,' '역능' 또는 '권력'으로 번역되어 쓰인다. 아마도 사회

경합적인 개념essentially contested concept' 중 하나다. 이 개념론을 처음 제기한 갈리에(Gallie, 1956)에 따르면, '본질적으로 경합적인 개념'은 다음과 같은 일곱 가지 특성을 갖는다. 첫째, 개념을 논의하는 것 자체가 규범적으로 평가적 측면을 갖고, 둘째, 개념 내에 긴장과 상충이 있는 복합성을 띤다. 셋째, 다양한 기술(가능)성과, 넷째, 다양한 해석에 열려 있는 개방성이 있고, 다섯째, 경쟁하는 인자 사이에 개념이 경합적 특성이 있음을 서로 인정한다. 여섯째, 개념의 의미를 어느 정도 고정할 수 있는 전형exemplar이 있어 개념이 완전히 표류하지는 않고, 마지막으로 일곱째, 개념 해석을 위한 경쟁이 더 큰 일관성을 낳는 발전적 형태를 띤다. 갈리에는 이 개념의 전형으로 '민주주의'를 꼽았지만, 권력 역시 본질적으로 이런 경합적 개념임에 틀림이 없다.

오랜 연구사를 가진 권력론에서 현대적 논의의 시초는 권력의 다층성에 주목해 이를 세 차원으로 나눈 스티븐 루크스Steven Lukes(2005, 초판 1974)로 볼 수 있다. 루크스는 이 책에서 잘 알려진 막스 베버의 '지배' 개념 속에 행동주의적 사고로는 파악하기 어려운 권력의 깊은 측면이 내재해 있음을 제기한다. 베버의 권력은 정치학자 로버트 달Robert Dahl의 해석대로 사실상 타인에 대한 지배(domination; pouvoir; power over)다. "A는 B에게, 시키지 않았다면 B가 하지 않았을 일을 하게 한다"(Haugaard, 2015: 2에서 재인용). 이런 지배 개념은 결정하는 행위(1차원) 없이도 원하는 목적

과학에서는 자연적 물리력을 조금이라도 연상시키는 힘보다는 권력이나 역능으로 번역되어 쓰이는 경우가 더 많을 것이다. 그러나 우리말, '권력'에 드리워진 부정적 함의는 이 개념의 다양한 해석을 가로막는 주요 이유가 되어 왔다. 특히 스피노자나 아렌트, 기든스, 푸코 등으로 이어진 긍정적(또는 주체적) 해석과 권력 용어는 어울리지 않는 점이 많다. 그런 점을 반영해 이 책에서는 권력과 '힘'을 혼용한다. 여기서 힘은 중립적인 표현으로 일종의 에너지, 역능이다.

을 달성할 수 있는 '무결정의 결정decision of nondecision'(2차원)이나 아예 처음부터 피지배자의 의식 자체를 저항하지 않게끔 만들어 버리는 이데올로기(허위의식)의 조장(3차원) 같은 더 깊은 차원으로 나아간다. 특히 마지막 차원은 의도를 관철시키는 A의 역능이 아니라 스스로 자신의 의지(이해)를 발견하지 못하게 하는 B의 무능 또는 불능으로까지 권력 개념을 확대시킨 것이다. 스콧(Scott, 2001)이 권력 연구의 '두 번째 흐름'으로 명명한 일군의 연구들이 제시한 권력관, 곧 권력을 "특정한 행위자가 놓여 있는 사회관계의 장場의, 그리고 서로 협력하는 행위자들의 전체 시스템의 집합적 속성"(p.9)으로 주제 영역이 확장된 것이다.

그러나 루크스의 약점은 그가 30년 후의 개정판 등에서 밝힌 바처럼 푸코 등의 새로운 권력 개념, 곧 지배가 아닌 역능으로서의 권력(empowerment; puissance; power to)의 면모, 권력의 생산적이면서 창조적인 힘을 경시한 것이다. 이 권력은 '남에 대한 지배'가 아니라 '스스로에 대한 의지'로 갖는 힘이다. 이를 하우고르는 '구성적 권력'이라고 부른다(Haugaard, 2012, 2015). 하우고르는 지배로서의 권력이 사회를 '갈등'으로 보는 관점에서 나왔다면, 구성적 권력은 '합의'의 관점의 산물이라고 주장한다. 스피노자나 아렌트, 탤컷 파슨스, 기든스, 하버마스 등은 A의 얻음이 B의 손실로 이어지는 베버의 제로섬 게임적 시각을 탈피한다.[54]

지배의 권력이 제로섬 게임의 갈등 속에서 일정한 강제를 통해 권력을 추구한다면, 비지배 권력은 합의를 통해 공동으로 목적을 추구한

54 하버마스는 '커뮤니케이션 권력론'에서 근대 권력이 정당성을 얻을 수 있는 방법을 제시한다(Flynn, 2004). 기든스(Giddens, 1985; Fuchs, 2015: 5에서 재인용)에게 권력은 다른 사람들이 이의를 제기할 수 있는 경우에도 현상의 경과를 효과적으로 결정하는 능력, 곧 어떤 방식으로든 벌어진 사건에 개입할 수 있는 능력, 곧 '변화의 힘'이다.

다. 후자에서 권력은 사회 체제에 의해서 만들어지며, 행위자에게 행위의 역능을 부여하는 포지티브섬 게임이다. 이는 지배가 아니라 합의나 공유에 의한 집단적 권력이다. 이 두 관점은 현대 권력이 가지는 복잡성의 단면을 잘 보여 주는 것으로, 지배와 합의를 교차하면서 "권력의 구조(제도)와 실천(행위), 권력의 대상과 주체를 연결하는 권력의 변증법적 과정"(Fuchs, 2015: 3)에 대한 인식이 필요함을 상기시켜 준다. 하우고르(Haugaard, 2012)는 지배가 합의에 '기생한다parasitic'고 한다. 합의의 가능성이 조금이라도 없다면 지배 또한 성립하지 않는다는 것이다. "권력의 행사에 순응하는 대상자에게 서로의 힘을 일치시킬 수 있는 잠재성을 보여 줄 수 있다면, B는 지배의 행사에 기초한 구조적 구속을 받아들이는 것이 타당하다. 쉽게 말해, 당신은 짧게 사람들을 속일 수 있지만, 항상 그렇지는 않다"(p.51). '편향'(동원; 지배)을 '조직'(구성; 합의)과 연결시키는 정치학자 샤츠슈나이더(Schattschneider, 1975/2008)의 혜안 역시 이와 관련 있다. 미디어학자 카스텔스(Castells, 2013/2014) 역시 지배와 합의를 절충하는 것이 권력을 연구하는 좋은 방법적 '도구'가 된다고 한다.

2) 미디어 권력의 차원과 형식

미디어가 권력과 친화적이라는 해석 또는 주장은 그렇게 새로운 것이 아니다. 일찍이 미디어의 위상은 중세 가톨릭의 그것에 비견된 바 있고(Curran, 1979), '제4부'니 '제4의 권력'이니 '감시견'이니 하는 예전부터 쓰여 온 미디어의 별명들 자체가 이미 미디어의 기능이 "사회 내의 권력이나 통제와 연관되어 있고, 권력과 미디어 관계가 지닌 보편적 중요성을 반영"(Splichal, 2002: 8~9)하기 때문이다. 기능론이나 효과론 등의 이름으로 전개된 그간의 미국식 경험 연구 역시 궁극적으로는 미디어가 가진 힘에 대한 연구로 볼 수 있다.

그러나 그렇다고 미디어 권력의 정체가 충분히 밝혀졌다고 볼 수는 없다(Freedman, 2014b). 이른바 독립 변인으로 미디어의 영향과 힘이 가진 정도에 대해서는 합의된 것이 거의 없다. 이를테면 그것이 자율적으로 발휘되는지, 다른 영향과 연계되어 행사되는지, 또 내부 속성(의 발현)을 통해 나타나는지, 아니면 사회를 구성하는 제도나 과정의 하나로 집합적 형태로 행사되는지, 그 권력이 과대 평가되는지 반대로 평가절하되는지, 소유하는 '자원'으로 표현되는지 아니면 그것이 맺는 '관계'로 행사되는지를 말한다. 앞서 본 지배냐 역능이냐에서 어느 쪽에 가까운 것인지, 권력이 행사될 때 과연 의도나 자의식이 있는지도 의문을 자아낸다. 물론 대부분의 민주 사회에서 미디어가 힘을 가진다는 것 자체는 일종의 관행적 전제에 가깝다(Corner, 2011).[55]

미디어 권력을 논의할 때, 가장 먼저 떠오르는 것은 시장지배력을 가진 미디어(인)의 존재다. 세계적인 미디어 '영주' 루퍼트 머독이 소유주인 뉴스사News Corp.는 '폰 해킹 스캔들phone hacking scandal'로 잘 알려진 바대로 자신의 우세한 시장 지위를 활용해 정부나 기업 같은 대표적인 권력체들과 정보·의제 등을 공유하며 막후에서 상당한 영향력을 행사했다. 이들의 권력은 가장 강한 의미에서 '상징적 폭력'으로 부를 수

---

55 권력의 양이 어느 정도냐를 알아보는 척도도 있다. 이를테면, 권력이 '하나의 이슈에 국한되느냐, 여러 이슈에 두루 적용되느냐,' 관철 여부가 '주어진 맥락에 따르느냐, 그렇지 않느냐,' 꼭 '의도를 동반하느냐, 의도가 없어도 원하는 대로 되느냐,' '적극적 행위에 의한 것이냐, 소극적으로도 얼마든지 권력을 관철하는 '향유'가 가능하냐' 같은 것이다(이 기준들은 Lukes, 2005 참조).

있는 통제를 달성·유지하기 위해 의도적 전략을 따라 수행되었다.

민주 사회에서 권력은 선출의 절차를 거쳐야 하므로 이 권력이 민주주의에 도움이 될 가능성은 사실상 매우 낮다.[56] 민주주의와 미디어가 권력을 창출하고, 유지·일신하는 과정이 완전히 다르기 때문이다. 경제적 활동을 위주로 하는 '기업'이지만, 미디어 활동이 경제적 영역에 한정된다고 생각하는 사람은 거의 없다. 잘 알려진 톰슨(Thompson, 1995)의 통찰대로 오히려 미디어는 개별이든 집단이든 비미디어 영역과 일정하게 차별화될 수 있는, 우리의 의식과 사고에 영향을 미치는 상징 차원의 권력을 갖는다. 톰슨은 미디어 권력이 "상징적 형식의 생산과 배급을 이용해 현상의 경과에 개입하고, 타자의 행위에 영향을 미치며, 종국에는 현상 자체를 창출하는 능력"(p.17)으로 정의한다. 교회, 학교, 대학, 박물관, 극장 같은 문화적 제도들이 갖는 정보와 커뮤니케이션의 수단이 권력의 자원이며, 이 자원은 다른 권력이 작동할 수 있는 터전이나 조건이 된다. 정치, 경제 등이, 또 역사가 오래된 종교나 노동조합 등이 권력적 자원을 균점하는 가운데 미디어 역시 이들의 새로운 일원이 된다.[57]

영국의 미디어학자 닉 콜드리Nick Couldry(2000)는 톰슨을 따라 미디

---

56 영국의 언론 역사를 8판을 거듭하면서 치밀하게 서술하고 있는 커런과 시튼의 유명한 책 제목이 바로 "책임 없는 권력power without responsibility"(Curran & Seaton, 2018)이다. '가능성이 낮다'고 표현한 것은 책임을 다하지 않는 경우에도 이를 제재할 수 있는 제도적 수단이 없기 때문이다.

57 예컨대 다음의 인용을 보라. 일반 시민들이 느끼는 미디어의 권력적 '됨됨이'다. "(언론인은) 단순히 정치적·경제적 과정과 권력의 사이트를 보도하는 것만이 아니다. 그들은 그것에 깊이 연루되어 있다. 그들은 권력의 엘리트 사이트에서 형성되는 정보 네트워크의 물리적 구성 요소 중 하나다. 또한 주요 미디어 주체들과 청중으로 구성된 정보원들sources 사이를 끊임없이 오가면서, 엘리트들의 정보 교환 및 대화 회로의 일부분이 된다"(Davis; Freedman, 2014b: 326에서 재인용).

어 권력을 "제도적 구조, 표상의 형식, 미디어 테크놀로지에 대한 접근권, 그리고 정치적 권위와 시민적 참여의 전반적 이슈들의 상호 작용"(p.4)과 밀접한 연관을 맺는 조건적contingent 권력으로 정의한다. 푹스(Fuchs, 2015)의 지적처럼 미디어 권력은 때로 상징에만 국한되지 않고 정치·경제적 권력으로 직접 나타나기도 한다. 최근 플랫폼 산업으로 미디어 시장에 개입하고 있는 구글이나 페이스북, 애플 같은 세계적 대기업이 그 예가 될 것이다. 정치병행성으로 정치에 참여하는 언론은 상징권력보다 오히려 일차적 정치권력을 생산하는 데 기여하는 것으로 볼 수 있다.

이런 미디어 권력이 무정형적으로 형성·행사되지는 않는다. 일정한 방향성이 예비되기 마련인데, 커런(Curran, 2002)은 지배적(엘리트) 권력과 친화적인 요인 11가지와 이를 상쇄시키는 요인 7가지 사이의 역학이 이를 결정한다고 한다. 지배적인 요인은 ① 국가 검열, ② 시장 진입의 높은 장벽, ③ 미디어 집중, ④ 대기업의 소유, ⑤ 대중 시장의 압력, ⑥ 불평등한 소비자, ⑦ 광고주의 영향, ⑧ PR 활동의 부상, ⑨ 뉴스 관행과 뉴스 가치, ⑩ 불평등한 자원, ⑪ 지배적 담론 등이다. 반대편의 것은 ① 문화적 힘, ② 국가 강화, ③ 미디어 규제, ④ 출처의 권력, ⑤ 소비자의 힘, ⑥ 제작자의 힘, ⑦ 고용 전문인의 힘 등이다.

대체로 미디어는 자본주의적 계급 관계에서 연유하는 불평등 사회에서 국가(자본 친화적)와 대기업, 집중된 시장과 광고주, 부유한 소비자, 지배적 담론 등 지배층과 다양한 차원과 층위에서 연관을 맺으며, 그런 만큼 이들과 밀접하다. 그러나 이의 반대편에는 국가(민주주의적)·시장 규제(소유·점유 규제)·다수를 이루는 소비자·고용된 전문인·대항 담론 등이 있으므로 미디어 권력의 향방은 이들 사이의 역학에 의해 결정된다. 국가는 한편으로는 엘리트와 대기업의 편을 들지만, 다른 한편으

표 5. 미디어 권력의 다양한 차원과 형식

미디어 권력의 차원	미디어 권력의 형식	미디어 대안 권력의 형식
경제적 미디어 권력	• 높은 진입 장벽과 운용 비용(플랫폼 산업) • 미디어 집중 • 사적 미디어 소유 • 광고를 통한 자본의 영향 • 시장 압력을 통한 내용의 동질화 • 부유층에 대한 어필 • 경제적 자원의 편향적 분배에 따른 경제적 엘리트의 미디어 지배	• 공적 미디어 기업, 풀뿌리 미디어·대안 미디어에 대한 공적 재원 • 미디어 전문인의 권력(비판적 저널리즘, 심층 탐사 보도) • 소비자의 권력(모금에 의한 대안적 미디어 지원)
정치적 미디어 권력	• 국가(정부)에 의한 미디어 검열 • 대기업의 효과적인 PR 활동에 따른 미디어 통제 • 정치적 자원(영향력, 결정력, 정치 관계)의 불평등한 분배에 따른 경제적 엘리트의 지배	• 높은 품질, 공평한 보도, 다양성, 표현의 자유, 의견과 결사의 자유, 대안적 미디어 출처 등을 추구하는 미디어 규제 • 부자와 빈자 사이 불평등을 교정하는 정부의 분배
문화적 미디어 권력	• 문화적으로 권위 있는 제도나 명성을 가진 유명인에 대한 주목 • 제도와 자금에 의해 뒷받침되는 지배 문화 • 문화적 자원(권위, 명성)의 불평등한 분배에 따른 경제적 엘리트의 지배	• 대안적 담론과 대안적 미디어를 운용하는 조직의 창출 • 시민 언론의 창출

* 출처: Fuchs, 1995: 18.

로는 시민의 의지를 따르고 시장의 불평등을 개선한다. 여기에서 국가의 규제는 시장의 논리가 미디어계 전체를 전횡하지 못하게 막는 보루다. 미디어 기업의 전문인 역시 기업 논리에 충실하면서도 공적 책임을 민감하게 의식하는 전문직 의식을 지키기 위해 노력한다. 언론의 규범을 준수하고자 하는 이들의 집단 행동은 때로 자본가의 생존·팽창 본능을 앞선다. 표 5는 이를 요약한 것이다.

물론 이 작용–대안의 역학이 일대일의 균등한 경쟁이 되기는 쉽지 않다. 저항을 하지만, 체제 전체의 구조적 논리까지 흔들지는 못한다는 뜻이다. 그러나 지배에 항상 불확실성이 내재되어 있다는 정도는 충분히 알게 해 준다.[58] 그런 면에서 프리드먼(Freedman, 2015)이 '자유주의적 합의,' '다양한 소비자와 팬덤에 따른 혼란chaos,' '미디어에 대한 정치경제적 지배에 따른 통제,' '이런 지배에 내재한 모순' 등 네 가지의 미디어 권력 패러다임 유형 중에서 마지막의 모순 패러다임을 선택한 것은 상당히 적절해 보인다. 시장에 매우 의존적인 지금(신자유주의)은 세 번째의 '통제' 유형에 가까워졌다고 볼 수 있으나 내부적으로 이를 견제하고 시스템상 그런 견제가 어느 정도는 예비되어 있다는 점에서 '모순' 또는 '상충'으로 보는 것이다.

미디어 권력이 스스로 만든 것인지 아니면 다른 권력에 기댄 간접적인 것인지도 생각해 봐야 한다. 현대 권력이 하나의 '관계'이고 권력의 원인이자 결과인 행위가 의식-제도(관행)의 산물임을 감안해 보면, 이 자체가 중요한 건 아닐 수도 있다. 그러나 셧슨의 다음 주장(Schudson, 1995)처럼 과장 역시 오류다. 그는 "사람을 (정치 과정으로부터) 유리시키는 것은 미디어 권력이 아니라 그것에 대한 (사람의) 믿음, 미디어 권력에 직면하여 스스로 무력하다고 느끼는"(p.17) 정도라고 한다. 말하자면 '제한 효과 이론'의 설명처럼 미디어의 힘은 인간의 의식이라는 필터를 거쳐 간접적으로 행사될 뿐이라는 것이다. 또 셧슨은 미디어가 스스로는 이

58 사실 이 점은 영국의 유명한 정치경제학자 제섭(Jessop, 2014)이 '마르크스주의 권력론'에 대해 지적한, 이 관점의 권력론이 가진 큰 약점이다. 체제는 아무런 개입 없이 '준자동적'으로 움직이지 않는다. "자본이 자신을 인간의 (의식적) 행위 없이 준자동적으로 재생산한다는 구조적 오류를 피하기 위해 전략이나 전술을 강조하는 것이 중요한 반면, 전략이나 전술이 특정한 국면과 전반적인 구조적 맥락을 고려하지 않은 채 검토된다면 자발적 행동주의voluntarism의 위험이 있다"(p.10). 이 딜레마를 피하기 위해서는 구조와 행위(전략)를 모두 봐야 하며, 확실성 속에 불확실성이 내재되어 있다는 점을 반드시 유념해야 한다.

슈나 의제를 창출하지 못한다고 주장하면서 미디어가 권력을 갖는다는 생각은 허상이라고 한다.

그러나 셧슨 역시 좀 많이 나갔다. 직접적이지 않다고 해서 권력이 되지 못할 이유가 전혀 없어서다. 물론 과장을 해서는 안 되지만, 루크스의 세 가지 차원이 보여 주는 것처럼 권력에서 직/간접 여부는 그렇게 중요하지 않을 수 있다. 또 미디어 권력의 양상이나 성격 자체도 완전히 달라졌다. 이를테면 현대 정치에서 가장 중요한 무기 중 하나로 평가받는 '이벤트'가 그러하다. 이 이벤트는 대체로 네 가지 특징을 가진다고 평가된다(Boorstin; Allen, 2008: 327~328에서 재인용). 첫째, 이 이벤트는 자연 발생적인 것이 아니라 누군가에 의해 계획된(또는 계획으로 발전된) 것이다. 둘째, 이 이벤트는 보도가 기본적인 목적인 '미디어 이벤트'다. 셋째, 그것과 실재와의 관계는 '모호하다.' 꼭 허구는 아니지만 그렇다고 진실인 것도 아니다. 넷째, 그것은 자기충족적self-fulfilling 의도를 갖는다. 의사 이벤트가 현실에 영향을 미쳐 스스로 실존성을 갖는 것은 자주 있는 예다. 최근에는 논쟁까지 스스로 만들어 낸다(Wikipedia; Manufactured controversy). 이런 논쟁은 뚜렷한 실체적 근거 없이 제도의 신뢰를 해치고, 대중의 혼란을 조장한다.

미디어가 스스로 만드는 뉴스인 여론 조사 역시 셧슨의 비판을 빈약하게 만든다.[59] 미디어는 단독으로 또는 리서치 회사와 함께 여론을 측정해 스스로 의제를 창출하기도 하고, 여론의 이름으로 자신의 보도

---

59 핼린과 만치니(Hallin & Mancini, 2004)는 1970년대 서구의 일부 공영 방송에서 자율적이고 비판적인 전문직주의가 등장한 점을 지적하면서 이의 근거 중 하나로 미디어가 스스로 뉴스의 출처가 되는 여론 조사를 제시한다.

에 권위를 부여하기도 한다. 선거를 경마식으로 보도해 대중의 눈길을 끄는 상업적 논리는 미디어가 정치를 주도하는 유력한 방식 중 하나다. 이런 행태에 수없이 많은 비판이 쏟아짐에도 미디어가 따르지 않는 가장 큰 이유는 여론 조사나 경마식 보도가 자신의 권력을 이루는 기본적 바탕이기 때문이다.

3) 정치–미디어 연합

앞서 권력이 지배와 합의 사이를 교차한다고 했지만, 미디어 권력에 대한 전통적 관점은 역시 지배다. 최근 아랍 지역을 중심으로 막혀 있는 대중 미디어의 대안으로 소셜 미디어가 부각되면서 '연결'과 '참여'라는 미디어의 구성적 성격이 많이 주목받았다.[60] 그러나 아무래도 미디어 권력은 앞서 데이비스가 지적한 기존 권력체·엘리트들과 맺는 관계가 핵심이다. 그런 측면에서 미디어가 권력 네트워크의 일원이 된다는 지적은 매우 유용하다.

미국의 정치학자 데이비드 스완슨David Swanson(1992, 1997)의 '정치–미디어 복합체political-media complex'론은 바로 이런 네트워크, 구체적으로 말해 정치(정당, 정치인, 정부, 관료 등)와 미디어(언론인, 소유자, 편집자)가

60 물론 이 역시 미디어 스스로 동인이 되었다고 판단하기는 어렵다. 커런과 그의 동료들(Curran et al., 2016/2017)이 평가하는 '민주화와 미디어의 관계'는 역시 민주주의를 추구하는 다양한 사회적 요인들의 존재가 우선적이다. "그들이 준거로 삼는 연결성과 참여는 온라인 환경은 주목하는 반면, 매개된 실천이나 정치적 실천에 내재하는 사회적 동학은 회피하거나 무시하는 경향이 있다. 무엇이 사람들을 한데 묶고 왜 그들은 연대하는가와 같은, 정치적 삶에 내재하는 사회적 차원을 이해하는 작업은 매개된 정치적 삶을 이해하는 데 핵심을 이룬다"(pp.351~352).

맺는 상당히 정규성을 띠는 관계를 신제도주의적 시각으로 포착하려는 노력이다. 스완슨이 보기에 현대 미국 정치는 선거나 정부 조직 같은 협의의 정치 제도만이 아니라 미디어 같은 것을 포함하는 광의의 '정치적인 것'에 의해 이루어진다. 이 정치 과정에서 정치와 미디어는 서로가 서로에 틈입해 하나의 복합체를 형성한다. 이는 비유적으로 '제도 위의 제도,' 즉 '초제도supra-institution'로 부를 수 있다. 이 초제도하에서는 정치 정보의 '원재료'는 정치인이 만들지만, 이를 통제하고 가공하는 것은 자율적인 미디어다. 스트룀베크가 나눈 정치-미디어화 단계에 비추어 보면, 전형적인 Ⅳ단계적 현상이다.

이 개념은 스완슨이 미국의 예비 선거에서 미디어가 부각되는 현상을 지적하기 위해 만든 것인데, 역시 같은 신제도주의를 기초 이론으로 활용하는 미디어화 이론과 잘 어울린다고 할 수 있다. 초제도는 '제도 내적'인 것은 아니면서 사실상 '제도 이상'으로 권력을 발휘하는 것이다. 스완슨은 이런 정치와 미디어의 게임을 다음처럼 수사적으로 표현한다.

> "(초제도 개념은) 지배를 위한 투쟁 속에서 끝없이 계속되는 조작과 저항의 나선 같은 것이다. 이 투쟁 속에서 정치인들은 기자들의 호의적인 관심을 끌기 위해 그들을 조작하고, 그들의 중재를 피해 대중에게 직접 다가갈 방법을 모색하지만, 다른 한편에선 기자들이 자신의 독립성과 영토성을 공격적으로 주장하려고 하면서 정치인들에 접근하고 보도의 협조를 구하려 애쓴다. 그리고 이것은 그들이 서로 끊임없이 적응하려고 노력하는 수많은 변화 때문에 약화되기도 하고 도전받기도 하는 제도의 틀 안에서 일어난다"(Swanson, 1997: 1270).

스완슨이 이런 현상과 문제를 제기하는 이유는 이 정치-미디어 연합이 민주주의의 제도적 얼개를 심각하게 왜곡할 수 있어서다. 앞서 언급한 미디어화론에서도 제기된 바대로 시장에 발맞춘 미디어 논리는 텔레비전과 대중 소비(광고)를 위주로 정치커뮤니케이션을 '과도 단순화'·'개인화'·'사소화'·'드라마화'한다는 등의 비판을 받고 있다. 정치와 미디어가 서로 영향을 미치면서 전개되는 양자의 계속된 진화는 '장점의 상승'보다는 '단점의 하강'을 낳는다. '좋은 정치'(민주주의)와 '나쁜 미디어'의 대립 구도는 여기에서도 반복된다. "이 정치-미디어 연합에서 대변되지 않는 것은 공익 그 자체다. 그로 말미암아 유권자의 관심과 인정은 (미디어의) 사익으로 교환될 수 있는 가장 효율적인 수단에 의해 재생산되는 상품이 되어 버린다"(Swanson, 1992: 399. 괄호는 인용자).

과거 아이젠하워의 '군산복합체'를 연상시키는 스완슨의 이런 급진적 주장[61]은 그러나 그렇게 큰 반향을 몰고 오지는 못했다. 앞서 본 디콘과 스테니어(Deacon & Stanyer, 2014)의 지적대로 지나치게 미디어 중심적으로 사고한 탓일 수도 있고, 미국의 예비 선거라는 특정 단면을 과도하게 부각시켜 본 탓일 수도 있을 것이다. 민주주의가 잘 발전되고 미디어 시장이 고도로 성숙한 사회에서 벌어지는 이 주장과 비판은 상당히 역설적인 측면을 지닌다. 민주주의에 필요한 미디어(의 자유로운 행위)에 오히려 민주주의가 저해되는 현상을 말하고 있기 때문이다. 물론 이런 역설이 가능해진 배경에는 미디어의 힘을 중화시키는, 달리 말해 미디어의 권력화를 막는 다른 제도의 힘이 깔려 있을 테다.

---

61 한국도 과거 5공 시절에 '권언복합체'(송건호, 1983)라는 표현이 있었다. 물론 이는 스완슨의 것과는 정치-언론 사이의 역관계가 확실히 다른, 정치 우위의 복합이다.

스완슨의 초제도는 정치병행성과 경제 논리(독점)의 문제의식이 없는 미디어화와 유사하게 다분히 형식적인 것에 치우친다. 정치 논리에 대한 (상업적) 미디어 논리의 틈입이라는 다소는 속이 빈 왜소한 주장으로 귀결되고 만다. 그러나 이런 문제의식은 조금만 발전하면 현실에 존재하는 '긴축 동맹'이나 '신자유주의 동맹,' 또는 영국의 '폰 해킹 스캔들'에서 드러난 바 있는 (정부·경찰·미디어 사이의) 이권적 '삼각 동맹'과도 연관될 수 있다. 이 동맹(들) 역시 제도는 아니지만 제도 이상으로 힘을 발휘하기 때문이다. 이 동맹(들)은 계급적 차원에서 보면, 자본주의 국가의 특정 형태와 연관된 정치적 지배 계급(분파들)의 특정한 모순적 통일체 또는 더 큰 정치적 동맹을 형성하는 상충되는 이해관계 사이의 일시적 통일체인 '권력 블록power bloc'의 성격을 띤다(Poulantzas, 1973). 보수 또는 기존 다수파 정치 전체와 (대)자본·금융 및 시장 주류적 미디어 사이에 맺어지는 권력 블록은 현대 민주주의와 표현의 자유가 어떤 위협 속에 있는지를 잘 보여 준다.

이 블록이 꼭 공식적 제도나 조직 단위로 나타나는 유형적인 것일 필요는 없다고 생각한다. 이를테면, 이선민과 이상길(2015)이 한국에서 기왕의 전통적 발전주의와 국가주의, 나중의 신자유주의를 복잡하게 착종시킨 것(p.59)이라고 할 때의 이념 복합체의 모습도 권력 블록의 하나다.[62] 냉전·반북한·한미동맹·성장 우선 정책 등도 이 복합체의 일환

62 채장수(2018)의 정리에 따르면, 한국의 보수주의는 '자유 시장에 기초한 성장,' '반공,' '민족주의를 가장한 국가주의'(박태균), '반공주의-안보상업주의'와 '성장제일주의,' '권위주의-가부장주의'(홍덕률) 등을 특징으로 한다. 그러나 이는 심지어 같은 편으로 볼 수 있는 뉴 라이트들로부터도 '반공과 친미에 대한 과도한 강조,' '사회소외층에 대한 무관심,' '지나친 권위주의와 공동체적 가치를 외면하는 이기적 태도'로 비판받는다. 물론 이런 뉴 라

이 될 수 있다. 이 블록은 비교적 장기간에 걸친 유기적 관계로 구성되지만, 내부에는 언제나 모순이 있어 이익이나 세력이 분파화될 수 있고, 이를 통일하는 세력이 헤게모니를 형성한다. 미디어 권력은 이런 '모순'과 밀접한 관련 속에서 발현된다(Freedman, 2015). 이런 블록 속의 미디어 권력은 다음에 살펴볼 권력화의 조건 속에서 더욱 구체화된다.

여기에서 짚고 넘어가야 할 문제 하나는 용어에 대한 것이다. 나는 한국에서 정치와 언론의 연계를 '연합coalition'으로 통일해 표현하고자 한다. 정치병행성론의 '병행'이나 '복합체,' '동맹,' '블록' 같은 용어도 나름의 지칭하는 현상이 있어 일부 혼용을 하지만, "한 사회 내의 특정한 사회 부문을 주재한다고 볼 수 있는 조직들에서 분명하게 인지 가능한 행위의 패턴"(Cook, 1998: 70)으로 나타나는 연계는 '연합'으로 표현하는 것이 보다 적절한 화용이 아닐까 한다. 여기서의 조직은 담론·관행으로 확장될 수 있을 것이다. 정치-언론 연합은 역사성이나 권력성(또는 계급성)에 따라 '권력 블록'과 밀접한 관계가 있고, 그럴 경우 의미를 좀 더 명확히 할 수 있는 '지배 또는 도전 연합,' '보수 또는 진보 연합,' '다수자 또는 소수자 연합'이라는 용어로도 응용될 수 있을 것이다.

4) 미디어 권력화의 조건

지금까지 미디어가 상징적 자원의 분배와 관련된 권력을 갖고, 정치(당)와 병행하거나 정치와 연합을 형성하면서 사실상 정치와 민주주의 실천

이트 역시 기존 보수를 보완하는 이념을 내놓는 데 실패했다. 지금 시점에서 보수주의는 '성장주의,' '시장주의,' '능력주의,' '세계주의' 정도로 집약할 수 있다.

을 바꾸고 있다는 주장을 살펴보았다. 이제 필요한 질문은 특정 미디어 또는 미디어군이 '사회적으로 계약된 것'[63] 이상으로 과도하게 권력을 가질 수 있느냐, 곧 권력화가 가능하냐 여부일 것이다.[64] 결론부터 말하면, 이는 조건화에 따라 얼마든지 나타날 수 있는 현상으로 어느 정도는 경험적으로도 증명이 가능하다. 권위주의 체제의 유산 때문에 권력 분산이 아직 제도화되지 않은 신생 민주주의에서 많이 나타나지만, 최근 독점 규제가 많이 완화된 선진국에서도 의외로 자주 볼 수 있다.

권력화의 조건을 리스와 슈메이커(Reese & Shoemaker, 2016)의 '영향의 위계' 모델에 적용해 살펴보면 다음처럼 될 것이다. 이 모델은 미디어가 받는 영향을 미시적 차원에서 거시적 차원으로 위계적으로 확대해서 배열한다. 곧 '개인,' '관행,' '조직,' '사회 제도,' '사회 체제,' 마지막 '글로벌' 등의 순서다. 여기에서는 조직과 사회 제도 사이에 '시장 구조'를 포함시키고, 글로벌은 제외한다. 시장 구조는 차원으로 보면 조직과 사회 제도 사이에 위치한다고 볼 수 있는데, 강조하기 위해 따로 떼었고, 글로벌은 일국 단위로 권력화를 상정하기 위해 제외했다.

먼저 가장 미시적인 것으로 개인 차원에서는 언론인의 인종(민족), 학력, 계층, 교육 수준, 채용 방식, 강령이나 규범의 준수 여부 등을 살

---

63 '사회계약설'이라 해서 국가와 시민이 만나 구체적인 계약 행위를 하지는 않은 것처럼 미디어와 사회의 계약도 실제의 것은 아니다. 그러나 정부를 비롯한 공식적 기구처럼 설립과 운용이 법 규정을 따르는 정도는 아니라 해도 '표현의 자유'가 보장(계약이다)된 미디어 역시 일정한 책임의 한계 속에 있다(Sjøvaag, 2018). 물론 이의 내용이나 정도는 나라나 사회마다 차이가 있을 것이다.

64 따라서 이는 '미디어가 권력을 갖는 것이 정당할 수 있다'는 주장(윤영철, 2002)에 대한 답이 될 수 있다. 미디어의 권력화는 '권력 남용'이거나 '부당한 권력'이거나 '책임 없이 행사되는 권력'이기 때문이다.

펴볼 수 있다. 다른 차원과도 연결된 문제로 '개인의 보도 자율성이 얼마나 보장되는가'도 있다. 만약 언론인 대부분이 대졸 이상의 높은 교육 수준에 중산층 이상의 계층적 기반, 인종적·민족적 일체성을 갖고 있다면, 전 계층을 대표representation하는 데는 문제가 있고 권력적인 양태에는 좀 더 가까운 것으로 볼 수 있다. 전문적 훈련 과정이 있어 강령이나 준칙을 잘 지킨다면 그런 경향은 줄어들 것이다. 조직 위계나 외부 영향에 밀려 개인적 차원의 보도 자율성이 낮다면, 이 역시 언론 조직이 하나의 권력 단위로 성립될 가능성이 커진다고 할 수 있다. 흔치는 않지만, (유명한) 언론인 개인이 행사하는 영향력도 있을 수 있다.

둘째는 뉴스 가치나 출입처·기자단 같은 관행의 차원이다. 사실과 의견을 나누어 어느 쪽을 중시하느냐, 얼마나 상업적 가치에 매달리느냐 같은 저널리즘 문화도 이에 포함될 수 있다. 사실을 중시하면서 의견이나 주장 제시에는 상대적으로 조심한다면, 출입처나 기자단에서 조성하는 관행이 주류 미디어의 직접적 영향권 내에 있지 않다면, 권력에는 거리를 두는 것이다. 객관성이나 독립성 같은 전문직 규범을 잘 지킨다면 그 또한 권력적 행위와는 무관하다. 그러나 사실과 의견을 구분하지 않고, 경마식 보도로 수용자의 말초적 관심을 자극하면서 각종 자극적 제목으로 수용자나 주변 언론에 심대한 영향을 미치는 시장 주류 언론이라면,[65] 이 권력화의 조건에 부합한다고 볼 수 있다.

셋째는 조직과 시장 구조의 차원이다. 소유 주체가 분산되거나 집

---

65 이에는 이른바 '일등 신문' 또는 '권위지'가 다른 신문에 지니는 영향력도 들어간다. 미국 언론에서 〈뉴욕 타임스*The New York Times*〉가 각 지역 신문에 미치는 정도라면 반드시 감안해야 하는 변수가 된다.

단이 아닌 개인·가족 형태일 때, 경영/편집 분리 문화나 '뉴스룸 민주주의'(Dreier, 1978)가 없이 인적 위계 구조가 확고할 때, 상층부의 전횡을 견제할 수 있는 노동조합·기자협회 같은 일선 언론인의 수평적 연대 체계가 미흡할 때, 권력화에 더욱 가까워진다. 여기에 시장이 독(과)점 또는 집중하에 있어 미디어의 시장 지위가 안정적이고 이를 규제하는 법령이 미약할 때,[66] 또 주류 미디어들이 비슷한 이데올로기적 성향으로 서로 공명할 때, 그 영향은 훨씬 증폭될 것이다. 이런 조건들의 핵심인 소유 문제는 나중에 나올 노무현 정부 때의 신문법과 관련해 매우 중요하므로 좀 더 자세하게 살펴볼 필요가 있다.

소유 형태는 미디어의 행위 전반에 다양한 영향을 미치지만, 규범적 측면에서 중요한 질문은 어떤 소유 형태가 미디어의 저널리즘적 자율성을 잘 보장하는가다. 이탈리아 출신의 정치미디어학자 한레티(Hanretty, 2014)는 유럽을 중심으로 32개국, 211개 미디어 기업의 소유를 분석했다. 소유 형태는 개인부터 가족, 재단, 사기업, 국가·비영리단체 등 다섯 가지로 나누었다. 분석 결과, 소유가 집중될수록 소유의 영향은 컸고 편집의 자율성은 작았다. 법인이나 단체보다 개인이나 가족이 소유할 때, 여러 나라에서보다 한 나라에서, 여러 미디어를 겸영하는 것보다 하나에 집중할 때, 역시 소유의 영향이 크게 나타났다. 또 소유가 소수화될수록 미디어 활동은 경제적인 것을 넘어 미디어 영역 내에 잠재

---

66 경험적 예로 보아 안정성의 (점유) 비율이 그렇게까지 높을 필요도 없다. 예컨대, 머독의 경우 뉴스인터내셔널은 33.8% 정도의 시장 점유만 보였다. 영국의 미디어 시장은 5개의 회사가 90%가 넘는 점유를 보인다(2009년 기준; Cohen-Almagor, 2014). 3개 기업이 75%가 넘으면 시장 지배적 사업자가 되는 한국의 공정거래법에 비추어볼 때, 영국은 저촉되지 않는다(69.9%).

되어 있는 일종의 정치적 이익 곧 '어메니티 잠재성amenity potential'[67]을 얻기 위한 것이 되었다. 이는 "정부의 각료들과 어깨를 나란히 하고, 권력의 행사 또는 그 권력을 갖고 있다는 인식을 즐기는 잠재성"(p.340) 같은 것을 말한다. 정치인들이 이런 권력을 자주 과장하지만, 미디어 역시 권력적 자리에 근접해 있다. 요약하면, 소수의 소유 구조를 가진 미디어는 편집 자율성이 낮고, 경제외적 목적에 더 많이 신경을 써서 미디어의 권력화를 낳을 수 있는 잠재성이 더 크다.[68]

이런 소유 형태에 더해 넷째, 사회 제도 차원에서 시민사회를 구성하는 각종 집단·조직(협동조합·종교·지역 공동체 등)의 대표 체계가 형성되지 않아 여론 조성에서 미디어에 대한 의존도가 높고, 정치에서 정당이나 선거 제도의 특성(불안정한 정당 구조, 다수주의 체제majoritarianism[69]), 정

---

67 '어메니티 잠재성'은 산업조직론의 용어로, 뜻은 "리더십을 제공하고 사람의 기호에 맞게 자원을 이용하는 능력에 따른 비금전적 수입"(Demsetz & Lehn, 1985: 1161)이다. 미디어를 소유하게 되면, 리더십을 발휘하고 여러 자원을 활용할 수 있게 되면서 자연히 금전외적 수입이 발생한다는 뜻인데, 미디어의 시장 비중이 높고 권위를 지니면 지닐수록 이 잠재성 역시 커진다. 〈워싱턴 포스트*Washington Post*〉와 〈뉴스 위크*News Week*〉의 소유주 캐서린 그레이엄이 수많은 정치인·기업인들에 베푼 라운드테이블 만찬과 이것으로부터 얻어진 무형의 자산은 어메니티 잠재성에 잘 어울린다.

68 물론 그렇다 해서 이들 신문이 반드시 질이 낮다거나 민주주의에 위협적 존재라는 뜻은 아니다. 품질이나 민주성까지 판단하려면 더 많은 변수들을 설명할 수 있어야 한다. 세계적 유수 신문들, 예컨대 〈뉴욕 타임스〉나 〈워싱턴 포스트〉 등도 가족 소유이지만, 그보다 훨씬 질 낮은 부지기수의 신문들 또한 가족 소유다. 다만 가족 소유 같은 소수 지배 형태에서 소유주의 영향이 크고, 지속적이며(대를 이어 내려간다), 권력 정도가 높게 나타나는 것은 인정될 만한 개연성이다.

69 한 표라도 더 많으면 모든 것을 차지하는 승자독식의 종다수제를 말한다. 종다수제는 승리한 측이 모든 자원을 독점하므로 표의 등가성 원리를 해치고, 선거의 경쟁성 또한 훨씬 강하게 만든다. 비례대표제가 이의 반대다.

표 6. 미디어 권력화의 조건

차원	차원	내용
미디어 내부	개인	중산층 · 높은 교육 수준, 강령이나 규범 준수의 미흡, 낮은 개인 자율성, (일부) 언론인 개인의 영향력
	관행	상업적 뉴스 가치, 출입처 · 기자단의 집단 행위, 일등 신문의 높은 영향력 · 권위
	조직	가족 소유, 확고한 위계 구조, 조직 일체성, 경영/편집의 분리 문화 부재, 노동조합 · 기자협회 같은 수평적 연대 체계의 미흡
	시장 구조	독(과)점 · 집중, 집단적 담합 행위
미디어 외부	사회 제도	시민사회의 대표 체계 미흡, 취약한 정당 구조, 정당과의 정치병행성 · 정치연합, 다수대표제, 대통령중심제, 엘리트의 분열, 높은 정책 불확실성
	사회 체제	지배 이데올로기와 일치, 지배 이데올로기의 확고성

당과 미디어의 정치병행의 성격(병행 내의 역관계, 병행의 지속성과 다수성, 병행의 응집성 정도), 정부의 권력 구조(인격화가 용이한 대통령중심제, 엘리트의 분열, 높은 정책 불확실성[70])가 미디어의 틈입이 쉬운 구조일 때, 미디어가 이를 이용해 자신의 의지를 의식적으로 추구하면서 사익도 도모할 때(앞서 본 조직 차원에서의 의지적 권력 행위, 탈규제 로비), 미디어의 권력화가 진행될 수 있다. 마지막으로 사회 체제 차원에서 그 나라의 지배적 사고가 이 미디어의 주장과 어울릴 때(지배 이데올로기와 언론 문화의 친화성) 역시 권력화가 나타나기 쉽다. 표 6은 지금까지 논의한 내용을 요약한 것이다.

권력화는 미디어 내 차원에서 사람–관행–조직–시장도 중요하지

70 베트남 전쟁 당시 미국 신문들이 벌인 국방성 비밀 문서 폭로, 워터게이트 사건 보도 등을 두고 핼린(Hallin, 1994)은 엘리트들이 분열된 효과라고 분석했다. 엘리트들이 합의하에 있을 때, 미디어는 상대적으로 힘이 없고, 반대가 되면 힘이 커진다. 웨이스보드(Waisbord, 2013)는 미국 저널리즘의 자율성 저하를 비판하면서도, 그래도 조금이라도 자율성이 남아 있는 이유를 바로 이 분열에 따른 관점의 다양화에서 찾았다.

만(이건 앞으로 두고두고 분석될 것이다), 넷째와 다섯째의 사회 제도와 체제 차원에서 조건들이 어떻게 형성되는지가 더 중요하다. 그래야만 다른 제도나 기구들보다 미디어가 권력적 위세를 갖게 된 이유를 알 수 있게 되기 때문이다. 정치학자 김경필(2017)은 한국이 왜 평화적으로 민주화되고 정권까지 교체되었음에도 거리의 정치(운동)가 끊이지 않는지, 그 이유를 다음처럼 대표와 책임을 같이 지는 정치 사회 제도의 수평적·수직적 차원 분석을 통해 제시한다.

> "수평적 차원에서 보았을 때, 권력은 대통령을 중심으로 집중화되었고, 삼권분립을 통한 견제와 균형은 작동하지 않으며, 관료를 민주적으로 통제하지도 못했다. 수직적 차원에서 보면, 한국의 정당은 제도화되지 못했으며, 특정 이념만 대표하는 양당 체제를 이루고 있고, 시민의 의사를 직접 투입할 제도 장치나 국가와 시민을 매개해 줄 결사체의 발전 역시 요원한 상황이다. 이러한 상황에 처해 있는 다수의 힘없는 이들이 자신들의 목소리를 내고, 자원을 분배받기 위해서 취할 수 있는 유일한 방안은 바로 운동이다"(p.293).

권력은 집중화·관료화되었고 자신의 목소리를 반영해 줄 다른 제도들 역시 제구실을 하지 못하므로 시민들은 자구책을 위해 직업 거리에 나선다는 주장이다. 정치학자의 진단이므로 시민들이 운동에 돌입하는 목적이 결국은 '미디어에 대한 호소'를 통해 이루어진다는 점이 지적되지는 않았다(Mattoni & Treré, 2014 참조). 2008년과 2016년의 촛불 시위·혁명처럼 그야말로 전국적 규모가 아니라면, 대부분의 시위는 미디어의 (판단과 편향이 반영된) 보도를 통해서만 정책적 조명을 받을 수 있다. 그러나 '주류 언론'으로 언급된 미디어 역시 기본적으로 운동에 우호적이지 않아 운동의 효과는 그렇게 높지 않았다.[71]

> "담론의 생산과 시민사회로의 담론의 분배와 확산을 매개한 기관은 대중 매체였다. 정부는 대중 매체를 '대민 기관'으로 인식하였고 공보처는 이를 통제하는 기능을 전담하는 국가 기구였다. 언론이 시민사회와 국가를 매개하는 주요한 채널이 됨으로써 의회와 정당은 수시로 무시되었다. …… 노태우 정권의 경우 대통령 권력은 의와 정당의 뒤편에 숨어서 그 결과를 통제하는 것을 주요한 양식으로 삼은 반면, 김영삼 정권의 경우는 항상 의제를 설정하는 출발점에서부터 정치 과정의 전면에 대통령 권력을 내세우고 정당과 의회, 시민사회 내 중간적 매개 집단을 자주 우회하여 대통령과 국민을 직접 연결하고자 하였다는 점이다"(강명구 · 박상훈, 1997: 154).

김영삼 정권은 밀실에서 모든 것을 처리했던 이전 정권과 달리 국민과 직접 대화를 선택했다. 그의 개혁 드라이브의 동력은 여기서 나왔고(초기의 엄청나게 높았던 인기를 생각해 보라), 김경필의 지적에서처럼 정당과 의회, 시민사회 내 중간적 매개 집단들은 제 역할을 할 수 없었다. 그러나 당시의 여러 조건으로 미루어 이런 포퓰리즘식 '광장 정치'가 아니었

---

71 운동을 보는 각 정파의 입장은 판이하다. 보수는 부정적으로 보는 반면, 진보는 완전히 반대다. 특히 진보에게 "운동은 깨어 있는 민주시민들의 정당한 의사 표현이고, 직접 민주주의 혹은 이상적 민주주의에 가장 가까운 것"이고, "시민사회가 국가에 복속되지 않고 있다는 증거이고," "민주시민의 덕목이자 한국의 민주주의가 여전히 잘 작동하고 있다는 것을 보여 주는 지표"다(김경필, 2017: 295). 그러나 진보는 이런 운동이 기존 제도와 맺는 관계를 설명하지는 않는다. 또 보수 측에서 같은 운동을 벌일 수 있다는 점도 상정하지 않는다.

다면, 많은 반발이 예상된 초기 개혁을 하지 못했을 가능성이 크다. 이 경우, 성공의 전제는 미디어가 정부의 뜻을 제대로 반영하는 것이다.

앞선 분석에서는 운동에 나설 수밖에 없는 시민들의 일반적인 조건과 처지가, 뒤의 비판에서는 중간적 매개 집단을 우회해 개혁에 나서야 했던 대통령의 통치 스타일이 지적되었다. 특히 후자는 한국처럼 개혁적 입장이 소수가 될 때, 필연적으로 선택될 수밖에 없는 대안이다(김대중 역시 뉴DJ플랜 같은 것을 했고, 노무현 역시 방송을 통한 직설적이면서 담백한 대화로 국민을 설득하려 했다). 양자에 공통되는 것은 미디어가 갖는 결정적 비중이다. 국민과 직접 대화에도, 운동을 통한 영향의 정치에도 빠져서는 안 되는 필수적이면서 성공적인 조건은 바로 미디어다.

5) 미디어 권력화의 사례와 양상

미디어 권력화의 외·내적 조건을 완벽하게 갖춘 예는 찾기 어려울 것이다. 그러나 비근한 예는 얼마든지 있다. 먼저 이탈리아 수상을 세 번이나 했고, 이탈리아의 텔레비전 시장을 공영 방송 RAI와 양분한 미디어셋Mediaset의 주인인 베를루스코니는 미디어 권력의 인격적 현신이라 할 수 있다. 앞서 나온 루퍼트 머독 역시 정치적 이력은 없지만, 미디어의 정치성을 민감하게 의식하고 적극적으로 개입한다는 점에서 권력화의 전형적 사례가 된다. 민주화의 기로에서 결정적인 역할을 한 브라질 TV글로보TV Globo의 호베르투 마린호Robert Marinho나 역시 시장 비중이 막대한 멕시코 텔레비자Televisa를 3대에 걸쳐 운영해 온 에밀리오 아즈카라가Emilio Azcárraga 가계, 신문과 방송, 케이블 TV 등을 망라해 아르헨티나를 사실상 지배해 온 〈클라린*Clarin*〉도 빼놓을 수 없다. 물론 소유자가 해당 미디어를 완전히 좌우하지 않는 경우도 있기는 하다. 하지만 대부분은 편집자의 인사권이나 전체 기업의 예산권을 비롯해 소유권의 영향이 지대하다고 볼 수 있다.

이런 미디어가 권력을 행사하는 양상을 험프리스(Humphreys, 1996: 74)는 다음처럼 단계별로 나누어 설명한다. 먼저 미디어 활동의 기본적 목적이 경제적인 것에 있지만, 정치 과정과 정치인에 자주 영향력을 행사한다는 점을 사람들이 서로 알기 시작하는 게 첫째 단계다. 이런 분위기가 조성되면서 미디어의 편향이 선거의 결과에 영향을 미칠 수도 있다는 느낌이 들기 시작하고, 그들의 영향이 때로 결정적인 것이 되리라는 예측까지 생겨난다. 언론이 단순히 기존의 견해를 강화시킬 뿐이라는 전통적 금언은 점차 힘을 잃게 된다. 둘째 단계에서는, 미디어의 힘이 공적 관심사에 대한 정책의 방향에 상당히 두드러지게 행사되는 게 눈으로(어느 정도 실증적으로) 확인된다. 셋째, 미디어의 소유자와 고위 편집진이 정치인들이 미디어에 생래적으로 민감한 점을 이용, 그들에게 더욱 교묘한 영향력을 행사한다. 정치인과 언론이 서로 이슈를 주고받으면서 사건을 키우는 현상이 자주 발견된다. 넷째, 공적 의제에 대한 접근권에서 미디어가 확실한 게이트키퍼로 행동한다. 미디어에 보도되지 않는 이슈들은 묻혀 버리고, 이런 의제 설정 또는 확립 과정이 정치 과정의 일부라는 점이 미디어와 정치 모두에게 확실하게 의식된다. 물론 이 미디어가 독점의 위치에 있거나 더 기득권층에 어필할 때, 이런 의식은 더욱 강해질 것이다. 다섯째, 그들은 개별 정당과 정부의 정책이 결정되는 은밀한 '내실'에서도 발언권을 갖는다. 급기야는 그들의 정치적 커넥션이 더 노골화된다.

권력화는 다섯째 단계에서 가장 적나라하게 나타난다. 넷째까지는 그래도 앞의 미디어화론에서도 본 바대로 사회 변화의 전반적 추세를 반영한 것으로 볼 수 있다. 그러나 다섯째 단계는 해당 사회의 권력적 관계가 상당히 특수하지 않으면 발생하기 어려운 일이다. 또 무대가 밀실이 되기 때문에 쉽게 바깥으로 드러나지 않아 학술 문헌에서는 좀처럼 다뤄지지 못했던 것이다. 그러나 찾아보면 그런 실례가 완전히 없지는 않다. 앞서도 잠시 언급한 폰 해킹 스캔들을 말한다. 이 스캔들은 2012년 뉴스사의 루퍼트 머독이 소유한 타블로이드 신문 〈뉴스 오브 더 월드*News of the World*〉가 주요 정치인과 유명인, 왕족 등의 전화를 도청(해킹)해 왔던 게 폭로된 것이다. 9년 전 죽은 소녀와 가족의 휴대폰까지 도청했다는 사실이 뒤늦게 알려지면서 들통이 나게 되었다. 이를 조사하기 위해 레비슨위원회Leveson Inquiry Committee가 조직되었고, 이 위원회는 단순 도청을 넘어 미디어와 경찰, 그리고 정치인 사이에 이루어진 거대한 '삼각 동맹' 체제를 밝혀내었다. 당시 수상이던 데이비드 캐머런David Cameron의 공보비서인 앤디 컬슨Andy Coulson이 〈뉴스 오브 더 월드〉에서 편집국장을 지낸 사람이어서 〈뉴스 오브 더 월드〉와 정부 사이의 커넥션이 같이 드러난 것이다. 이 사건 이후, 머독은 130년의 역사를 가진 〈뉴스 오브 더 월드〉를 폐간시킬 수밖에 없었고, 여러 사람이 같이 조사를 받았다.

레비슨위원회가 밝힌 바에 따르면, 정치인과 경찰, 미디어(머독의 뉴스사)는 서로 간 지속적인 접촉을 통해 '호의적인 보도,' '불법적 정보의 제보tip-offs,' '고급 정보에의 (독점적) 접근,' '직업의 알선,' '뇌물 제공' 등을 해 주면서 동맹 관계를 구축하였다[72](Fenton, 2014; Wikipedia; The politico-

72 이를 위해 이들은 지속적으로 만나면서 이권을 나누었다. 당시 런던경찰청 공보

Media Complex). 감시해야 하는 서로가 오히려 거대한 이권 체제를 형성한 것이다. 놀라운 것은 이에 대한 모든 책임을 져야 하는 캐머런의 반응이다. 캐머런은 이 모든 것을 솔직하게 인정하면서도 다소는 뻔뻔스럽게 다음과 같이 말했다. "이런 기자나 저런 신문을 손가락질해 봐도 소용없다. 사실 경찰을 비난하는 것도 마찬가지다. 진실은, 우리, 언론, 정치인, 모든 정당의 지도자들이 모두 함께 살아왔다는 것이다. 그렇다, 그것은 나까지 포함한다"(Cameron; Freedman, 2014b: 324에서 재인용).

이런 사례는 민주주의의 역사가 짧아 상대적으로 권력에 대한 감시가 소홀하거나 왜곡되기까지 하는 나라에서 더 많이 발견된다.[73] 브라질 언론과 노동자당과의 관계 역시 이의 하나다. 사회주의 정당이었던 노동자당 정부(룰라Lula)와 브라질 자본가들이 후원하는 주류 신문과의 관계는 처음부터 우호적이지 않았다. 노동자당이 집권 이후 우파(사회민주주의) 쪽으로 방향을 조금 선회하면서 관계가 좋아지는 듯했으나 총리

국의 45명 종사원 가운데 무려 10명이 〈뉴스 오브 더 월드〉에서 일한 경험이 있고, 캐머런 총리는 2010년부터 2011년까지 언론사와 75번의 사적인 모임을 가졌으며, 이 중 26번은 뉴스사의 대표자들과 가진 모임이었다. 뉴스사는 같은 기간 동안 재무장관인 조지 오스본George Osborne과는 16번, 교육 담당 비서인 마이클 고브Michael Gove, 문화 담당 비서인 제러미 헌트Jeremy Hunt와는 7번 만났다. 경찰청의 고위 간부 하나는 2006년부터 2010년까지 5년간 뉴스사의 간부들과 36번이나 점심이나 저녁을 같이했다(Fenton, 2014).

73 삼성의 이학수와 〈중앙일보〉의 홍석현이 만나 1997년 대선의 정치 자금을 의논한 X파일 사건도 하나의 예가 될 만하다. 여기서 언론으로서의 〈중앙일보〉의 비중은 그렇게 크지 않아 보인다. 그러나 삼성이 정치를 대하는(정치에 접근하는; 정치 자금을 전달하고, 지원을 약속하는) 하나의 창구로서 역할은 충분히 하고 있다. 홍석현이 삼성의 인척인 점도 있지만, 〈중앙일보〉 자체가 삼성의 전대 사주인 이병철이 정치에 영향력을 행사하기 위해 만든 것이다. 안기부의 도청과 같은 '국가 수준의 불법적 수단'이 아니면 절대 바깥으로 알려졌을 일이 아니다.

가 나서 의원들에게 정치 자금을 준 '멘살렁 스캔들Mensa_ão scandal'이 터지면서 다시 나빠지기 시작했다. 멘살렁의 원래 뜻은 '큰 월급'이다. 노동자당이 의회에서의 열세를 만회하고 법안을 통과시키기 위해 연립 당의 의원들에게 뇌물을 줘 온 것이 발각되었다. 노동자당은 룰라 대통령에 비해 인기도 낮았고 의석수도 적어 고육지책으로 이런 부패를 저질러 왔다(Wikipedia; Mensalão scandal).[74] 그러나 2006년 룰라 정부는 신문 스스로도 '국민이 여론에 반대되는 투표를 했다'고 할 만큼 큰 차이로 재선에 성공했다. 물론 여기에서 여론은 신문의 자기 뜻을 말하는 것이다. 재선 이후 룰라 정부와 신문 사이는 더욱 악화되었으며, 급기야는 신문들이 군부의 개입이나 대통령 탄핵을 주장, 결국 룰라 이후에 집권한 같은 당 호세프가 탄핵을 당하게 되었다. 브라질의 정치 문화 자체가 부패와 고리를 끊지 못한 과정에서 발생한 명백한 의회 쿠데타였다(Albuquerque, 2019). 이를 결정한 것은 의회와 재판부였지만, 이를 이슈화하고 여론을 몰아간 것은 신문이었다. 알부케르크는 이를 다음의 인용처럼 브라질의 특수성으로 부각한다.

> "대부분의 정치커뮤니케이션 연구는 미디어가 서구 사회에서와 비슷하게 민주적 질서의 기둥으로, 책무성을 가진 제도로 작동하는 경향이 있다는 것을 당연하게 여긴다. 만약 미디어가 그렇게 하지 못한다면, 이것은 외부 요인 즉 미디어(시장)를 개방시키지 않는 장벽의 영향 때문일 것으로 본다.

74 그러나 룰라에게는 TV글로보가 있었다. 룰라는 멘살렁 스캔들을 수습하는 과정에서 TV글로보의 도움을 받았으며 그 반대급부로 디지털 표준을 기존 (상업) 방송에 유리한 방식(일본식 ISDB-Tb)으로 정해 주었다(Brandão, 2014). 이런 거래 또한 미디어(의 사익)가 정치에 개입하는 형태가 아닐 수 없다.

> 그러나 이런 분석의 관점은 호세프 대통령을 전복시킨 2016년 쿠데타를 브라질 주류 언론이 어떻게 조장했는지, 특히 자신의 행동을 정당화하기 위해 서구화된 제4부 레토릭을 어떻게 상기시켰는지를 설명하지 못한다. 실제로 이런 일화는 언뜻 보기보다 더 흔할 수도 있다"(Albuquerque, 2019: 10).

이런 권력화된 언론에 대해서는 사실 목적의식적 규제가 필요하다. 언론평의회, 윤리강령, 전문직주의, 소유 규제 등 다양한 형태의 공식·비공식 대책이 마련될 수 있다. 1987쪽에 달하는 레비슨위원회의 보고서 역시 이런 안을 대책으로 내놓았다(Cohen-Almagor, 2014). 그러나 이를 저해하는 자유 언론의 신화는 좀처럼 깨지지 않는다. 민주주의의 원조인 영국 역시 마찬가지였다. 언론 규제와 언론 탄압이 구분되지 못하는 사회에서는 "언론 자유의 보장이 정부의 몫"(Gustafsson, 1980)이라는 적극적 자유의 개념은 정착되기 어렵다.

6. 정치적 후견주의

1) 개념적 논의

자유주의가 설명하는 대로 서구에서도 정부와 언론 사이가 공존의 길을 확립하는 데는 많은 세월이 걸렸다. 높은 민주주의 수준과 경제적 부, 자유주의 같은 주변의 우호적 환경이 마련되어 있지 않았다면, 아마도 이 과정은 역사적 사실史實이 적시하는 것보다 훨씬 더 많은 진통과 갈등을 낳았을 것이다. 이를 잘 보여 주는 것은 이런 서구에서도 여전히 유산이 남아 있고, 비서구 사회에서는 의외로 보편적이라 할 만큼 우세한 모델인 '정치적 후견주의'다.[75]

후견주의를 등장시키고 미디어와 국가의 관계를 설명하는데 하나의 모델로 정립한 사람은 미국의 학자 대니얼 핼린Daniel Hallin이다(Hallin, 2000; Hallin & Papathanassopoulos, 2001; Hallin & Mancini, 2004).[76] 핼린은 멕시코를 연구하면서 후견주의에 처음 주목한 것으로 보인다(Hallin, 2000). 핼린은 후견주의를 "물질적 이익이나 참여·동원을 위한 기회가 정치적 충성과 종속에 대한 대가로 엘리트에 의해 제공되는"(p.98) 관계로 지칭했다. 그에게 영향을 미친 연구자는 정치학자 폭스(Fox, 1994)다. 그러나 폭스는 멕시코의 국가-사회 관계에 후견주의를 적용하면서 다음과 같은 조심스러운 전제를 붙였다. 후견주의는 넓은 개념적 외연만큼 장단점이 있다는 것이다. '결사적 자율성associational autonomy'이 그가 상정하는, 후견주의의 반대 개념인 '시민권'의 핵심 요소다.

> "결사적 자율성 권리를 구성하는 연구의 틀을 설정하는 데 정치적 후견주의 개념을 적용하는 것은 의심할 바 없이 위험이 있다. 분석가들은 이례적

---

75 '정치적'이라는 수식어를 붙인 이유는, 물론 인류학에서 출발한 후견주의의 개념적 외연이 너무 넓어서다. 특히 다음에 나오는 폭스의 지적처럼 후견주의의 강점이자 약점이 포괄성이다. 가능한 수식어('정치적')를 붙여 쓰는 것이 '특정성specificity'을 위해서 좋다는 뜻이다. 그러나 매번 붙이는 것은 번거로우므로 이하에서는 그냥 후견주의로 쓰고자 한다.

76 물론 시기만으로 따진다면, 더 빠르게 후견주의를 언급한 한국 연구자들도 있다(조항제, 1998; 박승관·장경섭, 2000). 당시 나는 1990년대 초에 우후죽순 격으로 생겨난 여러 신문 중 일부가 배후에 재벌이나 종교 같은 '후견인'이 있다는 지적을 하면서 이를 썼고, 박승관·장경섭(2000)은 유신이나 5공 체제 때 정부와 언론 사이에 형성된 종속 관계에 후견주의를 적용했다. 그러나 이들은 핼린처럼 비교 체제의 일반화된 모델로 후견주의를 정립시키지는 못했다.

으로 광범위한 위계적 권력 관계 속에서 후견주의의 요소를 발견하기 때문에 불평등한 권력 인자들 사이의 상호적 교환을 포괄해 내기에 후견주의는 충분히 넓다. 그러므로 대부분의 일반적인 정치 협상으로부터 후견주의에 특징적인 요소를 발견해 내기란 쉽지 않은 일이다. 따라서 사회적 혜택과 정치적 권리를 바꾸는 것을 포착하는 그 핵심적 개념을 살리기 위해서는 경계를 분명하게 해 적용할 필요가 있다"(p.153).

주지하다시피 멕시코는 1929년 창당되어 야당에게 정권을 빼앗긴 2000년까지 무려 71년간 집권한 하나의 당(제도혁명당)이 좌우 모두를 대표하면서 지배를 유지한 나라다. 이는 이와 유사한 다른 체제, 곧 대만의 국민당이나 일본의 자민당과 견주어서도 가장 긴 것이었고, 따라서 멕시코에서는 국가를 특정 정당과 동일시하는 국가−정당 일원 체제가 생겨났다. 이런 체제에서 형성된 국가와 미디어의 관계는 기존의 패러다임, 곧 자유주의나 비판적 정치경제학으로는 설명할 수 없다.

사적으로 소유되는 미디어가 국가로부터 자유롭게 활동하면서 인권과 민주주의를 창달하는 자유주의는 멕시코 국가가 시장에서 갖는 큰 자율성과 비중, 국가와 시장이 접합되는 현상에는 어울리지 않는다. 멕시코 신문의 경우, 진정한 압력은 정부로부터뿐만 아니라 경제와 정치 엘리트 사이의 사회적 유착과 공유된 이해관계에 따른 담합으로부터 나온다. 또 자유주의는 미디어가 또 다른 권력의 중심이 될 수 있다는 점을 설명할 수 없다. 멕시코 방송 텔레비자Televisa는 제도혁명당으로부터도 독립된 '세계적 계급'의 일원이다. 텔레비자는 1970년대 에체베리아 정부가 전파 자원을 국유화하려 하자 이에 대항한 방송사 TSM과 TIM의 합병체로 당시 시장을 거의 90% 가깝게 지배했다(조항제,

2003a). 아츠카라가의 족벌 체제에 의해 운영되는 텔레비자는 철저하게 사익을 위주로 한 나름의 자율성을 갖고 행동했고, 이 방송을 규제하려던 대부분의 시도는 실패로 끝났다(Mahan, 1985). 텔레비자는 단순한 방송이 아니라 멕시코의 "정치적·경제적 엘리트들의 상호 침투와 그들 사이에 수렴된 이해, 그리고 사익적 관계 속에 있는 상대적으로 독립된 권력의 엄청나게 큰 집중을 반영한다"(Hallin, 2000: 102). 자유주의에는 이런 미디어 권력을 설명하거나 소화할 수 있는 이론이 없다.[77]

비판적 정치경제학 역시 마찬가지다. 비판적 정치경제학의 일차적 관심은 (자유주의에 의해 옹호된)시장의 반민주성을 폭로하는 데 있다. 소유주의 정치적 성향과 시장의 상업주의가 가져오는 정치적 한계가 반민주성의 요체를 이룬다. 멕시코 역시 시장 역학이 민주주의와 거리가 멀어 이런 정치경제학의 설명이 잘 맞는다 할 수 있다. 멕시코에는 직접적인 시장 논리를 제어하는 집중 제한이나 공영 방송의 전통, 규제 기구(방송의 경우), 언론의 전문직주의가 약하거나 아예 없다. 그러나 멕시코 민주주의와 미디어의 관계는 정치경제학의 테제보다 훨씬 더 복잡하

---

77 후견주의와 비슷한 이론이 '미디어 가산주의media patrimonialism'인데, 이 역시 라틴아메리카 풀신 연구자 웨이스보드(Waisbord, 2013)가 제안한 것이다. 막스 베버의 고전적인 '정치적 정당성의 유형'론에서 원용한 이 개념은 '후원자와 고객' 사이의 특별하고 사적인 유착이 자발적이고 상호적인 이익 교환의 기초를 이룬다는 점을 강조한다. (이와 반대되는 지점에 있는 것은 객관적이고 합리적인 법칙에 의해 운용되는 전문직주의다.) 후견주의와 전체적으로 비슷하지만 '가산家産'이라는 개념 자체가 봉건적 소유 관계를 기초로 하므로 근대에 남겨진 구시대의 유산을 포착하기에 적절한 개념이라 할 수 있다. 반면 후견주의는 아예 이런 유산이 근대에 적응해 일정한 틀을 구축한 것으로 봄으로써 근대의 여러 특성이 사실은 이전 시대와의 단절에 못지않게 연속선에 있다는 점을 좀 더 분석적으로 보여 다. 물론 라틴아메리카에서 성행하는 미디어 조직 내부의 전근대적 양상, 곧 사적 커넥션(사인주의私人主義)을 통한 소유주의 내부 지배와 자의적 인력 운용을 지적하는 데 양자는 큰 차이가 없다.

다. 일부 독립 신문들이 큰 희생을 무릅쓰고 민주화에 기여했으며, 방송 역시 경쟁이 도입되고 미디어에 대한 시민사회의 관심이 높아지면서 과거와 같은 친정부적 행태를 반복할 수 없게 되었다. 이를 추동했던 중요한 변수는 '아래로부터의 압력,' 곧 시민사회였다. 이행기 사회에서 활발했던 국가와 시장, 시민사회의 역학은 영국이나 미국에서 성행한 정치경제학이 미처 보지 못한 현상이다.

후견주의는 이런 자유주의나 정치경제학의 한계로부터 고안된 이론이다. 그러나 이때만 해도 후견주의가 본격적인 테제로 확립되지는 않았다. 핼린에게 결정적인 통찰을 제공한 것은 남부 유럽의 사례다. 이들 나라의 연구자들(그리스의 파파타나소폴러스, 이탈리아의 만치니)과 협업을 토대로 핼린은 후견주의를 라틴아메리카 전반과 남부 유럽 전반으로 확장한다. 그가 제시하는 후견주의의 핵심은 대체로 다음과 같은 것이다.[78]

> "후견주의는 사회적 자원에 대한 접근이 후견인에 의해 통제되고, 피후견인이 이러한 후견인에게 복종과 지지를 하면 그 대가로 피후견인에게 자원이 배분되는 사회 조직의 한 유형이다. 후견주의는 사회 조직의 특별주의적·비대칭적 형식이며, 자원에 대한 접근이 전형적으로 보편주의적 기

---

78 그 역시 폭스와 마찬가지로 후견주의 개념을 원용하면서 매우 조심한다. 그는 자신의 논의에 다음과 같은 세 가지 전제를 붙인다(Hallin & Papathanassopoulos, 2001). 첫째, 순수한 의미의 후견주의는 없다. 둘째, 후견주의적 요소는 어느 곳에나 있다. 자신의 연구가 주로 남부 유럽과 라틴아메리카를 대상으로 하나 다른 선진 민주주의 국가에도 후견주의 요소는 있다. 셋째, 후견주의 체제는 실질적인 정당성을 갖추지 못한다. 그런 이유로 후견주의 논의는 체제 비판·미디어 비판과 관련된 규범적 이슈를 전면에 부각시킨다는 특징이 있다.

준과 법 앞에서의 공식적 평등에 기초하는 (민주 사회에서의) 시민권과 대조된다. …… 후견주의의 등장은 단지 전통적인 위계적 사회 구조가 지속되고 있다는 뜻일 뿐만 아니라 개인이 소외된 사회적 맥락에서 그것의 파탄이기도 하다. 이 사회적 맥락에서 개인은 시장이나 대의적 정치 제도 또는 보편적 법 체제에 대한 독립적 접근이 불가능하며, 이 사회에는 사회적 자본 또한 결여되어 있다"(Hallin & Papathanassopoulos, 2001: 184~185. 괄호 안은 인용자).

그러니까 이 체제는 자원 배분을 비롯한 사회관계가 후견인-피후견인(또는 '고객')의 이가적二價的/dyadic 형태로 구성되며, 둘 사이의 특별하고 사적인 관계가 공(식)적·법적 관계를 압도하는 형태로 자원을 배분한다. 통제와 복종·지지로 이루어지는 후견 관계는 보편(주의)적 기준과 법 앞에서의 평등에 기초하는 민주 사회에서의 시민권과 반대 된다. 개인은 시장이나 정치 또는 법에 대한 자유롭고 독립적인 접근이 불가능하며, 이 사회에는 구성원 사이의 신뢰 같은 사회적 자본 또한 결여되어 있다.

이는 히켄(Hicken, 2011)이 정리한 일반적인 후견주의의 특징 네 가지, 곧 '이가적 관계,' '조건적 관계contingency,' '위계제' 그리고 '반복' 등과 거의 일치한다. 이 중 '이가적 관계'는 반드시 필요한 조건은 아니며(집단적 관계도 가능하다), 이가의 양자 사이에 광범위한 중개와 네트워크가 존재할 수 있다는 점도 부가할 수 있다. 근대에는 정당도 이 네트워크의 하나가 된다. 후견주의가 비대칭 관계가 되는 것은 후견인이 가진 일종의 징벌적 권한이 작동하기 때문이다. 다양한 양상을 보임에도 후견주의에 공통되는 것은 이 주의가 후견인과 피후견인 사이의 권력적 차이에 기초한다는 점이다. 양자가 같은 조건에 있다면 '후견' 관계가 성립될 수 없다. '반복'은 후견주의적 관계가 일회에 그치지 않고 지속될 수 있으며, 전근대적 사회에 주로 많지만 근대 민주주의 체제에서도 얼마든지 가능하고, 이는 대체로 과거로부터 이어지는 일종의 '경로 의존path dependency' 효과에 따르는 경우가 많다는 점을 말한다. 심지어 브라질의 경우에는 군부 정권 시절에 사라졌던 후견주의가 민주화 이후, 지방을 중심으로 다시 등장하는 '재후견화' 현상까지 있었다(Roniger, 2004).

일반적으로 후견주의는 전근대적 개념으로 '가족주의,' '부족주의,' '족벌주의clannism,' '오리엔탈리즘' 등과 친연성을 지니며, 권력자와 비권력자 사이의 소규모 면 대 면 커뮤니케이션을 위주로 한 사적 관계에 잘 어울린다. 그러나 근대에 적응해 일종의 투표와 지역 개발의 교환처럼 정치권력을 획득·유지하는 전략의 하나로 굳어진 후견주의도 있다. 시각의 초점을 어디에 두느냐, 곧 미시적인 것에만 두느냐 아니면 중간·거시적인 것도 가능하다고 보느냐, 행위 차원, 곧 문화적인 측면에서 보느냐 아니면 구조적·체제적으로 보느냐, 이원적 차원에 집중하느냐 다중적 차원까지 포괄하느냐, 직접 커뮤니케이션만 보느냐 간접 커뮤니케이션도 같이 보느냐, 후견주의에 참여하는 인자의 자율성이 얼마나 되느냐 등에 따라 후견주의는 다양한 변종을 만들어 낼 수 있다.

특히 마지막의 자율성 여부는 상당히 중요하다. 자율성이 있다면 후견주의 내부의 후견인–피후견자 사이의 갈등 가능성이 상존해 언제든 이 관계가 깨질 수 있다는 점을 의미하기 때문이다. 후견과 피후견 사이에 지속적인 갈등과 긴장, 모순이 있고 또 피후견이 가지는 힘의 크기에 따라 끊임없이 협상이 이루어진다는 주장[79](Roudakova, 2008)은 이러한 자율성을 바탕으로 한다. 후견적 동맹 사이에 또는 후견과 피후견 내부에서 '보복retaliatory measure'이 일어나는 것 역시 이의 일환이다. 후견적 동맹 사이의 보복은 정권이 바뀌면서 득세하는 후견 관계도 같이 바뀌는 이른바 '엽관제spoil system' 스타일로 나타나며, 후견 내부에서는 주로 관습적 약속이 깨지는 경우에 발생한다.

물론 구조주의 진영은 이런 극단적 상충의 가능성을 부인하면서 후견주의를 수평적 연대를 방해하는 사회적 통제의 한 기제로 간주한다(Hilgers, 2011). 구조주의 마르크스주의자 알튀세르(Althusser, 1971)의 용어대로라면 '이빨이 갈리는 조화teeth-greeting harmony'[80]인 셈이다. 폭스(Fox, 1994)가 후견주의를 강압으로 이루어진 '권위주의적 후견주의'와 이보다 자율이 높은 '준후견주의'로 나누는 것도 자율의 중요성을 고려한 것이다. 대체로 근대적 후견주의는 일정한 수준에서 자율이 있고, 이에 따라 구조주의 진영의 가정과 달리 관계 유지에 비용도 많이 든다. 선심 사업인 '포크 배럴링pork barrelling'[81] 같은 것이 이의 대표적인 예가 될 수 있을 것이다. 그래서 한 연구자는 후견주의가 착취와 지배뿐만 아니라 상호성과 자발성도 동시에 포함한다고 주장한다(Stokes, 2007: 608).

이런 후견주의이니만큼 현실에서는 상당히 복잡하고 혼합된 형태로 존재한다. 후견과 피후견 사이의 권력적 비대칭 관계가 기본이지만,

---

79 이의 한 예로, 한국 공영 방송에서 가끔 등장하는 이른바 '청부 감사'를 들 수 있다. 이는 정부가 사장을 불신임(보복)할 때 주로 썼던 수단이다.

80 이가 갈릴 정도로 갈등이 심하지만, 그래도 완전히 결별하지는 않을 만큼 궁극적 이해관계는 일치한다는 뜻이다.

81 선거에서 표를 얻기 위한 정부 주도의 지역 개발 사업, 곧 선심 사업을 말한다.

'특정한 조건이 형성되면' 후견주의는 시장화나 상업화, 국제화, 글로벌화, 심지어는 민주화나 사회주의와도 결합하며, 특히 후견주의와 시장은 이익의 교환 체계만 확립된다면 결코 "양립할 수 없는 관계가 아니다"(Hallin & Papathanassopoulos, 2001: 190). 적용되는 단위도 엘리트와 대중 사이의 고전적인 관계뿐만 아니라 엘리트-엘리트 사이의 정치역학으로도 쉽게 확대된다(Örnebring, 2012).

물론 이런 개념 확대에는 약점도 뒤따른다. 후견주의 특유의 면모를 포착할 가능성도 사라지게 할 수 있기 때문이다. 후견주의의 장점은 무엇보다도 다양한 민주주의의 형태들을 결국 이익을 주고받는 이원적 관계로 간결하게 치환시켜 보게 하는 것이다(Piattoni, 2001). 후견주의 관계는 전형적으로 그 사회가 공식적으로 표명하는 규약을 지키지 않으므로 '비공식적'이고, 이 관계가 대외적으로 알려지는 것을 원치 않으므로 '불투명'하고, 또 누구에게나 보편적·대칭적으로 적용되지 않으므로 특수하면서 '불평등'하다. 이 관계를 이들이 '가족'이나 '대부' 같은 친밀한 이름으로 부르는 이유가 여기에 있다. 일종의 '도구화된 우정'인 것이다(Stokes, 2007: 606). 후견주의가 공식적인 법질서와 맺는 관계는 다양할 수 있다. 드러내 놓고 있는 법조항을 무시할 수도 있고, 법의 허술한 조항만 악용할 수도 있다. 법을 아예 만들지 않고 후견주의를 일종의 규약처럼 관행화시키기도 한다. 이 때문에 후견주의 행위자들은 규범과 관행을 스스로 헷갈려하기도 한다. 후견주의와 (부패 같은) 범법 행위는 밀접한 연관이 있지만, 후견주의는 이에만 한정되지 않는다(Hilgers, 2011).[82]

82 로니거는 이를 다음과 같은 이분법으로 묻는다. "우리는 그것을 네트워크와 우정, 교환으로 봐야 할까, 아니면 정부 기능이 식민화된 지대 추구나 부패로 봐야 할

후견주의는 반대의 모습을 통해서도 이해될 수 있다. 후견주의의 입장에서 가장 대조적인 것은 일정한 자율성을 갖는 시민사회의 수평적 조직들 사이의 예측 가능하면서 투명하고 평등한 관계다. 법이나 권위, 이를 정당화하는 이치나 도덕은 이 관계에 자유로운 참여를 보장하기 위해 만들어진다. 이에 비해 후견주의는 "합리적·법적 권위가 통용되지 않는, 곧 후견 관계 외의 다른 법이나 시장, 시민사회의 논리 등이 배제되거나 조건화되어 활용되는 상태를 말한다. 미디어로 말하면, 편견이나 특권이 없는 비당파적 시민 서비스, 자율적·법적 체계, 전문직주의적 저널리즘 등에 전형적으로 반대되는 양태"(조항제, 2014b: 235)다. 물론 공역대가 전혀 없는 완전한 반대란 있을 수 없다. 합리적·법적 정당성에 가까운 것에서도 후견주의는 발견된다(Hilgers, 2011).

나아가 후견주의도 부분적으로는 제도화될 수 있다. 그러나 후견주의 제도는 대부분 후견주의 자체를 목표하기보다는 제도 자체의 미비 때문에 이를 용인하면서 만들어진 형태가 더 많다. 제도와 제도 사이의 불일치 같은 것도 의도한 바와 전혀 다르게 후견주의를 키울 수 있다. 후견주의는 사람 사이의 사적·인격적 관계가 제도적 관계 또는 시스템적 관계를 앞설 때 발생한다. 사적 관계가 공적 관계보다, 관행이 법제도보다 앞서고, 불투명한 정실주의·엽관주의·극단주의가 성행하면서 권력적 자의성과 부패를 조장하는 것이 후견주의의 폐해다. 그러므로 원인적 핵심은 인격적·도구적 관계다.

까?"(Roniger, 2004: 354).

2) 후견주의와 미디어

핼린은 후견주의 이론을 미디어 현상으로 확대·적용했다. 후견주의 정치 연구에서 미디어는 두 가지 기본적인 역할을 한다(Örnebring, 2012). 하나는 공(개)적인 성격의 미디어 자체가 정당에 의해 활용되는 하나의 자원으로 유권자에게 영향을 미쳐 기존의 (사적) 후견주의 관계를 부분적으로 대체하며, 다른 하나는 이른바 '제4부'로 후견주의적 관행이나 네트워크를 폭로해 이를 약화시키는 힘으로 작용한다. 미디어는 적어도 정치에서는 후견주의를 대체하거나 약화시킨다. 키트쉘트(Kitschelt, 2007)는 '부유한 자본주의 민주주의 사회에서 후견주의의 죽음'이라는 제목의 글에서 후견주의를 약화시키는 요인으로, "보조금 같은 지대를 엄청나게 올리는 후견주의적 경제 부문의 확실한 퇴조," "후견주의의 옹호자들이 지키기 위해 분투하는 연줄을 확실하게 제압하는 (자유로운) 정치적 경쟁의 강화" 등을 먼저 꼽고, 다음 세 번째로 대중 미디어를 든다. 대중 미디어는 후견주의가 낳는 부패와 부조리를 널리 알리고, 이에 대한 대중의 공분을 일으킨다. 미디어를 통해 대중은 정치가 지켜야 하는 책무 체계에 대해 알게 된다.

그러나 미디어의 역할은 이런 밝은 면에 한정되지 않는다. 자주 미디어는 대중이 아닌 특정인(후견인)에게 특혜를 주기 위해 정보를 생산하고 분배한다. 정보는 하나의 자원이 되어 사적으로 거래되며, 때로는 개인의 권력이나 부를 위해 활용되는 도구가 된다. 핼린과 만치니(Hallin & Mancini, 2004: 58)는 이를 다음과 같이 구체적으로 설명하는데, 도구화·충성·커넥션·개입·정치적 병행 등이 대표적인 후견주의의 산물이다.

"후견주의는 공적·사적 미디어의 **도구화**와 연관을 맺는 경향이 있다. 공적 미디어의 경우에는 (사장이나 기타 경영위원 등의) 인선이 순수하게 전문적인 기준보다는 정치적 **충성**도에 기초해 이루어진다. 사적 (미디어) 비즈니스의 소유주들 또한 정치적 커넥션을 가진다. 그것은 정부와 계약을 하거나 허가(방송 허가 및 재허가)를 얻는 데 결정적으로 작용하며 비즈니스를 성공적으로 운영하는 데 필수적인 것이다. 이 소유주들은 종종 다른 엘리트들과 협상하거나 정치 세계에 개입하면서 그들의 미디어 자원을 활용한다. 정말로 대부분 이것이 미디어 소유의 기본적인 목적이다. 이런 이유 때문에 후견주의의 전통이 강한 곳에서 **정치적 병행**의 정도는 높다"(괄호 안과 강조는 인용자).

후견주의가 조장하는 미디어의 '도구화'는 미디어가 국가나 정당 또는 소유주 같은 후견인의 고객이 되는 현상을 가리킨다(Hallin & Manicini, 2004). 미디어는 후견인과 종속 및 지원의 관계를 맺고 그가 통제하는 자원(권력과 돈)을 나눠 받는 타율적·도구적 존재다. 이의 전형적인 사례 하나를 핼린 등(Hallin & Papathanassopoulos, 2001)은 다음처럼 스페인에서 고른다. "스페인에서 프리사PRISA(스페인의 대표적 거대 미디어 그룹으로 사회당의 성향을 띤다)의 소유주인 폴란코는 그의 동맹자인 사회당이 권력을 잃자 곧 검찰에 고발되었다. 그리고 안토니오 아센시오Antonio Asensio는 만약 자신이 안테나3 텔레비전을 텔레포니카Telefónica(역시 거대 미디어 그룹으로 우파적 성향을 띤다)에 팔지 않는다면 감옥에 가게 될 것으로 협박받았다고 주장했다. 텔레포니카가 민영화될 때 대표가 되었던 후안 빌라롱가Juan Villalonga는 자신의 정치적 동맹자의 눈 밖에 나면서 부정 주식 거래로 조사받았다"(p.187. 괄호 안은 인용자).

좌파 권력－프리사, 우파 권력－텔레포니카 사이의 후견인/피후견인 관계가 권력을 잃게 되자 상대편 동맹에 의해 공격을 받은 것이다. 빌라롱가는 같은 동맹 내에서 일종의 배신으로 보복을 당한 경우다.[83]

헬린은 후견주의를 남부 유럽과 라틴아메리카에 공통되는 속성으로 삼아 유럽·미국의 미디어 체제를 유형화한 세 가지 중 하나인 '지중해형 극(단)화된 다원주의' 모델로 발전시킨다. 나머지 두 모델은 주로 독일과 스칸디나비아 나라들이 속하는 '중북부 유럽형 민주주의 코포라티즘'과 미국·영국의 '북대서양형 자유주의'다. 헬린은 지중해성 모델의 원형을 다음과 같은 특징으로 정리한다. 후견주의(특히 방송에서)는 이런 조건의 산물이자 원인이다.

첫째, 낮은 신문 보급률이다. 신문 보급은 전반적인 경제나 교육 수준과 밀접한 연관이 있다. 신문 보급이 낮다는 것은 민도 역시 높지 않다는 걸 말해 준다. 이는 나중에 '대중 미디어 시장의 발전'이라는 보편적 기준으로 확장된다. 이와 셋째 사적 미디어의 도구화는 밀접한 관련이 있다. 대중 시장이 발전된 곳에서 사적 미디어는 독자적인 존립 기반을 가지므로 쉽사리 도구화되지 않는다. 둘째, 의견과 비평이 중심이 되는 주창 저널리즘의 전통이다. 이의 반대에는 사실과 분석 위주의 앵글

---

83 이외의 다른 요인들에서도 후견주의 요소를 발견할 수 있다. 샌더스와 카넬(Sanders & Canel, 2004)은 스페인을 사례로 방송 면허의 발급, 공영 방송과 국가의 연계, 독점 법제, 광고비의 할당 등에서 후견주의를 찾는다. 중국을 연구한 리 등(Lee, He & Huang, 2007)은 미디어 복합 기업, 엘리트 순환, 자원의 할당 그리고 미디어전문직주의 등이 후견주의적 측면을 보인다고 주장한다. 역시 스페인을 연구한 페르난데즈-퀴하다 등(Fernández-Quijada & Arboledas, 2013)은 공급과 수요 측면으로 나누어 공급에서는 면허의 발급, 텔레비전 소유 규제, 그리고 공영 방송의 정치화를, 수요에서는 뉴스의 당파적 보도 등을 후견주의 사례로 제시한다.

로색슨 저널리즘이 있다.[84] 사실이 두루 적용될 가능성이 높은데 비해, 의견은 우리와 남을 가르는 배제에 유용하다. 정치학자 퍼트넘(Putnam, 2000/2009)의 비유를 빌리면, 의견은 가까운 사람들끼리 '유대bonding'를 강화하는 것이고, 사실은 먼 사람들 사이에 공유를 도모하는 '가교bridging'다. 양자가 모두 중요하지만, 공동체의 규모가 커질수록 후자가 부각된다.[85] 셋째, 사적 소유 미디어의 도구화다. 이 점은 앞서 언급한 자유주의의 전제와 전형적으로 맞지 않는 것이다. 대체로 이 나라들의 미디어는 비교적 순수하게 소비자의 기호나 욕구와 어울렸던 서구의 역사와는 다른 경로를 밟아 저널리즘적 자율성을 갖지 못했다. 넷째, 공영 방송과 방송 규제의 정치화다. 이 유형에서 공영 방송은 정부에 의해 지배politics over broadcasting되거나 자국 시장에서조차 제 역할을 하지 못했다. 라틴아메리카에서는 아예 공영 방송이 없거나 미약하다. 이 사례로 핼린 등이 드는 것은 공영 방송이 당대 정부의 정치적 도구가 된 스페인이나 포르투갈, 그리스 등이다. 다섯째, 자율직 전문직으로서 저널리즘의 저발전이다. 이들 나라에서 언론직은 대체로 편집권을 갖지 못하며, 정부나 소유주로부터 지속적인 압력을 받는다. 이 역시 자우주의의 테

---

84 잘 알려져 있다시피 저널리즘은 찰라비(Chalaby, 1996)의 주장대로 앵글로색슨의 발명품이다. 재미있는 것은 이 저널리즘의 변화다. 21세기 들어 미국에서는 의견이나 비평이 강해지는 해석 저널리즘의 시대가 열리고 있다. 오히려 이탈리아 같은 나라에서는 이런 저널리즘이 정말 이전부터 있어온 '문화'의 하나여서 큰 변화가 없다(Esser & Umbricht, 2014a, 2014b).

85 '가벼운 신뢰thin trust'와 '두터운 신뢰thick trust'를 구분하는 것 역시 같은 맥락이다. 언뜻 보면 가까운 사람들끼리의 '두터운 신뢰'가 좋아 보인다. 그러나 공동체가 커지면 커질수록, 적어도 국가 단위 정도가 되면 모르는 사람들이 서로의 민주적 양식을 믿는 '가벼운 신뢰'가 더 중요해진다. 달그렌은 대중 미디어가 이런 신뢰를 만드는 데 기여할 수 있다고 본다(Dahlgren, 2009).

제와는 정반대의 결과다. 이외에도 국가의 높은 비중, 늦은 민주화 등을 꼽을 수 있다.

이 중 후견주의는 국가와 직간접적 연계를 맺는 (공영) 방송에서 전형적으로 나타난다. 이들 방송은 우선 제도나 체제 자체가 엉성하고 기반도 튼튼하지 않다. 대부분은 적어도 유럽에서는 보편적 재원인 수신료조차 받지 못하고, 시청률 같은 시장의 지위 면에서도 비중이 상대적으로 낮다. 이의 대표 격인 그리스의 ERT는 경제 위기의 한가운데에서 아예 문을 닫기도 했다(2013).[86] 이런 방송은 정권이 바뀌면, 그때까지의 논조를 바꿔 새로운 권력에 충성하는 일종의 다가적polyvalent 행위를 한다. 정치인을 위주로 하는 정보원과의 관계에서도 종속적인 위치를 벗지 못한다. 이 방송은 정치 종속을 마치 하나의 의무처럼 느끼는데, 이를 스토크스(Stokes, 2005)는 "비틀린 책무perverse accountability"로 불렀다. 이런 책무 속 방송은 정부를 후견인으로 여겨 공적 서비스를 사적 관계의 충성으로 치환시켜 버린다.

3) 후견주의의 극복 방안

이런 후견주의를 극복하기 위해서는 크게 다음과 같은 몇 가지 방안을 강구해 볼 수 있다. 후견주의는 정치적 이익을 위해 공적 관계를 사적

86 '마구잡이 탈규제haphazard deregulation' 조치의 하나로 ERT가 없어졌고, 많은 저항이 따랐다. 정권이 바뀌면서 후신인 NERIT가 만들어졌지만, 다시 또 과거의 재판('정부의 목소리')이 되면서 비판을 받고 있다. 그리스의 사례는 민주주의 수준이 낮고 경제적 자립이 어려운 나라에서 중립적 공영 방송이 만들어지는 것이 얼마나 어려운 일인지를 새삼 보여준다(Iosifidis & Papathanassopoulos, 2019).

관계로 치환하므로 과정이 불투명하고 불평등하다는 데 특징이 있다. 조건이나 상황에 따라 이 정치적 이익은 '진영적 이익'이나 이념적 이익으로 바꿀 수 있고, 사적 관계는 원래의 이가적 관계를 넘어 다양한 매개적(브로커) 관계까지 포괄하는 것으로 확대될 수 있다. 그럴 경우, 사적 관계의 친밀도가 갖는 비중은 상대적으로 떨어질 것이다. 후견 관계가 반복되면 불투명·불평등한 과정이 일부 양성화될 수도 있다. 이른바 후견주의의 제도화다. 또 결정적인 이해관계 일부를 제외하면 피후견인에게도 상당한 자율성이 주어질 수 있다. 이럴 때는 전통적인 것과는 다르다는 의미의 '신후견주의,' 또는 '준후견주의'로 부를 수 있을 것이다. 후견주의 자체는 인간 사회 안에서 보편적 존재성을 띠므로 극복의 목표는 공적 관계의 원칙성, 곧 합리적·법적 권위 회복에 두어져야 한다.

첫째, 공적 제도를 정비해 사적 관계와 과정이 틈입되지 않게 하는 것이다. 벤슨 등(Benson, Powers & Neff, 2017)은 선진 민주주의 12개국의 공영 방송을 비교해 공영 방송의 정치적 독립을 위한 다음 네 가지 조건을 추출했다. ① 다년간을 보장하는 상대적으로 풍족한 재원, ② 다양하면서 질 높은 편성·프로그램 의무 및 정부의 편향된 개입을 제한하는 실효 있는 법적 규정, ③ 임명권의 분산과 시차임기제를 통한 규제 기구의 정부로부터의 독립성, ④ 다양한 대중과 접촉을 강화하는 시청자평의회와 서베이 제도 등이다. 후견주의가 강한 나라들에서 공영 방송은 대부분 이런 조건들을 갖추고 있지 못하다. 특히 수신료를 비롯한 물적 재원의 미비는 공영 방송의 담당자들을 정치권력에 취약하게 만드는 가장 큰 요인이다.

둘째, 여러 제도 중에서도 특히 인사권을 매개로 이루어지는 관계가 인격적·사적 지배로 빠지지 않게끔 방비하는 것이다. 가장 근본적인 방안은 물론 후견주의 자체가 설 땅을 잃게끔 문화를 조성하는 일이다. 그러나 이는 장기간의 문화화를 필요로 하므로 일단 후견주의의 폐해를 중화할 수 있게 제도적 얼개를 갖추는 일이 시급할 것이다. 이탈리아의 로티차치오네lottizzazione[87]나 독일의 프로포르츠proporz[88]는 후견주의를 일부 제도화하면서 권력의 분산·공유共有를 시도한다. 그리고 다른 제도를 통해 전체적으로는 합리적·법적 권위가 우위를 갖도록 한다. 독일의 경우, 헌법재판소(방송 판결), 연방·지역주의, 지배·결정 구조(텔레비전평의회, 경영평의회 등의 조직, 특별다수제 의사 결정) 등이 이런 기능을 한다. 어떤 권력이든지 방송을 하위 파트너로 삼고 싶어 하지만, 권력이 분산되고 절차가 복잡해 이런 의지를 대부분 포기한다.[89]

셋째, 주요 정당 간 공유에서 한 걸음 더 나아가 사회의 다양한 수

---

87 로티차치오네는 이탈리아어로 주로 토지 같은 것을 '나눠 먹는다'는 뜻이다. 이탈리아에서는 공영 방송인 RAI의 3개 채널을 주요 정당이 공유한다. 1980년대까지만 해도 대표 채널인 RAI 1은 우파인 기독교민주당이, 2는 비종교적secular 중도 정당들이, 3은 공산당이 지배했다(Hallin & Mancini, 2004). 1990년대 이후에는 정당들의 이합집산이 계속되면서 대체로 RAI 1은 비교적 좌파와 우파가 공통되고(주요 시청자들이 우파와 좌파 연합에 비슷하게 투표했다), 2는 상대적으로 중도 계열이, 3은 좌파 계열이 훨씬 우세해 과거의 구도가 크게 바뀌지는 않았다. 이에 비해 카날5Canale 5를 비롯한 상업 방송들의 시청자들은 우파 계열을 압도적으로 지지한다(Mancini, 2012).

88 프로포르츠는 정당들을 방송의 거버넌스 안으로 끌어들여 어느 한 정당이 지배적인 지위를 갖지 못하도록 하는 제도다(Kleinsteuber, 2010). 대표적인 것이 ZDF로, ZDF는 사장과 프로그램본부장은 기독교민주당 중심의 우파연합에서, 보도본부장과 행정본부장은 좌파인 사회민주당 소속에서 임명해 권력을 나눈다. 더 중요한 것은 이런 구성이 반복되면서 임명 라인과 이데올로기가 다름에도 불구하고 이 간부진이 일체감을 갖는다는 점이다.

89 치밀한 제도에도 불구하고 정치권력의 틈입 시도가 많아 최근에는 텔레비전평의회의 인원을 77명에서 60명으로, 주로 정치인의 비중을 줄이는 개편을 했다(이전에는 반반이었다).

직적·수평적 균열 관계, 예컨대 계급·젠더·지역·종교·민족 등이나 경제·문화·학술·교육 등을 반영하는 다원적 지배 구조를 구축하는 것도 유력한 방안이 된다. 물론 이 경우에는 이 균열을 대표할 수 있는 체계가 미리 마련되어 있다면 좋을 것이다. 이 체계가 형성되어 있지 않다면 비공식적이면서 정형이 없는 이 영역의 특성상 대표성 시비가 크게 따를 것이기 때문이다.

넷째, 마지막으로 미디어 조직 내 수평적 연대 체계(노동조합, 전문직 협회)를 구축해 후견주의를 견제하게 하는 것도 필요하다. 앞서 언급한 대로 민주적 코포라티즘과 후견주의를 구분할 수 있는 척도가 바로 이 수평적 연대 조직이 얼마나 발전했느냐 여부다. 만약 이런 연대 체계가 충분히 발전되어 있다면, 상대적으로 정치권력과 그 피후견인이 좌우할 수 있는 여지도 적을 것이므로 후견주의의 비중은 그만큼 줄어든다고 할 수 있다.

3장

한국의 민주화와 언론

1. 민주화 이전: 권위주의 체제와 언론의 도구화

민주화 직전의 언론을 가장 단적으로 설명할 수 있는 것은 1986년에 폭로된 '보도 지침'이다. 이 지침은 억압적 체제였던 5공화국 정부가 신문과 방송을 비롯한 언론에 일상적으로 하달한 사전 검열적 준칙이다. 유신 시절에도 기관원이 언론사에 상주하면서 지시 사항도 내려보냈지만, 보도 지침은 소재의 선택이나 기사의 크기, 문구의 표현, 사진의 크기, 면 배치 등에서 훨씬 포괄적이고 체계적인 통제 시도였다(민주언론운동협의회 엮음, 1988). 이 지침은 큰 저항 없이 대체로 이행되었지만 신문보다는 방송이 훨씬 더 이행률이 높았다(《언론노보》, 1990. 2. 7).

보도 지침의 목적은 두말할 것 없이 뉴스(현상)의 '불확실성'을 지배(체제)의 '확실성' 속에 가두고자 한 것이다. 사실을 사실대로가 아니라 정권의 입맛에 맞게 선택하고 가공해서 '만들어진 현실'을 내보내려 했다. 당시 집권층은 방송이 집중적으로 비판을 받자 공정성과 중립성, 다양성이 진리와 정의에 앞설 수는 없다는 다음 주장을 내세운다(이수정, 1983).

> "공정성과 다양성은 가치로부터 자유로운 '올림픽적 중립성'을 의미할 수는 없다. 방송이 진리와 비진리 중간의 중립성, 정의와 불의의 사이, 자유와 예속의 중간, 자애와 잔인·관용과 편협·진실과 허위의 중간 위치에 설 수는 없는 것이다. 방송도 결국 국민의 생명력을 담고 있는 헌정의 신념과 기본적 윤리, 국가 이익으로부터 이탈할 수 없는 것이다."[90]

문제는 진리와 정의가 무엇이냐에 있다. 이때의 진리와 정의는 국가의 이익, 곧 당시의 체제·정권의 이익과 사실상 같은 것이다. 그러니까 진리와 정의만을 보도하는 것은 편파적일 수 없으며, 국가·체제는 진리·정의를 대변하므로 언론으로서 이를 따르는 것은 당연한 일이다. 여기에서 일부 야당이나 운동권 세력은 비진리나 불의에 해당된다(조항제, 2018b).

이런 이수정[91]의 생각은 그만의 독특한 것이 아니다. 1970년대 내내 〈조선일보〉의 주필을 지내면서 후배 언론인들에게 막강한 영향을 끼친

---

90 이를 공영 방송의 엄청난 일탈로 보기는 어렵다. 의외로 이 문구는 BBC의 편집 가이드라인과 상당히 유사하다. 증거는 없지만, 이수정이 당시에도 있었던 이 부분의 BBC 문구를 보았던 것 같다. BBC는 런던의 중류 계급 문화(여기서는 '고급' 문화다)를 국민 전체가 고루 향유한다는 평등주의적인 이념을 위해 탄생했지만, 이런 상의하달의 일방적 방식은 오히려 비민주 체제에 더 잘 어울리는 것이다. BBC의 초대 사장인 존 리스John Reith의 슬로건이었던 "나라를 한 사람처럼 만들기"는 실제 무솔리니를 추종했던 그의 파시스트적 사고를 반영한 것이다(Mills, 2016). 리스 이후의 BBC가 리스의 본심과 다른 역사를 쓴 것처럼 이수정 이후의 (공영) 방송 역시 많은 진통 속에서 5공의 의도와는 다른 길을 걸었다.

91 이수정은 그 유명한 4·19선언문을 집필한 사람이다. 〈한국일보〉 기자를 하다 해외공보관으로 갔는데, 돌아와서는 공보수석과 장관을 지냈다. 그와 나중에 나올 최병렬은 한국의 현대사에서 언론과 정치가 어떻게 결합되는지를 보여 주는 전형이다.

선우휘의 다음과 같은 말이 사실상 이의 원류다.

> "한국은 겨우 30년 전에 독립한 나라로 반 동강이 국토로 정치하고 있다. 우리는 어찌되었건 자기 자신의 정부를 지니게 된 것이다. 정부가 나라의 콘트롤 타워라는 사실을 인정하고 협력해야만 하며, 저항이다 반항이다 하는 것이 국가 발전에 협력하는 태도인지 나는 매우 의문스럽게 여긴다"(선우휘; 〈기자협회보〉, 1988. 11. 11).

그래도 사기업인 신문의 경우에는 약간이라도 자율이 있었다. KBS의 수신료 거부 운동에 대한 〈동아일보〉의 보도, 박종철 고문 치사 사건의 〈중앙일보〉 특종, 비문자 공간인 '행간'의 활용 같은 것은 이 사례에 해당한다. 그러나 이 정권은 소유 형태나 시장 거래에서 자율성의 여지가 거의 없던 방송에조차 따로 '보도 지침'을 내려 보냈다. 이유는 간단하다. 불가피했던 1983년의 '유화 조치'와 사실상 참패한 2·12 총선 등이 계기가 되어 정권에 대한 지지가 계속해서 내려가고 있었기 때문이다. 보도 지침은 언론을 소극적 통제의 대상에서 적극적 등원의 도구로 만들기 위한 특단의 조치였던 것이다. 보도 지침에, 불리한 정보를 삭제하는 '~해서는 안 된다'보다 유리한 정보를 과장하는 '~해야 한다'가 많았다는 점은 이를 반영한다(민주언론운동협의회 엮음, 1988).

이런 강제적 '지침' 속에서도 언론은 산업적으로는 크게 성장했다(한국언론연구원, 1990).[92] 이는 신규 인자의 시장 진입을 막았던 당시 카르

---

92 1987년을 종점으로 주요 신문의 자산 총액 추이를 살펴보면, 〈조선일보〉가 1978년 대비로 9.3배, 〈동아일보〉가 1980년 대비로 3.6배, 〈한국일보〉가 1982년 대비로 2.6배, 〈중

텔 정책의 의도가 반영된 결과이기도 했다. 5공과 언론 사이에는 일종의 담합이나 '도구화'로 부를 수 있는 친화성이 있었다. 송건호(1983)는 이를 군산복합체를 본뜬 '권언복합체'로 불렀다. 법(언론기본법, 19조)에서 언론인의 복지도 보장했으므로 보도 지침에 순응하는 데는 언론과 언론인 모두가 '구조적 거래'로 부를 수 있는 반대급부가 따른 것이다.[93] 그러나 제대로 된 언론의 입장이라면, 자신의 정체성을 스스로도, 그리고 국민에 의해서도 부정당한 어려운 기간이었다.

2. 민주화 이후

1) 한국의 민주화 성격

한국의 민주화에 대해서는 여러 주장과 평가가 있지만, 정치적 행위자들의 역학 관계를 파악하는 방식에 따라 크게 두 가지 관점이 존재한다.[94]

앙일보>가 역시 1982년 대비로 13.2배 성장했다. 매출액으로 보면, 〈조선일보〉 4.3배, 〈동아일보〉 2.7배, 〈한국일보〉 2.6배, 〈중앙일보〉 3.9배 증가했다. 상대적으로 〈조선일보〉의 약진이 눈에 띄지만, 모든 신문이 7년 만에 비약적인 성장세를 보인 것이다.

93 나는 양자 사이에 특정한 의도와 결합한 결과가 있다고 해석해 다음과 같이 쓴 적이 있다. "1980년대의 5공 체제의 특징은 상징 조작을 체제 운영의 주요 원리로 등장시키면서 미디어 시장에 대해 보다 체계적인 정책을 구사했다는 점일 것이다. 따라서 이전처럼 **미디어들은 무력화시켜야 하는 반체제 세력이 아니라 체제를 지지하는 하나의 축으로 육성되어야 하는 존재였다.** 이에 걸맞게 이 시기의 미디어들은 시장 확대, 과(독)점 조장, 각종 특혜의 수혜 등을 통해 급격하게 성장했다"(조항제, 2003a: 166; 강조는 인용자).

94 이갑윤 · 문용직(1995)은 타협론과 민주대연합론 등 두 가지로 나눈다. 반면 손호철(1995)은 전략선택이론, 사회운동론, 조절이론, 세계체제론 등 네 가지를 드는데, 이 중 전략선

하나는 제5공화국을 지배했던 권위주의 권력 체제의 균열과 그에 따른 타협의 결과물로 민주화를 보는 '전략 선택 이론' 또는 '타협론'이다(임혁백, 1994). 이 관점은 민주화를 체제의 재구성 관점에서 대립하는 세력 간 타협의 산물로 민주화가 달성되었다고 설명한다. 1984년의 유화 조치 이후 시민사회의 자율적 사회운동이 성장하기 시작하고, 이듬해 2·12 총선에서 사실상 야당이 승리함으로써 정부의 정당성 관리 체제가 급격하게 허물어졌다. 대학가의 반정부 시위는 점차 규모와 강도가 커졌고, 급기야는 박종철의 고문 치사 사건에 뒤이어 6월 항쟁까지 터지면서, 지배 체제 내부에서도 온건론이 대두되었다는 것이다. 이는 당시 집권당 노태우 대표의 6·29 선언으로 나타났고, 결국 지배 계급에 의해 주도되는 개혁(민주화)인 '수동 혁명passive revolution'으로 귀결되었다는 해석이다.

반면에 '사회운동론'의 관점은 민주화를 6월 항쟁의 산물로, 6·29 선언은 아래로부터 민주화 열기에 5공 체제가 굴복한 결과로 본다(성경륭, 1995). 사회운동론은 전략선택이론이 말하는 지배 체제 내 강경파와 온건파의 분열, 온건파의 민주화 과정 주도, 그들 사이의 타협 등이 전혀 없었다고 주장한다. '민주대연합론'은 이런 정치적 계기에만 그치지 않고, 이후의 과정까지 설명틀에 넣는다. 즉 7~9월의 노사 분규에 따른 중산층의 민주대연합 이탈, 김영삼·김대중의 단일화 실패가 낳은 표의 분산, 투표 결정의 새로운 변수가 된 지역주의의 등장 등 기존 지배 체제가 연장되면서 한국의 민주화가 더 이상 진전되지 못하게 된 사정을 밝힌다.

택이론은 이갑윤·문용직의 타협론과, 사회운동론은 민주대연합론과 유사하다. 손호철의 분류 중 조절이론과 세계체제론은 축적 체제의 변화와 경제 위기를 민주화의 동인으로 삼는 보다 거시적인 이론이므로 이 책에서 살펴보고자 하는 단기적·정치적 변화의 분석에는 어울리지 않아 생략했다.

전자의 타협론이 엘리트의 역할과 정치적 행위자의 전략적 선택을 중시하는 반면, 후자의 사회운동론이나 민주대연합론은 대중의 역할과 역사적·구조적 측면을 강조한다(이갑윤 · 문용직, 1995). 그러나 공통되는 것은 1987년의 민주화가 6월 항쟁과 직선제 개헌의 수용으로 성립되었으며, 한국 정치사에서 질적인 단절을 가져왔다는 점이다. 이는 다시 7~8월 노동운동으로 이어져 시민사회 전반의 양질적 성장을 자극했으나 12월 대선에서 기존 체제가 재집권함으로써 민주화가 더 이상 진전되지 못하는 한계를 드러냈다.[95]

'긴급조치'로 상징되는 유신 체제부터 민주화는 시대의 염원이었다. 특히 기회였던 '서울의 봄'을 무위로 끝내고, 광주를 유혈 '사태'로 경과하면서 이 염원은 더욱 강해졌다. 그러나 그 민주화는 주로 '직선제 대통령 선거'와 같이 정치 과정에서의 절차로 한정되었으며, 한국 사회에 산적한 여러 모순의 극복을 위한 필요로까지 발전하지는 못했다. 민주대연합(또는 도전연합)의 분열과 대선 실패가 직접적 이유가 되었지만, 다른 한편으로는 당시의 국민적 민주화 요구가 절차적 정당성만을 요구하는 상당히 제한적인 수준이었기도 한 때문이었다(이갑윤 · 문용직, 1995). 물론 반대로 보면, 체제의 근본적 개혁보다 절차적 권리 회복에 치중한 것이 대중적 성공을 이끌어 낸 단적인 이유가 될 것이다(임성학, 2015). 그

95 6월의 '시민'과 7~8월의 '노동자'가 하나가 되지 못한 한계는 결국 '노동 없는 민주주의'로 귀결된다. 비록 노동자들이 한꺼번에 요구를 쏟아내기는 하였으나 그들의 요구는 '노동자도 인간답게 살고 싶다,' '민주 노조 인정하라'는 수준의, 장場을 달리한 정치적 민주화 투쟁이었고, 그런 면에서 "6월 항쟁과 질적으로 구별되지 않았다"(노중기, 2012: 188). 그러나 노동자는 시민의 외면을 받았고, 한국 민주주의는 이때부터 내재적인 한계를 안게 되었다. '민주주의를 갖고 뭘 할 것인가'라는 포스트민주주의의 숙제는 이미 던져져 있었던 것이다.

런 면에서 6·29의 가장 큰 의미는 좋든 나쁘든 '타협'이다.[96] 한국의 민주화는 기존 체제와 새로운 세력의 타협에 따른 귀결점이며, 타협이 가져온 양자 모두의 효능감과 5년 단임제를 비롯한 불완전한 정치 체제가 이른바 '1987년 체제'를 이루게 된다.[97]

한국의 민주화는 1987년 이후에도 여러 변화를 겪는다. 이듬해에 벌어진 4월 총선의 결과는 대선 패배로 심각한 후유증을 앓고 있던 야권에게 새로운 계기를 제공한다. 이른바 '여소야대' 국회가 구성되면서 6월 항쟁에서 민주대연합의 한 축을 구성했던 야권이 다시 영향력을 확대하기 시작한 것이다. 이로써 묻힐 뻔한 여러 민주화 요구들이 다시 제도권(국회)에 등장할 수 있는 통로가 마련되었다. 그러나 1990년 1월의 이른바 '3당 합당'은 정치 질서를 재차 뒤바꾸어 놓았고,[98] 정치권력은

---

96 당시에는 이 타협에 대해 부정적인 판단이 좀 더 많지 않았을까 한다. 이 타협과 대선 실패가 맞물려 실망감을 키운 것이 주효했을 것이다. 그러나 좀 더 긴 시간적 프레임에서 본다면, '타협'에 대한 부정 일변도 태도는 재고되어야 할 여지가 있다. 오히려 더 비판받아야 할 것은 이 타협 자체보다 나중에 이 타협을 더 높은 수준의 타협으로 끌어올리지 못한 민주화 역량의 부재다(장훈, 2007).

97 그러므로 한국 민주화는 기존 체제의 일정한 이니셔티브하에서 민주화 세력의 급진 요구를 배제하는 것을 단적인 특징으로 한다고 볼 수 있다. 이 점은 민주화 이후 30년 후에 벌어진 '촛불 혁명'에서도 거의 그대로 반복된다. 거리에 나온 1500만이 주장한 것은 '혁명'(체제의 변화)이 아니라 '타협'(탄핵과 복원)이었다(권영숙, 2018).

98 1990년 1월 22일, 여당인 민정당이 야당인 통일민주당·신민주공화당과 합당하여 민주자유당(민자당)을 탄생시킨 사건이다. 민정당은 야권의 분열로 대선에서 승리했지만, 이듬해 총선에서는 참패해 여소야대 국회를 맞아야 했다. 지역적으로는 대구·경북 중심의 여당이 호남과 부산·경남, 충청권에 기반을 둔 3개 야당으로부터 포위된 형국이었다. 3당 합당은 이를 타개하고 정국 주도권을 되찾고자 한 정치공학의 산물이었다. 그러나 국민의 선택을 무시하고 정당 사이의 대화와 타협을 방해한 반민주적 조치이기도 했다(최준영, 2012). 강원택(2012)은 3당 합당이 한편으로는 지배 블록의 이념적 색채를 한국적 '보수'로 더욱 분명해지게 했고, 다른 한편으로는 야권의 진보화와 호남 지역의 정치적 고립을 낳았다고 주장한

아래로부터의 민주화 요구를 이념적으로 통제할 수 있는 보수의 네트워크까지 구축할 수 있게 되었다.

요약하면, 한국의 민주화는 유신 체제 이래 십수 년을 이어 왔던 권위주의 체제의 종식과 직선제 개헌을 통한 절차적 민주주의의 확보를 특징으로 하며, 한국 사회의 기존 질서를 급진적으로 개혁했다기보다는 정치적 권위의 정당성 확보 방식을 형식적으로 개선한 것이라고 할 수 있다. 이 점에서 민주주의의 계속된 발전과 성숙은 지연되었거나 부분적으로 좌절되었다. 그러나 민주화라는 시대적 요구 속에서 급속도로 성장한 시민사회가 3당 합당의 보수적 정치권력으로 대표되는 권력 블록을 끊임없이 비판하고 견제하기 시작하면서 다양한 형태의 사회적 갈등이 고조되는 역동적 시기이기도 했다.[99] 이를 따라 언론 역시 정치적 권위를 지키고 아래로부터의 압력으로부터 이를 보호하는 방식으로 자신의 역할을 규정짓게 되었다.

2) 보수 정부 1기: 노태우 정부와 김영삼 정부

(1) 민주화 계기와 한국 언론

계기로서 민주화가 언론에 미친 영향을 살펴보는 데 필요한 기초적 전제는 '언론의 자유'가 (타협의 산물이라는) 6·29 선언의 8개항에 포함되었다는 점이다. 이는 언론의 자유가 민주화의 1차적 조건이라는 점을 모두가 알고 있었다는 증거다. 이 점을 헌법 규정(21조)이나 5공의 폭압적 언론

다. 여야의 이념적 색채가 분명해지기 시작했다는 것이다.

99 이 역동성은 '1987년 체제'의 가장 큰 특징이다(김종엽 엮음, 2009).

통제의 극복이라는 점을 들어 그저 당연한 것으로 볼 수도 있을 것이다. 그러나 이 당연성이, 한국 사회에서 언론이라는 존재가 "사회적으로 구성된 규범이나 가치, 믿음, 그리고 정의定意에 비추어 바람직하거나 적절하거나 어울린다는 보편화된 인식과 가정"(Suchman; van Dalen, 2019: 3에서 재인용)의 하나로 형성되었기 때문에 나왔다는 점도 반드시 같이 확인될 필요가 있다. 이는 자유로운 언론에 대한 기대·의존이 국민 주권(직선제)과 같은 염원 수준에서 형성되었고, 양자의 관계 자체가 민주화 과정 전체를 결정하는 데 중요한 변수가 되어 왔다는 점을 뜻한다.

민주화 당시 한국 언론이 어떤 역할을 했고, 이를 과연 어떻게 평가할 수 있는지는 먼저 다음의 두 가지 근거부터 검토해 봐야 한다. 첫째는 민주화의 직접적 계기가 당시 벌어진 '박종철 고문 치사 사건'에 있었던 만큼 이를 특종한 〈중앙일보〉와 특종은 빼앗겼지만 더 훌륭한 후속 보도를 한 〈동아일보〉다. 당시 〈동아일보〉의 편집국장이었던 언론인 남시욱(2004)은 진보 학자들이 이 보도들을 무시하거나 외면해 왔다고 비판하면서 어떤 이유에서건 이런 역사 기술을 용납할 수 없다고 한다. 그는 "경찰에서 조사받던 대학생 '쇼크사'"(1987. 1. 15)라는 제목의 〈중앙일보〉 기사가 비록 2단짜리였지만 경찰·서울대·부산을 동시에 취재해 '가난한 집안'의 '서울대' '운동권' 학생의 죽음을 사실로 제기한, 지금 봐서도 1보로서 손색이 없는 것이라고 주장한다. 〈중앙일보〉에 특종을 뺏긴 〈동아일보〉는 아예 특별취재팀을 만들어 처음부터 박종철 사건을 대서특필했다. 그 결과 전 언론이 '융단 폭격'에 나섰으며, 급기야 많은 국민이 직접 광화문 거리로 나서는 6·10 항쟁이 시작되었다.[100] 박종

100 나중의 은폐 조작까지 집중적으로 보도됨으로써 박종철 사건은 "정권의 부도덕

철 사건 보도는 당시의 엄혹했던 상황을 감안한다면 더욱 훌륭했던 언론적 대처라고 할 수 있다.

둘째, 6·29 당시의 언론 보도다. 안종묵(2002)과 남시욱(2004)의 보고대로 당시 언론들은 대부분 이를 상세하게 보도했다. 남시욱은 〈동아일보〉와 〈조선일보〉 "두 신문이 6월 10일부터 30일까지 연속하여 이 사태를 1면 톱 기사로 보도했다. 또한 매일 사회면, 기획면을 통해 관련 기사를 대서특필했다. 사설, 칼럼, 좌담회 등 의견란을 통한 대정부 캠페인은 단기간 동안 엄청난 양을 보였다. 〈동아일보〉의 경우 6월 한 달 동안 이 사태에 관련한 사설이 하루도 빠지지 않고 나와 모두 26건에(5일간은 하루 2건씩), 사내외 필진이 쓴 칼럼은 17건에 달했다. 〈조선일보〉는 이 기간에 사설 31건(10일간은 하루 2건씩), 칼럼 12건을 통해 이 사태를 다뤘다"(p.7)고 썼다.

당시의 사설을 분석한 안종묵의 연구에서도 〈동아일보〉의 보도 태도는 돋보인다. 〈조선일보〉나 〈서울신문〉과 달리 〈동아일보〉는 6·29 이전에는 4·13 호헌 조치를 비롯한 5공 체제의 입장에 대해 중립과 부정을 합한 비율이 압도적(90.9%)이었으나 이후가 되면 완전히 달라져 거의 중립으로 가게 됨을 알 수 있다. 이 점은 남시욱의 주장대로 적어도 〈동아일보〉의 경우는 민주화를 확실하게 지지한 증거로 볼 수 있다.[101] 그러

성을 상징했으며, 군사 정부와 민주 세력 간의 갈등이 표면화되는 계기를 제공했다. 불법으로 규정되던 반정부 시위와 개헌 논의가 박종철 사건을 통해 정당성을 확보해 나갔으며, 신문 매체란 공공 영역에서 민주화 이슈가 국민 의제로 형성됐다"(심재철·이경숙, 1999: 97).

101 그러나 그렇다고 이런 차이를 질적이고 이념적인 것으로 볼 수는 없다. '북한 관련' 이슈로 평가한 이념성에서 〈동아일보〉는 1.86을 받아 〈조선일보〉의 1.61이나 〈중앙일보〉의 1.81과 대동소이했다(이진영·박재영, 2010).

표 7. 〈동아일보〉의 보도 태도

보도 태도	긍정	중립	부정	계
6·29 전 사설 수	4	18	22	44
6·29 후 사설 수	1	21	4	26
합계	5	39	26	70

* 출처: 안종묵, 2002: 104.

나 안종묵은 결론에서 "(언론은) 6·29 선언을 정부·여당의 치적으로 만들었다. 언론이 제 역할을 다하려 했다면 6·29 선언 이후의 사후 조치에 이르기까지 …… 정부를 압박해 나가야 했을 것"(p.108)이라고 주장했다. '언론의 민주화에 대한 기여'를 종합적으로 판단하기 위해서는 사건적 계기 못지않게 원인과 후속 조치까지 일관되게 관심을 이어갔는가를 고려해야 한다는 것이다. 안종묵은 앞의 민주대연합론처럼 좀 더 긴 시간 프레임과 심층적 관점을 적용했다.

이 점과 관련해 살펴봐야 하는 또 하나의 중요한 계기는 7·8월 노동자 대투쟁이었다. 울산의 현대엔진에서 시작된 이 투쟁에서 노동자들은 7월 초부터 9월 중순까지 약 두 달 반 동안 3,311건의 쟁의를 발생시켰다. 이는 이전 해의 쟁의 건수 276건의 12배에 이르는 엄청난 규모이고, 하루 평균 40여 건의 파업이 매일 새로이 발생하였다는 뜻이었다. 쟁의에 참여한 노동자 수 역시 당시 10인 이상 상용 근로자 333만 명의 약 37%인 122만 명에 달하였다. 대부분의 쟁의가 농성, 시위 등 격렬한 양상을 보여 당시의 법에 따르면 모두 불법이었다(김동춘, 1995).

노동자 대투쟁은 두말할 것도 없이 6·29 선언으로 열린 정국에서 그간의 압축 성장을 도맡아 왔던 노동자들이 스스로 인간됨을 주장한 것이다. 노동사회학자 노중기(2012)의 주장대로 노동자들은 결코 급진적인 주장을 펼치지 않았고, 작업장에서 재생산된 병영적 통제에 대한 반대 투쟁에 머물렀다. 그러나 이에 대한 정부와 언론의 태도는 탄압 일변도였으며, 노동기본권이나 민주 노조에 대한 관심은 그야말로 안중에 없었다. "무법·광란, 울산시청 수라장…… 술 마시고 부수고 노래하고," "현대중공업 3백여 명 차고 방화 등 난동 1시간," "사장 등 맨바닥에 앉히고 폭언" 등등을 제목으로 한 언론의 태도는 노동자들을 '폭력·용공 세력'이나 '반인륜적' 폭력배들로 여기는 것이었다(《경향신문》, 2005. 1. 26).

이의 압권은 9월 5일에 열린 임시국무회의에 참석해 쟁의 현황을 보고한 전경련 전무 조규하에 대한 보도였다. 당시 조규하는 "기아기공 근로자들이 부사장을 포클레인 삽에 싣고 올렸다 내렸다 하면서 위협하고, 노래 값을 요구했다," "영창악기에서는 사장을 드럼통에 넣고 굴렸다"는 등의 허위 보고를 하면서(《경향신문》, 2005. 1. 26), 노동자 투쟁이 "법과 도덕·윤리를 완전 무시한 혁명적 색채가 농후하다"고 결론 내렸다(《중앙일보》, 1987. 9. 5). 이는 전혀 사실이 아니었지만, 당시 언론은 최소한의 확인조차 하지 않은 채 그대로 보도했다. 전경련의 사익적 허위 또는 자기기만과 듣고 싶은 말을 확인 없이 증폭시킨 언론의 자기 확증이 결합한 것이다.

박종철 사건과 6·10 항쟁, 그리고 6·29 선언에까지 이르는 민주화의 도정에서 언론이 한 일을 일부러 폄하할 필요는 없을 것이다. 그러나 반대로 신화에 사로잡혀 언론을 맹목적으로 찬양할 이유도 없다. 박종철 사건의 〈중앙일보〉 특종과 〈동아일보〉의 발 빠른 대처는 아무리 칭찬해도 지나침이 없다(남시욱은 여기까지만 주목했다). 그러나 박종철 사건과 6·29 선언이 일단락된 뒤, 〈동아일보〉를 포함해 대부분 언론은 빠르

표 8. **민주화 과정에서 언론의 역할에 대한 인식**

응답 항목	수용자	언론인
사회민주화에 주도적 역할	303(25.5%)	103(14.3%)
사회민주화 물결에 편승	886(74.5%)	614(85.6%)
합계	1,189(100.0%)	717(100.0%)

* 출처: 양승목, 1995: 123(한국언론연구원 조사).

게 5공 권위주의의 제도권 안으로 후퇴했다. 비제도권을 통한 지속적인 민주화 움직임은 7·8월 노동자 투쟁 보도에서 볼 수 있듯이 언론의 의제로부터 멀어졌다. 언론이 사실상 이런 투쟁을 억압했다고 보아도 무방할 것이다. 민주화를 직선제의 쟁취라는 정치적 계기와 완전히 일치시키지 않는다면, 이런 언론의 태도는 사실상 반민주적 조치에 가까운 것이라고 보아야 한다.

꼭 이런 이유만은 아니겠지만, 한국의 언론인은 스스로의 판단에서도 자신이 민주화에서 큰 역할을 했다고 보지 않는다. 1993년에 조사된 '민주화 과정에서 언론의 역할에 대한 언론인·수용자의 인식'을 보면, 언론인은 불과 14.3%만이, 수용자는 25.5%만이 '주도적 역할'을 했다고 응답했다(표 8 참조). 이 조사는 민주화의 열기가 상당히 식은 시점에 조사되었다는 단점이 있지만, 언론인들이 자신은 그저 '남이 만들어진 물결에 편승했다,' '민주화에 지속적인 관심을 기울이지 않았다'라는 자의식을 갖고 있다는 점은 충분히 확인시켜 준다.[102]

102 1995년에 조사한 같은 방식의 설문에서도 언론인들은 16.9%만 주도적 역할을 했다고 응답했다(한국언론연구원, 1995). 다만 민주화를 직접 경험한 11년차 이상의 기자들

이후 언론인들 역시 스스로 변화 필요성을 느꼈고 노동조합을 통한 내부 민주화라는 나름의 시도도 해 보았지만(강명구, 1993), 나중에 살펴보는 바대로 그렇게 수명이 오래가지는 못했다. 타협을 통해 완성된 한국의 민주화를 직접적 계기(직선제)에만 국한시켜 본다면, 아마도 언론의 영향은 작지 않을 것이다. 그러나 타협의 한계까지 인식하면서 꾸준하게 민주화의 필요성을 지속적으로 외쳤던 언론이 없었다는 점 역시 부인할 수 없는 사실이다. '권력 측의 부단한 간섭과 규제에 순응하지 않고' '용기 있는 저항정신'을 보여 주겠다(발기선언문)고 다짐하면서 1975년 해직된 〈동아일보〉·〈조선일보〉의 기자들이 중심이 되어 창간된 국민주 〈한겨레신문〉은 아마도 이의 가장 큰 반증일 것이다.

(2) 언론의 자유화와 과점적 시장

민주화 이후 한국 언론은 '자유'(민주 체제)와 '시장'(경쟁과 독점)이라는, 같은 회로에 있지만 상반된 결과를 낳을 수 있는 두 개의 현상을 경험한다. 한편으로는 정치적 자유를 구가하게 되었지만, 다른 한편으로는 시장이라는 또 다른 엄혹한 지주支柱를 만나게 되었다. 이전까지만 해도 '3저 호황'이라는 확장 체계 아래에서 경쟁이 없는 카르텔의 안락한 과점 체계를 누렸던 언론은 민주화 10년을 갓 넘기고는 급기야 IMF

은 평균보다 높은 22.8%를 보였다. 재미있는 것은 '한국 사회를 움직이는 주요 집단에 대한 평가'(1993년 조사, 이후에는 이 설문이 없어졌다)에서는 언론인이 스스로를 신정부에서 가장 영향력이 커진 집단으로 평가했다는 점이다. 2위는 정치인이었다. 영향력이 많이 감소한 집단은 군부와 관료인데, 누구라도 동의할 것 같은 결과다. 1993년 현재를 기준으로 자신을 정치인 다음으로 영향력 큰 집단으로 평가한 부분도 흥미롭다(3위와 4위는 관료와 기업인이다). 1990년대 한국의 언론인은 자신을 '민주화에 주도하지 못했으면서(편승했으면서) 영향력이 가장 커진 집단'으로 보았다.

체제라는 위기에 봉착하게 된다. 결국은 시장이 승리하는 '1997년 체제'(IMF 신자유주의 체제)가 도래하지만, 그 과정은 지금에 이르러서도 곱씹어볼 만한 것이다. 특히 1987년 체제론자들은 IMF 위기를 통해 정치적으로는 야당 집권이라는 새로운 기회를 얻음으로써 민주주의와 자본주의 사이의 갈등적 역동성이 계속 유지되었다는 점을 강조한다(김종엽 엮음, 2009; 조희연·서영표, 2009). 나는 이 역동성이 한국적 미디어화의 성격을 만드는 데도 중요하게 작용했다고 생각한다. 민주화 이후 달라진 언론 지형의 성격을 살펴보면 다음과 같다.

첫째, 주지하다시피 언론기본법과 보도 지침으로 대표되는 5공 체제의 억압은 사라졌다. 보도에 영향을 미치는 요인에서 '정치권력과 외압'은 하위 순위로 밀렸고,[103] 언론의 자유도는 언론인 자신의 판단에서도 계속 증가해 김영삼 정부 때는 무려 5공 때(24.60)의 세 배에 가까운 70.29나 되었다(양승목, 1995). 그러나 '건강한 긴장 관계'라고 부를 수 있는 바람직한 정부-언론 관계가 형성되었다는 평가는 거의 없다. 대부분 연구자는 과거의 억압 자리를 '회유'가 채웠다고 본다(김영욱·임유진, 2009; 남재일, 2006; 박승관·장경섭, 2000; 조항제, 2003a). 회유가 효과적이어서 둘의 관계는 여전히 이전의 협조·유착 관계를 유지했다는 것이다. 특히 여소야대 정국을 끝낸 3당 합당 이후, '외대 사태'[104] 등에서 언론은 이전 시대를 방불케 할 정도로 정부가 조성한 '신공안정국'과 강하게

---

103 '정치권력과 외압'이 하위 순위로 밀린 것은, 이 항목이 강제 느낌을 주는 '외압'으로 읽혀 정부의 회유에 따른 자발적 협조 같은 것은 포함되지 않았기 때문으로 보인다.

104 '외대 사태'는 1991년 6월 3일에 정원식 당시 국무총리 서리에 학생들이 달걀, 밀가루 등을 집단으로 투척한 사건이다. 정원식이 문교부 장관으로 있을 때, 전교조를 불법화한 것에 대해 학생 운동권이 집단으로 반발해 벌어졌다.

밀착했다(박영흠 · 김균, 2016).

그러나 회유와 억압이 확실히 다르듯이 나름의 긴장 어린 갈등과 협상까지 없었던 건 아니다. 특히 하나회 척결과 공직자 재산 공개, 안가 철거 등 김영삼 정부가 초기에 걸었던 개혁 드라이브는 언론의 호응을 끌어내면서 상당한 대중적 성공을 거두었다. 그러자 반대편 현상도 같이 나타났다. 이 불협화음은 금융실명제부터 커지기 시작했다. 당시 〈조선일보〉 김대중 주필은 개혁이 한창 진행되던 1993년 5월에 "솔직히 오늘날 김영삼 개혁은 신문이 바뀌 노릇을 하고 있다"(김대중, 1993. 5. 16)라고 자찬하다가 금융실명제 즈음인 6월 13일자에는 김영삼 정부가 "엉터리 정의감에 들뜬 나머지 사회의 이스태블리시먼트를 아무렇게나 작살내 왔다"(김대중, 1993. 6. 13)고 하면서 김 정부의 개혁에 흥분했던 자신마저 꾸짖고, 다음 칼럼(김대중, 1993. 7. 11)에선 사정을 끝내고 "일하는 분위기"를 만들자고 주장했다. 꼭 이 때문은 아니었겠지만 김 정부는 이후부터 정책의 방향을 친자본적 '세계화'로 돌린다. 같은 해 정부가 시행한 세무 조사의 결과도 '아무것도 없는 것처럼 하면 안 되는' 수준에서 처리했다(《한겨레신문》, 2001. 2. 10).

〈조선일보〉는 사상 문제 같은 매우 구체제적인 이유로 김영삼 정부의 주요 인물들 — 한완상 부총리, 이인제 노동부장관, 김정남 교육문화수석 등 — 을 자리에서 물러나게 했다. 이 신문이 들고 나온 '색깔론'은 그간의 권위주의 체제가 상대를 공격할 때 즐겨 써먹은 전가의 보도 같은 것이었다. 색깔론은 국민의 공산주의(전쟁의 적이었다)에 대한 공포를 자극해 대중을 보수화하면서 상대적으로 진보적 경쟁자의 지지 기반을 축소하는 정략적인 행위다(조희연; 채장수, 2018: 50에서 재인용). 다른 말로는 레드 콤플렉스쯤 될 것이다. 〈조선일보〉는 이런 색깔론을 통해 중산층의 안정 심리를 자극하면서 자신의 위력을 과시하고 상업적 목표도 달성했다. 언론이 스스로 '체제의 안과 밖'의 경계를 설정하고 여론몰이를 하면, 정부가 이에 따르는 구도였던 것이다. 크게 보아 정부는 언론을 회유했고 언론은 정부에 순응했지만, 디테일을 놓고 양자는 끊임없이 거래와 결탁, 갈등과 협상을 벌였다.

둘째, 새로운 신문의 창·복간이 이어지고 외압이 사라졌지만, 시장의 집중도는 그렇게 낮아지지 않았고 신문이 대표하는 이념적 지형 역시 과거보다 그렇게 크게 확대되지 않았다. 등록 현황으로 볼 때, 1987년 28개에 불과하던 일간 신문(지방지 포함)의 수는 1988년에 63개가 되었고, 1996년에는 114개로 거의 10년 사이에 4배가 넘게 증가했다(한국언론연구원, 1996b). 그러나 이런 양적 팽창이 질적 다원화로 이어지지는 못했다. 설립 목적이나 소유 주체에서 기존 신문과 완전히 다른 〈한겨레〉 정도가 예외가 되었을 뿐,[105] 주류 신문의 입장은 오히려 더 보수적인 것이 되었다(이진영·박재영, 2010).

언론의 자유를 보장한 6·29 이후, 가장 사세가 약한 〈신아일보〉를 폐간(언론 통폐합)시키고 살아남은 신문사끼리는 면수·구독료·(일부) 광

105 이진영·박재영(2010)에 따르면, 〈한겨레〉는 창간 초기와 5년 후(각각 4.00, 3.68) 모두에서 전체 신문의 이념성(2.42, 2.14)과 큰 차이를 보였다. 그러나 이런 차이는 어디까지나 상대적인 것으로 다른 언론들이 지나칠 정도로 보수·우익으로 경도되었다는 점도 고려해야 한다. 〈한겨레〉는 기존 언론에 대해 일종의 역편향을 보인 셈이 되었고, 내부적으로는 "한국 사회를 보는 한국인들의 균형 회복에 일정한 기여를 했다"(이인우·심산, 1998: 275)는 평가를 받았다. 그러나 당시에는 여러 신문의 기사를 한자리에서 볼 수 있는 포털이 있었던 것도 아니고, 두 신문 이상을 함께 구독하는 병독 역시 흔한 게 아니어서 크게 균형을 회복시켰을 것으로 보이지는 않는다. 다른 목소리가 존재한다는 것 자체로 의미를 갖는 정도에 머물지 않았을까 한다.

고료 등을 담합해 공동 보조를 취하게 했던 5공화국의 신문 카르텔이 해체되었다. 〈국민일보〉, 〈세계일보〉 등이 연이어 신설되면서 신문 간 경쟁이 치열해졌지만, 기존 신문의 시장 입지는 크게 흔들리지 않았다. 1991년에 1위 신문(매출액 또는 영향력 기준)이 〈중앙일보〉 또는 〈동아일보〉에서 〈조선일보〉로 바뀌었으며, 무리하게 사세를 확장하던 〈한국일보〉가 (특히 IMF 이후) 경쟁에서 탈락하면서 시장은 더욱 집중되었다.[106]

1위 신문의 향배 또한 나중의 여러 사건(특히 '안티조선운동')에 비추어 중요하다. 1980년대 동안은 대체로 〈동아일보〉의 성가가 우세했다. 매출액 1위(1984~1990)는 〈중앙일보〉였지만, 영향력이나 국민적 지지에서 〈동아일보〉의 상대는 아니었다. 〈조선일보〉는 매출액에서도 〈동아일보〉보다 한참 아래였다. 그러나 〈조선일보〉는 민주화 이후 급성장했다. 1991년에는 재벌(삼성)의 후원 아래 있었던 〈중앙일보〉의 매출액마저 따돌렸다. 〈동아일보〉와의 격차도 계속 벌어져 노태우 정부의 마지막 해인 1992년에 이르면 〈동아일보〉의 매출액은 〈조선일보〉의 불과 73.8% 수준(당기순이익은 27%)에 머무르게 된다(《기자협회보》; 한국언론연구원, 1996a: 40에서 재인용).[107]

---

106 시장 점유에서 〈조선일보〉, 〈중앙일보〉, 〈동아일보〉의 명암은 약간 엇갈린다. 〈조선일보〉의 경우에는 시장점유율이 1988년 17.92%에서 1992년 19.22%로 오히려 늘어났다. 그러나 같은 기간 동안 〈동아일보〉는 15.94%에서 14.19%로, 〈중앙일보〉는 20.77%에서 17.17%로 떨어졌다. 이로만 보면 〈동아일보〉와 〈중앙일보〉의 독자들이 〈조선일보〉로 간 것이다. 상위 네 기업의 시장 점유율(CR 4)은 1988년의 78.8%(〈경향신문〉 제외, 이하도 마찬가지임)에서 1992년에는 77.63%로 약간 줄어들었으나 1996년에는 다시 78.67%, IMF 이후인 2000년에는 81.77%로 상승하였다(조항제, 2003a; 2000년 것은 한국언론재단, 2001). 신문의 시장 집중도는 계속해서 높아진 것이다.

107 영향력과 직접적인 관계가 없는 매출액만을 상정하고 중요한 또 하나의 통계인 발행 부수를 제시하지 못한 것은 주지하다시피 한국 신문계에는 믿을 만한 발행 부수 통계가

이런 〈동아일보〉와 〈조선일보〉의 역전에는 여러 가지 요인이 작용했을 것으로 보이지만, 매출액에 재벌·기업이 결정하는 광고비의 비중이 크다는 점을 감안해 보면, 〈조선일보〉의 편집국장 출신 최병렬[108]이 대선부터 관여해 6공의 실세(정무수석·문공부장관)가 됨으로써 권력의 향배에 좀 더 가까워진 점이 주효했을 가능성이 높다. 구독자 수 측면에서는 1987년의 노동자 대투쟁이 중산층의 안정 희구 심리를 자극해 좀 더 보수적인 〈조선일보〉의 득세를 도왔을 것으로 보인다. 정치면이 아닌 탈정치적 문화면이 독자층을 변화시키는 데 역할을 했다는 지적도 이와 무관하지 않을 것이다. 이 점이 영향력에서도 〈조선일보〉가 〈동아일보〉보다 아래에 있다고 말할 수 없게 된 근거다.[109]

초기에 '언론 민주화'를 내세우면서 활발하게 설립되었던 신문 노조는 설립된 지 10년이 안 된 1990년대 중반 이후부터 급격하게 쇠락함

없기 때문이다(ABC제도가 정착되지 않았다). 물론 매출액과 영향력이 전혀 무관하지 않다.

108 나는 최병렬이 6공의 언론·정치의 대표적인 인물이었다고 생각한다. 그는 5공 초엽에 편집국장이 되어 앞서 국회의원이 된 전임자 김용태를 두고 '〈조선일보〉의 편집국장이 국회의원보다 낫다'는 말을 하고 살았으나 곧 민정당 전국구 국회의원이 되었고 6공에서는 정무수석·문공부장관을 하는 등 그야말로 실세가 되었다. 이 과정에서 〈조선일보〉 역시 탄탄대로를 걸었다. 6공과 〈조선일보〉는 고급 정보를 공유하면서 여론 정치의 과실을 나누었다. 최병렬은 노무현 정부의 언론 전쟁이 한창인 2003년에, "제 상식으로, 제 양식으로 이 사람이 대한민국 대통령인가, 나는 솔직히 인정하고 싶지 않은 심정"(문화방송, 2003. 7. 8)이라고 말하고 탄핵을 주도했다. 최병렬이 공보처 장관이던 시절 벌어진 상업 방송(SBS) 도입과 KBS 사장 교체(서영훈 → 서기원)는 이명박 정부 때, 똑같은 형태, 곧 종편 도입과 KBS 사장 교체(정연주 → 이병순)로 재연되었다.

109 이런 요인들에 대한 분석적 근거나 출처를 따로 제시하기는 어렵다. 대체로 동시대를 살면서 당시 들었던 주변의 목소리를 종합한 것이다. 이렇게 사세가 낮아진 〈동아일보〉가 역전을 노리면서 등용한 사람이 김중배였지만, 다음에서 보는 바대로 〈동아일보〉는 사주 자신이 이런 변화를 견디지 못했다.

으로써 소유주의 지위를 더욱 굳건하게 만들었다. 이 점은 매우 치명적이다. 이로써 신문 시장에서 다원주의(또는 독립성)는 '외적인 것'과 '내적인 것' 모두 달성되지 못한 것이기 때문이다. 언론이 정부로부터 얻은 자유는 언론인의 전문직 자유로 이어지지 못했고, 앞서 야쿠보비치(Jakubowicz, 2002)가 정치적 변화보다 훨씬 중요하다고 주장한 '문화적 변화,' 곧 '언론 내부의 변화'는 거의 나타나지 않게 되었다. 보기에 따라서는 이전보다 악화되었다고 볼 수도 있다.

셋째, 공영 방송에서는 1990년 KBS의 4월 투쟁이 많은 유산을 남겼다. 1988년의 사장 인선은 당시 민주화의 열기와 여소야대 국회에 힘입어 상당히 원칙적으로 이루어졌다. 시민단체(흥사단) 출신 서영훈은 이전 관행으로 볼 때는 상상하기 힘든 획기적인 인물이었다. 그러나 1990년의 '3당 합당' 이후 체제가 보수적으로 재정비되면서 새로운 사장(서기원)이 임명되었고, 이를 둘러싼 정부와 노동조합의 갈등이 무려 40일간 KBS를 사실상 파업 상태로 몰아넣었다. 이렇게 만들어진 '정부의 일방적 임명'과 '노조의 반발·파업'의 대립 구도는 이후로도 30년 동안 계속되었다. 정부와 공영 방송 사장 사이가 마치 사적 충성 관계로 맺어진 후견인과 피후견인 같다는 '정치적 후견주의political clientelism'의 설명 틀은 그래서 생겨났다(조항제, 2014b).

민주화 이후에도 한국에서는 언론과 정부 사이가 자유주의적 '견제와 균형' 관계가 되지 못했다. 언론이 대표하는 이념 지형은 여전히 보수 일변도로 협소함을 벗어나지 못했고, '시청료 거부 운동'까지 벌어지면서 그 심한 편파성 진통을 겪은 공영 방송은 정치적 후견주의를 청산하지 못했다. 여러 원인을 생각해 볼 수 있지만, 근본적으로는 역시 중산층의 안정 희구 심리를 꼽지 않을 수 없다. 6·29 당시 이른바 '넥타

이 부대'로 시위에 참여하면서 민주화를 앞당긴 이 층은, 그러나 이어진 7·8월의 노동자투쟁을 겪고 나면서부터는 상당히 보수화되어 민주화의 흐름을 지체시켰다.[110] 군부의 재집권과 3당 합당, 공안정국, 1992년 대선에서의 보수 승리 등 일련의 정치 과정은 이의 결과였고, 그 근저에는 친미와 반공, 성장을 기조로 한 한국적 성공 모델이 있었다.

(3) 언론 노조와 편집권, 공정 보도

7~8월의 노동자 대투쟁 이후 민주화의 기치를 계속 이어나간 것은 언론인들의 노조 설립이었다. 1987년 10월 〈한국일보〉를 필두로 대부분의 언론사에 노조가 설립되었고, 이들은 공정 보도를 위해 편집권을 확보하기 위한 투쟁을 전개하였다. 이 투쟁은 "'5공 언론'의 실상에 대한 반성과 청산을 위해서 권언유착의 장본인인 언론 경영자의 전횡에 편집권을 맡길 수 없다는 일선 기자들의 집단적 의지 표출이었다."[111]

이들이 내건 실천 목표는 편집국장 추천제였다. 1988년 7월 〈부산일보〉는 민주화 이후 처음으로 편집권이 "전 편집 제작인들에 의해 공유되어야 한다"고 주장하면서 파업에 돌입했다. 〈부산일보〉 외에도 대

---

110 민주화 운동을 이끌어 온 학생 운동의 급진적 반자본주의 성향(김주호, 2016)과 그간의 지배(반공·반북) 이데올로기에 직접적으로 대항하는 민족해방 분파(이른바 NL)의 득세(이수인, 2008) 역시 기성세대를 부정적으로 자극했다.

111 강명구(1993: 159)의 수사적 표현이다. 그러나 당시 언론 운동 진영이 상황을 그렇게 낙관적으로 보지 않았다는 점도 반드시 기억되어야 할 부분이다. 그 이유는 "언론 노동 자체가 언론인 스스로 자성과 노력보다는 사회 전체의 민주화라는 언론계 외부의 자극에 의해 시작된 측면이 강하기 때문으로 보인다. …… 언론인 스스로 내부의 모순을 극복, 해결해 나가면서 쟁취한 성과가 아니기에 이들 편집권 독립 장치는 그 기반이 취약"하다(《언론노보》, 1989. 1. 17). 매우 예리하면서도 뼈아픈 지적으로 한국 언론 노동 운동의 한계를 여실히 보여 준다.

부분 언론들이 편집권 교섭에 들어가 단체 협약 등에 편집권의 독립에 관한 규정을 마련하고, 편집책임자의 선출·해임 등에 관한 규정을 성문화했으며, 편집권과 보도 쇄신을 위한 기구를 설립했다. 방송에서는 공정 방송 관련 협약을 체결해 노사 동수로 '공정방송위원회'를 설립하고 편성책임자에 대한 중간평가제 등을 규정했다(강명구, 1993). 이런 노조의 활동에 따라 보도 공정성은 크게 올라갔다. 다수의 기자가 노조의 설립 이후 보도 공정성이 높아졌다고 평가했다('전보다 공정해졌다' 64.5%; 한국언론연구원, 1989).

그러나 이후, 신문에서 편집권 보장 조치들은 대부분 무력화되거나 크게 약화되었다. 편집권은 소유주의 권한으로 재차 편입되었고, 국장 추천제 등은 이름만 남았다. 이의 배경에는 시장이 있었다. 자유화의 여파로 시장 장벽이 낮아지고 경쟁이 치열하게 전개되면서 소유주 및 경영 측의 발언권은 커졌지만, 상대적으로 기자들의 자율성이나 노동 권한은 저하되었던 것이다. 여기에 노동조합 조직 자체가 가진 한계,[112] 산별 노조를 경시한 노동 측의 전략적 오류까지 겹치면서 방송을 제외한 언론 노조 전반이 급격하게 위축되었다.[113] 이 과정을 신광영(2012)은

---

112 이 한계는 노조 활동으로 해직 경험이 있는 박인규의 다음 술회에서 잘 드러난다. "…… 뼈저리게 느낀 것은 노조는 역시 주도권을 가질 수 없는 조직이라는 겁니다. 노조는 비판·감시·견제하는 조직이지, 경영이랄까 전체적인 방향을 끌고 갈 수 있는 조직은 아니에요. 그리고 또 하나 결정적인 약점이 차장 이하만 가입하도록 되어 있는 것입니다. …… 국장과 부장단들이 사용자 편은 아니지만 노조의 배척자 편에 놓이게 되는 거죠. 그래서 노조가 신문 제작을 주도적으로 끌고 가기에는 태생적인 조직적 한계가 있다는 생각을 많이 했어요"(박인규; 장호순 외, 2001: 37).

113 이의 원인이자 결과의 하나는 노조 집행부의 보수화다. 한국언론연구원(1995)의 조사에 따르면, 창립 초기인 1989년 때만 해도 노조원 스스로 노조 집행부를 진보적(67.6%)으로 평가했지만, 1995년이 되면 이 수치는 절반에 가까운 36.8%로 떨어졌다. 투쟁의

다음처럼 요약해 서술하고 있다.

> "한국의 언론 노조 운동은 대체로 정치적 차원에서 언론 자유와 공정 보도를 강조하였고, 그것은 다양한 언론운동의 전통을 잇는 것이었다. 그러나 …… 시장 변화에 대해서는 별다른 대응책을 내세우지 못했다. 언론 노조들도 언론사별로 조직되어 있는 기업별 노조 체제이기 때문에 개별 언론사의 노조 수준에서 시장의 변화를 막는 것은 불가능하였다. 결국, 개별 언론사는 미디어 생태계 변화에 적응하거나 순응하는 방식으로 생존을 도모하고 있다. 다른 산업과 마찬가지로 언론 산업에서도 기업별 노조의 한계로 인하여 시장 경쟁의 강화에 따른 부작용을 약화시키고, 노조들의 연대 활동에 기초한 집단적 대응 전략을 효과적으로 모색하지 못하였다"(pp.75~76).

민주화 초기에 '언론민주화'를 내세우면서 활발하게 설립되었던 신문 노조는 노동권과 이런 공공적 투쟁(언론 민주화)을 효과적으로 연결하는 데 실패했다.[114] 소유의 성격상 국가를 상대로 투쟁할 수밖에 없음으로써 파업이나 단체 교섭 같은 노동권으로 공공적 투쟁(공정 방송)을 전개한 방송과 결정적으로 대조되는 대목이었다(결국 나중에 언론 노조는 방송을 중심으로 산별화된다). 여기에 설상가상으로 경제 전체가 위기에 빠

초점 역시 정치·언론적인 것에서 경제·복지적인 것으로 바뀌었다.

114 이념적 측면에서 보면, 공공 서비스 모델이 퇴조하고 시장자유주의가 팽배한 결과였다(임영호, 2000). 1990년대 초반까지만 하더라도 언론 노조는 언론을 공공적 영역으로 지키기 위해 사안별로 시민사회와 연대해 운동을 전개하곤 했는데, 김영삼 정부 수립 이후, 정보화나 경쟁력 같은 시장적 이념들이 지배하면서 이런 쟁점들이 모두 무력화되었다.

지고(IMF), 미디어가 다변화되어 인력 이동마저 활발해지게 되면서 노조의 동원력이나 조직력은 더욱 약화하게 되었다(신광영, 2012). 전문직주의와 더불어 한국 언론인의 직업 이데올로기의 한 축이었던 노동조합 운동은 결국 이렇게 실패하고, 언론인은 그저 '직업인'이 되고 말았다(이정훈·김균, 2006).

노조의 실패는 상당한 타격이었다. 민주화 이후의 언론 질서에서는 이전의 정부 지배 대신 자유와 시장이 위주가 되어야 하는데, 여기에서 다시 문제가 발생한 것이기 때문이다. 이 점은 정치 민주화와 밀접하게 연관된 다른 (시민)사회 부문의 민주화가 어떻게 달성되지 못했는지 이유의 일단을 잘 보여 준다. 결국은 '자유 방임,' 달리 보아 시장이 주재하는 장이 민주화에 우호적이지 않았던 것이다.[115]

이런 실패를 전조로 보여 줬던 것은 1991년 〈동아일보〉의 김중배 해임 사건이다. 당시 새로 편집국장이 된 김중배는 민주화 이후 현저하게 떨어진 사세를 만회하기 위해 〈동아일보〉의 변화를 도모했지만, 곧바로 사주에 의해 해임되고 말았다. 당시 사주인 김병관은 편집국 기자들에게 다음과 같은 내용의 회람을 돌렸다. "체제 부정이나 국민의 위화감 조성에 지면을 할애함은 용납할 수가 없어 편집진의 변화를 통해…… 제2 창간 실현의 시작으로 삼으려 한다"(손석춘, 2012: 526). 그가 체제 부정과 위화감의 사례로 든 것은 윤정모의 소설에 대한 서평, 역

115 물론 이를 모든 시장의 논리로 보편화시키기는 어려울 것이다. 앞서 본 커런(Curran, 2002)의 주장대로 그런 개연성이 있기는 하다. 그러나 한국의 경우에는 출발점마저 이미 상당히 편파적이었다는 특수성도 감안해야 한다. 다른 나라, 이를테면 스페인 같은 나라의 민주화 과정에서는 기존의 신문 구조가 거의 완전히 재편된다(조항제, 2003a). 한국과 달리 스페인의 시장은 그렇게 단단하지도 구속적이지도 않았기 때문이다.

사학자 안병욱·빈민운동가 제정구 등의 글이었다.

이에 김중배는 퇴임사에서 정치 권력보다 더 언론을 위협하는 존재로 자본 권력을 들었다. 현저하게 편집의 자율성을 훼손시킨 이 해임에 〈동아일보〉의 노조는 저항하지 않았고,[116] 이후 〈동아일보〉는 이전의 명성이나 시장 지위를 모두 잃고 보수화·2등화되었다. 나중에는 '조중동'으로 순위조차 세 번째로 내려앉았다. 이는 이후 전개될 한국의 주류 신문과 그 기자들의 정치적 성격을 판가름하는 시금석이 되었다.

유신 체제 때, 언론 자유 수호 투쟁을 벌였던 기자들을 대량 해직했지만, 그래도 앞서 본 박종철 사건이 예증하는 대로 〈동아일보〉는 다른 신문보다 민주화에 좀 더 민감한 '야당지'였다. 신문의 사세나 신뢰도도 압도적이어서 다른 신문이 넘볼 수 없었다. 민주화가 되면 더욱 날개를 펼칠 수 있는 그런 신문이었다. 그러나 오히려 〈동아일보〉는 민주화 이후부터 자신의 정체성을 잃고, 주변의 안타까움을 안은 채(나중에 나올 강준만이나 손석춘의 '하소연'을 보라) '3등' 신문이 되는 길로 나아갔다. 〈동아일보〉의 민주화 시계는 1987년 당시의 '직선제'에 머무른 채 한 치도 나아가지 못했다. 그 민주주의는 분단도 인권도 복지도 전혀 포용하지 못했다. 많은 사람이 애석해하는 것이 〈동아일보〉의 이런 '변절'이다. 역사에 조금이라도 '만약'이 허용되어, '〈동아일보〉가 민주 진영을 어느 정도라도 대변했다면'이라는 가정을 해 본다면, 지금의 언론 판도, 나아

---

116 1992년 5월 11일부터 5일간 벌어진 〈동아일보〉 노조의 파업은 조중동 기자들의 최후의 집단적 저항이다. 파업의 이유는 경쟁이 격화되면서 주 1회의 휴무조차 보장받지 못하고, 정부가 정한 총액 5% 임금 가이드라인에 사측이 동조하는 등 노동 조건을 심하게 억압당해서였다. 편집국장 임기제도 요구 조건에 있었으나 9.25% 임금 인상이 결정되면서 파업은 타결되었다. 국장 임기제는 우선순위에서 결코 앞에 있는 것이 아니었다.

가 정치 판도가 조금은 달라졌으리라 예상해 본다.

이런 〈동아일보〉를 정치·경제적으로, 또 조직 내부적으로 설명하고자 한 시도가 없지는 않았다. 정치·경제적으로는 역시 군부의 재집권과 3당 합당을 계기로 전체적으로 사회의 보수화 경향이 강해진 점을, 조직 측면에서는 사주의 전횡을 막을 수 있는 내부적 역량에 구멍이 뚫린 점(1975년의 대량 해직이 남긴 인력적 후유증) 등을 꼽을 수 있다. 〈한겨레〉가 창간되면서 진보 영역을 확실하게 차지한 효과도 〈동아일보〉에게는 '정체성 혼란'을 야기했다. 경제적 측면에서 보면, 대체로 〈동아일보〉는 진보 영역으로 가지 않고 더 큰 파이의 보수를 나누려는 전략으로 퇴행했다.[117] 그러나 가장 많은 동의를 얻는 설명은 역시 어느 선 이상으로는 민주화의 논리를 따를 수 없었던, 사주를 중심으로 한 〈동아일보〉 지배층의 정치적 아집 때문이 아닌가 한다. 이를테면 정치 분야에서는 확실히 〈조선일보〉보다 비판적이었으나 남북 관계나 노동 문제 등에서는 수구적 태도로 일관한 것이 그것이다(조수경, 2014).

이런 〈동아일보〉에게 가장 큰 '계륵'은 호남이었다. 여러 조사에 따르면, 호남에서 〈동아일보〉는 그 보수적 논조에도 불구하고 가장 구독률이 높은 신문이었다. 조중동이 정권 차원에서 문제가 되었던 2006년 조사(광고주협회 매체 조사)에서도 〈동아일보〉는 광주·전남·전북에서 구

---

117 이를 이진영·박재영(2010)은 다음처럼 서술했다. "과점 구조를 유지하고 있던 〈동아일보〉, 〈조선일보〉, 〈중앙일보〉 3사도 최대 독자를 확보하기 위해 시장의 중간 지점을 차지하는 전략을 활용했다고 볼 수 있다. 그런데 〈한겨레〉가 진보 시장을 차지함에 따라 3사가 경쟁하고 있는 시장의 '중심'이 자연스럽게 보수 쪽으로 움직이게 됐다. 3사의 노선은 중도인데 기준점이 달라지면서 자연스럽게 예전보다는 보수 쪽으로 옮겨가게 된 것이다"(p.467). 나는 이런 선택이 1993년의 〈동아일보〉의 조간화에서 마무리되었다고 본다.

독률·열독률이 모두 1위였다. 〈한겨레〉의 구독자 역시 다른 지역에 비해 호남이 압도적으로 많지만, 〈동아일보〉는 민주화의 성지라는 광주에서조차 〈한겨레〉보다 세 배가 넘는 구독률을 보였다(10.5%, 〈한겨레〉는 3.4%)(이승경, 2006). 그러나 김대중 정권 때도 〈동아일보〉의 편집국 간부들 사이에서는 "김대중 정권은 어차피 마이너리티인데, 마이너리티와 손잡고 가면 망한다"는 인식이 널리 퍼져 있었다(안철홍, 2001). 영남·메이저리티에 약했던 〈동아일보〉는 이를 기웃대다 결국 3등으로 떨어져 버렸다.

시장이 외적 노동 통제의 역할을 했다면, 이런 사주의 편집·논조 통제는 내부의 것이었다. 이를테면, 〈조선일보〉는 기념식이나 각종 사내 행사에서 으레 '인화'를 강조한다. 공공적 보편성보다 기업 내적 특수성을 앞세운 이 말의 중심에는 사주가 있다(김건우·김균, 2013). 〈한국일보〉 기자인 이희정(2011)은 〈조선일보〉의 통제 방식을 '포괄적 포섭형'으로 부르면서 "공식 비공식 라인을 망라해 뉴스 제작 전반에 일상적이고 강력한 영향을 미치고 있을 뿐만 아니라 풍부한 통제 자원을 동원해 일선 기자들의 자발적인 순응을 끌어내고 있다"(p.52)라고 보았다. 이런 자발적 순응이야말로 기자를 특정 이념이나 정당에 대한 '컬트 집단'으로 만드는 첫째 원인이다.

(4) 언론의 권력화

최영재의 비판과 반비판

이 시기에 쟁점이 된 것은 '견제 받지 않은 권력,' '선출되지 않은 권력'이란 말을 생기게 한 언론의 권력화 문제였다. 언론계 주변 항간에서 제기된 말이나 학계에서도 진지하게 검토된 바 있다(박승관·장경섭, 2000; 조항제, 2003a). 그러나 최영재(2014)는 여러 글에서 이 테제에 대해 비판을 제기했다. 다소 길지만 그의 말을 인용한다.

> "이미 민주화 이전에 이른바 '제도권' 언론들은 권언유착의 형태를 통해 정치권력에 기생하면서 정치적 권력을 행사하고 있었던 것으로 해석해 볼 수 있다. …… 이때 언론의 권력은 정치권력의 우산 안에 들어가 있었기 때문에 잘 인지되지 않았을 뿐, 행사된 정치권력의 크기로 보면 더욱 크다고 할 수도 있을 것이다. 정치권력의 그늘에 있었던 언론 권력이 민주화 이후 정치의 정파적 분열 환경에 부응하면서 스스로 정파적 편향 의견과 주장을 개진한다고 해서 그것이 민주화 이전 권언유착의 권력에 비해 새로운 권력을 부여받았거나, 권력의 강도가 더 세졌다고 판단할 실증적 근거는 희박한 편이다. …… 민주화 이후 언론의 정치적 영향력이 정당의 영향력을 능가했다는 판단은 민주화 이후 한층 볼륨을 높인 언론의 편향적 목소리를 실제적인 정치적 영향력으로 받아들인 착시 현상일 가능성이 높다"(최영재, 2014: 485~486. 출처 주 생략).

이를 보면, 먼저 그는 권력화가 별로 현실적인 근거가 없는 주장이라고 한다. 언론이 가진 힘은 민주화 이전이 이후보다 오히려 더 셌다는 것이다. 둘째, 그는 권력화 테제가 민주화 이후에 언론이 편향화된 것을 실제적인 정치적 영향력의 확대로 받아들인 착시 현상에 불과하다고 한다. 여기서도 영향'력'처럼 힘의 변화를 중시한다. 셋째, 이 인용문의 다음 대목에서, 노무현 정부 이후 더욱 두드러진 신문의 정파화는 민주화 이후 신문들이 권력화되기보다 오히려 정치권력에 종속된 결과로 보는 게 맞는다고 한다. 특히 셋째 주장은 앞서 스트룀베크 등이 제기한 4단계 이론과 대립된다. 권력화 주장이 미디어화에 가깝다고 한다면,

최영재의 이의 제기는 정치 논리를 강조한다고 볼 수 있다.

먼저 권력화 테제의 정체부터 살펴보는 것이 순서일 것이다. 대체로 이 권력화에는 다음과 같은 추론적·경험적 현상이 담겨 있다. 우선 민주화 이후 권력 구성에서 일정한 공백이 생겨났고, 이 자리를 표 나게 점유한 것(처럼 보이는 것)이 언론이다(한국언론연구원, 1993). 무력(군부)이 사라진 마당을 제도(정치)와 논리(언론)가 차지한 것이다. 둘째, 논조나 방향성 등에서 언론의 주장이 강해지면서 자신을 스스로 명시적으로 드러내기 시작한 것도 하나의 이유다. 이를 '수동적'인 것에 대비되는 '개입적'인 것으로 부를 수 있을 것이다.[118] 셋째, 언론에 대한 수용자의 신뢰가 커졌다는 점도 언론의 힘을 강화시켰을 것이다. 신문의 신뢰도는 권위주의 시대였던 1986년의 2.9(5점 척도)에서 1994년의 4.0으로 급상승하였다. 같은 기간 동안 텔레비전 역시 3.1에서 4.1로 신뢰도가 올랐다(한국언론재단, 2001). 언론의 자유가 회복된 점을 수용자들도 느꼈다는 뜻이다. 넷째, 언론인의 정계 진출도 같은 맥락에서 해석할 수 있다. 민주화 이후 처음으로 구성된 13대 국회 때는 언론인 출신의 비중이 13.7% 정도였지만, 1992년 14대 때는 무려 19.7%로 늘었다[119](김세은, 2017). 대부분이 여당이

118 '개입주의interventionism'를 기준으로 '개입적'인 것과 '비개입적(수동적)'인 것으로 구분한 것(Hanitzsch, 2007)을 따랐다. 이를 감시견 기능과 혼동하기도 하는데, 감시는 목적이고, 개입은 방법이라는 점에서 차이가 있다. 미국 언론의 객관주의는 개입하지 않으면서 감시한다. 이전 '소비에트'식처럼 개입하지만 감시하지 못하는 경우 역시 얼마든지 가능하다.

119 2000년 16대 국회 때의 20.1%를 제외하면 가장 높은 수치였고, 다음은 1981년 11대의 17.8%였다. 대체로 한국의 정치사에서 이전 전통과 단절된 정부는 정치 개혁을 내세우면서 국회를 물갈이했는데, 이때 빈자리를 먼저 채워 주었던 사람들이 언론인이었다. 앞 장에서 잠시 나온 대로 이 수치들은 유럽에서도 높은 편인 이탈리아의 12.4%가 상대가 안 될 정도다. 강명구는 이를 두고 언론의 '권력기구화'로 불렀다. 그가 보기에 언론이 진출한 정치적 자리들은 권력의 핵심에 해당하였고, 이는 기자들의 취재 관행에도 상당한 영향을 미쳤다.

었다. 청와대 비서나 장관 같은 중요 자리에도 다수가 진출했다(강명구, 1993). 이 여당·권력이 이전의 군부 체제와 친화적이었던 점은 계속된 민주화와 언론의 권력 감시를 원했던 비판자들에게는 언론으로서 지켜야 할 어떤 선, 일종의 금도禁度를 넘어 버린 것으로 보였다. 이 선은 언론으로서 최소한의 정당성[120]을 지킬 수 있게 하는 일종의 금도다. 마지막 다섯째는 이들 언론이 정해진 시점마다 검증(선거)을 받아야 하는 정치권력과 달리 대대로(족벌) 이어진다는 점이다. 이 역시 민주 '평등' 사회의 의의를 훼손하는 특권적인 요소가 될 것이다.

물론 권력화 테제에는 더 깊이 생각해 봐야 하는 다음과 같은 요소들도 있다. 첫째는 가장 핵심적인 것으로 민주화 이후 언론이 '지배당하는 위치에서 지배하는 위치'로 바뀌었다는 점이다. 정치학자 최장집(1994)은 "이제 언론은 국가권력의 하급 동반자의 지위를 벗어나 시민사회의 가장 강력한 세력으로서의 대기업과 사회 최상층의 특수 이익을 대변하는 막강한 힘과 자율성을 획득하게 되었다"(p.50)라고 한다. 박승관과 장경섭(2000)도 유사한 주장을 편다. 이들은 언론의 권력화를 "국가–자본–언론으로 복합적으로 구성되는 '지배 연합' 내부에서의 언론 자신의 지분 증대…… 언론이 여타 분파들과 벌이는 권력 투쟁"(p.228)으로 정의한다.[121] 그러니까 권력화는 언론의 힘이 절대적으로 강해진 것이 아니라 상대적으로 비중이 커졌거나 지위가 격상한 것이다. 비유

---

120 이 정당성은 "사회적으로 구성된 규범이나 가치, 믿음, 그리고 정의定意에 비추어 바람직하거나 적절하거나 어울린다는 보편화한 인식과 가정"(Suchman; van Dalen, 2019: 3에서 재인용)에서 나온다.

121 여기서는 추상적·집합적 개념으로서 국가나 자본보다는 구체적인 행위 단위로서 정부나 기업이 더 맞는 표현이다.

적으로 표현하면, 정치(부)가 언론을 민주화 이전에는 도구적으로 '유용' 하게 보았다면, 민주화 이후는 위협적 대상으로 '무섭게' 보거나 동등한 동료인 '의논' 대상으로 보는 것이다.

이론 부분에서 본 대로 권력 개념에는 크게 두 가지 흐름이 복합되어 있는데, 하나는 행위를 하고 결과를 낳는 인과적 능력인 '역능 puissance/power to'이며, 다른 하나는 타인에 대한 지배 및 종속과 연관된 '지배pouvoir/power over'다. 이 둘은 서로 긴밀한 연관을 맺으나 차이는 있다. 앞서 본 세 연구자가 민주화 이후의 언론에서 주목한 것은 후자의 지배 측면이다. 이들이 보기에 5공 체제에서 언론이 행사한 힘은 체제가 허용한 한계를 넘어설 수 없는 한쪽 면만의 것이었다.[122] 민주화 이후에야 비로소 자율성을 획득해, 비록 일부라도 수동형 피지배와 대리적 역능을 벗어나게 되었다는 것이다. 언론이 '피지배'에서 '지배,' '대리'에서 '주체'로 달라진 위상이 권력화가 지적하고자 하는 진정한 모습이다.

둘째, 일반적으로 자유주의 이론의 '제4부'론에서는 언론이 다른 3부를 견제·비판하는 능력을 갖는다(Debatin, 2016). 다른 3부가 권력을 남용해 국민의 인권을 침해하고 자원에 대한 정당한 접근권을 제한할 때, 언론은 견제와 비판을 해야 한다. 그러나 한국의 권력화 테제는 언

122 당시 송건호(1983)가 주장한 '권언복합체'론에 대해 김해식(1993)이 한 다음과 같은 비판 역시 언론의 피지배적 지위에 주목한 것이다. 권언복합체론은 "국가와 언론이 동등한 위상을 가지는 권력의 분파 중 하나인 것으로 파악하고, 언론은 국가에 대한 감시와 비판의 기능을 담당할 수 있고 담당해야 하기 때문에 양자의 야합 관계는 부도덕한 것이라고 보는 자유주의적이고 다원주의적인 개념화의 산물이므로" "한국 사회에서 국가의 상대적인 우위를 감안한다면, 이러한 개념화는 비현실적인 것으로 보인다"(p.7).

론의 그런 행위가 금도를 위반하고 정당성을 결여했다고 비판한다. 그러니까 언론은 지배 체계의 일원으로 격상했지만, 권력 방향과 정도는 정당성을 갖추지 못한 것이다. 이준웅(2005)이 논증한 바대로 민주화 이후 한국 국민의 생각은 극단적인 우파에서 좀 더 가운데, 즉 좌측으로 움직였다. 김영삼 정부는 비록 '3당 합당' 같은 편법으로 집권하기는 했지만, 이런 국민의 의견을 반영해 파격적 개혁 정책으로 인기를 모았다. 그러나 당시 언론은 여전히 "국가안보 및 사법 기구 내에 칩거했던 최강경 보수 그룹 …… 의 대변 기구"(최장집, 1994: 58)로 김 정부의 정책 방향에 수시로 개입했다(강명구·박상훈, 1997). 이런 언론의 면모는 민주적 의지를 대변하기보다는 억압하는 것에 가까운, 사회적 약속을 넘어선 권력적인 것이다. 물론, 여기서의 '~화'는 일종의 유사 표현으로 완전히 권력체가 되었다고 하는 뜻은 아니다.

언론이 견제한다 해도 정해진 국가의 권력을 참칭하거나 대체하려 해서는 안 된다. 이것도 일종의 월권이다. 박승관·장경섭(2000)은 권력화를 '언론에 의한 국가의 검열'[123](p.18)로 다소 과장되게 표현하면서 언론의 힘이 전통적 영역을 초월하여 극도로 확장되어 있다고 주장한다. 이들은 한완상·김정남 등의 <조선일보> 인사 검증을 검열의 예로 든다. 실시하고도 결과를 발표하지 않은 세무 조사 역시 '무결정의 결정'(Bachrach & Baratz, 1962) 같은 권력 행위의 일종이다. 이는 앞서 살펴본

123 그러나 당시 언론의 비판과 견제를 '검열'이라고까지 표현한 것은 나중의 노무현 정부 때의 대언론 관계와 비교해 볼 때, 다소는 과장이 아닌가 한다. 또 비판과 견제가 일정한 수위를 넘는다고 해서 '유사 국가기관화'가 나타난다는 점도 그렇게 설득력이 높지는 않다. 언론에는 국가 기관처럼 실행 능력이 있지는 않기 때문이다. 물론 언론이 '책임'을 느끼지 못하고 민의를 호도해 자신의 힘을 남용했다는 점(그게 권력화다!)은 충분히 전달한 듯하다.

스트룀베크(Strömbäck, 2008)의 정치의 미디어화 단계론에서 마지막 Ⅳ단계, 정치가 스스로 미디어 논리를 따르는 '자기미디어화'에 가깝다.

당시 김영삼 정부에는 구체제인 민정계와 상대적으로 자유주의적인 민주계가 물리적으로 동거하고 있었는데, 이렇게 권력 엘리트 사이가 균열하면 상대적으로 언론의 영향력이 커진다(Hallin, 1994). 그러나 과연 상대가 내부적 응집성이 약한 한시적 정부가 아니고 대대로 이어지는 대자본(재벌)의 논리까지 포괄된, 상대적으로 훨씬 장기적이고 안정적인 '권력 블록'일 경우에도 언론이 이런 강도 높은 견제와 비판을 할 수 있을지는 상당히 의심스럽다[124](김동률, 2009; 조항제, 2003a). 최장집이나 박승관·장경섭의 판단 또한 이와 맥락이 다르지 않으리라고 생각한다. 그들 역시 언론이 '이 블록으로부터 자유롭다'가 아니라 '이 블록의 일원이 되었다'라고 말하는 것이다. 이 권력 블록은 앞서 박승관·장경섭의 글에서 나온 '지배 연합' 개념과 거의 같은 것이다.

---

124 이 의심과 관련해 살펴볼 필요가 있는 사안이 권력 블록의 핵심일 것 같은 삼성과 〈조선일보〉의 관계다. 그간 〈조선일보〉는 의외로 같은 편인 〈동아일보〉나 〈중앙일보〉는 말할 것도 없고, 어떤 때는 〈한겨레〉 같은 진보 신문보다도 삼성에 까다롭게 대했다. 특히 X파일에 대한 대법원의 유죄 판결(X파일을 폭로한 기자들에 대해 통신비밀보호법 적용) 때도 그랬고(〈조선일보〉, 2011. 3. 18), 2012년에 휴대폰 부당 가격 표시 건으로 공정거래위가 수원 사업장을 조사했을 때도 그러했다(〈조선일보〉, 2012. 3. 20). 권력 블록은 항상 '적대를 품고 있기contradictory' 마련이라는 풀란차스의 주장을 마치 예증하는 듯하다(Poulantzas, 1973). 이런 적대를 해소하고 국가권력을 원활히 운영하는 데는 협소한 계급 이익을 넘어선 지적·도덕적 자원이 필요하다. 대법원이 X파일을 보도한 기자들을 처벌하자, 〈조선일보〉는 언론의 기본 사명이 "(통신의 비밀과 당사자의 인격권은 당연히 보호되어야 하지만) 중요한 공익은 재벌과 공직자의 결탁과 비리를 고발해 민주 질서를 보호하는 것"이라고 주장했다. 〈조선일보〉는 넓은 의미의 블록 일원으로, 이 블록의 지속적 일체성을 도모할 수 있는 최소한의 보편적·공통적 논리와 행위를 제시한 것이다. 이런 논리는 국가나 권력 블록이 위기에 처했을 때, 더욱 힘을 발휘한다. 두 사건 모두에서 〈조선일보〉의 논리는 '옳았다.'

이렇게 언론의 힘이 크다면 권력을 분산시켜야 하는 민주주의의 원칙상 어느 정도는 제한을 가하는 것이 불가피할 것이다. 그러나 주지하다시피 웬만한 합의가 아니라면 제대로 된 자유·민주 체제에서 언론에 이런 제한을 두는 것은 쉽지 않다. 자유주의는 의견의 자유로운 시장과 경쟁만이 진리를 구현해 줄 수 있다고 가르치지만, 당시의 시장은 이들 신문이 지배하는 (독)과점 체제였다. 이런 (독)과점을 경쟁으로 만들 수 있는 기제는 정부에는 없다. 앞서 이론 부분에서 지적한 대로 자유·민주 체제에서 정부는 언론을 필요로 하지만, 그만큼 언론은 정부가 필요하지 않다. 언론의 권력화 테제는, '정부는 신문이 견제하지만 이 신문은 누가 견제하느냐'는 문제의식(양승목, 1995; 최장집, 1994, 2010; Splichal, 2002)을 반영한 것이다.

셋째, 이와는 양상이 다른 언론의 편향화와 영향력 확대 문제는 다음에 살펴볼 2001년 김대중 정부의 세무 조사 정국 때부터 두드러지지만, 논의는 여기에서 조금이라도 하는 것이 좋을 듯하다. 단순히 언론이 편향적인 관점을 가진다고 해서 권력화되었다고 주장하는 것은 아니기 때문이다. 또 편향을 바로 영향력 증대로 보았다고 하는 최영재의 주장 역시 오해다. 이는 권력 행사의 의도성과 블록화(시장 1, 2, 3위가 합친 '조중동'), 그리고 조성된 연합의 성격, 곧 조중동과 당시 의회 다수당[125]이면서 기득권 정당인 한나라당의 병행성, 친시장 이데올로기로 한국 자본주의 체제의 최정점에 있는 재벌과의 친화성을 중시한 것이다. 말하자면, 어떤 신문(들)이 편향되었다고 해서 권력화된 것이 아니라 시장 주류

125 16대를 기준으로 한 것이다. 17대에서는 승리해 다수당이 되지만 역시 계속된 재보궐 선거 등의 패배로 다수당으로서의 위력이나 헤게모니를 거의 보여 주지 못했다.

신문이 그것도 가장 우위에 있는 세 개의 신문이 사회의 기득권층을 구성하는 다수당–재벌과 연합해 스스로가 권력임을 보여 주는 가장 기본적인 바로미터인 '의도(적 편향)성'을 드러내면서 상대편을 공격했기 때문에 권력화되었다는 것이다.

이 다수당은 정치 이데올로기로는 보수·반북·친미·친재벌, 소득 수준으로는 중산층 이상, 세대로는 중·노년층, 지역으로는 경상도 등을 대표해 정치를 '편향'시켜 왔다. 이와 대각을 이루는 소수당 또한 주변부, 특히 노동자층을 대변하는 데는 한계를 보였다. 이로 인해 한국 정치에서는 늘 '대표되지 않는 집단'이 문제되어 왔다(최장집, 2010). 부언하면, 노무현 정부 당시 형성된 이 보수적 정치–언론 연합은 국민 전체를 대변하려 하기보다는 다수를 통해 소수를 배제하고 지배하는, 마치 이전 영국의 대처리즘과 유사한 '두 국민' 전략two nation project(Jessop et al., 1984)[126]을 구사했다.

넷째, 우리(이준웅 외, 2010)가 말하는 언론의 권력화가 반드시 정치와 언론 어느 한쪽이 다른 한쪽에 종속되었거나 힘의 우열을 말하는 것이 아니라는 점이다. 앞서 살펴본 정치의 미디어화 역시 제로섬 게임식의 단기적 역관계가 아니라 상호(침투)성을 거론한다(Esser, 2013). 물론, 우리는 이 병행성이 정부의 약한 헤게모니, 정당과 시민사회의 허약성, 극단화된 정치토론 문화 등을 근거로 '언론의 정치 체계에 대한 지배 강화'[127]라고 주장했다. 그러나 이는 힘이 아니라 정치적 의사 결정 과정에

---

126 대처리즘은 국민을 포섭할 대상과 배제할 대상 등 두 부류로 나누어 배제되는 쪽에게 책임과 비용을 전가했다. 이전 영국의 케인스주의 복지 국가는 물질적 양보와 상징적 보상을 통해 사회 구성원 전체의 지지를 얻는 '한 국민 전략'을 추구했다.

127 그런 증거가 분명하지 않은 가운데에서 '지배 강화'의 표현은 다소 과한 것 같다.

서 언론이 지닌 병목적bottleneck·전략적 위치를 거론한 것이다. 이와 관련해 중요한 것이 "미디어가 사회 내 다양한 정치적 행위자와 제도 사이에서 어떻게 **권력 분배**에 영향을 미치는가"(Thesen, 2014: 185. 강조는 인용자)다. 언론이 자율성을 가지면서 (권한의 절대적 강화와는 큰 관계없이) 이들의 선택이 권력 향배에 미치는 영향이 중요해졌다는 뜻이다. 이 선택의 자리는 '다른 것,' 예컨대 시민사회의 각종 기제나 2000년대 당시 '네티즌'을 형성시킨 인터넷 같은 것에 의해서는 결코 대체될 수 없다. 17대나 19대 대선처럼 70% 이상이 투표하면서 진영 간 경쟁이 첨예하게 나타날 경우 양 진영의 차이는 불과 2.4%, 2.6%에 머무를 정도로 박빙이다. 이런 마당에 권력을 추구하는 정당이 언론을 멀리한다는 것은 그야말로 '비상식적'인 짓이다. 양자의 역량 차이를 떠나 정치는 언론을 떠날 수 없는 것이다. 이 점이야말로 미디어 논리가 정치적 실천에 개입하는 정치 미디어화의 전제 조건이다.

다음으로 정치, 정당, 정부, 정책 등 개념들이 상당히 혼선 속에 있다는 것을 짚어야겠다. 최영재가 정치 종속을 말할 때, '정치'는 이념·권력까지를 포함해 정치 전체를 포괄하는 상당히 넓은 개념으로 보인다. 그런 면에서 한국처럼 오랜 권위주의 체제를 거치고 국가가 나서 압축성장을 이룩한 나라에서 정치에 대당對當할 수 있는 존재는 없다. 자주 재벌을 비롯한 대기업이 거론되지만, 장기적으로 보면 몰라도 단기적으로는 어림도 없다. 미디어화에 대한 비판대로 미디어도 홀로는 권력적일 수 없다.

그런 정치이지만, 정치를 구성하는 구체적인 단위들을 하나하나 살

'언론 주도적media-driven' 정도가 적절하지 않은가 한다.

펴보면 약점 또한 많다. 먼저 가장 상위에 있는 대통령은 임기 중반부터 급격한 레임덕에 시달리기 시작한다는 5년 단임이다.[128] 매주·매달의 여론 조사[129]에 일희일비할 만큼 지지도에 신경을 쓴다. 대통령제에서 대통령직presidency은 인격-개인으로 표현되면서 이런 인기에 구조적으로 매달린다(Lowi, 1985). 정당이 일반적으로는 이보다 훨씬 지속성이 있지만, 대선에만 패배하면 비상대책위가 구성되고 이름도 바뀌는 한국 정당의 지난 역사를 생각해 보면 답이 금방 나온다. 위상이 대통령과 큰 차이가 없다. 이런 정당과 정부가 추진하는 정책에 일관성이 있기 힘들고, 그 가운데 언론의 선택이 힘을 가짐은 더 말할 나위가 없다. 같은 정부라도 소수·약자를 기반으로 삼는다면 상황이 더 나빠진다. 다수자 정부 때보다 훨씬 힘이 약하다. 언론이 집합적 의미의 '정치'에 종속적인 것은 분명하지만, 그 개별 단위인 대통령·정당·정책(당국)에게는 조건이나 상황에 따라 얼마든지 강자가 될 수 있다.

그러나 그 약한 한국의 정당이 실제 유권자의 이념적 차이보다 더 갈등을 증폭시키는 역할을 하는 점(이내영, 2011)은 꼭 유념되어야 한다. 유권자의 이념적 양극화는 정당을 선택함으로써 발생하는 정파적 양극화에 의해 증폭된다(송현주, 2015). 또 반대로 언론의 전문성 결여가 이런 정치(당)에 대한 불신을 더욱 증가시키기도 한다(민영, 2016). 이런 면에

---

128 한국의 대통령이 '제왕적'인 권력을 휘두른다고 알려져 있지만, 대체로 이 시기는 임기 전반에 해당하는 다소 짧은 시기이고 후반에는 제도적·정치적 견제가 강화되면서 '레임덕 대통령'으로 추락한다(장훈, 2010).

129 여론 조사는 언론이 스스로 만드는 의제의 하나로 정치를 견제하고 스스로의 위상을 높이는 권력화의 중요 수단 중 하나다. 한귀영(2012)은 2012년의 대선 정국이 여론 조사(곧 언론)에 휘둘렸다고 한다.

서 한국의 미디어화는 한국 정치의 어두운 면을 더욱 악화시킨다. 앞서 이론 부분에서 본 대로 정파적 언론이 신생 민주주의에서는 '가장 공통적이고 가장 성공적인 모델'(Voltmer, 2013: 225)일 수는 있지만, 같은 정파성에서도 질 차이는 있다고 생각한다. 한국에서는, '유권자(지역·이념·세대 차이) → 정체(승자독식 대통령제) → 정당(양당제; 정파적 양극화) → 언론(정치병행성과 낮은 전문성; 선정적 대립과 진영적 양극화)'으로 이어지는 '양극적 진영화의 연쇄spiral of polarization' 속에서 갈등이 증폭되고 있다.

마지막으로 이 연합의 '결산'과 관련된 것이다. 정권을 탈환(이명박 정부)했으니 정치로서도 더 이상 바랄 나위 없는 것을 얻었다. 그러나 언론이 얻은 것도 이에 못지않다. 조중동이 모두 방송에 진출했고(종편), 각종 특혜도 받았으며, 최영재 스스로도 언급한 대로 외부 조건의 악(김대중·노무현 정부와의 관계 악화)을 이용해 내부의 지배를 강화했다. 이런 이권의 수수 관계는 정당에 비해 언론이 꼭 열위劣位(열세가 아니다!)에 있지 않음을 보여 준다. 물론 세무 조사 같은 단기적 '조치' 차원에서 정부와 언론의 권력은 현격한 차이가 있고, 언론도 발행인이 감옥에 가는 등 나름의 피해를 보았다.[130] 이 역시 계산에 넣어야 분명하게 답이 나올 것이다.

최영재의 주장대로 이 연합에서 언론이 정치(에) 종속적으로 보이

---

130 그러나 이는 한쪽 면만 본 것이다. 세무 조사를 하면서 김대중 정부가 당한 반대급부 역시 매우 컸다. 주지하다시피 조중동은 자신이 가진 자원을 최대한으로 동원해 정부를 공격했고, 김대중 정부 역시 작지 않은 피해를 보았다. 김만흠(2003)이 이들이 사익적 차원에서 동원한 지식인상을 잘 보여 준다. 물론 지식인 역시 언론의 독점적 지위와 카르텔을 형성해 지식 권력을 누리려는 의도를 가지고 있다. 권장원(2004) 또한 신문이 동원할 수 있는 자원이 얼마나 '권력적'일 수 있는지를 실증해 주었다.

는 이유는 내가 보기에는 한국 언론이 생래적으로 정치를 선정적으로 보도하면서 다른 한편으로 이념성(또는 진영성)도 강해서다. 바람직하든 아니든 한국 언론의 가장 큰 상품은 정치이며, 반공·반북·친자본주의·친미 등의 이념성 역시 보수 언론의 경우에는 버리기 어려운 체질적인 것이 되었다. 정치를 다루면서 특정한 이념을 견지한다면, 이는 특정 정당이나 진영에 대한 지지나 반대로 나타나기 쉽다. 이 점이 정치에 종속적인 양태로 비춰질 수 있을 것이다.

그러나 자세히 살펴보면 조중동과 〈한겨레〉·〈경향신문〉이 흔히 보수와 진보 진영의 대표자로 분류되지만, 모든 사안에서 똑같은 보조를 취하는 것은 아니다. 국가보안법이나 사학법처럼 정치성이 강한 사안과 일반 사회적 사안에 대한 태도는 각기 다르다(최현주, 2010 참조). 〈한겨레〉와 〈경향신문〉 역시 매양 마찬가지다. 이를테면, 공기업 문제에서 '민영화/매각 신중론'과 '공공성 강조' 프레임은 〈한겨레〉에서만 나타났다. 조중동과 〈경향신문〉이 오히려 비슷한 목소리를 낸 것이다(우지숙·최정민, 2015). 적대적이었던 노무현 정부 때도 FTA나 대연정 같은 것에 〈조선일보〉는 〈중앙일보〉나 〈동아일보〉와는 사뭇 다른 보도를 했다(조기숙, 2016). 같은 입장이라도 시기나 국면에 따라 주장의 강도나 논리의 치밀성이 달라질 수 있을 것이다. 그런 면에서 신문들은 나름의 자기 성향을 갖고 있고, 이를 상업주의로도 잘 활용했다. 언론이 정치에 종속적인 것은 자신이 큰 의미에서 '정치 산업'의 일원이기 때문이지, 이전처럼 정치의 '수하'이기 때문이 아니다.

박진우의 비판과 반비판

박진우(2015)의 비판도 같이 언급할 필요가 있다. 그는 언론의 권력화 테제가 지나칠 정도로 언론의 우위를 전제하고, 언론의 정파성을 과잉으로 보며, 한국 정당 구조의 미성숙을 언론 권력의 비대화의 결정적인 원인으로 간주하는 편향을 가지고 있다고 한다. 그리고 이는 한국 민주주의의 공고화 과정에서 언론 자율성이 어떤 형태로든 신장된다는 논리적 연쇄에서 고려되어야 할 전제들을 가볍게 여긴 결과라고 덧붙인다. 그의 비판은 민주주의가 공고화될 때, 당연히 언론의 자율성이 신장되고 이념(또는 정파)의 선택 또한 자연스러운 노릇인데, 왜 이를 '과잉'으로 평가하느냐다. 그의 주장은 다음의 세 가지로 요약된다. 첫째, 민주주의가 공고화될 때, 언론의 자율성이 신장되는 것은 당연하다. 둘째, 언론의 정파성에 대한 평가가 과잉이다. 셋째, 권력화가 언론의 우위를 전제하며 정당을 폄하한다.

우선 첫째에 대해서는 언론의 자율성이 신장되는 게 오히려 '자연스럽지 않다'는 반론이 얼마든지 가능하다. 1990년대 말 정치학자 저카리아(Zakaria, 1997)가 우파적으로 '비자유주의적 민주주의'론을 제기한 이래 권위주의와 민주주의 사이에 '회색지대'가 존재하며, 그 안에 수많은 혼종 또는 변종들이 있다는 것은 잘 알려져 있다. 민주화가 되었지만 민주주의는 아닌 것이다(Hobson, 2012). 한국과 달리 신생 민주주의에서 언론의 자율성은 '주어지지 않고' '쟁취되는' 경우가 많았으며,[131] 최근

131 한국의 주류 언론에서 체제에 대한 집단적 저항은 1975년 '동아·조선 언론 자유 수호 투쟁'이 사실상 마지막이었다. 그나마 기자 위주였고, 발행인(소유주)은 오히려 체제 입장에 서서 기자들을 해직시켰다. 물론 1980년의 언론인 대량 해직 사건, 1970~1980년대의 각종 필화 사건, 1986년 보도지침 폭로 사건 등에서 언론인들의 피해와 저항을 경시할 수는 없다. 그러나 주류 언론(인)은 앞서 표 8에서 본 대로 언론인 스스로도 '민주화 과정에서 언론이 주도적인 역할을 했다'는 설문에 불과 14.3%밖에 긍정적인 답을 하지 못했다. 이런 '배임'이 수용자의 불신을 낳은 것은 너무나 당연한 일이다.

까지도 그 성과가 그렇게 좋지 않다. 프리덤하우스의 2019년 발표로, 전 세계 언론의 자유가 '연쇄적 하향downward spiral' 속에서 '악화되고 있다'는 점이 밝혀졌다(Repucci, 2019). 한국의 민주화 과정에서도 보수 2기 정부 이후 언론의 자유를 비롯한 표현의 자유 정도가 급속도로 낮아졌다(박경신, 2014; 유종성, 2014; Im, 2011). 공고화를 어떻게 보느냐에 따라 차이가 있지만, 공고화된 민주주의라 하더라도 민주주의 품질(언론의 자유 같은 시민적 자유의 보장도)은 그렇게 높지 않고 미흡할 수 있다(Diamond & Morlino, 2004).

둘째, 정파성의 정도에 대한 평가는 보기에 따라 다를 수 있다. 그러나 사실 관계의 보도까지 영향을 미쳐 '집합적 열광'과 '도덕적 공동체'를 형성시키는 지경에 이른 것은 아무래도 정상 수준은 넘는 것으로 생각한다(김영욱, 2011; 박영흠 · 김균, 2016). 박진우 자신의 지적대로 한국 언론의 정파성과 전문성이 맺는 관계는 반비례에 가깝다. 그렇다면 전문성이 높아질수록 정파적 갈등이 줄어들 수 있다는 추론도 가능하다.

셋째, 언론의 우위 부분에 대해서는 앞서 설명한 대로다. 정당은 한국이 유난히 문제가 되기는 하지만, 세계적으로도 대중성이나 응집성이 약화되고 있다는 점도 같이 지적하고 싶다. 앞서 미디어화 부분에서 살펴본 대로 정치 커뮤니케이션에서 정당의 비중은 과거 언론을 직접 소유할 때에 비해 현저하게 낮아졌다. 물론, 대중 정당의 본산인 유럽 같은 지역에서는 아직도 위세가 남아 있다. 그러나 그 유럽에서도 '코페르니쿠스적 전환'(Mazzoleni, 1995)이라는 수사적 표현이 나올 정도로 개별 사회나 나라의 조건에 따라 미디어가 정치 커뮤니케이션의 중심이 되었다는 지적은 수없이 많다. 오히려 박진우는 자신의 비판과 반대로 정당의 비중이 약한 한국적 양태를 다음처럼 정확하게 기술하고 있다.

"정당 체제의 미성숙의 공간을 침투해 들어간 것은 국가가 자신의 주도하에 언론과 새롭게 맺게 된 '다형태적 권력 네트워크'이며 …… 전문직 언론인들은 바로 이러한 권력 네트워크의 구성원이자 동시에 내부적 비판자로서 특정한 형태의 정치적 기대/압력을 동시에 받으며, …… 그 속에서 자신의 개인적인 신념과 공(식)적 이데올로기 간의 '불화' 혹은 억압적 관계를 일상적으로 경험하고 있다"(p.189).

그의 주장대로 언론(인)은 국가가 주도하는 권력 네트워크의 구성원이자 비판자의 하나로 많은 정치적 기대와 압력을 함께 받는다. 권력화는 언론(인)이 단순 성원이 아니라 이 네트워크를 구성하고 작동시키는 주체가 된다는 뜻이다. 상대적으로 한국보다 정당 수준이 높은 나라의 언론이라면, 이렇게 직접적인 영향에 노출되거나 반대로 큰 영향력을 행사하지는 않을 것이다. 그러나 지금 같은 경향이나 추세가 조금이라도 더 지속된다면, 과연 어떤 사회나 정당이 미디어에 의존적이지 않고 효과적으로 정치 커뮤니케이션을 할 수 있을지 정말 큰 숙제가 아닐 수 없다.

3) 진보 정부: 김대중 정부와 노무현 정부

(1) 체제 논쟁과 민주적 역동성, 정치(당) 변화와 뉴 미디어

최근 특정 연도(1987, 1997, 2017)를 두고 벌어진 한국의 체제 논쟁은 몇 가지 이견과 더불어 합의 또한 제공해 주었다. 논쟁의 구도는 민주화의 기점이면서 민주주의와 자본주의 사이의 역동적 갈등이 시작된 해로 볼 수 있는 1987년('87년 체제')과 경제 위기(IMF 구제금융)의 대처 과정에서 완전히 정착한 신자유주의가 중심이 되는 1997년('97년 체제') 사이에서 벌어졌다(김종엽 엮음, 2009; 손호철, 2009; 조희연·서영표, 2009).

87년 체제론자들은 97년 이후에 비록 완연한 신자유주의 체제가 되었지만, 다른 한편으로는 야당이 처음으로 집권해 민주화를 진전시키는 새로운 계기를 제공함으로써 민주주의와 자본주의 사이의 갈등적 역동성이 사라지지 않았다는 점을 강조한다. 특히 이 점과 관련해 이들은 노무현 정부 시절에 이른바 형용 모순론을 불러일으킨 '좌파 신자유주의'('왼쪽 깜빡이를 켜고 오른쪽으로 돈다')를 넘어 우파 본연의 신자유주의를 제창한 이명박 정부에 반대해 일어난 촛불 시위와 87년 항쟁의 연관성에 주목한다. 지난 20여 년 동안 한국민은 "더 민주적인 감성을 지닌 존재가 된 동시에, 더 경쟁적이고 신자유주의적인 개인적 합리성을 행동 문법으로 하는 인간"(김종엽, 2009: 142)이 되었지만 마침내 이 둘 사이의 내적 긴장이 발현되었다고 보는 것이다. 이 점은 예를 들면 "민주 개혁적 정치의 진전에 따르는 주체화의 경험은…… 신자유주의적 자본주의화에 따른 사회경제적 문제점들에 대해서도 더욱 높은 수준의 비판적 감수성을 낳았다"(조희연, 2012: 135)라고 하는 것과 같은 맥락이다.

이러한 체제 논쟁은 정치와 경제 사이의 관계에 주목하는 좁은 의미의 체제론이나 사회 편재 면에서 하나의 분화된 영역으로서의 정치를 벗어나 앞서 언급한 광의의 '정치적인 것'의 중요성을 상기시킨다. 미국산 쇠고기 수입 같은 정치성이 그렇게 높지 않은 생활 주제로 촉발되었지만, 시위 규모나 집회 기간 등에서 민주화의 시발점인 '6월 항쟁'에까지 비유되는 촛불 시위만 봐도 이는 쉽게 알 수 있다. 이 점은 한국 민주주의의 문제점을 정당 체제의 협소한 대의성, 더 정확하게 말해 노동, 사회적 약자 및 소외층을 대변할 계급 정당의 결여에서 찾는 주장(최장집, 2010)과 일정한 대조를 이룬다.

그러나 최장집의 주장은 정당이 중요하다는 선에만 머무르지 않고 촛불 시위 같은 '운동의 정치'를 불신하거나 이를 통해 민주주의의 실패를 말하는 정도에 이른다. 이런 주장에는 의외로 절차적 민주주의와 한국 사회의 공식적 정치 체제에 대한 과신이 들어 있다. 또 법제도에 지나치게 치중하는 민주화 이행론자들(공고화론자들)의 인식도 엿보인다. 더 근본적으로는 민주주의의 반경을 정당과 정치 영역 내로 너무 협소하게 잡는 데 문제가 있다.[132] 그러나 이에 대한 논쟁에서 등장하는 '참여–행위'와 '대의–제도' 사이의 선택에 대한 답은 빤하다. 어느 한쪽만을 과도하게 주장할 수 없기 때문이다.[133]

공식적 정치 제도에 국한되지 않고, 미디어가 중요한 역할을 하는 '대표representation 체제' 전체에 주목하는 미디어학자의 시선 또한 그러하다. 한국적 '정당 체계의 협소성을 어떻게 극복할 수 있느냐,' 달리 말해 '어떻게 기존과 다른 진보 정당이 성장할 수 있느냐'를 중시하는 주장에는 반드시 '(보수 정당에 치우치는)기득권적 언론(여론) 시장의 광범위한 변화를 어떻게 유도해 낼 것인가'의 문제의식도 동반되어야 한다는 뜻이다.

---

132 당시 이런 비판에는 주로 사회학자들(고병권, 2011; 오현철, 2008; 조희연, 2012)에 일부 정치학자들(이남주, 2012; 장훈, 2010)이 가세했다. 사회학자들은 대체로 민주주의의 '정치적인 것'에 사회운동을 비롯한 비제도적인 것을 포함시키며, 정치학자들은 최장집이 주장하는 진보정당론이 유럽식 발전 경로에 지나치게 의존하는 오류가 있다고 비판한다.

133 2016~2017년의 '촛불 혁명'에 대한 최장집의 바뀐 견해를 보면 이를 쉽게 알 수 있다. 국민이 직접 거리에 나서 정치를 바꾼 당시를 최장집은 '양손잡이 민주주의'로 부른 바 있다(최장집 외, 2017). 장훈·한은수(2019) 역시 대의제의 담보와 병행해 시민민주주의(직접민주주의)적 실천이 꾸준하게 확장되어 왔다고 한다.

대의제-정당론자들은 한국 정당 구조의 이념적 협소함의 원인을 밝히는 데는 소홀하다. 일반 대중이 참여하는 선거를 강조할 때(최장집, 2011) 특히 그러하다. '가장 경제적이면서 사회적 약자를 대변할 수 있는 선거'가 왜 계급 투표가 되지 않는지 자체를 별반 해명하려 하지는 않는다. 이남주(2012)는 이를 "정당 정치 발전에 부정적 영향을 주는 조건을 어떻게 극복할 것인지에 대한 분석이 없이"(p.85)라는 말로 표현하고, 오현철(2008) 역시 최장집이 "한국 정치에서 제대로 된 정당과 정당 정치 체계를 어떻게 만들(수 있다는) 것인지 말하지 않는다"(p.283. 괄호 안은 인용자)고 비판한다.

적어도 2000년 이후 탄핵 이전까지 한국 사회의 대의 체제, 곧 공식적 선거와 의정을 포함해 비공식적 여론 조성까지를 아우르는 체제가 시민·유권자들에게 정치적 효능감과 참여의 의욕을 불러일으키지 않는 것은 분명하다. 낮은 투표 참여율과 (신문 같은) 정치 언론에 대한 낮은 신뢰도는 이를 말해 주는 단적인 지표다. 이는 당시의 대의 정치가 문제가 있다는 것을 의미하며, 반대로 보아 이를 봉합 또는 쇄신해야 할 필요성이 커졌음을 말해 준다.

온라인(인터넷)은 미디어-정치에서 모두 변화의 기폭제였다. 특히 정권은 잡았지만 의회나 경제·언론 등의 정치 자원에서 현저한 열세에 있던 노무현 정부에는 큰 기회였다. 노무현 정부가 별칭으로 삼은 '참여정부'에서도 드러난 대로 이때에 쏟아져 나온 기존 대의제 민주제의 대안들, 예를 들어 참여민주주의, 시민정치, 숙의민주주의, 전자민주주의 등은 때마침 활성화된 온라인 공론장이 계기가 되었다. 이 점에서 대의민주주의 대 참여민주주의 같은 '민주주의 대 민주주의'의 설정과 그에 따른 '언론 대 뉴 미디어(인터넷)'의 대립은 한국의 민주주의와 여론 체제, 또는 미디어화의 새로운 주소를 보여 준다. 특히 정치적 동향 변화를 직접 마주하는 정당은 이를 가장 민감하게 느낀다.

계급 정당의 필요성을 주장해 온 최장집의 주장은 의회에 진출한 진보 정당[134]의 활약으로 위력이 십분 증명되었지만(박상훈, 2012), 당시 주력 정당들은 이와는 다른 방향으로 변화하고 있었다. 여러 이유로 김대중 정부가 받아들인 국민 참여 경선제가 흥행에 성공하고, 정당 내보다는 정당 바깥의 여론 동향을 중시하는 여론 조사가 정당의 후보 결정에도 큰 비중으로 자리를 잡으면서 정착한 이른바 '유목형 정당'은 당시만 하더라도 대세처럼 간주되었다(장훈, 2009).

사실 기존 정당, 특히 정당 내 의견 수렴과 의사 결정이 동질적 이념 집단 내부의 커뮤니케이션 형태를 띠는 계급 정당이 아닌, 1인 보스 중심의 하향적 의사 전달이 주가 되는 카르텔 정당이나 이념적 정체성이 낮고 그때그때의 선거나 이슈를 위해 조직되는 '잡동사니 정당catch-all party'에서 대중 미디어의 지위는 거의 절대적이라 할 수 있다. 그러나 정치 전반의 논리에서 대중 미디어는 그렇게 큰 주목을 받은 적이 없다. 결정의 수준에서는 여전히 이념과 정당, 정치지도자와 당원이 힘을 가졌기 때문이다. 이 점에서 가장 미디어의 비중이 큰 미국에서 보도의 이념이 객관주의, 곧 정보와 사실 중심, 사실과 의견의 분리, 찬반의 균형적 제시 등이었던 것은 이런 정치의 결정력과 어울리는 측면으로 볼 수 있다.

그러나 최근의 흐름처럼 유권자 '개인'이 트위터나 페이스북 같

---

134 제17대 총선에서 10석을 차지하면서 돌풍을 일으킨 민주노동당을 말한다. 민주노동당은 당시 신자유주의 체제에 안주하면서 '노동 없는 민주주의'라는 논란을 불러일으켰던 노무현 정부에서 민생과 관련된 의제를 여럿 제기해 국민의 관심을 끌었다.

은 소셜 네트워크를 통해 지식을 집단적으로 생산하고 공유하며 사회적·공적 의제에 참여한다면, 이는 정치 무대가 정당-대중에 더해 시민-개인의 정치, 곧 '시민정치'가 새로이 확립되는 것을 의미한다(이남주, 2012; 장훈·한은수, 2019). 기존의 오프라인 위주 정치도 온·오프라인 혼합 정치로 바뀌면서 당원 조직은 약화되고 일반 시민이 참여하는 (온라인) 미디어의 지위는 현저하게 강화된다. 정치 지도자로의 진출에서도 시민 네트워크 내 영향자의 위상이 당 내부 유력자에 못지않게 올라간다(안병진, 2012). 정치 과정의 모든 단계가 미디어에 의해 저촉받는 미디어화 현상이 진행되는 것이다. 이 점은 기존 정치-언론 관계가 새로운 형태로 바뀌며, 이를 계기로 과거에 대표 또는 대변되지 못한 영역에서 생성된 역동성이 새로운 정치적 의지로 발현됨을 의미한다.

(2) 정권 교체와 정치병행성

정권이 처음으로 교체되면서 비로소 민주주의의 공고화를 알린 이 시기에 새로운 정부와 언론은 확실한 긴장 관계를 형성했다. 앞서 권력화 비판을 반비판하면서 일부 언급한 바대로 이 시기의 특징은 '보수 신문+(다수) 야당'과 '진보 신문+(소수) 정부' 사이의 대립으로 발생한 정치병행성이었다. X파일 사건이 웅변으로 증명해 준 바와 같이 삼성 같은 재벌도 이 정치병행성의 유력한 일원이었다.

대북 보도에서 처음으로 지적(윤영철, 2000)된 이 정치병행성은 비록 오랜 토호 보수 세력인 자민련과 연계했고, 경제 정책 등에서 자율성을 잃어버리면서(IMF 의존) 한계가 있기는 했지만, 그래도 기존의 보수 여당과는 차별화된 진보 야당이 집권하면서 어느 정도는 예견된 것이었다. 그러나 이 병행성은 진보 신문의 시장 비중이 워낙 낮았던 이유로 '팽팽

한' 다원주의처럼 보인 논조 측면의 외견[135]과 달리 힘 면에서는 신문과 신문 사이가 아니라 정부와 주류 신문 사이의 대립으로 보는 것이 더 정확하다(조항제, 2014a).

이 점은 김대중 정부 집권 초기에 벌어진 '최장집 검증' 사건에서 간접적으로 증명된다. 〈조선일보〉의 (정치) '개입주의'로 볼 수 있는 이 사안은 유사 사례가 있었던 김영삼 정부 때보다 훨씬 더 큰 갈등과 파열의 굉음을 냈다. 역사상 유례없이 한 신문에 대해 구독과 투고를 거부하는 운동, 곧 '안티조선 운동'이 벌어진 것이다. 〈조선일보〉의 잘못된 주장과 파급력을 줄여 보겠다는 이 지식인-미디어 운동은, 그러나 기대한 바의 성과를 충분히 거두지는 못했다(한윤형, 2010). 〈조선일보〉에 별반 영향을 끼치지는 못한 것이다. 물론 이런 운동은 기치를 드는 것 자체가 하나의 성공이므로 총체적으로 실패했다고 보기는 어렵다. 내가 보기에는 오히려 '숭고한' 목적을 앞세워 언론을 도구시해 왔던 진보 세력의 생각을 바꾼 것에 이 운동이 크게 기여했다.

2001년에는 이런 정부가 주류 신문에 대해 세무 조사를 실시했고, 이에 이들이 거세게 반발함으로써 다시 '정부 대 신문'의 구도, 곧 세무 조사 정국이 조성되었다. 정부로서는 이전처럼 세정을 물밑 협상의 대상으로 삼지 않는다는 명분이 있었지만, 정치의 관행이 거의 바뀌지 않은 상태에서 시행된 '세금'이라는 수단은 언론의 변화를 꾀하기에는 너무나 비언론적인 것이었다(조항제, 2003a). 특히 이때의 대립 구도는 노무현 정부 때 벌어졌던 본격적인 '언론 전쟁'(강명구, 2004)의 전조가 되었다.

---

135 신문끼리를 그렇게 보는 것은 〈조선일보〉와 〈한겨레〉의 영향력을 같게 보는 착시 현상에 불과하다.

(3) 세무 조사 정국: 진보 정부와 보수 신문

이전의 세무 조사

세무 조사 정국의 성격을 알기 위해서는 먼저 그간 언론사 세무 조사가 어떤 방식으로 이루어져 왔는지를 살펴볼 필요가 있다. 김영삼 정부 당시의 세무 조사는 1994년 초에 이루어졌다. 그러나 이 조사는 결과가 발표되지 않았고 사회적 이슈로 거론조차 되지 않았다. 당시 일간지에서 세무 조사 건은 야당이 대정부 질문으로 제기해 단신으로 일부 보도되었을 뿐이며(KINDS의 검색 결과), 현직 언론인들에 대한 인터뷰를 토대로 김영삼 정부 시기의 비공식적 언론 통제 현상을 분석한 정인숙(1998)의 연구에서도 다루어지지 않았다. 이 세무 조사 건은 1994년 12월에 '바른 언론을 위한 시민연합'이 그 결과의 공개 요구를 소송으르 제기하면서 이슈가 되는 듯하다가(《한겨레신문》, 1994. 12. 25), 1995년 8월에 서울고법이 세무 조사는 비공개가 정당하다고 판결하면서 세인의 이목 속에서 사라졌다.

이 세무 조사의 결과는 나중에 김영삼 정부의 주역들의 입에서 일부 흘러나왔다. 예를 들어 당시 대통령 비서실장이었던 박관용은 언론의 저항이 너무 심해 언론사의 재산 공개나 세무 조사 등의 언론 개혁 프로그램이 제대로 시행되지 못했다(《미디어오늘》, 1996. 7. 10)고 했고, 김영삼 대통령은 "언론을 위해 세무 조사 결과를 공표하지 않았고," "아무것도 없는 것처럼 하면 안 될 것 같아 얼마만 추징하라고 지시했다"(《한겨레신문》, 2001. 2. 10)고 했다. 이 정도가 이 세무 조사에 대해 밝혀진 전부다.

그러나 이 세무 조사에는 당시의 정치적 맥락이 고스란히 들어 있다. 겉으로 보기에 이 세무 조사는 '소득 있는 곳에 세금 있다'는 일반적인 원칙을 적용한 것이다. 언론사가 쌓은 경제적 부가 이전과 다르고, 정부의 성격 또한 이전과 다르므로 언론사 또한 납세의 의무에서 예외가 될 수 없게 했다는 것이다. 그러나 이 주장으로는 1972년에 처음 실시되었고 그 이후로는 계속해서 없었던 세무 조사(5년마다 하게 되어 있다)를 1994년 들어 굳이 실시한 이유, 또 과세 원칙이 일관되게 적용되지 않은 이유를 설명하기 어렵다. 따라서 이 주장에는 세무 조사의 원인과 결과를 정치적으로 해석하는 보완 설명이 필요하다. 물론 세무 조사를 했다는 것 외에 김영삼 정부가 취한 행위는 전혀 알려진 바 없다. 그의 말대로 하면, "아무것도 없는 것처럼 하면 안 될 것 같은" 수준으로만 처리했을 뿐이다. 그러나 이러한 '무결정의 결정'(Bachrach & Baratz, 1963/1994)은 정부와 신문이 여전히 '같은 배'를 타고 있었다는 점을 암시해 준다. 특히 큰 갈등으로 치달은 김대중 정부 때의 세무 조사 정국과 대비해 볼 때, 이때의 결과 처리 방식은 정부와 언론 사이에 공감대가 충분했고, 언론이 통치의 한 축이었다는 점을 확실하게 보여 주는 하나의 징표였다.

세무 조사보다 조금 더 언론적인 신문고시제도 역시 마찬가지였다. 신문고시제도는 혼탁한 신문 시장에 일정한 규준을 부여하는 목적이 있었지만, 이 역시 무결정의 결정인 세무 조사와 같은 길을 걸었다. 이 고시는 신문들의 과당 경쟁 때문에 제정되었다. 1996년 경기도 고양시에서 〈중앙일보〉와 〈조선일보〉 지국이 관할권을 갖고 다툼을 벌이던 중 〈조선일보〉 직원 한 명이 살해되었다. 부수를 늘리기 위해 무가지와 경품이 무차별로 살포되는 와중에 벌어진 참극이었다. 이를 두고 당시 신문들은 〈중앙일보〉(삼성) 대 나머지 신문으로 진영을 형성, 상대를 비난·공격하면서 무려 한 달 동안 자신의 "사적 문제를 공적 이슈화하여 독자들에게…… 강요했다"(장하용, 1997: 198).

그럼에도 불구하고 정부는 신문 시장에 개입하지 않았다. 그해에 이른바 자율을 기초로, 강제성이 거의 없는 일반적 경쟁 규칙만 고시('신문업에 있어서의 불공정거래행위의 유형 및 기준')하는 선에서 임시로 봉합했을 뿐이다.[136] 대부분의 기자들이 "행정력이 없어 지켜지지 않을 것으로 전망"(조사 대상의 73.4%; 〈한겨레신문〉, 1996. 9. 4)한 대로 신문고시는 곧 유명무실화되었다. 이 미봉의 의미 역시 앞서의 세무 조사와 크게 다르지 않다. 이러한 무결정의 결정들의 근저에는 1996년 총선의 근소한 승리 이후 미래가 불확실한 '포스트김영삼'을 준비하면서 뚜렷하게 권력화의 조짐을 보였던 신문을 등져서는 안 된다는 정치적 현실에 대한 고려가 있었다는 것이다.

자신을 개혁의 적임자로 생각했던 김영삼 정부에게 언론을 통한 초기의 드라이브는 매우 성공적인 경험이었다. 당초 정치인 및 고위 공직자의 재산 공개를 추진하면서 신문(사주 등)도 이에 따라 주길 원했던 김영삼 정부는, 그러나 신문의 저항을 만나면서 이를 포기하고 말았다. 당시 박관용 대통령 비서실장은 한 인터뷰에서 다음과 같이 말했다. "언론을 포함한 기득권층은 많은 자금, 정보, 자료를 확보하고 있는 노회한

---

136 당시 신문고시가 막고자 했던 대표적인 과당 경쟁 행위는 무가지, 경품, 강제 투입 등이었다. 이런 경쟁을 낳은 폐단은 당시 기자들이 압도적으로 찬성한 대로 '신문의 부수와 신문의 권위를 동일시하는 풍조,' 'ABC의 미온적 실시로 인한 거품 판매 부수의 공인화,' '지면의 획일화/무특성화,' '신문 광고 요금의 과다 책정' 등이었다(한국언론연구원, 1996a). 한국의 언론 개혁이 오해를 받을 수 있는 '내용'(정치성)에서가 아니라 누가 봐도 문제가 많은, 특히 시니어 언론인들이 민감하게 생각하는 '구조'(시장)에서 출발했다면 아마도 훨씬 성공 가능성이 높았을 것이고, 적기適期는 〈중앙일보〉를 표적으로 삼아 나머지 신문이 힘을 합쳤던 이때가 아니었을까 한다.

사람들로 이들의 저항이 얼마나 무서운지 실감했다. 국민은 그런 사실을 모른 채, 언론 등 기득권 세력의 비판에 휩쓸렸다”(《미디어오늘》, 1996. 7. 10). 이 성공/좌절의 경험은 언론의 위력을 김영삼 대통령에게 크게 인식시켰던 것으로 여겨진다. 그러니까 김영삼 정부는 처음에는 성공의 기억 때문에, 그리고 나중에는 수세에 몰려 신문에 제대로 된 대응을 할 수 없었고, 이 맥락에서 세무 조사나 신문고시는 개혁보다 타협과 물밑 거래의 수단으로 활용될 수밖에 없었던 것이다.

김대중 정부와 세무 조사 정국

2001년 집권의 후반기에 들어, 잇단 정치·정책 실패의 한 원인으로 적대적 신문[137]을 꼽고 있었던 김대중 정부는 마침내 신문에 대해 ‘대책’을 구사하기 시작했다. 연두 기자회견에서 언론에 ‘공정 보도와 책임 있는 비판’을 주문하면서 ‘투명하고 공정한 언론 개혁’의 필요성을 천명했던 김대중 정부는 일단 정부의 권한으로 할 수 있는 공정거래위원회의 신문 시장 정상화 조치(신문고시제도의 재 제정)와 세무 조사를 실시했다.

1월 31일 일체 세무 조사 방침을 발표한 뒤, 6월 20일 탈루 소득이 1조 3594억 원, 탈루 법인세 5056억 원에 이르는 어마어마한 액수의 조

137 당시 이런 적대성을 보여 준 대표적 기사가 〈동아일보〉의 2000년 9월 9일자 1면에 실린, “대구 부산엔 추석이 없다”였다. 이 기사에서 〈동아일보〉는 영남민을 자극하는 제목으로 반정부 감정을 조장했다. 당시 이 기사가 근거로 제시한 ‘전국 도별 부도율’ 표에서는 광주 지역이 가장 높게 나타났지만(이 표는 배달판에서는 사라졌다), 제목은 그렇게 뽑았기 때문이다. 이에 대해 〈미디어오늘〉(2000. 9. 21)은 〈동아일보〉가 영남 지역의 구독률 열세를 만회하기 위해 정부를 무리하게 비판했다고 분석했다. 언론계 일각에서는 정부에 요구했던 부지 매입과 동아방송 반환 요구가 거절된 때문이라는 지적도 있었다. 어느 것이더라도 〈동아일보〉로서는 떳떳하지 못한 행위였다.

사 결과가 나왔다. 언론사당 평균 220억이 넘는 거액이었다. 같은 기간에 공정거래조사위원회의 조사도 이루어져 13개 언론사에 과징금 242억을 물렸다. 6월 29일에는 국세청이 다수의 언론사를 고발했다. 추징액은 〈조선일보〉가 864억 원으로 가장 많았고, 〈동아일보〉는 827억 원, 〈중앙일보〉는 850억 원이었다. 〈조선일보〉와 〈동아일보〉·〈국민일보〉는 사주까지 구속되었다. 당사자인 신문의 반발 역시 매우 컸다. 그리고 이러한 신문 측에 야당과 일부 보수적 지식층이 가세하고, 이 조치에 긍정적인 방송 및 군소 신문, 그리고 진보적 지식층이 신문 측의 대응에 다시 반발하면서 세무 조사를 둘러싼 갈등은 급기야 나라 전체를 양분하게 되었다.

앞서 본 대로 이 세무 조사는 정부가 언론에 대해 동원할 수 있는 무기로 예전부터 있었던 것이다. 그러나 정부의 세무 조사는 그 결과의 공개 여부를 떠나 이전에는 그리 환영받지 못해 왔던 것이라는 점은 꼭 지적될 필요가 있다(이효성, 1997). 세무 조사 제도 자체의 미비가 지닌 자의성, 높은 오·남용 가능성 때문이었다(최영태, 2001).[138] 사실 세무 조사에 대한 그간의 입장은 개혁 측 내부에서도, 언론사 경영의 투명성을 확보하기 위해 강제적 세무 조사의 필요성을 내세우는 측과 세무 조사로 인해 커질 정부의 압력에 대해 우려를 표하는 측 사이에 상당한 의견 다툼이 있었던 것으로 전해진다(신윤진, 2000 참조). 세무 조사는 개혁 진

---

138 공인회계사인 최영태(2001)는 "언론에 무지한 필자이지만 왜 이런 사태가 벌어지는지 알 것 같기도 하다"고 하면서 "탈세 추징, 고발 그리고 조세범 처벌로 이어지는 일련의 과정 말고는 언론사에게 (정부가) 문제 제기할 수단이 없고"(p.22. 괄호는 인용자), 정치적 의도를 "굳이 부인할 필요도 없다고 본다"(p.23)고 했다. 비언론 전문가에게조차 무언가를 숨길 수 있는 마당이 이미 아니었던 것이다.

영 내부에서조차 의견이 일치되지 않았던 대책이었던 것이다. 그러므로 세무 조사 이후 이들의 목소리가 한결같아진 것은 밝혀진 탈세(루)의 유형과 규모가 생각보다 훨씬 크고, 세무 조사에 대해 신문이 보여 준 사익적 성격의 일치된 '저항'이 가져온 부당성 때문으로 볼 수 있다.

또 이미 김대중 정부는 보광의 세무 조사로 〈중앙일보〉의 사주를 구속시킨 적도 있었다(보광과 〈중앙일보〉의 소유주는 홍석현이다). 본격적인 세무 조사 정국과 연계시켜 볼 때, 이 조사는 일종의 '파워 게임'적 성격을 지닌 것으로 볼 수 있다. 즉 이 조사는 신문 전체를 한 것도 아니고, 신문 기업 자체도 아닌 관계 기업을, 그것도 지난 1996년의 신문(배급) 전쟁 등에서 다른 주류 신문의 집중적인 공격 대상이 되었던 〈중앙일보〉의 사주 한 사람만을 대상으로 한 것이다(〈세계일보〉도 있었지만 이 역시 전체 신문 구도에서는 주변적인 것이다). 그러나 같은 시기에 터져 나온 '언론 문건'[139]과 〈중앙일보〉의 대응 공격이 야당과 주류 신문 전체의 경계 심

---

139 '성공적 개혁 추진을 위한 외부 환경 정비 방안'이라는 제목을 가진 이 문건은 〈중앙일보〉의 문일현 기자가 작성한 것으로 알려져 있다(《미디어오늘》, 2003. 10. 13 참조). 이 문건의 성격은 크게 다음과 같은 세 가지로 분석될 수 있다. 첫째, 주요 언론의 반정부적 논조의 목적을 언론의 '권력성,' 즉 현 정권의 약점을 공격해 정권의 힘을 약화시킨 후 궁극적으론 현 정권에 대해 언론이 우위를 확보하려는 의도로 보고 있다는 점이다. 둘째, '선先제도 개혁, 후後인적 청산'을 주장하면서 탈세나 특혜, 촌지 수수를 비롯한 주로 불법과 탈법 문제에 초점을 맞춰 사주 및 주요 간부진의 청산을 목표한다는 점이다. 이를 위해 바깥으로 드러나지 않는 '비상설 내부 회의' 형식의 기구가 필요하다고 한다. 여기서의 제도는 언론적인 것이기보다는 주로 기업 차원의 것이다. 따라서 대책 기구도 '언론평의회press council'가 아니고 국세청이나 공정거래위원회 같은 것이 중심이 된다. 셋째, 언론계 전체가 아니라 단계적으로, 먼저 〈조선일보〉를 치고 다음에 〈중앙일보〉와 〈동아일보〉로 확대하는 것을 권장했다는 점이다. 특기할 만한 것은 효과 극대화를 위해 (1999년) 8월 중 가장 문제가 많은 언론 사주를 구속해야 한다고 주장했는데, 실제 보광그룹의 탈세로 〈중앙일보〉의 홍석현이 구속되었다. 〈동아일보〉에서는 특정 인사(이현락 국장)가 개인 비리(부동산 투기)가 있다고 지적했는데,

리를 자극함으로써, 국회에 주무(박지원) 장관의 해임안이 상정되는 등 정부는 수세에 몰리게 되었다.

물론 긍정적인 효과도 있었다. 원칙론에 불과한 것이지만 전 언론사에 세무 조사가 필요하다는 〈동아일보〉의 주장(1999. 10. 27)을 끌어낸 점이나 그 대응 과정에서 나타난 〈중앙일보〉의 '자해' 행위 등은 이 세무 조사의 성과라 할 만하다.[140] 그러나 정부 측의 입장에서 볼 때 그 결산은 아무래도 '손해'였던 것으로 생각된다. 〈중앙일보〉의 논조가 크게 바뀌지도 않았고, 다른 신문이 위축되지도 않았다. 이 세무 조사와 2001년의 세무 조사 사이의 1년 6개월 남짓의 유예 기간 역시 이런 판단과 일정한 관련이 있을 것으로 여겨진다.

세무 조사는 2001년 3월이 시효여서 이 기간만 넘기지 않는다면 절차적 정당성에는 아무런 문제가 없었다. 신문 측도 어느 정도는 세무 조사의 가능성을 알고 있었을 것이다. 당시의 여러 정황으로 보아 세무 조사가 김영삼 정부 때처럼 진행될 가능성은 높지 않았기 때문이다. 그렇다면 세무 조사 '정국'은 우발적인 것이 아니다. 〈조선일보〉의 김대중은 사주인 방상훈이 감옥 갈 준비를 하고 있었다고 했다(김대중, 2010). "신

이 사람 역시 나중에 유사한 건으로 그만두었다. 이 문건의 가장 큰 특징은 세 대결의 차원에서 신문들을 압박하기 위한 권력적 대책을 제시했다는 점이다. 시민 운동측 언론 개혁(안)은 이와 유사점이 아주 없지는 않지만, 훨씬 더 언론적이고 구조적이라는 점에서 큰 차이가 있다. 김대중 정부의 언론 대책은 나중의 세무 조사에 이르기까지 이 문건과 매우 밀접한 연관하에 진행되었다.

140 당시 〈중앙일보〉는 사주의 구속을 막기 위해 IPI 회장에게 편지를 보냈는데 여기에는 그간의 〈중앙일보〉의 행태에 대한 솔직한 고백이 들어 있다. "대선 당시 홍씨가 사장 겸 발행인으로 있는 〈중앙일보〉는 김대중 씨에게 패배한 이회창 후보를 지지했습니다. 김 대통령은 취임 이후 홍 씨의 이 같은 죄악을 쉽게 잊지 않았습니다. 김 대통령 취임 이후 훌륭한 논설위원 3명을 해임시켜야 했고, 편집국장이 사임했습니다"(성한용, 2001: 295).

문 3사가 현재의 위기에도 불구하고 정부에 비판적인 보도 태도를 유지한다면 '권력의 탄압에도 불구하고 언론 자유를 지켰다'는 새로운 신화가 만들어질 가능성이 크다"(양승목, 2001: 82)는 견해는 반드시 이러한 준비된 태도를 말하는 것은 아니지만, 당시 세무 조사와 사주 구속에 임하는 신문 측의 입장을 일정하게 설명해 주고 있다.

이에 대한 김대중 정부의 입장은 단호했다. 이미 최고의 수단을 동원한 마당에 신문을 통한 사소한 정치적 이익에는 연연해하지 않겠다는 것이다.[141] 김신동(2001)의 지적대로 공생을 외면당한 정권이 불공정 행위와 탈세를 묵인해 줄 이유가 없고, 방송과 소규모 신문사들이 정부의 편에 서 있는 게 확실하다면 계속 끌려다니기보다 차라리 정면으로 대결하는 것이 낫다는 심산이었다. 따라서 세무 조사는 김대중 정부가 연두에 "언론계, 학계, 시민단체, 국회가 합심해서 언론 개혁을 위한 대책을 만들겠다"라고 천명한 것을 스스로 뒤집은 것이었다. 물론 김 정부 역시 이 합심-대책에 큰 기대를 걸었던 것으로 보이지는 않는다. 그간의 경험으로 미루어 신문 측이 언론 개혁에 협조적이기는 어려울 것이기 때문이다. 이런 언급은 세무 조사를 하겠다고 마음먹은 이상에는 명분 축적용에 불과했다고 볼 수 있다.

정국의 의미 및 유산

세무 조사 정국은 정부나 신문 모두가 어느 정도는 필연적인 도정으로

141 물론 김대중 전 대통령도 나중의 인터뷰에서 언론사의 반발이 두려웠다고 토로했다. "미디어의 힘은 강력하기 때문에 보복이 예상되었습니다. 이때만은 나도 좀 주눅이 들었지요"(《경향신문》, 2009. 10. 27).

생각했던 것으로 보인다. 격렬했던 정국이 지난 이후, 신문과 정부는 적어도 겉으로는 아무 일도 없었다는 듯 모두 '제자리'로 돌아갔고, 세무 조사는 결국 법정의 공방·결정에 맡겨졌다. 〈조선일보〉 사주인 방상훈은 이로부터 5년이나 흐른 2006년 징역 3년에 집행유예 4년, 25억 원 벌금형이 확정되었다. 물론 이때에는 세무 조사가 다 잊혀 제대로 이슈화도 되지 않았다. 그러나 2001년의 세무 조사와 세무 조사 정국은 정부-언론의 관계, 그리고 향후의 정치에 많은 '유산'을 남겼다.

우선 가장 직접적인 것으로, 당시 세무 조사는 언론사 세무 조사가 가지는 정치적 부담을 덜어 주고 경영의 투명성을 제고시켰다는 점이다. 신문고시가 새로 제정되면서 시장의 기능도 일부 정상화되었다. 이전의 김영삼 정부는 세무 조사를 '무결정'으로 처리함으로써 자신 또한 언론의 납세 의무에 특혜를 준 부담을 안아야 했다. 그러나 김대중 정부는 큰 갈등을 감수하면서까지 세무 조사를 진행시켜 세무 조사가 다시는 정치적 사안이 되지 않게 했다. 이 이후에도 〈조선일보〉에는 2012년과 2017년 두 번 더 세무 조사가 있었지만, 전혀 정치적인 이슈가 되지 않았다. 세무 조사 정국이 긍정적이었다는 판단은 바로 이런 제도의 정착 효과 때문이다.

그러나 언론 개혁에 세정이 가졌던 의미는 크지 않았다.[142] 지금까지 한국의 신문, 그것도 주류 신문이 세금을 내지 않아 문제였던 것은 결코 아니다. 나중의 X파일 사건에서 밝혀진 바와 같은 정치(선거)에 대한 재벌과 언론의 유착적 개입이 관건적 현안이었다. 세무 조사는 적법적

---

142 당시 대다수의 기자들은 세무 조사가 언론 탄압도 아니고 언론 개혁도 아니라고 제대로 인식하고 있었다(황치성, 2001).

이고 개혁(정부와 언론의 절연)의 의미도 없지 않았지만, 적어도 당시로는 보수 신문에 대한 진보 정부의 '타격'의 의미가 더 컸다.

이에 대한 〈조선일보〉의 대응도 비교적 일관된다. "조선·동아에 대한 김대중 정권의 세무 조사는 두 신문이 DJ(김대중) 권력과 야합하기를 거부했기 때문에 가해진 '보복'이었다는 것이 세상의 일반적 인식이다. 우리가 그의 대북 정책에 협조적이었다면 세무 조사 같은 것은 아예 없었을 것이라는 말이다"(김대중, 2010). 당시 대통령 김대중이 언론인 김대중을 설득하기 위해 만나는 걸 본 사람(박지원)이 있으므로 이 말까지 허위로 보고 싶지는 않다. 그러나 김대중 전 대통령 역시 나중까지 입장에 변화가 없었다. "그때까지의 정권은 미디어에 굴복하고 말려들었지만, 나는 양심이 명령하는 바에 따라 단호하게 싸우기로 결심했다. …… 아니나 다를까 엄청난 반격을 받았고, '언론의 자유'를 침해하고 있다는 비난을 받았다. 그러나 재판에 의해 그들의 죄는 폭로되고 유죄가 확정되었다"(《경향신문》, 2009. 10. 27)고 말했다. 김대중 정부의 입장에 가깝다고 볼 수 있는 〈한겨레〉의 성한용 기자(2001)는 "DJ가 언론사에 대한 세무 조사에 나서고 검찰 수사를 통해 사주들을 구속시킨 배경에 '언론 길들이기' 목적이 있었을까? 결론을 얘기하면 아니다. …… 처음부터 조중동의 격렬한 비판을 감수할 각오가 돼 있었다는 얘기다. 정확히 말하면 '언론 길들이기'가 아니라 '언론사 타격'이 정치적 목적이었다고 볼 수 있다"(p.306). 그러나 만약 거래 실패의 '뒤끝'으로 세무 조사를 했다면, 그건 '타격'이 되었건 '길들이기'가 되었건 '국가 공권력의 공적 행위'가 아니라 '정치권력의 사적 보복'이 되는 것이다.

정부와 언론이 협조 관계를 맺는 것은 당연하다. 자유주의 규범은 정부의 권력 남용을 막기 위한 긴장과 갈등을 강조하지만(주지하다시피 권력 남용의 주체가 정부만인 것은 자유주의의 치명적 한계다), 이보다 더 중요한 것은 '정당하고 효율적인 통치'와 '믿을 만한 정보의 생산'으로 이루어지는 양자의 원활한 협조다. 세무 조사는 오랜 권위주의의 유산으로 정부와 언론 사이에 관행적으로 존재해 온 유착을 끊어 냈다는 나름의 의미를 지닌다. 그러나 이는 사실 처음부터 절연 관계를 목표해 왔기 때문은 아니다. 세무 조사 직전 연두교서에서 김 정부는 "언론계, 학계, 시민단체, 국회가 합심해서 언론 개혁을 위한 대책을 만들겠다"고 했기 때문이다. 이 대책을 위해서라면 단순히 '정부를 위해서'뿐만 아니라 '개혁을 위해서'라도 언론을 적으로 삼아서는 안 되었다.[143] 당시 김대중 정부는 세무 조사를 개혁이라고 했지만, 그건 세정이라면 몰라도 언론에 해당되는 건 아니었다.

둘째, 이 갈등을 계기로 개별 신문의 이념적 색채가 보다 분명해지는 효과가 있었다. 이전에도 김대중 정부의 햇볕정책이 가시화되면서 신문과 정당 사이에 일정한 연합적 징후가 나타난다는 정치병행성이 지적되었지만(윤영철, 2000), 세무 조사 정국은 '진보 정부 대 보수(주류) 신문'의 대립을 본격적으로 형성시켰다. 신문들은 자신이 권력을 비판했고 그 반대급부로 이러한 탄압을 받게 되었다고 주장했지만, 이념적 친화성에 의해 좌우되어서는 안 되는 언론 본연의 책무에 따른 것이 아님을 더 많이 보여 주었다. 이 점은 특히 세무 조사 정국을 이은 '방북단

143 적어도 언론을 개혁하려면 개혁 대상인 기존 언론계, 특히 조중동의 자발적 도움이 조금이라도 반드시 필요하다. 김대중 정부의 이 발언 이후 이런 '합심의 대책'(아마도 미국이나 영국처럼 '위원회'가 될 것이다)은 한 번도 시도된 적이 없다. 세무 조사와 위원회는 맞바꾸어진 셈이다.

돌출 행동 파동'이나 '임동원 장관 해임 건' 등[144]에서 더 선명하게 부각되었다. 이 일련의 사건들에서 언론은 이른바 '남남 갈등'을 부추김으로써 자신이 김대중 정부에 반대하는 이유가 결코 규범적인 권력 감시 때문이 아니라 바로 이념적 차이나 권력 경쟁에 있음을 명확하게 보여 주었다. 이러한 신문의 이념적 색채가, 개별 신문들이 "이념적 일관성을 차별적으로 견지"하고, "분명한 자기 입장의 설득을 위해 의견 경쟁을 벌이면서"(김신동, 2001: 72), 민주 사회에 요구되는 권력체들의 다중적 교차 균열에 기여할 수 있다고 보기에는 삼점tripoly의 시장 지배 효과가 너무 컸다. 물론 이제는 더 이상 중립성을 가장한 기회주의적 이득은 볼 수 없게 되었다.

셋째, 이 정국은 한국 사회에서 '신문이라는 것'이 가지는 권력의 양을 보여 주는 바로미터가 되었다. 이 시기에 신문은 세무 조사에 찬성하는 측과 반대하는 측을 권력 측(정부 측)과 비권력 측(신문 측)으로 치환해 정부 대 반정부의 대립 '정국'으로 만들었다. 의제도 세정 차원의 불공평성으로 국한하지 않고, 그간 한국 사회에서 논쟁되어 온 대부분을 망라해 다루었다. 이 과정에서 신문은 기왕의 야당이나 보수·자유주의 지식인층뿐만 아니라, 그간 활동을 거의 하지 않은 보수 사회단체 등도 동원하고 (재)조직했다. 그리하여 신문은 이제 반정부의 구심이자, IMF 위기와 김대중 정부의 등장 등으로 서서히 해체되고 있던 기존의 권력

---

144 2001년 8·15 평양 민족통일 축전에 참가한 남측 방북단의 일부 인사가 돌출적인 행동을 한 것을 〈중앙일보〉가 보도해 의제로 만든 것이다. 이를 기화로 야당은 임동원 통일부 장관의 해임을 촉구했다. 〈중앙일보〉의 행위는 방북취재단의 엠바고를 어긴 것으로 취재단은 이 건으로 〈중앙일보〉의 해당 기자를 중징계했다. '돌출' 행위 자체가 문제가 없다고는 볼 수 없지만, 그렇다고 언론이 보도한 대로 평양 방문 자체를 부정적인 것으로 볼 것은 아니다.

블록을 재강화하는 논리적 보루 또는 네트워크가 되었다. 홍윤기(2000)에 따르면 이 네트워크는 "우리 사회의 퇴행성 권력 체계 전반을 지도하는 지배적 권력으로서 경제 권력과 정치권력을 복합적으로 구사하는 토대"(p.103)였다.

결론적으로 세무 조사는 처음으로 정권이 교체되면서 민주화가 좀 더 진전될 것이라는 기대 아래 기왕의 정부–언론의 역관계에 획기적 변화를 가져온 사건이라 할 수 있다. 그러나 '진보 정부'와 '보수 신문'의 대립으로 조성된 세무 조사 정국은 해결된 것보다는 해결되어야 할 것을 훨씬 더 많이 제기했다는 점에서 과제가 산적해 있음을 널리 알렸다. 정기간행물법을 비롯한 언론 관계법 개정, 이 시장의 편파성 시정, 편집권의 독립, 공정 거래 질서의 정착 등 그간 시민운동 측이 꾸준하게 주장해 왔던 개혁 프로그램(언론개혁시민연대, 2000)에 세무 조사가 미친 영향은 직접적인 것으로 볼 수 없기 때문이다. 다른 조치들이 병행되거나 후속 조치들이 이어지지도 않아 세무 조사만이 상당히 돌출적인 것으로 되었다. 그러나 적지 않은 수의 정치인과 시민들은 언론 개혁 없이는 참다운 민주주의의 정착이 어렵겠다는 인식을 하는 계기가 되었다. 그 중심에는 다음 대통령인 노무현이 있었다.[145] 세무 조사 정국에서 노무현은 다음과 같은 강연을 한다.

145 당시 정치인 노무현은 유력한 (대통령) 후보가 아니었다. 그의 주류 언론 공격에는 아웃사이더 정치인의 포퓰리즘도 있었음을 부인할 수 없다(van Dahlen, 2019). 그것은 예컨대 '언론인의 실체에 대한 공격,' '정당성이 낮은 다른 제도와 언론을 연계시키기,' '윤리적 기준 비판,' '언론이 공익적이라는 통념에 대한 비판,' '언론의 일이 유익하다는 추론 의심하기' 등을 말한다. 트럼프 같은 권위주의적 포퓰리스트 역시 같은 전략을 사용했다.

“하지만 ‘언론의 자유’는 ‘언론사주의 자유’와 구분해야 합니다. 언론은 자유를 누려야 하되 언론사주가 특권을 누려서는 안 됩니다. 언론의 자유는 누구 것이냐 하면 ‘기자의 자유’입니다. 그것은 언론사주라도 침해할 수 없는 특권입니다. 언론사주가 언론의 자유를 내세워 방패막이로 하려 한다면 언론의 자유에 대한 침해이자 모독입니다. 이것은 상당히 심각한 문제입니다. 언론의 자유는 세금을 탈세하고 국민들 위에 군림하고 초법적 특권을 행사하는 것이 아닙니다. 주체는 언론 기자의 자유이고 한계는 취재·보도에 한정지어진 것이지 탈세의 자유나 그 밖의 어떤 초법적 자유가 아닙니다. 언론은 사주의 특권을 보호하는 도구가 아닙니다. 기자는 사주의 특권을 비호하는 하수인으로 전락해서는 안 됩니다”(노무현, 2001년 6월 28일 김대중 정부 언론 세무 조사 당시 전국언론노동조합 초청 강연 전문).

이 강연의 논지는 비교적 간단하다. 언론에서 자유의 주체는 현장의 기자이고, 그 자유의 한계 또한 취재·보도에 한정지어진 것이므로 탈세와는 무관하다. 덧붙여 언론이 중요한 것은 기자의 자유로운 정신 때문이고, 이는 사주라도 침해해서는 안 된다.[146] 기자는 사주의 하수인이 아니다. 세무 조사는 기자 정신의 훼손과 무관하므로 언론 탄압과도 아무런 관련이 없다. 일견 당연하고 맞는 주장이다.

그러나 너무 이상적이라서 오히려 (비현실을 넘어) 몰현실적이라는 느

---

146 당시 언론인 조사(발행인·편집국장 130명, 기자 780명 조사)에서도 이와 비슷하게 ‘편집권 독립,’ ‘시장 점유율 제한’ 등이 개혁의 과제로, 그리고 ‘광고주 개입’과 ‘사주 간섭’이 근절되어야 할 가장 큰 문제로 부각되었다(황치성, 2001). 그러나 이후의 역사적 추이나 최근 활발한 비교 연구 등에서 볼 수 있듯이 적어도 시장 언론 스스로는 이런 문제를 해결할 능력이 없다.

낌까지 준다. 가장 큰 것은 언론사주와 기자를 존재론적으로 분리하는 것이다.[147] 경영과 편집, 소유와 경영의 분리를 통해 취재의 고유 권한을 주장하는 논리(편집권)가 없지는 않지만, 이미 김중배의 예에서 본 대로 소유주 헤게모니가 확고한 한국 언론에서 이를 찾기란 연목구어緣木求魚적이었다. 더구나 당시에는 노조의 파업 같은 집단 행동조차 이미 현실의 싹을 잃어버린 지 오래였다. 세무 조사는 언론의 자유와도 관계가 없지만, 편집권의 보장이나 언론 개혁과도 거리가 멀었다.

(4) 언론 개혁과 언론 전쟁

언론 전쟁의 결산

세무 조사 정국을 거치면서 대외적으로 분명해진 시장 주류 신문의 정치적·이데올로기적 성향은 언론 개혁을 하나의 슬로건이자 대중성의 전략으로 삼고 있던 노무현 정부와는 정면으로 대치되는 것이었다. 노무현 정부는 재임 기간 내내 주류 신문들과 '언론 전쟁'(강명구, 2004)으로 불리는 심각한 갈등 관계에 있었다. 언론과 정부 사이에 갈등이 있는 건 일상적 일이지만, 언론이 개혁의 대상이 되고 그 개혁이 통치 슬로건의 하나로까지 된 것은, 선진국은 말할 것도 없고 신생 민주주의 국가에서도 찾아보기 어려운 현상이다. 물론 여기서의 언론 문제는 그저 몇몇 신문과의 관계 차원만은 아니다. 크게는 국민과 정부 사이에 매개적 소

---

147 세무 조사 정국과 관련해 〈조선일보〉 기자 일동은 성명을 발표, "비판 언론을 압살하려는 권력의 음모가 명확히 드러난 이상 우리 〈조선일보〉 기자들은 그 음모에 분연히 맞서 싸우지 않을 수 없다. 그리고 이 투쟁에서 반드시 이겨 언론 자유와 〈조선일보〉를 지킬 것이다"(《조선일보》, 2001. 6. 28)라고 천명했다. 이 '기자 일동'은 적어도 〈조선일보〉에 관한 한, 그렇게 허구가 아니다. 이 기자들은 사주의 권리를 결코 특권이라고 생각하지 않는다.

통이 얼마나 잘 이루어지는지, 혹시 이 사이에 왜곡이나 편향이 있어 불필요한 갈등이 발생하지는 않는지, 다음으로 이들 언론의 이념이 국민의 이념적 분포를 잘 반영하는지, 미래 전망에 따른 필요한 의식 변화에 장애가 되지는 않는지, 마지막으로 이들이 민간의 산물이므로 공식적 제도와 민간 사이에 권력 배분이 잘 이루어지는지, 과도하게 의견 시장이 전횡되지는 않는지와도 연관이 있다.

노무현 정부와 주류 신문들이 벌인 '언론 전쟁'의 전말을 지금 시점에서 돌이켜보면, 다음과 같은 결산이 가능할 것으로 보인다. 첫째, 블록화(조중동)된 주류 신문과 보수 야당 사이에 맺어진 권력형 정치-언론 연합이 한국 정치를 움직이는 가장 중요한 단위의 하나로 부상했다는 점이다. '개혁'을 내세운 노무현 정부의 입지는 '좌파 신자유주의'라는 별칭에서도 엿볼 수 있는 것처럼 중간적·절충적인 것이었다. 이런 노무현 정부에 필요한 것은 온건 진보와 온건 보수의 지지였지만(조희연, 2012), 의회(특히 16대)를 비롯해 정치적 자원이 현저하게 열세에 있었던 노무현 정부로서는 이들에게 호소할 수 있는 수단이 미디어 외에는 없었다. 그러나 주류 신문들은 최소한의 타협조차 불가능할 만큼 이 정부에 여지를 주지 않았다(이준웅 외, 2010; 최영재, 2005, 2011b).[148] 진보 신문과

---

148 다른 어떤 정부보다도 〈조선일보〉·〈동아일보〉는 노무현 정부에 적대적이었다. 최영재(2011b)의 조사(무작위로 추출한, 1면에 실린 대통령 관련 기사)에 따르면, 노무현 대통령에 우호적인 기사는 11.8%에 불과했고, 적대적인 기사는 39.2%나 되었다. 세무 조사를 실시한 김대중 대통령도 우호적인 기사가 19.0%밖에 안 되었지만, 중립적인 기사가 많아(66.7%) 적대적인 기사는 14.3%밖에 안 되었다. 대조적으로 이명박 정부는 우호적인 기사가 43.8%나 되었다. 당시 한 기자는 인터뷰에서 "노무현 대통령은 조중동 기자와 원만하지 못했어요. 개인적인 것이 아니라 대통령이 기자에게 사석에서 회사 논조에 대해 항의도 했어요."(p.368)라고 말하기도 했다.

온라인 미디어가 있었고 방송 또한 진영론에 힘입어 일정한 반대급부를 제공한 것으로 보이지만, 아무래도 이 전쟁의 패자는 정부라고 봐야 한다. 그만큼 세 신문의 이슈 장악 능력은 탁월했다. 이 점은 당시 정부와 유사한 위치에서 '신자유주의 좌파'로 불린 블레어 정부나 클린턴 정부가 가졌던 중간층 헤게모니나 주류 언론과 맺은 우호적 관계와는 크게 대조되는 부분이다(조희연, 2012).

여기에서 조금 자세히 살펴볼 필요가 있는 것은 이 '반대급부론'이다. 이 주장이 발전하면 노무현 정부와 신문 사이의 갈등이 양측이 이익을 주고받는 공생의 일환이거나 마치 전략의 산물인 것 같은 인식을 불러일으킨다. 물론 이런 건 결코 아니다. 그러나 나는 결과적으로 그렇게 '진영화'됨으로써 발생하는 정치적 이득이 분명히 있었고 — 주로 희생을 강요당한 좌파 측에서 진영론에 이의를 제기했다 — 부분적으로는 긍정적 결과도 낳았다고 생각한다. 특히 신문과 수시로 벌였던 이념 논쟁은 당시 정치를 압도했던 지역 변수를 일정하게 이념 변수로 바꾸는 데 기여했다. 전근대적 균열선인 '지역'을 근대적 '이념'으로 바꾼 것은 노무현 정부의 공적으로 인정받아야 할 부분이다.[149] 그런 면에서 내가 이전 글에 썼던 다음과 같은 생각은 지금에서도 유효하다고 생각한다.

"이런 반대급부론은 노 정부에 대한 좌파 측의 비판에서 자주 나온다. 노

---

149 물론 이런 대체가 오히려 갈등을 중첩시켜 갈등의 수위를 상승시키는 데 역할한 측면이 있다는 점 또한 같이 기억되어야 한다고 생각한다. 이 갈등에는 나중에 세대까지 가세해 더욱 협상과 관용의 여지를 줄였다(강원택, 2019).

무현 정부가 조중동의 박해를 받으면서 이쪽 진영에서는 오히려 비판을 못 하게 되었다는 것이다. 이 점은 조중동에 대항하는 〈한겨레〉나 〈경향신문〉의 잘못에 대해서도 마찬가지로 해당되었다. …… '동지가 아니면 적'이라는 진영 논리의 효과로 조중동은 노 정부나 진보 언론에는 일정하게 알리바이를 제공해 주었지만, 우파나 중간적 부동층에 대해서는 입노릇을 독점하는 권력 역할을 했다. 물론, 진보 신문들도 노 정부의 우파적 일탈, 예를 들어 FTA나 한나라당과의 연정 제안 등 일부 사안에 대해서는 비판적인 입장을 보였다. 그러나 전체적인 모습은 아니었다"(조항제, 2017: 42).

둘째, 이 연합에 참여한 신문의 적대적 태도는 앞서도 잠시 본 대로 상당히 '전략적'인 성격을 띠었던 것으로 보인다. 2000년대 들어 신문은 인터넷의 도전이나 세무 조사 등의 여러 측면에서 많은 곤란을 겪었다(박영흠·김균, 2016; 배정근, 2012). 이런 위기에 유력한 대안으로 모색된 것은 기왕의 능력을 최대화하는 시장적·언론적 해결책, 곧 방송 같은 유사 미디어 기업을 '겸영'하는 방법이었다(정동우, 2009).[150] 하지만 겸영에는 법 개정이 필수적이어서 당시 노무현 정부(와 그 진영의 성격)하에서는 기대할 수 없었다. 그렇다면 결국 방법은 노무현 정부의 실패를 유도해 정권을 교체하는 것뿐이다. 이에 이들이 선택한 것은 앞에 잠시 나온 '두 국민 전략'인 편향화였다.

편향화는 반드시 상대편을 공격하고 해치는 것에 목표가 있지 않

---

150 이은주(2007)의 신문 시장 분석에 따르면, 한국의 신문이 수익 면에서 위기를 극복하려면, 가격을 높이거나 광고료를 올리거나 타 시장으로 진출하는 방안(자본 또는 콘텐츠) 등 세 가지밖에 없다. 이중 앞의 두 가지는 사실상 불가능하며, 방송 시장 진출(종편), 인터넷 닷컴 운영 또는 포털의 어뷰징 등이 대표적인 세 번째만 가능했다.

다. 어떤 이슈는 정치 영역 내에 들어오도록 허용하고, 어떤 이슈는 배제하는 편향성의 동원, 곧 갈등의 사유화를 통해 '조직'을 형성함으로써(Schattschneider, 1975/2008) 자기편에 더욱 가까이 가는 것에 있다. 당시 이들이 조직시킨 것은 종이 신문의 수용자였던 중·노년층이었다. 중·노년층을 잡기 위해 이들은 '심판'[151]에서 '선수'로 탈바꿈해 '적대적 미디어 신드롬'(Waisbord, 2006)을 조장했고, '우리'를 형성하고 결속시켰다. 이는 앞서 스트룀베크 등이 나눈 정치의 미디어화의 Ⅳ단계 중 전형적인 Ⅲ단계에 해당하며, 다음에 살펴볼 포퓰리즘 미디어 정책에서도 상당히 전형적인 양상에 속한다.

셋째, 이 연합에 대항하는 노무현 정부의 전략은 크게 네 가지 측면으로 전개되었다. 하나는 기존 법에 의존하는 것이고, 나머지 셋은 정치적인 것이거나 새로운 법 또는 방침을 만들어서 대응하는 것이다. 앞선 하나는 기존의 언론중재위원회에 중재를 신청하거나 언론사에 직접 손해배상을 청구하는 것이다. 노무현 정부 당시 이 신청 건수는 752건에 달했으며(이 중 55건은 청와대가 직접 신청한 건수였다. 〈기자협회보〉, 2014. 6. 11), 가장 많은 〈조선일보〉가 79건, 다음이 〈동아일보〉로 71건, 〈문화일보〉 56건, 〈중앙일보〉 31건의 순서였다. 진보지인 〈한겨레〉와 〈경향신문〉도 각각 30건, 28건이나 되었다(정철운, 2014b). 이에 비해 김대중 정부는 118건, 이명박 정부는 352건 정도에 그쳤다. 정정이나 반론 등으로 이루어진 피해구제율도 무려 76.1%(2003~2007. 5)에 달해 정당성을 입증할 수 있었다(정책브리핑, 2007). 그러나 대부분 시간이 지난

151 사실 심판도 적절한 비유는 아니다. 코바치와 로젠스틸(Kovach & Rosenstiel, 2014)은 '참여적 관찰자engaged observer'가 되어야 한다고 한다.

후에 조그맣게 보도될 뿐인 이런 보도의 성격상 '국민들에게 제대로 된 사실을 알린다'는 당초의 효과를 기대하기는 어려웠다.[152] 재임 5년간 4.1일에 1건인 건수도 너무 많아 크게 경각심도 주지 못한 것으로 보인다. 민사소송도 여러 건 벌였다. 2003년 2월부터 2007년 4월까지 〈동아일보〉는 7건, 〈조선일보〉는 6건, 〈중앙일보〉는 3건의 소송을 경험했다(이상, 정철운, 2014b). 이런 중재·소송은 이전에는 음지에서 거래의 형태로 이루어진 언론과의 대화를 양지로 끌어낸 것으로, 특히 노무현 정부 때는 정부의 일선 부서 전체가 법제도적 언론 관계의 주체로 등장했다(서영남·박종민, 2008). 물론 조중동과의 갈등이 이를 부추긴 점은 두말할 나위가 없다.

나머지 셋 중 첫째는 가장 정치적인 방식으로 조중동 블록을 해체하는 것이다. 노무현 정부는 〈중앙일보〉의 사주 홍석현을 주미대사로 임명하면서 〈중앙일보〉를 조중동 블록으로부터 분리시키려 했다.[153] 〈조선일보〉와 〈동아일보〉만의 블록이라면 영향력이 약해질 수 있다는 판단 때문이다. 〈중앙일보〉는 이미 남북 관계에서 〈조선일보〉, 〈동아일보〉와 다른 논조를 보여 왔다. 그러나 친자본성에서는 다른 신문보다 더 노골적이고, 특히 〈조선일보〉가 때로 자신의 차별성을 드러내려 공

---

152 노무현 대통령은 자서전 《운명이다》에서 "언론중재위원회를 통해 정정 보도 청구를 하거나 법원에 민사 소송을 낸 것을 가지고 언론 탄압이라고 한 것은 그들 스스로도 믿지 않는 엄살에 불과하다"(〈미디어오늘〉, 2019. 9. 13)고 하면서 언론 대응의 정당성과 무력감을 같이 토로했다.

153 뚜렷한 증거가 있지는 않지만, 이 정도 추론은 상식적인 것이라고 생각한다. 홍석현이 외교 전문가도 아니고(외교 경력이 있지도 않고), 주미대사 같은 요직을 따로 챙겨 줘야 할 만큼 노무현 정부에 기여한 게 있는 것도 아니다. 굳이 찾는다면 홍석현의 언론 인맥이나 삼성 관련 연줄 정도가 이유일 텐데, 어느 것이나 그렇게 설명력이 높지 않다.

격하기도 하는 삼성과의 관계가 친연적이다. 홍석현 포섭은 〈중앙일보〉의 이런 속성을 정부에 좀 더 유리하게 만들고 싶은 의지의 표현이다. 그러나 이 전략은 마침 터진 삼성의 X파일 사건 때문에 홍석현이 도중하차하면서 무위로 돌아갔다. 물론 〈중앙일보〉의 논조 역시 변하지 않았다. 노무현 정부의 홍석현 포섭은 실패했을 뿐만 아니라 노 정부가 내세운 언론 개혁의 기치가 자신의 분파적 정치성도 함께 띠고 있다는 점을 알리는 계기가 되었다.[154]

둘째는 신문사주의 소유 구조에 지분 제한을 두고 상위 사업자의 여론 지배를 막는 신문법을 제정하는 것이다. 그러나 사주의 지분 제한[155]은 위헌적 소지 때문에 아예 법안에 들어가지조차 못했고, 그나마 통과된 시장 점유 제한[156] 또한 헌재의 위헌 처리를 받으면서 신문법은 제정은

154 이 전략은 노무현 정부와 삼성 사이의 (이미 알려진) 커넥션을 연상케 하는 것으로 시민운동 진영의 많은 비판을 받았다. 박인규 〈프레시안〉 대표의 다음과 같은 신랄한 비판을 보라. "〈중앙일보〉 사주의 정권 참여는 책략, 정치공학의 차원에선 대단한 위력을 발휘할지 몰라도 '권력과 언론 간의 건강한 긴장 관계' 형성이란 사회적 과제에는 치명적 독약이다. 후세에 노무현은 노회한 정략꾼politician으로 기억될 뿐, 결코 위대한 경세가statesman로 평가되진 못할 것이다. 그가 말해온 언론 개혁은 말짱 황이었다"(박인규, 2004).

155 당시 거론된 지분은 방송법을 준용한 30%였다(〈한겨레신문〉, 2001. 7. 3). 그러나 이 지분으로도 충분히 기업을 지배할 수 있다는 점에서 규제의 실효성이 제기되었다. 이 점 때문에 지분 제한을 당하는 측에서는 이 제한을 소유권 자체에 대한 위협보다 반정부 논조를 바꾸려 하는 일종의 정치적 엄포처럼 받아들였다.

156 당시에 정해진 비율은 1개 사업자 30%, 3개 사업자 60%로, 공정거래법의 50%와 75%를 상향 조정한 것이다. 당시의 실제 3개 사업자의 비율을 보면, 종합 일간지 시장을 기준으로 2005년부터 2010년까지 55.6%(2007)에서 64.2%(2009)여서 약간 저촉된다고 볼 수 있다(비율은 배정근, 2012). 그러나 전국으로 기준을 넓히면, 사실상 저촉되는 신문은 하나도 없어진다(〈중앙일보〉, 2006. 6. 30). 양측은 모두 허수아비를 세워 놓고 비판과 반박을 일삼았던 셈이다.

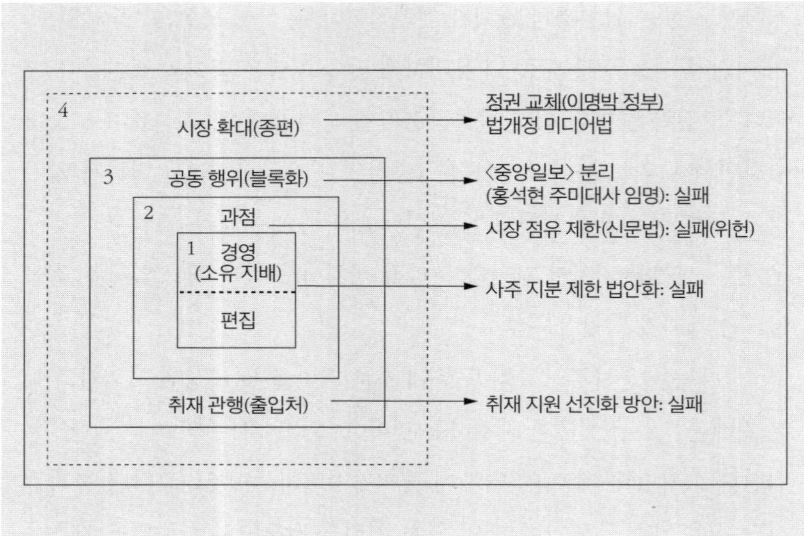

그림 1. **조중동의 권력 구성과 노무현 정부의 언론 정책**

되었지만 당초의 취지가 완전히 무색하게 된 채 실패해 버렸다.

셋째는 폐쇄적인 기자실을 개방형 브리핑룸으로 바꿔 기존 언론의 영향력을 일정하게 차단하고 새로운 언론에 우호적으로 취재 시스템을 변화시키는 '취재 지원 선진화 방안'이다. 그러나 이 안 역시 단 하나의 긍정적인 기사도 이끌어 내지 못한 채(김춘식·이영화, 2008), 사실상 의미를 잃어버렸다.

이를 도식화하면 그림 1과 같다. 이 그림에서 조중동은 1. 기업 차원의 강력한 내적 지배 구조(사주), 2. 신문 시장 차원의 과점, 3. 외부 행위(정치) 차원의 공동 행위(블록화)와 출입처를 비롯한 다양한 관행, 4. 목표로서의 시장 확대(겸영, 곧 나중의 종편) 등의 구성 요소를 갖추고 권력 행위를 꾀했다. 이를 막으려 했던 당시 노무현 정부의 정책은 1과 2에서 반전을 꾀한 신문법, 3을 바꾸려 했던 선진화 방안을 비롯해 대부분 실패했다. 2007년 대선에서 조중동은 마침내 정권을 교체(이명박 정부)하고 시장 확대(종편)에 성공한다. 미디어의 논리가 정부의 논리를 누르는 순간이다. '민주주의는 언론을 필요로 하지만, 정작 언론을 위해 할 수 있는 것은 없다'(Josephi, 2012)는 주장이 실감나는 대목이다.

넷째, 이 시기에도 공영 방송의 사장은 확연하게 후견주의를 벗었다고 하기 어려울 정도로 정부와 방송 사이에는 커넥션 논란이 있었다(나중에 자세하게 살펴본다).[157] 시청자 주권을 강화하고자 한 2000년의 통합 방송법이 의의가 없지는 않았지만, 약한 조직을 텔레비전 이미지(이른바 '뉴 DJ 플랜')로 메우려 하면서 '고질'이었던 공영 방송 사장의 정치적 임명 문제를 해결하지 못했다.[158]

그러나 다음의 노무현 정부 시절, 노조와 시민사회 측이 반발하자 정부 측이 처음 카드(서동구 사장)를 양보한 점은 상당한 진전이라 할 만하다. '정치적 임명 → 노조 파업 → 정부 강행'의 1990년 시간이 좀 더 앞으로 나아간 것이다. 이후의 정연주 사장은 과거 민주화 직후의 서영

---

157 이 논란을 불러일으킨 대표적인 예는 잘 알려진 대로 "아무리 느슨한 기준을 적용한다고 해도 공정했다고 보기 어렵다"던 2004년의 탄핵 보도다(이민웅 외, 2008). 2002년 대선 당시, 이회창 후보 아들의 병역 비리 문제를 폭로한 김대업 보도도 KBS로서는 신중치 못한 것이었다. KBS의 미디어 비평 등도 호응 못지않게 반발을 샀다. 의견 지형 전반을 반정부적 신문이 지배하고 있던 점을 감안하면, 이런 KBS의 행보는 방어적 성격이 강했다고 볼 수 있다(조항제, 2014b). 이 점에서 방송의 권력은 신문에 현저하게 미달했다.

158 당시 손석춘(1998)은 KBS가 진정한 공영 방송으로 거듭나는 데 실패할 경우, 야당이 된 (당시) 한나라당의 비판이 희극이 되지 않고 비극이 될 것으로 경고했는데, 불행히도 이 경고는 그대로 맞아떨어졌다고 해도 과언이 아니다. 정권이 바뀌면서 결국 다른 의미의 비극이 되었다.

훈 정도는 아니라도 그 나름의 바람직한 임명 절차를 거쳤다. 정연주 사장은 연임까지 하면서 민주화 이후 가장 긴 5년 4개월을 재임했지만, 당시 뜨거웠던 '진보–보수' 진영론을 피해 가지는 못했고 결국 '불법'으로 해임당하고 만다.[159] 그러나 이 시기의 KBS가 이전보다 발전된 양태를 보였다는 것은 비교적 분명하다(조항제, 2014b).

마지막, 이 시기에 가장 중요한 미디어로 인터넷을 짚고 넘어가지 않을 수 없다. 인터넷은 이전 미디어와는 다른 여러 특성, 특히 댓글 문화로 대표되는 상호작용성, 생산자와 소비자가 구분되지 않는 범용성과 탈전문화, 기존과는 비교할 수 없는 낮은 설비·배포 비용으로 〈오마이뉴스〉나 〈프레시안〉 같은 대안 언론의 출처로 크게 각광받았다. 다른 언론의 뉴스를 옮겨 주는 포털의 매개 역할도 종이 신문이나 무선–TV(수상기) 같은 기존 언론의 배급 체계를 획기적으로 바꾸었다.[160] 이 과정에서 신문 역시 경제적인 측면에서는 몰라도 영향력적인 측면에서는 상당한 도움을 받은 셈이 되었다. 당시의 한 실증적 연구에 따르면, 〈조선일보〉를 비롯한 일간지들의 경우, 네이버가 뉴스캐스트 서비스[161]

---

159 사법부의 최종 판단은 '부당'이다. 하지만 당시 이명박 정부가 확신을 갖고 규범을 해쳤다고 보아 '불법'이 맞다고 생각한다. 불법이라 해서 역사를 되돌려 원상을 회복할 수 있는 것은 물론 아니며, 뒤늦게 당사자를 처벌하는 것도 불가능하다. 그러나 같은 일이 얼마나 재연될 수 있느냐(명백하게 금지하는 행위이냐, 아니냐) 하는 미래적 차원에서 불법과 부당의 차이는 중요하며, 역사가 이를 어떻게 기록할 것인가 하는 명분의 차원에서도 이 차이는 중요하다(조항제, 2014b).

160 박영흠(2018)은 이 점을 두고 "언론사들은 포털을 경유하지 않는 수익 모델을 상상하거나 시도할 수 없는 지경에 이르렀다. …… 디지털 뉴스 생태계의 방향을 좌우하는 의사 결정으로부터 철저히 소외된 채 자신들의 운명을 포털에 맡겨야 하는 종속적 지위로 전락하고 말았다"(p.119)고 비판한다.

161 뉴스캐스트는 포털이 일방적으로 기사를 선택·게재하는 방식에서 벗어나 언론

로 바꾼 이후 뉴스 미디어 부문에서 가장 높은 방문자 수를 기록하며 10위권에 진입했다(장우영·조화순, 2012).

인터넷을 무대로 활동하는 대안적 공중인 네티즌은 새로운 '시민권'으로 등장하면서 인터넷이 가진 다양한 가능성을 전 사회적으로 파급시켰다. 노무현 정부의 별칭인 '참여 정부'처럼 이들의 문화는 새로운 형태의 자기표현과 참여의 시대를 열었지만, 당초 기대했던 공공선의 추구라는 면에서는 큰 진전을 이루어내지 못했고 때로는 상황을 악화시키기조차 했다(원용진·이수엽, 2010; 홍원식, 2014).

실패의 원인과 노무현의 이상적 언론관

강명구(2004)는 노무현 정부와 조중동, 조중동과 한경대/오[162]의 갈등을 '언론 전쟁'으로 불렀다. 이름에 전쟁의 주체들이 모두 등장하지는 않지만, 언론 무대가 전장이라는 점에서 언론 전쟁이라는 표현이 부적절하다고 느껴지지는 않는다. 잘 알려진 바대로 이 전쟁에서 노무현 정부는 처절하게 패배했다. 여기에서는 이런 패배의 원인을 한국 신문 시장의 특성과 정치인 노무현의 언론관을 중심으로 좀 더 자세하게 분석해 보고자 한다.

주지하다시피 노무현 정부는, 정치인 노무현 때부터 언론 개혁의 필

사와 이용자에게 그 역할을 맡김으로써 실질적인 편집권과 구독권을 각각의 주체에게 부여한 시스템을 말한다. 이에 따라 아웃링크 방식을 제공하면서 네이버의 뉴스 트래픽은 이용자 활동성이 크게 감소한 반면, 언론사 사이트 트래픽은 급등하였다.

162 여기에서 '대'는 당시 〈대한매일〉로 이름을 바꾸었던 〈서울신문〉을 말한다. 〈서울신문〉은 1998년에 〈대한매일〉로 제호를 변경했다가 2004년 다시 〈서울신문〉으로 환원했다. 나중에는 이 자리에 〈오마이뉴스〉가 들어가 '한경오'가 되었다.

요성에 가장 적극적이었다. 앞서 인용한 연설문에서 본 대로 그는 조중동과 같은 한국의 주류 언론이, 민주주의를 더 진전시킬 수 있는 필요한 정치 개혁에 큰 장애가 된다고 생각했다. 그의 자서전에는 다음과 같은 대목이 있다. "가장 막강한 권력은 언론이다. 선출되지도 않고 책임지지도 않으며 교체될 수도 없다. 언론은 국민의 생각을 지배하며 여론을 만들어 낸다. 그들이 아니라고 하면 진실도 거짓이 된다. 아무리 좋은 일도 언론이 틀렸다고 하면 틀린 것이 된다." 이 대목에는 곱씹어볼 필요가 있는 몇 가지 한국 언론 나름의 특수성이 들어 있다.

첫째, 한국의 언론 시장에서는 시장이 가진 나름의 자정 작용이 작동하고 있지 않다. 시장 역시 책임을 묻고 교체를 한다. 어떤 면에서는 매일매일 '선출'(판매)하는지도 모른다. 그러나 관성적 소비, 높은 광고 의존, 소비량과 크게 관계없는 위협적 소구력 같은 언론 시장의 특성상 이런 논리는 그렇게 직접적이지 않다. 이런 언론이 달라져야 한다면, 시장의 교체력이 증가하거나 독과점 구조가 와해되어야 한다. 품질이나 가격과 연관된 시장 교체는 단기적으로는 사실상 무망한 것이나 독과점 구조는 규제를 통해 제한할 수 있다. 언론에 맞는, 일반 공정거래법(75%)보다 좀 더 엄격한 조항(60%)이 그것인데, 여기에는 하나의 조건이 있다. 신문을 일반 상품과 구분할 수 있는 설득력 있는 (법)이론이 그것이다. '여론 시장의 독과점' 같은 것을 쉽게 떠올릴 수 있지만, 이 독과점은 여론의 범위가 워낙 넓고 다양해 시장을 획정define하기가 매우 어려운 한계가 있다.[163] 보통은 신문들이 정부의 권력을 존중하거나 두려워

163 윤영철(2002)의 "특정, 혹은 소수의 신문이 미디어 시장을 독점하고 있어 다양성을 훼손하고 있다는 명백한 증거가 있다면, …… 구조적 규제가 정당화될 수 있다"(p.323)

해 책임을 느끼고 조심하는데, 앞서 언급한 대로 조중동은 오히려 전략적으로 정치인 노무현과 노무현 정부에 적대했다.

둘째, '진실을 거짓으로 만드는 이유'다. 신문은 왜 이런 행위를 하는가. 자신의 생각을 주장하면서 이를 유력한 여론-권력으로 만들기 위해서다. 한국의 시장 주류 신문들은 과거로부터 내려온 보수적이면서 냉전적인 생각을 갖고 있고, 이에 대항하는 정치 세력(진보적)은 '틀린 것'으로 본다. 물론 이런 생각을 모든 언론 구성 인자가 다 똑같이 하고 있다면, 이는 정말 '교정'이 아니라 '대체'의 대상이 되어야 할 것이다. 그러나 노무현은 젊은 기자들은 이런 낡은 고정관념에 비판적이고 이들의 사내 지위가 높지 않기에(앞서 권력화 부분에서 본 '미디어 부르주아'에 반대되는 층이다), 이들을 지원해 주면 충분히 내부에서부터 변할 수 있는 동력이 생길 듯하다고 보았다. 그러나 이런 사고에는 한 가지 치명적 한계가 있는데, 주지하다시피 한국의 주류 신문에서는 1990년대 이후 주체가 노동조합이 되었건 기자협회가 되었건, 논조를 이유로 파업이나 제작 중단 같은 내부 저항을 일으킨 적이 단 한 번도 없다는 사실이다(1992년 〈동아일보〉 파업은 노동 조건을 위주로 한 것이다). 만약 내부에 동력이 없다면, 사주의 헤게모니를 약화시키는 편집위원회(편집 규약) 같은 규정은

는 주장이 그것이다. '시장 지배적 사업자' 규정을 둘러싸고 헌법재판소에서 치러진, 다수파와 소수파 사이의 7 대 2 표결 수 또한 그런 의견을 반영한다(2006. 6. 29 헌재 결정). '발행 부수'를 독점 여부를 판단하는 기준으로 설정하는 데서 의견이 갈라졌지만, 정작 이 지배적 사업자에 돌아가는 일종의 권리(보조금) 제한 부분에서는 9 대 0이 되었다. 설사 발행 부수가 지배적이라도 다른 권리를 제한해서는 안 된다는 뜻이다. 이런 갈림에서 중요한 것은 '명백한 증거'라는 엄격성에서 드러나는 언론 자유, 언론 불간섭에 대한 완고한 확신이다. 이런 법적 저변을 개혁론자들은 간과했다.

설사 강제가 되더라도 큰 의미를 갖기 힘들다.[164]

셋째, 진실을 거짓으로 만드는 것에는 정치적 의도만 있는 것은 아니다. 언론계가 가진 나름의 나쁜 관행 또한 이 정도는 아니라도 진실을 왜곡하는 데 일조한다. 신문 시장에는 보수지가 주류지만 진보지도 있다. 노무현 정부는 보수지와 대적하면서 반대급부도 적잖게 누렸다. 진보지나 군소 미디어의 지원이 그것이다. 그러나 관행은 보수지뿐만 아니라 진보지에도 해당된다. 2019년의 '조국 사태'에서 문제가 된 '출입처 제도' 역시 이의 여러 예 중 하나다. 노무현 정부가 후반기에 시도한 '취재 지원 선진화 방안'은 나름으로 좋은 면도 있었지만, 앞서 잠시 본 대로 진보·보수지 모두의 외면과 비판을 받으면서 기대하는 효과는커녕 많은 반작용만 낳았다.[165]

신문법이 헌재의 위헌 판결을 받은 것은 법리적 제한을 넘어서지 못했기 때문이다(이용성, 2006; 조성민·양승목, 2005). 이 제한의 밑바탕에는 신문을 '개인적 차원에서 표현의 자유의 확장'으로 보는 것과 '사회적 차원에서 여론 창달의 매개체'로 보는, 단순히 어느 하나의 손을 들

164 물론 이 안은 나중에 임의 규정이 되어 의의가 반감되었다. 실제 내부에 동력이 있는 경우, 편집 규약은 법이 아니라 자율로도 얼마든지 만들어질 수 있다. 노사가 협의해서 만든 KBS의 편성 규약을 보라(KBS, 2001). 이 규약에는 "취재 및 제작 책임자는 실무자의 취재 및 제작 내용이 자신의 의견과 다르다는 이유만으로 수정하거나 실무자에게 불이익을 주어서는 안 된다"(5조 ④항)는 정말 한국 언론인이 바라 마지않는 훌륭한 조항이 들어 있다.

165 이 반작용의 단면은 당시 〈한겨레〉의 논설위원인 정남기의 다음 주장에서 잘 드러난다. "노무현 정부가 문제를 푸는 방법에서 초점을 잘못 잡지 않았나 생각한다. 지금 일부 보수적 언론과 노무현 정부가 대립하는 초점은 보도 태도의 문제가 있어서인데 이것을 취재 관행으로 만들어서 일선 기자들과 충돌을 야기하는 좋지 않은 방법을 선택했다"(정남기; 강상현 외, 2008: 58). 이 방안은 핵심인, 기자의 무단 출입을 금지한 규정(총리 훈령)이 삭제되면서 사실상 무위로 막을 내렸다.

어 주기 어려운 오래된 쟁점이 자리한다.[166] 언론과 민주주의 사이를 고민하는 이 책이 후자를 지향하는 것[167]과 별개로, 전자를 논리적으로나 세력으로나 이길 수 없다면, 이런 법의 실패는 사실상 결정되어 있는 것이나 진배없다고 본다.

노무현 정부가 생각했던 언론 문제는 우선 '언론 권력,' '족벌 언론'이라는 표현에서 잘 드러난다(이정환, 2019). 언론 권력 문제에서는 앞 장의 이론 부분에서 본 대로 현대 정치가 나아가는 큰 방향의 하나이면서 민주주의 또한 일정 부분 의존하지 않을 수 없는 '여론 정치'와, 특정 언론이 가지는 부당하고 자의적인 '영향의 정치'(권력)을 구분해야 한다고 생각한다. 앞의 '여론 정치'에서는 언론의 협조가 중요하고, 언론이 가진 시장을 비롯한 여러 내부 기제들에 대한 올바른 이해와 정밀한 분석·처치가 필요하다. 뒤의 '영향의 정치'는 정부로서는 어떻게 하기 힘든 (장기적) 시장 구조의 문제이므로 계속해서 시장의 장벽을 낮춰 기존 권력을 분산하고, 진실이 거짓이 되지 않게 하는 지속적이고 전문적인 대응과 노력이 필요하다.

이런 협조·처치·대응·노력은 노무현 대통령이 단절하려고 애썼던 유착이나 개입과는 완전히 다르다. 유착·개입이 비정상적 정치 거래 또

---

166 얼마든지 후자를 주장할 수 있지만, 논리 면에서 전자를 압도할 수 없다는 뜻이다. 이를테면, '신문의 개혁'이 아니라 '(신문)시장의 개혁'을 주장하면서 유시민(1999)처럼 "〈조선일보〉에 대해서는 아무런 특별한 대책을 세울 필요가 없다"(p.221), "정부가 신문을 개혁해 주길 바라지 않는다. …… 정치권력이 신문 개혁을 강제하는 것은 민주주의 기본 원리에 어긋난다"(p.207~208)고 하는 것 역시 전자의 하나다.

167 우편 제도부터 전파 자원 관리에 이르기까지 수없이 많은 정부의 결정들이 언론에 영향을 미쳤다는 점은 새삼 강조해도 지나침이 없을 것이다(Pickard, 2020a). 자유주의자들은 허울뿐인 불간섭을 주장하면서도 국가가 주는 실익은 모두 챙겼다.

는 탄압의 혐의를 띤다면, 협조·대응은 정상적 언론 정치·이미지 정치를 말하는 것이다. 노무현 정부는 이 정치를 너무 이상적이고 공적으로 생각했던 듯하다. 나는 이 점이 노무현 정부 언론 정책의 가장 큰 문제였다고 생각한다. 생각할 수도 없고 생각할 필요도 없는 이상을 그것도 권력을 가진 현실 정치인이 생각하고 언론에 강요한 것이 결국 파탄에 이르게 한 이유였다는 것이다. 언론에 추구해야 할 이상이 있고 이를 위해 노력하는 것이 바람직하지만, 이상과 현실 사이에 괴리가 있다는 점 역시 어느 정도는 보편적인 현상이다.[168]

나는 이 괴리의 전형적인 예로 당시 대통령의 언론비서관이었던 양정철이 작성해 '청와대 브리핑'에 발표한 "조선·동아는 저주의 굿판을 당장 걷어치워라"(2004. 7. 9)를 들고자 한다. 이 글은 양정철이 작성했지만, 당시 청와대가 가진 사고의 기본적 틀을 집약한 것으로 보인다. 이 글에서 양정철은 1977년부터 4개 정도의 시기적 국면을 설정해 행정 수도에 대한 〈조선일보〉·〈동아일보〉의 그간 주장의 비일관성과 (보수 야당적) 편향성을 비판한다.

> "놀라운 일치가 아닌가. 구여권(혹은 한나라당)이 찬성하면 두 신문도 여지없이 찬성하거나 침묵이다. 한나라당이 반대하면 사생결단의 반대다. 오로지 노무현 정부가 하기 때문에 반대하는 것이 아니라면 이해하기 힘든 모순이 한두 가지가 아니다. 이 가정이 수치스럽게 느껴진다면 시기, 시기

---

168 이를테면, 사실상 민주주의를 뜻하는 '자기 통치'에서 자율성은 핵심 개념의 하나이면서 언론의 전문직주의에서도 같은 지위를 차지한다. 그러나 이 자율성이 모든 나라의 언론을 통틀어 온전히 지켜진다고 생각하는 사람은 아무도 없다. 웨이스보드(Waisbord, 2013: 47)는 이런 사고를 간단하게 '비현실적'이라고 한다.

마다의 표변과 여반장如反掌에 대해 답해야 한다. 이제 다시 두 신문은 한나라당과 보조를 맞춰 '신행정수도 건설 결사반대'의 머리띠를 둘렀다"(양정철, 2004).

만약 〈조선일보〉·〈동아일보〉가 정말 훌륭한 언론이었다면, 양정철의 주문대로, 자신의 주장의 논리성이나 일관성을 위해 노력했을 것이고, 중도에 입장이 바뀌었다면 나름의 해명을 했을 것이다.[169] 또 정부에 대해 공적인 마인드로만 접근했다면, 찬반의 양 입장에 대해 균형적인 입장을 취했을 가능성이 높다. 더 책임 있는 언론이었다면 과거의 권위주의 체제 때의 굴종사에 대해서도 사과를 했을 것이다. 그러나 이 신문들은 주지하다시피 그런 신문이 아니었고, 심지어는 노무현 정부에 대해 나름의 전략적인 판단(고의로 적대적인)까지 하고 있었다. 당시 노무현 정부와 〈조선일보〉·〈동아일보〉 사이에 형성된 '불필요하고 감정적인 긴장 관계'(《프레시안》, 2003. 8. 14)에는 〈조선일보〉·〈동아일보〉가 일부러 조성한 측면도 있었다는 것이다.

그러나 설사 이런 관계가 아니라도 주 독자층의 성격상 이 신문들은 수도 이전에 반대할 가능성이 높았다(헌재의 관습 헌법 위헌 판결을 보라). 이를 나무랄 수는 없다. 또 비일관성이나 비논리성 같은 신문의 '품

---

169 '그때는 맞고 지금은 틀리다'라는 영화 제목처럼 지식이나 정보가 갖는 시의적 상대성을 여기에 언급할 필요는 없을 것이다. 다만 시시각각 달라지는 팩트를 다루는 언론의 권위에는 일반적인 지식이 갖는 일관성이 그렇게 중요하지 않다. 오보는 제때 수정만 된다면 언론에 그렇게 큰 누가 아니다. 수도 이전에 대한 생각 역시 마찬가지다. 이를 젤리저는 "첫째 라운드를 놓쳤다면, 기자는 항상 다음 라운드를 이용할 수 있다"(Zellizer, 1993: 233)라고 표현한다. 나는 이런 생각을 이준웅 교수한테 들었다.

질' 문제는 정부가 참견하거나 강요할 것이 아니다.[170] 권위주의 체제를 포함해 정부의 언론 개입 명분은 항상 '저질' 언론이다. '가짜,' '사이비' 역시 비슷한 맥락이다. 사이비는 박정희 정권이 언론을 탄압할 때 즐겨 썼던 명분이다. 가치 중립이나 균형 역시 주지하는 바대로 방송이 아닌 신문에서는 객관주의를 '신deity'으로 따르는 미국 언론(Mindich, 1998)에서나 지켜야 할 준칙일 뿐, 정치병행 위주인 유럽 언론을 비롯해 보편적인 것이 될 수는 없다. 물론 아무리 그렇다 해도 이 글이 전문가pundit의 일반적인 언론 비평이라면 문제될 이유가 전혀 없다. 그러나 양정철은 현직 권력자 중 하나이며, 특정한 정치적 의도를 가진 사람이다. 만약 이 신문들의 주장이 일관된 것이든 표변한 것이든 지금 정부를 옹호하는 입장이었다면, 그가 이런 비평을 발표할 이유도 없었을 것이라는 말이다. 그런 서로 다른 입장과 처지에 있는 정치인들에게 필요한 것은 '인내'나 '협상'이지, '설복'이나 '대결'이 아니다.[171]

---

170 '취재 지원 선진화 방안'을 놓고 언론 단체와 토론을 벌이면서 노무현이 말한 언론의 '부정 일변도 사고' 역시 문제임에 틀림없지만, 사실상 시장 언론이라면 버리기 어려운 '생리'에 가까운 것이다. "제가 그때 담합이라고 얘기한 것은 기사의 획일성이 발생한다, 우리 한국 사회에 어떤 사물을 바라보는 관점의 획일성이라든지 …… 매우 부정적인 하나의 경향성이 있습니다. 이 경향성이 전염돼요. 말하자면 모든 문제를 정략으로 보는 것이라든지, 또 어떤 문제, 어떤 정책이 옳고 그름을 떠나서 그것의 속셈이 뭐냐, 이것만 계산해 들어간다든지, 이런 병폐들이 있지요. …… 그런 현상을 포괄적으로 담합이라고 표현한 것입니다"(노무현, 2007)라고 말했다. 단적으로 말해 언론이 '부정적으로 정부를 본다,' '정부를 곡해한다,' '목소리가 다양하지 않고 획일적이다'는 뜻이다. 미국의 일부 연구자들(Graber, 2003; Waisbord, 2017)은 언론이 그런 가운데서도 민주주의에 기여한다고 하지만, 조중동의 공격성과 전략성을 볼 때도 그런 긍정적 판단을 할지는 의문이다.

171 흔히 말하는 정부와 언론 사이의 '불가근불가원arm's length'의 원칙에서 볼 때도 청와대 비서관이 그런 발표를 하는 것은 발표 논리의 옳고 그름을 떠나 적어도 비판받은 조·동의 눈에는 가근可近에 실패한 나머지 부려 보는 몽니밖에 안 되는 일이었을 것이다. 이

협상의 가능성과 정상적 정치커뮤니케이션

만약 직업적 정치인이라면, 대언론 관계의 모순과 비리, 이상과 현실의 괴리를 어느 정도는 이해하고 그에 맞는 대응책을 구사해야 한다. 언론 개혁의 수단적 목표들, 예컨대 '사주의 소유 지분 제한,' '편집권과 인사권의 독립' 문제 역시 이런 차원에서 접근했어야 한다. 노무현 정부는 이런 목표에 전제가 되는 일선 '언론인 스스로의 각성과 결단'에 대해 상당히 낙관했던 것 같다. 그러나 정부나 주변 개혁 진영의 노력에도 불구하고 각 사 내부에서 평기자들의 자율적이고 가시적인 노력('운동')이 나타나지 않은 것은 심대하게 봐야 하는 현상이었다.[172]

단적으로 강명구(2004)가 '컬트 집단'으로까지 표현했던 기자 집단을 너무 많이 과신해서는 안 되었다. 컬트라고 한 표현이 좀 과장이라면, 노무현 정부의 일련의 언론 정책에 "권언유착이 급진적으로 단절되면서 유착의 반사 이익이었던 직업인적 영향력은 사라졌지만, 언론의 자율성 신장으로 인한 언론인으로서의 영향력은 확보되지 않은 상태에 기자들이 놓여 있다"(p.12)는 남재일(2007)의 진단이 냉철하면서 적절할 것이다. 노무현 정부는 유착만을 극복하려 했지만, 그 유착 안에는 기형

에 대해 〈동아일보〉가 손해배상을 청구한 것 역시 재판 결과(패소)와 관계없이 스스로 그 정도 수준밖에 안 된다는 걸 만천하에 공표한 것이나 다름없다. 당시 〈프레시안〉 대표인 박인규는 앞서 본 반대급부론처럼 노무현 정부가 '조(중)동'을 주적으로 놓고 지지 세력 결집을 노린다고 비판했는데, 이에 양정철은 조(중)동이 아니라 '집단 광기'에 맞서야 한다고 답했다(《오마이뉴스》, 2004. 9. 3). 이때의 조·동과 집단 광기는 사실상 같은 것으로, 양정철(을 비롯한 청와대)이 어떻게 조·동을 보는지를 확실하게 밝혀 준다.

172 2001년의 조사(강명구 외, 2001)에서 일선 언론인들은 자사이기주의가 가장 큰 문제(18.2%)이고, 사주의 개입은 10.2%(4위) 정도로 비교적 가볍게 답했다. 족벌 문제가 중요하기는 하되 원인이 시장 경쟁에 있는 자사이기주의가 직접 피부에 와 닿는 문제로 느껴진다는 뜻이다.

적으로 착종된 언론인으로서 자존심도 같이 들어 있었다.

재벌을 연상시키는 '족벌 언론' 역시 양면이 공존한다고 생각한다. 대를 이어가면서 한 언론을 운영하는 가계는 선진국에도 많고 권위지에도 많다. 이런 언론이 문제가 되는 것 역시 일반적인 권력 집중(권력의 남용·사유화) 문제와 크게 다르지 않다. 소유가 소수화되면 될수록 소유주의 권력이 세고 편집 개입도 심하며, 시장 외적 이익에 대한 집착도 크다. 경영과 편집, 소유와 경영의 분리가 이를 어느 정도 방지하지만, 사실 이 점은 가장 모범적일 수 있는 미국 언론으로 보아도 여러 우연적·필연적 조건들contingency이 합쳐진 특수한 산물이었다.[173]

기자가 느끼는 족벌(소유주)에는 '사주 또는 경영진의 침해에 의한 보도의 왜곡'과 '자기 회사의 이익만을 생각하는 자사 이기주의' 등의 두 가지 상반된 감정이 미묘하게 결합되어 있다. 이 둘은 다르지만 때로는 사주-회사가 중심이 되는 같은 행동 패턴을 만들어 낸다. 그러나 노무현 정부가 의식한 것은 사주의 개입만이었다. 자사가 살아남기 위한 필연적 조건이 또한 사주의 건재라는 점은 이 의식에 없었다. 그런 이유로 옳든 그르든 언론 운용과 사주의 권리가 법적으로 제한되기 어렵고, 사주의 헤게모니 또한 당시 노무현 정부가 생각했던 것보다 훨씬 튼튼했다는 점은 간과되었다.

한국 신문들의 위계의 상층부에는 앞서 볼트머가 '미디어 부르주

---

173 라우(Lau, 2004)에 따르면, '사실'을 중시하는 객관성이 진실을 품은 하나의 특권적 가치로 된 것은 사회-경제적('민주적 시장 사회'의 부상), 경제적(독자층의 확대, 비용 문제, PR의 부상), 역사적(당파성에 대한 반작용), 정치적(전쟁 프로파간다의 허위성, 19세기 말 20세기 초 미국의 진보 시대의 영향), 그리고 기술-경제적 요인(전신) 등이 얽혀 중층적으로 결정된 결과였다.

아'로 부른 언론인층이 존재한다. 사주가 정점에 있지만, 그렇다고 모든 것을 사주가 결정하지는 않는다. 영국의 미디어정치경제학자 머독(Murdock, 1983)이 구분한 '할당적 통제allocative control'와 '작업적 통제operational control'에서처럼 아무리 경영자 혁명이 전개되고 경영과 편집이 분리되어도 기업의 가장 중요한 결정인 할당적 통제는 소유주의 몫이다. 정부에 대한 기본적인 태도를 정하는 문제가 어떤 통제 영역에 속하는지 약간 애매하기는 하지만, 이런 일로 이 상층부 안에서 사주의 헤게모니가 약화될 가능성은 사실상 거의 없다.[174]

언론사를 운영하는 이유도 경제적 차원만에 있지 않다. '밤의 대통령'이라는 이 시절 자주 쓰인 수사적 표현에도 엿볼 수 있듯이, 이들의 목적에는 정치권력도 있고, 문화적 권위도 있으며, 사회적 봉사나 엔터테인먼트, 구래로 내려온 지식적 계몽도 있다(산업조직론의 '어메니티 잠재성'을 최대한 확대한 것으로 보면 된다). 앞서 '포괄적 포섭형'으로 부른 대로 〈조선일보〉는 조직 내부의 통제도 상당히 정교하게 한다. 이들을 약화시킬 수 있을 것으로 보이는 '민주 노조'는 많은 요청에도 불구하고 아직도 묵묵부답이다.[175] X파일 사건으로 〈중앙일보〉를 곤경에 빠뜨린 홍

---

174 홍석현의 주미대사 임명에 〈중앙일보〉의 원로인 문창극(2004)은 그런다고 정부의 눈치를 보지는 않겠다고 선언한다. "문제는 지금부터다. 〈중앙일보〉가 어떤 신문이 되느냐에 달려 있다. 대주주가 주미대사가 됐다 하여 할 말을 못하고, 쓸 말을 못 쓴다면 그것은 〈중앙일보〉의 불행이며 독자를 실망시키는 일이다. …… 이번 일이 한국 신문에 큰 기회를 줄 수도 있다. 사주가 있는 '조중동'을 겨냥하여 신문법으로 옥죄려는 이유는 사주가 편집을 좌지우지한다는 편견 때문이다. 만일 〈중앙일보〉가 대주주의 영향을 받지 않고 정론의 길을 걷게 된다면 이런 편견은 자연히 사라지게 될 것이다." 이 정도 입장 표명은 사주가 용인할 것이라는 일종의 신뢰 과시다.

175 이를테면, 김중배와 같이 〈동아일보〉를 그만둔 유일한 기자였던 손석춘은 아직도 민주 노조를 외치지만, 조중동의 '젊은 기자들'은 대답이 없다(〈미디어오늘〉, 2017. 5. 17).

석현 역시 기자들의 저항이 전혀 없는 가운데 다시 일선에 복귀했다.[176] 이런 점 때문에 나는 노무현 정부가 권력 대 권력의 '정치커뮤니케이션 모형'을 따르지 않은 것이 실패의 원인이었다는 이준웅(2011)의 판단에 일차적으로 동의한다. 이 모형은 정부 대 언론 사이에 있을 수 있는, 물론 규범적 판단에서는 자주 '공생'으로 비판받기도 하는 느슨한 협조 관계를 말한다.

> "노무현 정부가 언론 부문의 통치에 적극적으로 '정치커뮤니케이션 모형'을 활용하지 않은 것이 결정적 패착이었다고 본다. 정부는 누가 뭐라 해도 압도적인 권력을 지니고 있으며, 교섭과 협상, 그리고 타협과 논쟁에 자원을 동원할 수 있다. …… 정부는 '정치적인 것'을 회피하지 말고 동원할 수 있는 모든 방안을 동원해서…… 목표를 달성하고자 노력해야 했다"(p.399).

그러나 설사 그런 정책을 구사했다 해도 나는 노무현 정부가 언론의 '칭찬'을 듣거나 원하는 개혁에 언론이 도움을 주는 시나리오는 가능할 수 없었다고 생각한다(조항제, 2014b). 이미 세무 조사로 큰 타격을 받은 당

김대중 정부 시절, 〈조선일보〉에 대항해 〈동아일보〉가 한국 신문계의 정상에 우뚝 서는 걸 다시 보고 싶다고 말한 강준만(1998)도 이의 한 예가 될 것이다.

176 X파일 사건 당시 〈중앙일보〉 '기자 일동'은 다음과 같이 반성했다. "이번 사태를 통해 저희는 언론이 특정 정파나 사주, 기업 등의 이해관계에 휘말릴 경우, 엄청나게 큰 후유증을 겪어야 한다는 점을 다시 한 번 절감했습니다. 저희 기자들은 공정보도위원회의 내부 감시 활동을 강화하는 등 객관적이고 공정한 보도를 위한 발걸음을 더욱 재촉할 것을 다짐합니다"(《중앙일보》, 2005. 8. 5). 특정 '사주'(홍석현)가 복귀했지만, 이 기자들의 보도 감시나 사주 거부는 없었다. 기자들의 다짐은 그저 다짐으로만 그친 것이다.

시의 조중동이 그 정도로 '아량'이 있을 리 없고, 〈중앙일보〉를 제외하면 남북 문제 같은 이데올로기 면에서도 그 정도로 유연하지 않다고 생각한다.[177] 과거의 오명(1975년의 〈동아일보〉·〈조선일보〉 사태)을 일깨우면서 실제 조중동을 옭죄어 온 '언론 개혁'건을 시민사회와 계속 공명해 온 노무현의 이력도 같은 배를 타기 어렵게 만들었을 것이다. 나중 이명박 정부의 종편 도입 과정에서 볼 수 있는 것 같은 경제적 실리도 노무현 정부에게는 전혀 기대하지 않았다. 물론 결과론적으로 볼 때, 정부로서는 그런 권력-전략을 구사하는 것이 조금이라도 더 유효했을 것이다.[178]

마지막으로 노무현 정부의 가장 큰 모순은 스스로가 '정부'였다는 점이다. 정부가 자신을 '견제'하고 서로가 '균형'을 이뤄야 하는 관계인 언론의 개혁에 나선 건, 그래서 자율을 타율로 바꾼 건 그 자체로 모순이었다고 할 수밖에 없다. 그가 아무리 강령을 내세우고 책임을 내세우고 진실을 내세웠더라도 그는 특정한 의도를 가진 정치인이고 (사실상) 모든 자원을 손에 쥔 권력자였던 점은 변하지 않는다. 그의 논리는 엄연하게 정부(치)와 언론 사이에서 벌어지는 게임의 하나에 불과했던 것이다. 다만 그 가운데서도 언론의 자유가 최고였다는 점은 아무리 높이

---

177 세금 탈루로 입건된 〈조선일보〉와 〈동아일보〉의 사주, 특히 투신 자살한 〈동아일보〉 사주의 부인, 대통령 김대중의 최후의 설득에도 넘어가지 않은 언론인 김대중, 수백억 원에 달하는 추징액 등은 이런 주장의 충분한 근거가 된다.

178 이는 당시 야당조차 권했던 일이다. 〈중앙일보〉 편집국장 출신인 고흥길 의원의 다음 주장이 그러하다. "언론에 대해 '박해를 받고 있다'는 피해의식은 공인으로서 조심해야 할 것이다. …… 특히 본인이 언론에 대해 직접적인 언급을 자주 할 필요가 없다. 과거에는 대통령의 측근, 행정부 장관, 청와대 수석 등이 대통령의 의중을 간접적으로 전달했었다. 그렇게 되면 중간에서 여과되고, 나중에 수습할 수 있다. 그러나 대통령이 직접 생방송에서 얘기하니 문제가 생겨도 수습이 안 된다"(고흥길; 〈오마이뉴스〉, 2003. 4. 8).

평가해도 지나치지 않는다. 동시대에 민주화를 이룩한 다른 나라들에서는 민주주의가 교착에 빠지면서 언론의 자유 또한 저하되었기 때문이다(다음에 나올 포퓰리즘 부분을 보라). 노무현 정부는 조중동과 전쟁을 벌였지만, 언론의 자유만큼은 순수하게 존중했다.

앞서 본 대로 신문법이 실패한 것은 마치 행정 수도 건설이 헌재 결정에 의해 헌법 위반이 된 것과 맥락이 크게 다르지 않다. 정부가 자신의 주장을 펼칠 수는 있었지만, 헌재의 결정까지 바꾸지는 못한 것이다. 이 점이야말로 노무현 정부가 할 수 있는 범위 밖의 일이었다. 행정 수도의 경우는 그래도 행정 '중심 도시'로 만들면서 어느 정도는 실천으로 옮길 수 있었지만, 정부가 언론을 바꾸겠다고 나선 시도는 결국 시도 자체가 손실을 초래하는 '자중 손실deadweight losses'이 되어 버리고 말았다.[179] 법은 어렵사리 제정했지만 '누더기'가 되면서 결국은 폐지되었고, 취재 방침은 우호적이었던 진보지마저 등 돌리게 만든 것이다.

보론: 언론 개혁과 포퓰리즘 정책

(1) 포퓰리즘 체제의 미디어 정책

민주화를 이룩한 대부분의 나라에서 언론 개혁은 빠지지 않고 논의·시

179 그렇다면, 양승목(2007)의 제안대로 조중동의 횡포는 일단 불문하고 장기적인 계획하에 시장을 투명하게 하고 잘못된 언론 관행을 개혁해 품질을 높이는 방향으로 노력했다면 어떠했을까? 갈등은 줄어들었겠지만, 지금의 시장 사정이 웅변으로 보여 주는 바대로 큰 차이가 있지는 않았을 것으로 생각한다. 어차피 노무현 정부는 조중동이 원하는 것(종편 같은)을 줄 수 없었고, 그 어떤 개혁 노력도 시장의 판도 변화를 꾀하지는 못했을 것이기 때문이다.

도된 필수적 과정 중 하나다. 그러나 선진국에서 그런 역사는 크게 주목을 받지는 못해 왔다. 민주화 과정이 오랜 세월에 걸쳐 있고, 언론 또한 생성기부터 지금에 이르는 동안 많은 우여곡절을 거쳤으므로 어떤 특정한 사건적 계기들이 두드러지지 않는 탓이다. 언론에 대한 '최선의 정책은 무정책'으로 여기고 심지어 자율 규제까지 언론의 자유에 대한 침해라고 간주하는 자유(지상)주의의 허구적 금언의 탓도 있을 것이다(물론 이도 신문의 경우에 그렇다는 말이지, 자원[전파]의 희소성 문제로 처음부터 군사적·경제적 주목을 받은 방송은 이런 자유 논의에 해당되지 않는다).

그러나 찾아보면 주로 신문과 관련된 개혁 시도의 사례도 의외로 많다. 영국에서는 2차 세계 대전 직후부터 1970년대까지 3차에 걸쳐 조직된 왕립(언론)위원회(박홍원·임영호, 2001)에서부터 폰 해킹 스캔들에 연유한 최근의 레비슨위원회를 꼽을 수 있다. 미국에는 '사회적 책임' 이론으로 유명한 1940년대의 허친스위원회를 비롯해 최근에도 금융 위기가 초래한 '저널리즘 위기'에 대응해 만든 월드먼 보고서Waldman Report 등이 있다(Pickard, 2015a, 2015b).[180] 19세기 후반부터 20세기 초반에 이르

180 물론 이런 시도들은 대부분 성공하지 못했다. 영국의 경우, 가장 큰 원인은 발행인들이 '정부로부터 자유'를 그 어느 것보다 우선하는 '고결한 것'으로 간주했기 때문이다. 이런 생각에는 좌우파가 따로 없었다. 노조는 개혁에 찬성이었지만, 행동 반경이 경제적 측면에 국한되었다. 언론인들은 개인적으로 그저 '펍에서나in pubs' 불평하는 데 그쳤다. 반대는 강했고, 찬성하는 측은 약했으며, 무엇보다 반대를 뒷받침하는 사고(언론의 자유; 자유주의)를 아무도 뒤집지 못했다(Curran, 2000). 또한 위원회들은 언론으로부터 모두 엄청난 공격flak을 받았다. 정치인들은 더 이상 언론 개혁을 진전시킬 수 없었다. 위원회가 유효한 안을 내지 못하면 시간 낭비요, 유효한 안을 내면 언론 자유에 대한 침해였다(Curran, 2012). 1995년 영국의 개혁주의 학자 커런은 보수당 정부가 작성한 미디어 소유에 관한 백서를 논의할 때, 노동당 측 위원이었다. 이 백서는 보기 드물게 잘 만든 안이었고 노동당도 처음에는 찬성했다. 그러나 도중에 노동당은 입장을 180도 바꿨다. 10년 이상 해 온 야당 생활을 벗어나기 위해서

는 미국의 진보주의 시대는 정치(당) 변화가 목적이었지만, 언론의 지향성과 스타일도 바꾸었다(Kaplan, 2010). 1940년대도 미국 미디어의 역사에서 매우 중요한 개혁 연대로 간주되지만, 이 시절의 조치들은 시장근본주의에 밀려 대부분이 실패로 끝났다(Pickard, 2015b). 독일의 경우에는 2차 세계 대전 이후 사회 전체가 개조되었으므로 언론 개혁만 따로 언급할 필요가 없을 것이다. 물론 여기에서도 영국이나 미국처럼 독점의 문제와 선정주의의 병폐를 다룬 귄터위원회나 바이체커위원회가 있었다(김영욱, 2001). 정부가 세금이나 보조금 등을 통해 시장에 개입, 적극적 자유를 보장하려 했던 스칸디나비아 모델 역시 사회가 언론을 보는 공 공재적 시각을 여실히 반영한다(Allern & Pollack, 2019).

최근에 미디어 개혁은 라틴아메리카 민주화 과정에서 다시금 뜨거운 감자가 되고 있다(Kitzberger, 2017; Waisbord, 2011, 2012). 이 지역 특유의 포퓰리즘 체제[181]는 미디어와 연관되는 정도가 다른 체제와 달라 미디어 정책에도 상대적으로 큰 관심을 쏟는다.[182] 웨이스보드(Waisbord,

---

는 큰 차원의 결정(신문의 협조를 얻기 위해 백서에 반대하는 것)이 불가피하다고 보았기 때문이다. 결국 위원회는 아무런 성과를 거두지 못했다. 문제는 이런 노동당의 솔직성이 주변으로부터 이해를 얻었다는 점이다. 커런은 이런 정치와 언론 사이의 담합이야말로 영국 신문이 유럽에서 가장 신뢰가 낮은 이유라고 한다.

181 이론 부분에서 잠시 본 대로 포퓰리즘 체제는 경제적·사회적 불평등을 약점으로 가진 자유민주주의에서 언제든(특히 위기에서) 등장할 수 있는 비자유적 민주주의의 한 형태다. 포퓰리즘에는 우파와 좌파가 모두 있어 우파의 경우에는 토착주의, 인종주의, 외국인 혐오, 여성 혐오 등과, 좌파의 경우에는 반글로벌주의, 반제국주의, 사회주의, 평등주의 등과 친화적이다. 해멜리어스(Hameleers, 2018)는 대립 구도를 수직적 차원과 수평적 차원으로 나누면서, 수직적 차원은 좌파 포퓰리즘과, 수평적 차원은 우파 포퓰리즘과 연계시킨다. 라틴아메리카에서는 전통적으로 수직적 차원의 반제국주의적 좌파포퓰리즘이 강했다.

182 물론 미디어가 비단 라틴아메리카에서만 중요하게 취급되지는 않는다. 엘리트

2011)는 이 체제의 미디어 정책을 다음의 다섯 가지 특성을 중심으로 정리한다. 그가 상정한 사례는 라틴아메리카 중에서도 아르헨티나와 베네수엘라, 볼리비아, 에콰도르, 니카라과 등 주로 좌파들이다.

첫째, '우리와 저들,' '나와 남'[183]을 구분하면서 적대적 대립 구도를 조성하는 포퓰리즘 체제의 특성을 반영해 미디어 정책에서도 '우리' 미디어와 '저들' 미디어를 구분한다. 여기에서 우리와 적을 나누는 기준은 정부에 대한 지지 여부이고, 포퓰리즘의 본성 중 하나가 반엘리트주의인 만큼 적대의 대상은 대부분 주류 미디어, 전문직 저널리즘, 엘리트 언론인이다. 포퓰리즘은 미디어가 '제4부'로서 정부를 견제·비판하면서 권력의 균형을 유지한다는 자유주의의 전제를 허구로 본다.[184] 주류 독

대 민중이라는 수직적 차원의 대립을 설정할 때, 엘리트는 정치 엘리트를 위시한 '기성 체제'의 상층부, 금융이나 기업에서의 '경제 엘리트,' 일반인으로서는 접근이 어려운 과학이나 기술 영역의 '과학 엘리트' 등이며, '전통적 미디어'는 네 번째 유형의 엘리트다(Hameleers, 2018). 이렇게 미디어에 적대적인 포퓰리스트로는 트럼프가 대표적일 것이다. 그러니까 트럼프는 일반 백인 대중의 입장에서 수직적으로는 기성 정치인이나 미디어에, 수평적으로는 이민 노동자나 소수자, 유색 인종, 연금생활자 등에 적대적이다.

183 이 구분의 기준은 다음 세 가지다(Krämer, 2014). 첫째는 '전체'(국민, 민족, 공익) 등을 말하면서 '부분' 또는 '분파'와 대조시킬 때다. 둘째는 자국민을 타자, 곧 이민자나 소수자와 구분할 때다. 셋째는 '(침묵하는) 다수,' '(피해 받는) 보통 사람,' '(준법적) 시민'을 특권을 가진 엘리트와 대립시킬 때다. 여기에서 포퓰리즘은 (국민) 전체·다수·보통 사람을 분파·소수·엘리트와 대립시키면서 정당성을 획득한다. 이렇게 부분을 통해 전체를 대표하는 행위는 모든 정체, 민주주의, 심지어는 정치에 내재된 본질적 기능이기도 하다(Alvares & Dahlgren, 2016). 물론 대표 행위는 정당성도 같이 추구하지 않으면 성공할 수 없다.

184 포퓰리즘 체제는 특히 정치에서 자유주의와 가장 심하게 대립한다(Waisbord, 2018). 이를테면, 자유주의에서 정치는 다양한 의견을 가진 시민들이 합리적 토론·제도를 통해 달성하는 상대적으로 시간이 많이 걸리는 과정이고, 권력은 수평적 견제 장치에 의해 견제·비판받아야 하지만, 포퓰리즘은 반대로 생각해, 정치는 불필요하며, 포퓰리즘 권력이나 지도자는 엘리트들의 이견·비판을 용납하지 않는다.

과점 미디어는 독립적 인자가 아니라 대기업·초국적 자본을 중심으로 하는 기득권 세력의 대변자로 간주된다. "집중된 미디어 소유, 그 소유자들이 지닌 보수적 심성, (광고 등의) 비즈니스 측면에서 대기업들과 끊을 수 없는 연계 등은 이들이 왜 일반 대중적 취향이나 기호에 반대되는 것을 만드는지 이유를 설명해 준다"(Waisbord, 2018: 25. 괄호는 인용자). 이런 발상에서 미디어는 '대중적–민족적'인 것과 '독(과)점적–외국적'인 것으로 이원화되며, 정부는 피지배 대중 편에서 대중적–민족적 권익을 옹호하기 위해 노력하지만, 독과점적–외국적인 기득권 세력에 의해 포위되어 어려움을 겪는다(Waisbord, 2012). 그러므로 정부가 일상적 '뉴스 관리' 지침을 통해 친정부와 반정부 미디어를 차별하는 것은 정당하다.

둘째, 이 체제의 지도자들은 자신에게 비판적인 미디어(군)를 선별해 공격한다. 이들은 공식적인 무대에서 노골적으로 특정 미디어를 언급·공격하며, 언론과의 논쟁을 피하지 않는다. 트럼프가 종종 미디어의 비판을 '가짜 뉴스'로 되받아치는 것과 유사하다. 이 체제들이 좌파적일 때, 상대 미디어는 우파적이므로 체제는 미디어들을 '반개혁적,' '독과점적,' '지대 추구적,' '대중의 적,' '야만적,' '정보 테러리스트,' '인권 침해' 등의 명목으로 비판한다. 소셜 미디어는 주류 미디어와 불편한 관계에 있어 이들이 애용하는 미디어다(Gerbaudo, 2018).[185] 주류 미디어 중의 일부는 한때 체제의 지도자와 제휴 관계에 있기도 했지만, 지금의 정치

185 소셜 미디어는 자유주의·전문직주의의 '예의'와 '권위'하에 있었던 주류 미디어와 쉽게 대각에 선다. 소셜 미디어는 경제 위기와 맞물려 지금까지 미온적·불만이었던 사람들을 조직하고 이들에게 스스로를 표현할 수 있는 새로운 공간을 제공한다.

적 이익을 위해 과거는 그렇게 중요하지 않다.

정부가 가진 권리를 이용해 방송에 재허가를 해 주지 않거나 독점 방지법 등을 통해 기업의 강제 분할을 도모하기도 한다. 미디어 개혁의 대표 사례로 꼽히는 아르헨티나 네스토르 키르치네르Néstor Kirchner 정부의 2009년 미디어법은 시장 지배적 사업자인 클라린을 목표한 것이다. 이 법은 신문과 방송, 케이블 TV 등을 거느린 클라린의 독과점을 막고 이의 일부 해체를 도모했다(Mauersberger, 2012). 베네수엘라의 우고 차베스Hugo Chávez 정부는 베네수엘라에서 가장 오래된 텔레비전네트워크인 라디오카라카스텔레비전(Radio Caracas Television: RCTV)의 재허가를 허용해 주지 않았다. 볼리비아의 에보 모랄레스Evo Morales 정부 역시 민영 방송이나 신문에 맞서 이들의 힘을 약화시키는 법령을 제정했다. 에콰도르나 니카라과 등에서도 미디어 체제를 바꾸려는 유사한 시도들이 있었다.[186]

셋째, 이들 정부의 미디어 정책의 목표는 비판적 미디어가 가진 힘을 제한하는 것이다. 그래서 이들은 시장 형태나 소유 구조 등에 영향을 미쳐 기존의 정치·경제 엘리트들이 갖는 권력을 억제하려 한다. 이 미디어들은 전체 대중이 아닌 특정 (엘리트) 계층의 사익을 추구하고, 권리만을 앞세우면서 필요한 책임을 방기하므로 정부를 비판한다. 일례로

---

186 대만에서도 신문과 방송을 겸영하는 기업 집단인 왕왕그룹旺旺集團이 문제가 되어 일부 규제가 성사되었다(Rawnsley & Feng, 2014). 그러나 꼭 기억될 필요가 있는 것은 그런 법이 신문에 국한되어서는 좀처럼 제정되기 어렵다는 점이다. 전파 자원의 제한 문제로 방송에는 각종 규제가 필수적으로 따라다니지만, 그런 제한이 없는 신문에서 소유 제한을 한다는 것은 적어도 일정 수준의 자유주의 국가에서는 기대하기 어렵다. 지금까지 살펴본 한국의 신문법이 대표적인 예다.

에콰도르의 라파엘 코레아Rafael Correa 대통령은 다음과 같이 말한다. "어떤 기업(미디어)은 알려야 하는 의무를 다하지 않고, 자신의 이익을 좇아 시민들에게 (잘못된) 영향을 미친다. 우리는 그것을 허용할 수 없다. 아마도, 우리는 더 엄격한 법이 필요하며, 그렇게 되어서야, 미디어는 자신의 진정한 사회적 역할을 다할 수 있을 것이다"(Waisbord, 2011: 101. 괄호는 인용자). 이들의 목적은 특정 미디어의 영향력을 약화시키는 방향으로 미디어 시장을 '개조'하는 것이다.

넷째, '국가'를 중심으로 삼는 포퓰리즘 체제는 정부가 소유·통제하는 미디어를 늘려 시장 전체를 직접적인 관할하에 두려 한다. 역사적으로 볼 때, 이 지역(라틴아메리카)의 나라들에서 전통적으로 미디어계를 지배했던 것은 상업 방송과 시장 논리였다. 물론 이들 역시 만연한 후견주의[187]로 인해 주체적 언론으로보다는 정부나 자본의 대리 역할을 하는 경우가 많아 자유주의의 규범을 허울로 만들었다. 여러 차례 위기 속에 기존 정치 제도의 권위가 크게 훼손되면서 (거대) 상업 방송과 이를 가능하게 한 미디어 제도가 권력의 새로운 인자로 떠오르기도 했다(Kitzberger, 2017). 이에 대해 포퓰리즘은 직접적으로 미디어를 정부가 소유하거나 이들에 보조금을 지원하는 형태로 자신의 영향력을 키우려 했다. 예컨대 베네수엘라의 우고 차베스는 집권하면서 1개의 텔레비전과 2개의 라디오, 그리고 통신사를 사들였다. 그 결과 지금은 정부가 6개의 텔레비전 네트워크(허가를 취소한 라디오카라카스텔레비전도 포함), 2개의 라디오와 뉴스통신사를 보유하고 있다. 다른 나라도

187 웨이스보드는 가산주의patrimonialism라는 용어를 썼지만 후견주의와 함의가 크게 다르지 않다(Waisbord, 2013). 이 책에서는 후견주의로 통일했다.

비슷한 시도를 했다. 여기에서 미디어는 정부, 곧 전체·다수·대중의 도구다.

마지막 다섯째, 프로그램 쿼터부터 청소년 보호, 명예훼손 등에 이르기까지 미디어 콘텐츠에 대한 정부의 규제적 권력을 높이는 법을 제정한다. 이의 명분은 미디어의 사회적 책임이다. 포퓰리즘은 체제의 특성상 대중의 광범위한 지지와 담론 투쟁을 도모하므로 상대적으로 미디어에 대한 의존도가 높다. 그러나 시장자유주의가 지배하는 이들 나라에서 미디어는 대부분 좌파 포퓰리즘에 부정적이다. 포퓰리즘이 미디어 정책을 적극적으로 구사하면서 일부 미디어의 영향력을 제한하려는 시도는, 그래서 상당히 생존적 차원의 것이다.

우파 포퓰리즘(주로 영국과 미국)의 미디어 정책이 '소유의 집중을 막는 반독점 정책의 실패,' 구글이나 페이스북 같은 '테크놀로지 기업의 시장 지배에 대한 규제 실패,' 고품질 저널리즘이나 심층 보도를 통해 미디어를 '효과적인 제4부(로 조성하지 못한) 실패,' '독립적인 공영 미디어를 지원하는 정책의 실패' 때문에 비판받는다는 점(Freedman, 2018b)을 감안해 보면, 우파는 주로 필요한 규제를 '해야 하는데 하지 않는 부작위'가, 좌파는 '하기는 하지만 하는 (작위의) 방식'이 문제가 됨을 알 수 있다. 그런 면에서 좌파 포퓰리즘 체제와 시민사회의 관계는 이중적이다. 이들 나라의 시민사회 역시 포퓰리즘 체제의 이념과 지향이 이전의 권위주의나 신자유주의와 다르다는 것을 잘 알고 있다. 그러나 다음에 살펴볼 이 체제의 약점들은 시민사회가 왜 전폭적으로 이를 지지하지 않는지 이유를 잘 말해 준다(Waisbord, 2011).

포퓰리즘의 약점은 그 저변에 흐르는 다음과 같은 세 가지 암묵적 사고에서 찾을 수 있다(Waisbord, 2018). 첫째, 정치의 본성을 적대로 보는 관점의 문제다. 포퓰리즘에 정치는 협상이 불가능한 인자들 사이에서 벌어지는 영원한 투쟁이다. 엘리트들 사이에서 벌어지는 기존 정치는 늘 대중을 소외시키고, 주류 미디어는 민중의 목소리를 억압한다. 포퓰리즘이 기성 제도를 우회하거나 파괴하는 이유는 이런 반엘리트성 때문이다. 둘째, 포퓰리즘은 민중을 하나의 통합된 실체로 여기지만, 이 통합은 계급이나 인종, 민족, 지역 등으로 균열된 이해를 하나의 집단적 인자로 (재)구성한 것이다(나중에 나올 라클라우의 논의를 보라). 좌우 모두 같이 '민중'을 추구하지만 구성에서는 차이가 있다. 우파 포퓰리즘에서 우리는 '국민' 또는 '민족'이며, 반대는 이민자나 타민족이다. 좌파에서는 '인민 대중'이나 '보통 사람'이며, 반대는 '엘리트'나 '독점 자본' 등이다. 좌파의 지도자는 대중을 위해 싸우는 '전사'다. 셋째, 포퓰리즘 체제에서 진리는 항상 부분적이며, 모든 사람이 공유할 수 있는 진리란 존재하지 않는다. 진리는 권력 관계와 정치적 분할의 산물로, 엘리트나 특권 계급에 대항해 '만들어 내야' 하는 것이다. 따라서 분할과 극(단)화는 포퓰리즘에서는 병폐가 아니라 통치의 기본적인 수단이다.

미디어 정책의 구체적인 측면에서도 역효과와 문제점이 있다(Krämer, 2014; Waisbord, 2011, 2012, 2018). 첫째, 가장 큰 것은 미디어에 대한 도구적 관점이다. 적과 친구로 나눈 진영 대립을 통치의 기본적인 수단으로 삼는 포퓰리즘에서 미디어는 적을 공격하고 친구를 방어하는 이상의 목적을 갖지 않는다. 이런 발상에서 미디어의 자율성이나 전문직주의, 객관성·중립성 같은 저널리즘의 고유한 가치가 중요할 이유는 하등 없다. 둘째, 미디어의 정부 비판을 용납하지 않으면서 이전 권위주의 때와 마찬가지로 미디어의 권력 감시 책무를 무시하거나 억압한다는 점이다. 그런 면에서 포퓰리즘은 반다원주의와 통하며, 포퓰리즘의 카리스마적인 지도자들은 미디어와 정실주의나 재량주의, 비밀주의 같은 후견적 관계를 맺는다. 민중 '전체'를 대변한다고 주장하지만, 결국은 '분파'적 이익을 추종하는 모순을 안게 된다. 셋째, 같은 맥락에서 정보나 커뮤니케이션의 자유에 대해 둔감하거나 오히려 반대하는 입장을 취하게 된다. 포퓰리즘은 지도자와 대중 간 직접적인 소통을 강조하면서 텔레비전을 선호한다. 반대로 비판적인 언론은 싫어하면서 민주적 저널리즘을 공적 생활의 근간으로 여기는 시민사회적 입장과 대립적 관계에 서게 된다. 대체로 이 체제에서 (소극적 자유 의미의) 언론의 자유가 낮은 이유가 여기에 있고, 심지어 소유권을 인정하는 우파 정부보다 인정하지 않는 좌파 정부가 언론의 자유를 해친 사례가 더 많다(Kenny, 2019). 넷째, 미디어가 스스로 포퓰리스트가 되는 점도 상정할 수 있다(Krämer, 2014; Mazzoleni, 2014). 이 미디어는 특정 미디어 또는 미디어군이 될 수도 있고, 미디어장場 전체의 논리가 될 수도 있다. 전자라면 미디어의 권력화와 통할 것이다. 후자의 상업화는 미디어화 현상의 핵심 테제 중 하나다.

(2) 노무현 정부와 포퓰리즘

노무현 정부 당시의 언론 전쟁과 신문법을 살피면서 포퓰리즘의 미디어 정책을 같이 보는 이유는 양자 사이에 유사점과 차이점이 교차하고 이를 분석해 보는 것이 앞으로의 정책 방향에 도움이 된다고 생각해서다. 앞서의 다섯 가지 포퓰리즘 특성을 보면, 노무현 정부의 미디어 정책 역시 이와 많은 부분을 공유함을 알 수 있다. 노무현 정부는 재임 기간 내내 조중동으로 상징되는 주류 신문과 불편한 관계에 있었고, 시민사회에서 반대 운동이 벌어졌던 〈조선일보〉와는 특히 대립하였다. 조중동에 맞서 '친구' 미디어('한경오')[188]가 만들어지면서 언론끼리의 담론 '전쟁'이 발발했으며, 이 전쟁에는 시민사회도 깊이 개입했다. 노 대통령은 도덕적·애국적 정서, 쉽고 직설적인 화법으로 국민과 직접 대화했다. 당시 야당의 불평대로 보기에 따라서는 KBS나 MBC를 친정부적 방송으로 만들었다고 할 수 있다. 법(신문법)과 지침('취재 지원 선진화 방안')을 통해서는 기존 미디어에 소유권 지분을 비롯한 제한을 가하려 시도하고, 특권(으로 간주될 수 있는 것)을 배제했다. 요컨대 미디어를 둘러싸고 전방위적 진영 전쟁이 벌어졌다고 해도 과언이 아니었다.

노무현 정부와 포퓰리즘 사이에는 차이점 또한 많다. 가장 큰 것으로 자유주의 존중을 들 수 있을 것이다. 포퓰리즘이 지배하면서 라틴아메리카 지역은 전체적으로 언론 자유가 훼손되고 기본권도 침탈받은 반면,[189] 노무현 정부 때 한국의 언론 자유는 역사상 최고로 높았다. '국경 없는 기자회'가 매년 발표하는 언론 자유 지수에 따르면, 한국은 노무현 정부까지 최상위 등급인 '양호한 상태'를 유지하다가 이명박·박근혜 정부 이후부터 아래 등급으로 떨어졌다(김용철, 2016). 방송의 도구화 문제에서도 노무현 정부는 사장의 인사권 같은 법적 문제를 근본적으로 해결하지 못한 한계는 있지만, 정부가 개입하는 정도는 이전보다 훨씬 낮았다. 의회를 비롯한 각종 대의 제도에 대한 존중도 다른 포퓰

---

188 여기에서 쓰인 한경오와 나중에 나오는 '한경오 담론'은 큰 차이가 있다. '한경오 담론'은 같은 진보 진영 내부에서조차 기성 언론('한경오')을 엘리트로 간주해 거부하는 문재인 팬덤 집단의 반계몽주의 성향을 지칭한다(박영흠·이정훈, 2019).

189 켈람과 스테인(Kellam & Stein, 2016)이 세운 다음 가설은 노무현 정부와는 전형적으로 반대다. "미디어의 자유는 대통령이 미디어 기성 구조의 지배적 이데올로기 성향과 반대되는 위치에 있을 때 위축될 가능성이 높다"(p.49). 한국에서 전체적인 자유는 오히려 대통령과 주류 미디어 사이가 같은 입장에 있었던 이명박 정부 때 더욱 위축되었다(Im, 2011).

리즘 정부와는 비교될 수 없을 정도로 컸다.[190] 권력 남용이나 공적 자원의 유용에서도 큰 차이가 있었다. 노무현 정부는 남용은커녕 오히려 권력을 나누려 했고, 권위는 버리려 했다. 자유주의 저널리즘에 대한 태도도 정반대였다. 대부분의 포퓰리즘은 이를 그저 허울로 보았지만, 노무현 정부는 전문직주의와 저널리즘 윤리를 순진하다 할 정도로 믿고 법으로 제정까지 했다. 이 점만 놓고 본다면, 노무현 정부의 포퓰리즘은 대의 정치와 개인(자유)주의를 모두 수용한 '포스트포퓰리즘'이라 해야 할 것이다.[191]

더 좌파적인 입장에서는 노무현 정부의 미디어 정책을 자유주의를 극복하지 못한 나이브한 것으로 비판할 수도 있을 것이다. 그러나 민주주의가 여론을 믿는 '신념'과 권력을 믿지 않는 '의심'이 교차하는 체제이고, 양자 사이에 일정한 균형이 있을 때, 잘 운영된다고 보는 생각(Oakshott; 백영민, 2016: 46에서 재인용)이 그래도 지금까지는 다수인 걸 보면, 자유주의를 버린 민주주의가 꼭 문제에 대한 해답인 것은 아니다. 오히려 이 균형이 조화롭고 단단하게 잡힌 체제가 민주주의를 뛰어넘는 민주주의, 곧 '초민주주의hyper-democracy'가 될 수 있을 가능성이 더

---

190 2004년 총선 승리 이후, 노무현 정부는 개혁을 밀어붙이기보다 '실용적 상생의 정치'를 내세우면서 야당과 협상하려 했다. 이는 라틴식 포퓰리즘과는 전혀 다른 길이었다. 이 때문에 오히려 '포퓰리즘'으로 비판받는 것(이광일, 2015)은 포퓰리즘이 내용이 "비어 있는 기표empty signifier"(Laclau, 2007)이거나 "중심이 얇은 이데올로기"(Mudde & Kaltwasser, 2017/2019)라는 점을 여실히 보여 준다.

191 정치학자 정병기(2020)는 '민중과 엘리트의 대립'이라는 사회관과 '민중의 직접 대변'이라는 정치관을 핵심적 속성으로 삼고 포퓰리즘을 세 가지 유형으로 나누는데, 첫 번째인 구포퓰리즘과 달리 두 번째인 신포퓰리즘은 대의제를, 세 번째인 포스트포퓰리즘은 개인주의까지 수용한다.

높다(Alvares & Dahlgren, 2016).

결론 삼아 포퓰리즘 정책의 공과를 크게 두 가지로 정리하려 한다.[192] 먼저 공功은 포퓰리즘 정부가 중심이 되어 펼치는 반엘리트주의·반시장주의(반신자유주의)다. 이 주의들은 나라나 사회에 따라 필요성·정당성의 정도가 다르지만, 전쟁과 분단, 압축적 산업화, 그리고 마지막의 IMF 경제적 위기와 신자유주의까지 거치면서 경제적·사회적 불평등의 정도가 매우 높은 한국 같은 나라에서는 특히 필요하다. 미디어 정책에서 포퓰리즘은 시장 구조의 다원화, 독과점 미디어의 해체 같이 매우 근본적이면서 이전에는 생각하기 힘든 여러 정책을 펼칠 수 있게 했다(Kitzberger, 2017; Waisbord, 2011). 그중 대표적인 것이 전파 자원의 할당이다. 볼리비아, 아르헨티나, 베네수엘라 등에서는 이 자원을 사회의 각 부문에 골고루 할당하고 있다. 이를테면 볼리비아에서처럼 1/3은 국가에, 1/3은 사기업에, 17%는 '공동체 영역'에, 나머지 17%는 원래 토착민에게 주도록 하는 경우다. 아르헨티나에서도 방송의 1/3을 이웃 공동체나 노동조합, 교회 같은 사회 조직체에 주도록 하는 미디어법을 통과시켰다(Waisbord, 2012). 베네수엘라에서는 이렇게 지원받은 공동체 미디어가 공식적 통계(2010)로 잡히는 것만 라디오 244개, 텔레비전 37개이고 신문은 200개가 넘는다. 이런 개혁적 법안의 밑바탕에는 서구에서 시도했으나 사실상 실패한 여러 정책들, 곧 반트러스트 법안, 기업 집중의 제한, 교차소유의 금지 등이 있었다. 프리드먼(Freedman, 2014a)은 이

192 포퓰리즘과 민주화의 관계도 중요하지만, 이는 논란의 여지도 많고 사례도 다양해 테제식 결론을 내는 것이 불가능하다. 다만 지금의 대의제·엘리트주의에서 포퓰리즘은, 사회운동과 민주주의의 관계처럼 마이너스적인 것보다는 플러스적인 것이 더 많다(Aslanidis, 2017).

점이 커런의 '민주주의 실천 모델'과 놀랍도록 유사한 부분이라고 한다. 물론 전파의 강제적 할당 같은 것은 라틴아메리카 특유의 산물이다. 이 지역에서도 오로지 정부와 시민사회 — 특히 초국적 기구들의 네트워크와 활발한 활동은 이 지역의 장점이다 — 의 연계가 튼튼한 곳에서만 이런 안이 가능할 수 있었다(Kitzberger, 2017). 이런 정부가 좌파였던 것은 어찌 보면 필연이었다.

한국에서도 신문법은 그간 제기된 언론 개혁의 여러 과제에 정면으로 대응하려 했다는 점에서 상당한 의의를 인정받을 수 있다. 비록 사주의 권한을 제한하는 조항이 위헌적 요소로 빠졌지만, '신문의 공익적 목적 천명,' '다양한 여론 시장을 반영하기 위한 시장 지배적 사업자 지정,' '편집권을 보장하기 위한 공정보도위원회의 설치'(임의 조항), '마이너 신문에 대한 보조금 지급' 등만 하더라도 기존 과점과 소유주 헤게모니에 완고하게 집착하고 있었던 언론 구도에 변화를 줄 수 있는 시도였다. 그러면서 언론의 자유는 보장했다는 점이 포퓰리즘이 아닌 '포스트'포퓰리즘으로 간주되어도 충분한 노무현 정부의 훌륭한 점이었다.

그러나 역시 가장 큰 과過는 정부를 비롯해 정치권과 시민사회 전체를 우리와 적의 대립 구도로 몰아넣는 양극적 진영화다. 약자의 입장에서 볼 때, 진영화는 가능한 큰 외연을 확보해 적을 상대하자는 동맹 전략으로, 이의 주창자인 라클라우(Laclau, 2007)는 과거 그람시의 주장을 본따 '대중적popular'인 것으로 불렀다. 대중이 막연한 연대감을 넘어 안정된 동맹체계로 발전하기 위해서는 대중 내부의 의미적 차이가 먼저 극복되어야 하므로 포퓰리즘은 '우리'와 '적' 사이의 경계선을 뚜렷하게 규정하는 특정한 기표들 — 이를테면, '엘리트,' '독재,' '특권층,' '재벌,' '금수저'에 대립되는 '대중,' '시민,' '민족,' '국민,' '서민' 등 — 을 통해 차이의 요구들을 등가적으로 연쇄시킨다.[193] 이 연쇄에 더해 집단적 정체성을 형성시켜 주는 또 다른 조건은 카리스마를 갖춘 지도자다. 이 지도자는 인격적 신체만이 아니라 '~주의' 같은 이념의 '이름'도 될 수 있다. 추상적 가치의 등가만으로는 결속력이 생겨나지 않으므로 차이들을 구체적으로 접합시켜 주는 인격적·명분적 정체성이 필요해지는 것이다.

이 과정에서 포퓰리즘은 자칫 정치적 양극화를 조장하거나 그것에 편승하게 된다(Waisbord, 2011). 한국에서는 냉전 문화의 유산인 이분법적 흑백논리와 승자 독식의 정치 문화까지 더해져 편 가르기-양극화가 고착된 '진영화'가 된다. 정권을 잡게 되면 진영보다 국가를 대표해야 되지만, 자기 진영의 응집 정도나 세가 상대적으로 약하다(고 느낀다)면 진영을 선택하기 쉽다. 이럴 경우, 정권이 바뀌면 모든 것이 다시 이전으로 돌아갈 가능성이 높아진다. 상대방도 똑같이 진영 논리에 의해 움직이기 때문이다.[194] 오바마 이후, 트럼프 때 나타나기 시작한 백인들의 '대항 동

---

193 이 연쇄를 통해 만들어질 수 있는 것은 진영화의 가장 긍정적인 면모는 '민주대연합'일 것이다. 이 연합의 대표적인 예로 민주화를 이룩한 1987년 당시의 '직선제 연합,' 1988년에 여소야대 국회에서 큰 힘을 발휘한 '5공 청산 연합' 등을 들 수 있다. 반대로 김영삼·김대중 양 김 씨의 대연합(후보 단일화) 실패는 민주화 정초 정부를 또다시 군부에 넘겨주는 결정적인 계기가 되었다.

194 포퓰리즘이 이런 '부정의 연쇄spiral of veto'에 빠지지 않을 수 있기 위해서는 부정적인 측면('반엘리트주의')이 줄고 긍정적인 측면('민중중심주의')이 늘어 둘 사이가 균형을 이루어야 한다(Wirth et al., 2016). 적대, 박탈감, 갈등이 부정적 측면이라면, 긍정적 측면은 관용, 비전, 협상이다. 부정적 측면이 강조되면 될수록 소수의 극단적 목소리만 남게 되고, 결국은 아무것도 생산하지 못하는 불모의 '목소리 정치thorubocracy'(Parkinson, 2006)가 되어 버린다. 이럴 때, 반엘리트주의의 공은 오히려 사회 전체에 대한 극단적 불신과 혐오라는 더 큰 과로 반전되어 버린다.

원counter-mobilization'이나 '문화 반동cultural backlash'은 이의 사례다.[195]

'국가주의'에 의존하면서 의도하든 의도하지 않든 '영혼 없는' 관료에 대한 과신 또한 나타난다. 제도와 도덕 사이에 벌어지는 잦은 갈등이 불필요하게 정치를 곤경에 빠뜨리기도 한다. 문제는 갈등이 '나눌 수 있는 것'을 넘어 '나눌 수 없는 것'으로 확장되면서 갈등의 수위가 체제가 유지할 수 있는 범위를 종종 넘어선다는 점에 있다.[196] 이는 체제 불신과 정치 혐오라는 상당히 치명적인 결과를 낳는다. 한국의 포퓰리즘 체제 역시 라틴 것에 비해 훨씬 제도적 성격이 강하고 반대되는 부분(자유주의)도 많았지만, 이런 진영적 양극화를 제대로 조절하지 못해 많은 곤란을 겪었다. 특히 언론 개혁은 이런 광범위한 진영화의 '태풍의 눈'이 되면서 실패로 돌아갔고,[197] 공영 방송 역시 설사 원하는 자율성을 (일부)

---

195 트럼프나 브렉시트로 나타난 우파 포퓰리즘은 경제적 불안정 때문이 아니다. 이전의 정상성(백인·가부장제·기독교·이성애·교육이나 노동의 중요성)이 깨진 데 대한 반발, 곧 '문화 반동' 때문이다(Inglehart & Norris, 2016).

196 '나눌 수 있는 갈등'은 사회경제적 자원의 분배를 둘러싸고 전개되는 계급·계층·부문 간의 이익 갈등이고, '나눌 수 없는 갈등'은 인종·종교·민족 문제를 둘러싼 이념적·이데올로기적 갈등이다. 앞서 양극화 부분에서 언급한 '형성기 균열' 같은 것이 후자의 대표적 예다. 갈등을 이렇게 나누는 이유는 전자가 보통 사람들의 삶의 질을 향상시키는 데 기여하는 긍정적 효과를 갖는 반면, 후자는 극한적인 대립과 분열을 야기함으로써 타협과 협상을 어렵게 한다는 점을 밝히기 위해서다. 최장집(2009)은 이런 구분을 통해 일부 집권 세력(운동권)의 후자에 대한 집착이 전자의 논의를 막는다고 주장해왔다. 초기만 해도 언론 개혁은 나눌 수 있는 갈등이었으나 정부가 가세하고 지역과 이념적 갈등까지 착종되면서 점차 나눌 수 없는 갈등으로 확대되어 갔다. 이럴 경우 정권이 바뀌면 곧바로 정책도 바뀐다.

197 언론 개혁의 목적 중 하나가 고품질 저널리즘이고, 이의 준칙 중 빼놓을 수 없는 것이 중립성이나 불편부당성이다. 그러나 진영론은 이런 가치들을 허울로 여기기 쉽다. 〈한겨레〉의 입장 표명이 때로 과도하게 '역편향'이 되는 이유가 여기에 있다. 이 역편향이 정말 편향성이 아니고 ('약자'를 위한) 공정성이 되기 위해서는 나름의 여러 조건이 충족되어야 한다(조항제, 2019b 참조).

가졌지만 의의가 상당히 퇴색되고 말았다.

4) 보수 정부 2기: 이명박 정부와 박근혜 정부

(1) 종편의 도입과 정치적 후견주의의 재강화

이명박 정부 시절의 특징은 주류 신문들의 오랜 염원이었던 방송 겸영, 곧 종합 편성 채널을 허용함으로써 정치-언론 연합을 확대하고, 공영 방송에 대한 개입을 강화해 기왕의 정치적 후견주의를 복원한 데서 찾아볼 수 있다. 인터넷의 검열, 미네르바의 구속, 당시 문제가 된 〈PD수첩〉의 제소 등 표현의 자유를 전반적으로 위축시키는 조치도 병행되면서 과거 권위주의 시절을 상기시킬 정도로 정부의 개입을 강화시켰다(유종성, 2014; 최영묵, 2012).

종편에서 가장 크게 주목할 만한 것은 당시 신청을 했던 조중동 모두에 채널을 주었다는 점이다. 지상파 방송 전반의 시청률과 수익률이 악화되어 노후화까지 예측되던 마당에 당시의 정부 당국은 시장에 대한 체계적 분석 — "방송 광고 시장의 수요를 정확하게 조사해…… 신규 종합 편성 채널이 방송 시장에서 몇 개나 생존할 수 있는지에 대한 시장 예측"(심재철, 2008: 8) — 조차 마다한 채, 〈매일경제〉까지 포함해 신청자 모두에 채널을 허용해 주었다. 이는 당시의 우려 섞인 예측[198]을 오히려 뛰어넘은 것이다. 글로벌 미디어를 육성하겠다는 도입 시의 명분

---

198 예를 들어 당시 〈경향신문〉의 엄호동(2009)은 사업자 선정에서 배제된 곳이 쏟아낼 수 있는 비판적인 기사를 두려워해 종편 2개와 서울 MBC의 민영화를 유력하게 검토하고 있다고 보도했다. 합리적으로 생각한다면 아마도 2개 정도였을 것이다.

이나 객관적인 시장 여건은 완전히 무시하고 과거의 보은과 미래에 대한 '보험' 차원에서 기왕의 정치-언론 연합을 공고히 하겠다는 노골화된 의도였다. 미디어의 소유 면에서 세계적 추세가 탈규제임은 분명했다. 그러나 한국의 종편 정책의 경우는 정치적 이유로 시장을 더 파편화시켰고, 정파적 뉴스 이슈는 더 집중시켰다.

종편 정책의 무리함은 전경련이 조사한 '대기업의 방송 투자 완화 조치가 가져올 긍정적 기대 효과' 부분에서 잘 드러난다(전국경제인연합회, 2009). 당시 많은 지지를 얻은 것(복수 응답 가능)으로는 첫째가 '경쟁 체제 도입으로 콘텐츠, 서비스 품질 향상'(28.9%)이었고, 다음으로 '방송, 통신 등 융합에 의한 시너지 효과'(23.7%)였으며, '글로벌 수준 국내 미디어 기업 산업 육성'(23.7%)과 '대기업의 방송 투자 활성화로 방송 산업의 발전'(18.4%) 등이 뒤를 이었다. 그러나 지금 시점에서 볼 때, 경쟁 체제 도입 외에 다른 효과들은 거의 나타나지 않았다. 오히려 5.3%에 불과해 앞 순위에서 빠진 '국민의 뉴스 등 프로그램 선택권 다양화'(정치 토크 같은 새로운 장르)가 일부 보수층·노년층에 상당히 효과적이었다. 특히 품질 향상이나 방통 융합, 글로벌 수준 같은 앞쪽 순위의 것은 거의 시도조차 되지 않아 이 기대가 그저 허울에 불과했음을 잘 보여 준다. 이 보고서가 일종의 본받아야 할 모델로 나열한 대표적인 글로벌 기업(p.15) 중에서 (한국의 재벌 같은) 비미디어 대기업이 투자해 글로벌 수준으로 성장시킨 그런 미디어 기업이 하나도 없다는 점에서 이미 종편의 미래는 결정된 것이나 다름없었다(조항제, 2008).[199] jtbc만이 많은 적자를 무릅쓰고 지상파 방송

199 굳이 찾는다면 소니가 할리우드에 투자해 인수한 콜롬비아 정도일 것이다. 물론 이와 종편의 글로벌 미디어 기업화는 성격이 완전히 다르다.

에 좀 더 가까운 편성을 계속해 오히려 예외가 되었다.

그런 종편이 처음부터 기대를 충족시키지 못했던 것은 어찌 보면 당연한 노릇이었다. 저조한 투자와 졸속 출발은 기록적인 애국가 수준의 0점대 시청률을 낳았다. 그러나 종편은 모기업(신문)의 후광과 광고의 직접 영업, 의무 송출 채널 지정, 황금 채널대 배정 같은 특혜로 신설의 어려움을 비교적 쉽게 견딜 수 있었다. 그리고 마침내 정치 시사 토크라는 최적의 장르를 개발해 냄으로써 낮은 제작비와 재택 노년층, 평일 오후 시간대, 정치 소비 등을 결합한, 시장 비중은 높지 않지만 생존력은 강한 '타블로이드 TV'[200]로 변신할 수 있었다(조항제, 2014b). 종편의 시사 토크쇼는 기존 신문의 정치선정주의 소비 방식을 좀 더 대중적인 형태로 변용한 것이다. 반대 정파를 부정적으로 묘사하면서 막말과 편파를 거리끼지 않는 토크는 종이 신문의 주 수용자인 중·노년층의 일상적 정론政論을 미디어적인 것으로 만들었다(이정훈·이상기, 2015; 정준희, 2016). 이는 사실을 경시하고 의견과 주장을 앞세우는 '비평가 지배'[201]의 성격을 띠면서, 미디어의 정치적 영향력을 확대하려는 의도를 반영한다 (Hopmann & Strömbäck, 2010).

18대 대선에서 종편은 낮은 시청률을 많은 시간으로 메우면서 '문재인 명품 의자' 건같이 조작성 높은 이슈를 선도해, 주 시청층에 상당

200 타블로이드 TV는 '타블로이드'란 말을 같이 쓰지만 신문의 그것과는 성격이 조금 다르다. 타블로이드 신문이 '대판형broadsheet'에 비해 매우 대중적이면서 질이 낮은 신문인데 비해 타블로이드 TV는 적은 제작비로 적은 수용자를 목표하는 TV다(Glynn, 1997). 신문처럼 질이 낮을 가능성이 높지만, 목표하는 수용자(틈새 시장)에 따라 시장 가치는 높을 수 있다. 채널이 늘어날수록 타블로이드 TV 역시 같이 늘어난다.

201 펀디토크라시punditocracy를 의역한 것이다. 해석적 저널리즘의 비중이 커지고 사실의 지위가 낮아지면서 정치평론가들pundit의 말이 힘을 얻게 된 현상을 지칭하는 신조어다.

한 영향을 미쳤다(김경환 외, 2013; 원희영·윤석민, 2016). 특히 신문이 제기한 이슈[202]와 종편의 연계는 시너지 효과를 불러 왜 이들 신문이 종편을 간절히 원했는지 이유를 밝혀 주었다. 물론, 프로그램은 대부분 보수 편파성을 노골화한 것이었다. 이들에게 중립성·균형성을 내재한 객관성이나 격을 지키는 고상함, 사실 확인과 검증의 절차 같은 것은 언론의 정도가 아니라 오히려 자신의 존재 의의(이슈 선점)와 시청자층(노년 보수층)을 부정하는 자해 행위나 다름없었다.

둘째, KBS에서 사장을 교체하고 기왕의 정치적 후견주의를 적극적으로 복원했다. 앞서 본 대로 민주화 이후 한국의 공영 방송은 사장 임명을 둘러싸고 진통을 거듭해 왔다. 노무현 정부 시절 약간의 진전이 있었으나 이명박 정부 들어 1990년 시간은 다시 등장했다. 새 정부의 "국정 철학을 적극 구현할 의지가 있는 사람"[203](당시 박재완 청와대 국정

202 앞서 본 대로 종이 신문의 위상이 갈수록 떨어져 감에도 신문의 정치적 영향력이 줄어들지 않는 이유는 이슈의 개발 능력, 곧 이슈 파이팅에서 앞서가기 때문이다. 〈조선일보〉는 〈시사저널〉의 매체 영향력 조사에서 2010년대 이후 줄곧 2위를 차지하는데, 1위인 KBS나 3위인 네이버와 노출도 차이를 감안해 보면 참으로 놀랄 만한 일이 아닐 수 없다(〈시사저널〉, 2016. 9. 13). 사실상 시사 채널인 종편까지 거느리면서 주류 신문들의 이슈 능력은 더욱 커져서 18대 대선에서 야당이 취한 종편 출연 거부 전략은 득보다 실이 많았다(김경환 외, 2013).

203 이 인터뷰에서 박재완은, 공기업 사장 교체설에 대해 질문을 받고 "이 부분은 KBS 사장 문제가 걸려 있어 얘기하기가 꺼려집니다"라고 하면서도, "KBS의 경우 방송의 중립성 측면도 고려해야겠지만, 정부 산하 기관장으로서 새 정부의 국정 철학과 기조를 적극적으로 구현하려는 의지가 있는, 새로운 시대적 요구에 부응할 수 있는 최적임자인지를 한번쯤 검증하고 재신임하는 절차가 필요하다고 봅니다"라고 상당히 강하게 말했다. 이는 공영 방송 자체의 의의를 사실상 부정하는 것으로 여러 군데로부터 비판을 받았지만, 그걸 각오하고서라도 마음먹고 했던 발언으로 보인다. 한국에서 대통령≒정권≒정부≒국가≒충성의 등식은 우파만이 아니라 좌파까지 공유하는 일종의 권력 기초로, 여기에 공영 방송의 가치 같은 것은 설 자리가 없다.

기획수석비서관)(정현상, 2008)을 위해 현 사장을 '부당'하게 해임시킨 사건은 비정상을 정상으로 만든 퇴행의 조치였다. 이 때문에 내분이 일어난 KBS는 노조가 이원화되기까지 했다.

대통령의 특보를 지내 노조의 반대 파업을 불러일으킨 김인규 사장은 편성이나 프로그램에서 상당히 적극적으로 정부를 비호했다. 당시 KBS 내부를 관찰한 연구들(오형일, 2014; 정필모, 2013; 홍경수, 2012)에 따르면, 보수 정부 들어 임명된 사장들은 이전과 달리 편성이나 프로그램에 자주 개입했다.[204] 이 결과로 KBS는 '통합진보당 내란 음모'와 '국정원 선거 개입,' '노무현 정부의 NLL 포기 주장' 같은 정치적·이데올로기적 쟁점들에서 〈조선일보〉보다 오히려 보수적 수용자들의 신뢰를 더 많이 얻었다.[205] 통합진보당 해산 선고를 둘러싼 보도에서도 KBS는 〈조선일보〉와 행보를 같이해 채널A나 SBS보다 더 '우파적'인 행태를 보였다(노현주·윤영철, 2016).

---

204 다음 인터뷰는 당시의 KBS 사정을 생생하게 전달해 준다. "회사 분위기나 데스크 등 간부들의 성향에 익숙해지다 보면, 위에서 싫어하는 아이템을 굳이 취재하겠다고 나서지 않는다. 인터뷰하더라도 진보적 인사들은 의도적으로 배제하고 문제가 안 될 사람을 찾게 된다. 취재 후 기사를 쓸 때도 이렇게 해라, 저렇게 해라 지시하지 않아도 **스스로 알아서** 데스크나 위에서 꺼리는 내용은 쓰지 않는다. 특히 정치적으로 민감한 리포트는 간부들이 선호하는 프레임이나 방향이 정해져 있으니까, 괜히 그것을 거슬러 마찰을 빚을 필요가 없다는 심리가 작동하는 것이다"(익명의 KBS 기자; 정필모, 2013: 184; 강조는 인용자). '스스로 알아서' 하는 것이야말로 확실한 자기 검열이다.

205 '종북이라고 지목된 사람들이 실제로 종북이다'라고 믿는 사람들이 보수 미디어를 신뢰하는 정도가 크게 올랐는데, 〈조선일보〉의 상승분이 3% 또는 5% 정도인 데 비해 KBS는 5%이거나 10% 포인트 이상이었다. 그만큼 KBS가 더 보수적이었던 것이다. 이에 비해 종북이 아니라고 믿는 사람들은 반대로 움직이기는 했지만, 그 강도가 약했거나 뚜렷한 패턴을 보이지 않았다(장덕진, 2014).

MBC에 대해서는 촛불 시위에 대한 보복적 조치 중 하나로 〈PD수첩〉을 제소했다(물론, 무죄로 끝났다). 당시 소유와 운영이 분리된 MBC의 특수한 위상과 활성화된 노조 문화는 보수층에게 상당한 골칫거리였다. 엄기영의 뒤를 이은 김재철 사장은 보수층의 주문을 현실로 옮겼다(《한겨레》, 2012. 3. 9). 민주화의 산물인 방송 노조는 신문 노조가 정치 무대에서 사실상 탈락한 이후에도 계속 일정한 역할을 해왔다. 공영 방송의 이념이 정부의 명령에 대응할 수 있는 내재적 힘을 갖게 해 주었기 때문이다(Curran, 1998). 100% 상업적 재원으로 움직이는 MBC는 시청률에 취약하기는 해도 공식적·관료제적 KBS에 비해서는 훨씬 개인적이면서 전문적 성향이 강해 이런 힘을 잘 보전할 수 있었다(조항제, 2003b).[206] MBC 노조는 1990년 KBS가 실패할 때에도 1992년 투쟁을 그 나름의 성공으로 이끌었다(조항제, 2014b 참조).

김재철은 이런 노조를 파괴하기 위해 채용 문화를 바꾸었다. 1990년대 이후 연도별·기수별로 채용된 MBC 종사원들은 비슷한 출신과 구성으로 상당한 응집력을 가졌는데, 이를 노조의 조직적·정서적 기반으로 본 김재철 사장이 신입사원 대신 계약직·경력직을 채용함으로써 내부의 분열을 도모한 것이다.[207] MBC는 2012년 파업 이후 4년

---

206 황우석 신화를 벗겨낸 〈PD수첩〉은 당시 MBC의 개가라 할 만하다. 국익, 정부, 타 언론 등 사실상 진보와 보수 모두를 상대로 한 싸움을 다른 언론으로서는 해내기 힘들었을 것이다. 당시 제보자는 〈PD수첩〉 진행자 최승호가 15주년 기념 특집에 클로징으로 한 멘트, "우리가 능력이 없어서 방송을 못 내보낸 적은 있어도 외압으로 못한 적은 없다"를 듣고 제보를 결심했다고 한다(김도연, 2017). 방송에 자율을 준 정부, 제작팀을 믿은 사장, PD와 판단을 공유하면서 이를 밀어준 담당 CP 등이 모두 일조를 한 것이다.

207 김재철은 공채제도가 조직 내부에 귀족적 배타주의와 같은 '순혈주의'를 만든다고 하면서 이와 노동조합과의 연관을 주장했다(김재철; 백승구, 2014). 물론 이는 그저 핑계

간, 출신 지역까지 보는 세심한 심사로 30명의 시용 기자를 포함해 경력직 229명을 채용했다. 이 중 취재 기자는 웬만한 언론사의 기자 수 전체에 해당하는 70명으로, 〈뉴스데스크〉에 참여하는 104명의 67.3%나 되었다(김상균, 2017). 이 기간에 신입사원은 전혀 뽑지 않았고, 뉴스 시청률 역시 파업과 대체 인력 부실로 급전직하로 떨어졌다.[208] 김재철 이후 MBC에서는 이런 경력직의 도구화와 기존 노조 인력에 대한 보복적 잉여화가 동시에 진행되었다(임명현, 2017a). 이의 결과는 세월호 보도에서 〈문화일보〉 다음으로 정부에 편향된 행태로 나타났다(박종희, 2016). '세월호 전원 구조'라는 희대의 오보는 MBN와 MBC가 거의 같은 시각에 내보냈지만, 이후에도 MBC는 목포 MBC에서 올라오는 '사람들이 배 안에 있다'는 보고를 네 번이나 무시했다(최승호; 박성제, 2017).

셋째, 이 시기의 특징 중 하나는 새로운 정치 미디어로 소셜 미디어가 등장한 점이다. 소셜 미디어가 한국 정치에서 주목받기 시작한 것은 야당이 승리한 2010년 6·2 지방 선거 때부터다. 이듬해 4·27 재보선과 8·24 무상급식 주민 투표에 이어 2011년의 10·26 재보선(서울시장) 때에 특히 정점을 이루었다. 젊은 유권자들과 결합한 소셜 미디어는 인증샷을 비롯한 각종 이벤트 등을 통해 투표율과 투표 결과(야당 승리)에 상당

일 뿐이었다. 그는 오로지 'MBC의 DNA를 바꿔'(《한겨레21》, 2017. 8. 30), 저항의 싹을 뿌리째 제거해 버리고자 한 것이다. 당시 방송문화진흥회 이사장이었던 김우룡에 따르면, 이는 김재철 개인보다 이른바 '임명권자'의 의도가 더 강하게 들어간 결과였다(《한겨레》, 2012. 3. 9; 한상진, 2010).

208 이들의 이런 반언론적·반노동적 행위로 인해 총파업에 들어간 2012년 1월부터 시청률이 급강하하여 2011년 12월 10.3%에서 1월 6.9%, 6월에는 4.3%까지 떨어졌다(《미디어오늘》, 2012. 10. 8). 이런 시청률 감소는 물론 파업 때문이지만, 이들의 대체가 성공하지 못했음을 보여 주는 방증이기도 하다.

한 영향을 미쳤다. 그때까지 지방 선거에서는 보수가 우위에 있었는데 이를 뒤집은 것이다.[209] 그러나 정작 2012년의 총선과 대선의 양대 선거 때는 별다른 영향을 발휘하지 못한 것으로 되어 있다.

이후의 연구들(이상신, 2012; 이소영, 2012)에 비추어보면, 총선과 대선에서 소셜 미디어(특히 트위터)의 영향력이 약해진 이유를 알 수 있다. 첫째는 재보선과 전국 선거가 달랐다. 전체 인구의 약 15% 정도가 사용하는 소셜 미디어 사용자는 주로 수도권에 몰려 있었다. 둘째, 당시 여당 역시 이에 대응해 소셜 미디어의 영향이 상쇄되었다는 점을 들 수 있다. 이의 일부는 나중에 '댓글 공작'으로 폭로되었다(대선의 경우는 주 209 참조). 재미있는 것은 소셜 미디어 사용자와 신문 사용자가 투표 참가율이 가장 높았다는 점이다. 전형적인 진영 선거로 치러진 18대 대선에서 신문과 소셜 미디어는 이처럼 대조를 이루었다. 신문이 대부분 기왕의 정치병행의 산물인 점을 고려하면, 18대 대선은 진보/보수 사이뿐만 아니라 미디어 사이의 전쟁이기도 했다.

소셜 미디어 정치의 특성은 그 질적 측면에 있다. 당시만 해도 소셜 미디어가 지닌 상호작용성, 개방성, 연결성으로 인해 이를 적극적으로 사용하는 집단의 경우 다른 집단에 비해 정치효능감과 제도 신뢰 간의 격차가 더욱 크게 나타나고, 이는 대의민주주의에 대한 강한 불신으로 이어졌다(윤성이, 2012). 정치 참여 유형도 달라져 오프라인 정치 단체와 연관성이 없는 개인 또는 비정치적 단체들이 중심에 서게 되었다(정일권,

---

209 당시 소셜 미디어의 새로운 정치적 가능성을 웅변으로 주장한 예는 장덕진의 인터뷰로, 제목이 "SNS가 99%의 개인 결집시켜 총선·대선 첫 '소셜 선거'될 것"(《한겨레》, 2012. 1. 16)이었다.

2012). 이때만 하더라도 소셜 미디어는 젊은 세대들이 기존 체제나 정책에 항의하는 메시지를 주고받는 진보적 성향을 띠고 있었다(신현기·우지숙, 2011; 이상록·이지연·성경, 2012; 장덕진, 2011; 한혜경, 2010). 이런 새로운 미디어의 등장은 기존 대중 미디어 중심의 수직–집중형이 수평적–네트워크형으로 바뀔 수 있는 조짐을 보여 주었지만, 이후 기존 체제·세대의 심각한 반격을 받게 된다.

(2) 보수 정치–언론 연합의 건재와 균열

국정원 댓글 사건 수사와 〈조선일보〉의 특종

박근혜 정부 시기의 특징은 기왕의 정치–언론 연합의 건재와 후기에 발생한 예상치 못한 균열이었다. 초반에 터진 채동욱 검찰총장의 혼외 아들 사건은 이 연합의 위력이 여전함을 보여 주었다. 주지하다시피 이 사건은 채 총장을 중심으로 한 검찰이 박 정부의 정당성에 영향을 미칠 수 있는 국정원의 '댓글 공작'을 수사하는 와중에 〈조선일보〉가 터뜨린 것이다. 당시 〈조선일보〉는 이 보도로 채 총장을 퇴임시킴으로써 댓글 공작 수사가 미칠 수 있는 정치적 여파를 사전에 차단했다.

〈조선일보〉는 '도덕성' 프레임과 '알 권리' 프레임을 내세워 채 총장을 압박했는데, 블록 내 같은 편인 〈동아일보〉나 〈중앙일보〉와도 사뭇 다른 태도였고, 〈한겨레〉의 '정치 공작' 및 '사생활' 프레임과는 시종일관 대립했다(조성식, 2015). 이 두 신문에서 채동욱 사건은 한쪽에서는 진상을 규명해야 할 유명인(검찰총장)의 혼외 자식 유무('친자/금전 거래') 문제이었지만, 다른 한쪽에서는 댓글 수사를 막기 위한 정치 공작 차원의 '검찰 흔들기'이고 혼외 자식 유무는 공적으로는 크게 중요하지 않은 사생활이었다. 표 9는 이를 잘 보여 준다. 이 두 신문과 차이가 있는 (그렇지만

표 9. **채동욱 사건의 언론사별 프레임 차이**

프레임	신문			
	조선일보	서울신문	한겨레	합계
조사, 확인, 폭로	32(38.1%)	40(46.5%)	44(27.7%)	116(35.3%)
도덕성/알 권리	8	4	0	12
정치 공작/사생활	0	6	33(20.7%)	39(11.9%)
개인비리	5	0	0	5
검찰 흔들기	0	17(19.8%)	13(8.2%)	30(9.1%)
친자/금전 거래	20(23.8%)	2	3	25
사찰 · 개인 정보	2	6	40(25.1%)	48(14.6%)
정치권 공방(비호/음모)	11(13.1%)	10(11.6%)	9	30
본령 · 용기	5	0	0	5
인권/정도	1	1	17(10.7%)	19
합계	84(100%)	86	159	329

* 출처: 조성식(p.152)에서 축약.

꼭 중간이라고는 하기 힘든) 〈서울신문〉이 '검찰 흔들기'와 '정치 공작' 같은 〈한겨레〉 프레임에 어느 정도 동조하는 것은 역시 정치적(공적) 사안이 혼외 자식 유무 같은 사적 사안보다 더 중요하다고 보았기 때문이다.[210]

---

210 크게 두 가지 이유로 〈조선일보〉를 제외한 대부분의 언론은 이 사건에 대해 신중한 태도를 견지했다(조성식, 2015). 첫째는 검찰총장의 사생활 문제가 갑자기 불거진 배경을 알지 못했기 때문이다. 채 총장은 이미 국정원 댓글 사건으로 여권과 불편한 관계에 있으면서 퇴진설이 나돌고 있었다. 그런데 갑자기 이 사건이 터졌다. 둘째, 어느 한 측의 폭로로 시작되는 일반적인 사생활 관련 보도와 차이가 컸기 때문이다. 〈조선일보〉(2013. 9. 6)는 별다른 증거도 제시하지 않고 '밝혀졌다'고 상당히 단정적으로 보도했다. 다른 언론은 보도하기에 앞서 〈조선일보〉는 과연 어디에서 정보를 얻었을까를 궁금해 했다(조성식 기자는 이 증거가 정상적인 취재 방법으로는 얻기가 불가능한 것이라고 한다). 지금도 출처는 밝혀지지 않았다.

'검찰 흔들기'의 원인이 된 댓글 공작이 얼마나 효과가 있었는지를 판단하기는 어렵다. 그러나 트위터 같은 소셜 미디어를 둘러싼 공방적 양태가 심각했던 것으로 미루어, 보기보다 그렇게 작지는 않았을 것으로 보인다.[211] 수사의 결과 여하에 따라 박근혜 정부의 정당성이 상당 부분 훼손될 수도 있는 건이었다.[212] 그러나 〈조선일보〉는 채 총장을 퇴임시킴으로써 박근혜 정부를 위기에서 구해 주었다. 〈조선일보〉의 단독 플레이기는 하였으나 그 점이 그렇게 중요하지는 않았다. 이전의 인사 검증 때도 〈조선일보〉가 혼자 나섰고 조중동으로 불리긴 해도 매사에 똑같은 행보만 했던 것은 아니었기 때문이다.

---

211 이명박 정부 시절 트위터가 투표 독려 행위 등을 통해 젊은 층의 정치 참여를 유도하면서 정부·여당이 상당히 불리해졌다. 이에 대한 정부·여당 측의 '디지털' 준비는 19대 총선과 18대 대선에서부터 국정원을 중심으로 본격화되었다(《세계일보》, 2017. 7. 10). 한 조사(장덕진, 2017)에 따르면, 대통령 선거 기간 중(9. 1~12. 17) 박근혜·문재인 두 후보 지지자의 트위터 계정 수는 박 후보의 경우, 9.7%에서 18.2% 사이를 오르락내리락했고, 문 후보의 경우는 53.6%에서 79.5% 사이였다. 그러나 트위터에 올라온 글의 수는 박 후보의 경우, 시간이 갈수록 줄어들기는 하지만 많을 때는 80%에 육박할 정도였다. 이 점은 박 후보의 지지자들이 공통적으로 문 후보 지지자들보다 많은 글을 쓰고 있음을 말해 주는데, 가장 격차가 컸을 때는 박 후보 지지자가 문 후보 측보다 무려 9배의 글을 더 많이 썼다. 사실상 '공작'으로 보이는 것이다. 여기에 더해 문재인 후보를 지지하는 층도 리트윗이 좋다는 말만 믿고 자신들의 메시지만 옮기기에 바빴다. 결국 트위터는 끼리끼리 몰려다니는 '그들만의 리그'가 되어 버렸다. 이 때문만은 아니었겠지만, 18대 대선에서는 이전의 선거들에서 나타났던 투표 독려의 트위터 효과가 거의 나타나지 않았다. 3.6%에 불과했던 두 후보의 표 차이를 감안하면, 이런 댓글 공작의 효과가 의외로 컸을 수도 있다. 구정치의 행태가 새로운 논리(소셜 미디어)의 정치적 틈입을 강력하게 차단한 것이다.

212 당시 리서치뷰의 여론 조사에서는 경찰이 댓글 공작의 존재를 대선 이전에 발표했을 경우, 당선자가 달라질 수도 있었다는 결과가 나왔다(《미디어오늘》, 2013. 10. 28). 이를 대선 결과를 부정하는 증거로 보기는 어렵지만, 이 사안이 그저 '사소한 것'이 아니라는 점은 기억해 둘 필요가 있다.

채 총장 이후, 세월호 사태, 통합진보당 해체, 이석기 내란 선동 사건, 테러방지법, 역사 교과서 국정화, 사드 배치 등 찬반이 극명하게 엇갈리는 여러 정치적·이데올로기적 사안에서 이 연합은 큰 분열이나 (과거 2008년 수준의) 위기 없이 예의 친정부적·보수적 프레이밍을 밀어붙였다. 일본 〈산케이〉의 세월호 '7시간' 보도나 〈세계일보〉의 '정윤회 문건' 보도가 약간의 반향을 일으켰으나 '비결정의 결정,' 곧 침묵으로 기왕의 공조를 유지할 수 있었다. 당시 박근혜 정부가 보여 준 것은 국민이 지닌 각종의 '표현의 자유'를 위축시키는 이른바 '시행령 정치,' '국정원 정치'였다(김동춘, 2014). 의회와 정당이 무력화되면서 정치 무대에는 오로지 대통령과 사정 기관, 콘크리트 지지층만 남게 되었다. 물론, 배후에는 연합이 있었다. 수직적 명령과 맹목적 준수는 있지만, 수평적 협조와 견제는 없는 이런 위임민주주의delegative democracy는 가뜩이나 집중적인 권력 체제를 더 집중시킨다(신진욱, 2016; O'Donnell, 1994).

그러나 이 연합이 이명박 정부 때와 달리 박 정부의 반언론적 태도 때문에 시간이 갈수록 결합의 수준이 양질 모두에서 낮아지기 시작했다는 점은 강조될 필요가 있다. 매사 권위주의적이었던 박 정부는 친정부든 반정부든, 무엇인가를 묻고 알리고 따지는 언론 활동 자체를 싫어했다. 여기에는 조중동도 예외가 아니었다.[213] 이런 반언론적 행태는 특히 감성적으로는 이전 유신 체제 시절의 아버지를 연상케 만들어 박 정부에 대한 국민적 신뢰를 크게 훼손시켰다.

---

213 〈미디어오늘〉의 기자인 정철운(2016b)은 이런 주장에 설득력을 더해 주는 당시의 정황 증거들, 박근혜 정부의 반언론성에 대한 조중동의 이반離叛 사례를 잘 모아 놓고 있다.

국정 농단 사건과 보수 정치-언론 연합의 균열

공고했던 연합에 문제를 불거지게 한 계기는 2016년의 20대 총선이었다. 야권의 분열로 여당의 압승이 예상되었으나 결과는 정반대로 나타났다. 다시 여소야대 정국이 만들어진 것이다. 언론을 비롯해 대부분의 여론 조사들조차 전혀 예상하지 못한 결과였다.[214] 여당의 오만과 공천 파동, 지역주의의 해체, 50대의 분열, 여당의 경제 실패 등 다양한 요인이 작용했지만, 가장 큰 요소는 박근혜 정부에 대한 회고적 분노 투표였다(김정훈·한상익, 2016). 박근혜 정부의 임기를 2년 정도 남기고 시행된 총선에서 여당(특히 친박 계열)의 패배는 사실 미래 권력에 대한 매우 심각한 위기적 전망을 낳았다.

박 정부의 언론 연합은 이때부터 균열되기 시작한 것으로 보인다. TV조선을 앞세운 〈조선일보〉 계열의 최순실 보도는 2016년 7월 6일, 김종 문체부 차관 건부터 시작되었다. 미르재단 건은 그로부터 20일 뒤인 7월 26일에 나왔다. 그때까지 신문은 우병우 건(〈조선일보〉, 7. 18)에 매달려 있었다. 청와대가 '부패기득권 세력'으로 반격하면서 〈조선일보〉가 주춤하자, 그사이 바통을 이어받은 건 〈한겨레〉(9. 20)였다. 그리고 마침내 jtbc가 최순실의 태블릿 PC를 폭로(10. 24)하고 이튿날 대통령이 사과하면서 역사적인 탄핵 정국이 열렸다. 종편과 신문, 그리고 마지못한 지상파 방송까지 모두 동원되어 퍼부어진 '십자포화'는 천문학적 규모의 인원이 모

214 총선 이후에 발표된 '선거 여론 조사에 대한 여론 조사'(한국언론진흥재단, 2016)에 따르면, 당시 여론 조사에서는 남성, 보수, 40대 이상 등이 상대적으로 과잉·대표되고, 여성, 진보·중도, 20~30대가 과소평가되었다. 이 점에서 주류 언론·보수 정당의 지지 기반과 여론 조사 대상은 서로 닮아 있었다. 여론 조사가 미디어 의제 정치의 유력한 수단이라는 점이 여기서도 증명된다.

인 시위와 여당의 분당, 그리고 의회와 헌재의 탄핵 심판까지 몰고 왔다.

TV조선의 미르재단 보도는 7월에 나왔지만, 취재가 시작된 것은 이보다 훨씬 빨랐다. 시발점이 된 고영태와 TV조선의 이진동이 만난 때는 이진동의 인터뷰에 따르면 2014년이었다(문갑식, 2017). 그러므로 첫 보도부터 핵심 배후로 청와대(안종범 정책조정수석)를 지목했고 대부분 사실로 확인된 증거를 들이댈 수 있었다. 이와 달리 우병우 건에만 주력하던 신문은 오히려 정부·여당의 반격으로 '부패 기득권'이 되어 문제가 된 주필(송희영)을 쫓아내고 방상훈 사장이 직접 사과(〈미디어오늘〉, 2016. 9. 5에 전문이 게재된 "임직원에게 보내는 편지")까지 하게 된다. 그리고 〈조선일보〉는 〈한겨레〉의 특종이 있고 난 다음인 9월 22일이 되어서야 비로소 야당의 발표를 빌미삼아 미르재단 등을 보도하기 시작한다. TV보다 거의 두 달 가까이 늦은 시간이다.

이 공세–반격–침묵의 두 달 사이에 양자는 치열한 물밑 갈등과 협상을 거쳤을 것으로 보인다. 최종으로 나타난 결과(탄핵)가 정치권력에게 워낙 치명적이기는 했지만, 또 국정 '농단'이라는 사건 자체가 일반 국민들의 정서적 격앙을 불러일으킬 만한 것이기는 했지만, 이 건 역시 '무결정의 결정'으로 음지에 묻혔을 가능성이 완전히 없었던 건 아니다.[215] 국정원 댓글 사건 때의 채 총장 건처럼 프레임을 전환시킬 계기를 찾을 수도 있었다는 것이다. 대통령의 국회 시정 연설 때 제기한 개헌은 그중에서도 가장 큰 건이었다. 박근혜 대통령 측이 인위적으로 이슈 전환을 꾀한

215 TV조선의 경제부장인 정석영 등의 취재 방해도 있었다. 경제부장은 미르재단의 협찬을 거론하면서 보도를 막을 것을 본부장에 요청했다고 한다(심인보, 2018). 자칫했으면 지연되거나 묻혔을 가능성이 약간이라도 있었던 셈이다.

것이다. 만약 그게 성공했다면, 기왕의 보수 정치-언론 연합의 또 다른 국면이 만들어질 수도 있었을 것이다. 물론 그 날은 jtbc가 최순실의 태블릿PC를 폭로한 역사적인 날로, 개헌은 불과 하루 만에 없었던 걸로 되었고 박근혜는 다음 날 사과함으로써 무위로 돌아갔다(정철운, 2016a).

개헌으로 전환이 실패하면서 탄핵 정국이 활짝 열렸다. 이때는 이전의 그 어느 때와도 달라진 언론 지형과 조건을 갖추고 있었다. 변수 이전에 먼저 '상수'를 확인해 보자. 우선 시장적 비중은 약하지만, 꾸준하게 박 정부 및 조중동과 대립해 온 진보 신문의 존재를 들 수 있다.[216] 신문 열독이 포털이나 모바일로 바뀌면서 이들 신문의 존재감도 상당히 커졌다. 이들은 여소야대의 야당(들), 여당 내의 비박근혜계 세력과 '도전 연합'(나중에 '탄핵 연합'이 되었다)을 형성해 의제를 주도했다. 구래의 정치 선정주의와 치열한 특종 경쟁, 과거와는 비교할 수 없게 빠르고 효율적인 온라인 환경도 중요하다. 한국 언론이 그래도 그 나름으로 유지하고 있었던 '팩트' 존중의 저널리즘 원칙도 빼놓을 수 없다. 팩트(사실의 정확도)는 다른 원칙과 달리 중요하게 여기면서 어느 정도 실행도 한다고 생각하는 것이다(한국언론진흥재단, 2017). 대통령의 사과를 끌어낸 jtbc의 최순실 태블릿PC 팩트 폭로는 정국의 무게 추를 완전히 바꾸었다.

다음은 '변수'다. 그림 2는 조중동의 기본 조건과 행위 패턴을 마르크스주의적 권력 분석 기준인 '기반-세력화(연합)-전략'(Jessop,

---

216 물론 이는 〈한겨레〉의 분전을 말하는 것이다. 그중에서도 김의겸(2016)의 칼럼 "조선일보 방상훈 사장님께"는 압권이라 할 만하다. 이 칼럼에서 김의겸은 TV조선의 취재력을 칭찬하면서 다시 한 번 정부 비판의 대열에 〈조선일보〉가 동참해 주기를 호소했다. 정철운(2016)은 〈조선일보〉 독자위원회에 이 칼럼이 논의된 것(〈조선일보〉 지면에 보도되었다)을 〈조선일보〉가 긍정적으로 반응한 것으로 해석했다.

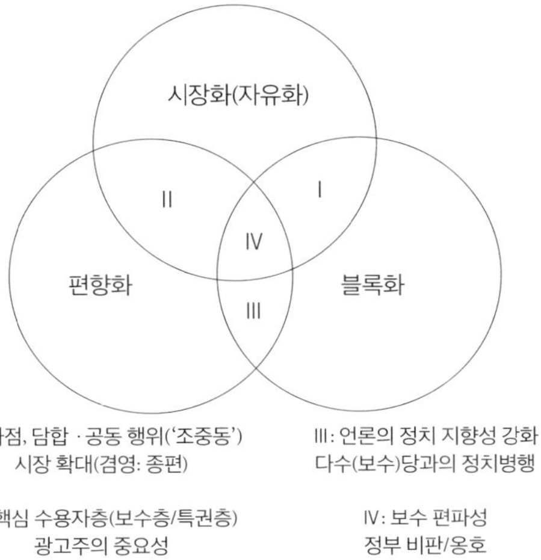

그림 2. **조중동의 권력 구성**

2014)[217] 등을 적용해 각각에서 '시장화,' '블록화,' '편향화' 등을 추출해 도식화한 것이다. '시장화'는 지난 30년간 세 신문이 독과점과 담합이라는 기본 논리에 충실하면서 사양화에 대비해 추구했던 자구 행위 — 방송 시장 진출이나 신문법 폐지 같은 탈규제 로비 — 를 말한다. 이를 통해 조중동은 자신의 기반을 만들었다. '블록화'는 앞서 본 세무 조사 정국 이후 이들 세 신문이 '공동'으로 기득권층의 보수 정당과 정치 행위를 수행하면서 세력을 형성한 것이다. 조중동은 사안마다 시기마다 같

---

217 자본주의 사회에서 사회관계로서 권력은 자본가 계급을 '기반'으로 하지만, 지배에 내재된 다양한 내적 모순을 해결하기 위해 — 지배 권력이 합의적 권력으로 보일 수 있기 위해 — '전략'적으로 정치 · 이데올로기와 접합articulation해 중간 계급 등과 '연합'을 꾀한다.

지는 않았다 해도 대체로 큰 틀(보수성)에서는 이해를 같이했다. 조중동 블록이 권력형이 된 근거의 하나이기도 하다. '편향화'는 목적 의식적으로 특정 정치적·이데올로기적 관점을 추구한 것이다. 편향화는 특정 수용자층 또는 특정 기업군(광고주)을 목표하는 시장(세분)화 전략의 일환으로 볼 수도 있지만, 구래의 원칙인 '사실과 의견의 분리'까지 자주 위배하는 점이나 독(과)점 신문에 필수적인 대표성representation[218] 포기 같은 점을 부각하기 위해 따로 분리했다. 처음에는 코바치와 로젠스틸(Kovach & Rosenstiel, 2014)이 '최대의 수용자'에서 '가장 부유한 수용자'로 목표가 바뀐 일부 미국 신문의 전략을 '격리'라고 명명한 것[219]을 참고해 '소수화'로 했다가 나중에 좀더 분명하게 한쪽을 선택한다는 측면을 강조하기 위해 '편향화'로 바꾸었다.

이 세 축에서 축끼리의 공역대와 세 축 전체의 공통 논리를 추출했다. 이 중 Ⅰ은 시장화와 블록화의 공역대로 신문 시장에서 세 신문의 공동 이익을 도모하기 위한 담합·탈규제 로비(겸영 같은 시장 확대) 등을 내용으로 한다. Ⅱ는 시장화와 편향화의 공역대로 노년층·보수층·특권층 등 핵심 수용자층의 정치적 기호를 편향적으로 선도하면서 재벌을 중심으로 한 광고주를 지향한다. Ⅲ은 편향화와 블록화의 공역대로 편향성을 공동으로 추구하면서 공명 효과를 노리고, 보수당 또는 보수 정

---

218 독(과)점 언론은 자신의 고객(독자나 광고주)만 상대할 수 없다. 대표성은 고객을 주로 상대하면서도 이를 통해 전체 인구의 생각(여론)까지 반영해야 하는 언론이 필수적으로 갖춰야 하는 가치다(조항제, 2019b).

219 이 전략은 신문이 배포 지역 자체를 부자들이 밀집한 곳으로 제한하는 것이다. 이렇게 표적 집단을 정하면 비용은 줄면서 소득은 늘어난다. 원래의 번역어는 고립isolation인데, 문맥으로 보면 격리로 번역하는 게 맞아 격리로 썼다.

부와 뚜렷하게 병행하면서 세력화를 기도한다. Ⅳ는 Ⅰ, Ⅱ, Ⅲ이 공통되는 보수 편파성이다. 이 편파성을 통해 세 신문은 진보 정부의 개혁을 가로막는 '반정부적 자율성'(송호근, 2005)과 특정한 인물을 선택해 대선에 임하는 '정권 창출적 언론'(이준웅 외, 2010)의 면모를 보여 주었다.

이 편파성의 경계가 어디까지인가는 중요한 질문이다. 이른바 보수가 권장 또는 용인하는 선線, 권력 블록의 이념을 말해 주는 것이기 때문이다. 여러 연구를 종합해 볼 때, 이 이념은 발전주의, 국가주의, 신자유주의, 안보주의를 상황에 따라 조합한 '친자본적 경제주의'로 보인다(주 24 참조). 이 경제주의가 민주주의, 공익성, 복지주의와 중복되는 영역을 얼마나 넓혀 주느냐, 반대로 이를 얼마나 배제하느냐에 따라 헤게모니의 질이 달라질 수 있다. 그런 면에서 친정부/반정부는 현상의 외관일 뿐 핵심적 문제는 아니다.

이로 보면, 노무현 정부 때와는 다른 균열의 여지를 찾을 수 있다. 먼저 Ⅰ영역에서 신문 시장의 과점이 가지는 위력(미디어-여론 시장에서 차지하는 비중)이 줄어들었다. 종이 신문의 구독률은 2006년 40.0%에서 2015년 14.3%로, 열독률은 68.8%에서 25.4%로 감소했다(한국언론진흥재단, 2015). 10년 만에 반토막 아래로 떨어진 것이다. 종편이 더해지기는 하였으나 시청층이 신문과 중복되어 강도는 몰라도 파급력에는 한계가 있다.[220] 더군

---

220 종편의 시청률은 주지하는 바대로 상당히 올랐다. 종편 4개사 평균 시청률은 2011년 0.313%에서 2016년 11월 1.339%까지 솟았다. 반면, 같은 기간 지상파 방송은 4.414%에서 4.071%로 떨어졌다(《더피알》, 2016). 그러나 그 정도라면 반대적 입장의 jtbc까지 합쳐도 지상파의 1/4에 머무는 정도이고, 그나마 비중에서는 노년층이 압도적인 것이다(한 추론에 따르면, TV조선은 60대 이상의 시청자 비중이 무려 70%에 가깝다[정철운, 2016]). 주 시청층이나 시청시간대를 감안할 때, 나머지 세 종편의 시청률이 획기적으로 오를 가능성은 거의 없다.

다나 종편은 신문과 달리 재승인의 부담이 있다.[221] 조중동의 공동 행위 측면에서도 시장 확대(종편)를 위해 법 개정이 절실했던 이전처럼 당장의 목표가 있지 않아 유인이 약해졌다. 이런 공명 효과에는 특히 〈중앙일보〉의 종편 jtbc가 큰 장애가 되었다. 앞서 본 대로 jtbc는 큰 적자를 감수하고 종편보다는 지상파 방송과 가까운 행보를 보였다. 또 2013년 손석희가 jtbc 사장에 취임하면서는 아예 다른 종편과 대각에 섰다(예를 들면, 조은영·유세경, 2014). 블록화에서 힘이 나오는데, 중요한 하나가 중간도 아니고 완전히 반대로 가 버린 것이다. 조건에 따라 〈중앙일보〉조차 jtbc의 영향을 받을 가능성을 배제할 수 없게 되었다.

Ⅱ영역의 핵심 수용자층 역시 점점 종이 신문을 외면하면서 더욱 노령화되었다. 20대 총선에서 50대가 분열된 것은 이의 전조였다. 2012년의 18대 대선에서 25.1% 차이로 여권을 지지했던 50대는 2016년 20대 총선에서는 거꾸로 13.8% 더 많게 야권을 지지했다. 4년 만에 38.9%가 지지 정당을 옮긴 것이다. 5공에서 20대를 보낸 이들이 이전 50대처럼 보수를 지지할 가능성은 상대적으로 낮아 보인다(김정훈·한상익, 2016). 또 이렇게 달라지는 인구 구성은 당장은 아니라도 장기적으로는 재원(광고)에까지 악영향을 미친다고 봐야 한다. 이처럼 시장 능력이 약해지면 정치 권력과의 관계가 더욱 중요해진다.

이 점은 논의를 자연스럽게 보수당(또는 보수 정부)과 병행하는 Ⅲ영역으로 넘어가게 하는데, 문제는 여기에서 더 커진다. 앞서 언급한 대로

---

221 이 점은 이진동의 또 다른 인터뷰(이하늬, 2016)에서도 간접적으로 엿볼 수 있다. 당시 〈조선일보〉 계열은 '정부 대 〈조선일보〉'의 일대일 대결 구도를 극도로 꺼렸는데, 이에는 TV조선의 재승인도 부담으로 작용했을 것으로 보인다.

한국의 정당에서 보수당, 20대 총선 당시 새누리당은 탄핵의 역풍을 맞아 패배한 17대 총선을 제외하면 18대와 19대 모두 상당한 차이로 승리했다. 그러나 20대에서는 패배했다(나중에 무소속이 가세해 겨우 1당이 되었다). 정부에 대해 민심이 이반되었고, 당 내부가 대통령과의 친소 관계 등으로 완전히 분열되었기 때문이다. 5년 단임의 특성상 레임덕은 대략 퇴임 전 1년 6개월부터 본격화되는데, 정당의 상태가 이렇다면 상당히 미래(특히 다음 대선)가 비관적일 수밖에 없다. 특히 정당이나 의회와는 정치를 하지 않는 박근혜 정부의 특성상 정당의 지위가 획기적으로 신장될 수 있는 여지도 없다. 이렇게 기존의 연합을 약화시키는 균열들이 모이면서 Ⅳ(보수편파성)에 문제를 일으켜 보도의 성향을 달라지게 했다는 게 대체적 결론이다.

물론, 이 분석은 가설적이다. 이는 탄핵 정국이 〈조선일보〉 계열에 의해 시작되었으나 중간에 유예가 있은 점, 사정 당국이 〈한겨레〉(2016. 9. 28)에조차 정보를 흘릴 정도로 정부와 여당 내부가 분열된 점, 종편의 하나인 jtbc의 특종이 가세해 프레임 대체(개헌)를 막을 수 있었던 점, 50대가 결정적으로 지지를 달리해 민심의 축을 바꾼 점 등이 과거와 다르다는 것에 주목한다. 조중동의 전략적 보수성이 달라진 정치·시장 조건에 맞춰 상당히 '중립적'인 형태로 변모되었다는 것이다. 이 중립성은 절대적 개념이라기보다는 움직임의 방향을 뜻하는 상대적 개념으로, 체제를 지키기 위해 개인을 공격하는 '보호견적 관점guard dog perspective'(Donohue, Tichenor & Olien, 1995)과 얼마든지 양립이 가능하다.

이와 달리 '본질론'의 차원에서 〈조선일보〉 계열의 도발을 그간에도 수시로 벌어졌던 단순한 '권력 줄다리기'의 일부로 볼 수도 있다. 이를테면, '신문 시장의 침체는 어제오늘의 일이 아니므로 특별하게 지금,

그것도 논조에까지 영향을 미칠 이유가 없다,' 'jtbc가 문제가 되나 케이블 TV 채널의 파급력은 피차 마찬가지다,' '50대의 분열은 불안하나 어차피 절대 수數로만 이길 일은 아니다,' (당시) '여당의 내분과 침체는 차기 후보가 정해지면 빠르게 정비될 것이다,' '대선은 진영 간 선거이므로 차이는 줄겠지만 결론은 지난 대선 때와 마찬가지가 될 것이다,' 그러므로 보도 성향에 약간의 변화를 준 것은 단지 권력 줄다리기용 애드벌룬 효과를 위한 것인데, 사태가 걷잡을 수 없이 커졌다. 이런 분석의 약점은 바로 이 '걷잡을 수 없게 된 점'을 설명하지 못한다는 것이다.

탄핵으로부터 몇 년이 흐른 지금 시점에서 이 두 가설 중에 하나를 꼽아 본다면 아무래도 후자 쪽이다. 〈조선일보〉를 비롯한 〈중앙일보〉와 〈동아일보〉는 중립으로 가기보다 지금까지 걷던 수구적 보수의 길을 계속 고수하고 있다. 탄핵이 언제였던 양 오히려 노무현 시대 때를 방불케 하는 아집적 퇴영까지 보이기도 한다. 여전히 사실과 준칙이 아니라 이념과 진영을 따른다. 남을 적으로 간주해 이분법으로 국민을 가르는 양극화 인식도 크게 달라진 것이 없다. 특히 진보가 정당성을 잃은 조국 사태 이후 이런 경향이 더욱 강해졌다. 물론 '국정 농단' 같은 명백한 위배에 보여 준 경계까지 없지는 않았다. 〈조선일보〉에게도 2016년의 촛불은 '명예혁명'이었다(〈조선일보〉, 2016. 12. 10). 적어도 탄핵 이전까지 이들은 주 미디어(종이 신문)는 낡았더라도 여론 전략까지 낡았던 것은 아니다. 그런 전략이 종편도 만들고 정권도 구원하고 탄핵도 만들었다. 문제는 이들 언론의 관심이 권력·체제에 있으므로 항상 지평이 현실의 '보수당'(지금은 미래통합당) 수준에 머문다는 점이다. 탄핵 이후 지역·계층·세대에서 중간 지대(PK·중산층·50대)가 모두 급격하게 보수당을 떠나는 국민 동향에 발을 맞추지 못한다. 보수당 내에도 일정한 스펙

트럼이 있지만, 주지하는 바대로 이들 언론들과 이 당은 국민 대다수(탄핵에 찬성한 국민은 80%다)는 넘은 '선線'에 혼란과 집착을 보인다. 이 점은 이들의 존재 가치에 대한 의구심을 계속 불러일으키며, 일정 수준의 사회적 공감대와 신뢰[222]가 있어야 운영이 원활한 민주주의에 이들이 여전히 장애가 되고 있음을 보여 준다.

(3) 진보 언론과 언론 연합

지금까지는 정치병행성에서 주로 권력형의 보수 연합만 다루어 상대적으로 진보 연합 분석에는 소홀했다. 진보 연합 역시 소유나 조직 같은 구조적 연계를 맺지는 않지만, 주요 정치 성향이나 수용자, 일부 구성원을 공유한다. 문재인 정부가 〈한겨레〉나 MBC 기자를 청와대 대변인 또는 비서관으로 임명하거나 최문순 언론노조 위원장-MBC 사장이 민주당 국회의원으로 간 것도 이의 일환으로 볼 수 있다. 민주당에는 2017년 12월 현재로 MBC 출신만 5명이 있다.[223] 21대 총선에서도 정필

---

222 앞서 지적한 대로 이 신뢰는 '두꺼울' 필요가 전혀 없다. 아주 기본, 양식良識에 대한 '얇은' 신뢰가 오히려 더 필요하다. 그러나 이 보수연합은 자주 이 신뢰를 깨뜨린다.

223 〈중앙일보〉 기자 강민석도 당파를 달리하지만, 크게 보면 같은 맥락이라 할 수 있다. '중앙' 그룹 내부에도 진보 측 입장이 존재한다는 뜻이다(물론 이런 진영 간 교차는 매우 필요하다). 그러나 이런 진보 측 연계에도 손석춘이 한 다음과 같은 지적은 유효하다고 할 수 있다. "사장으로 있다가 민주당으로 가면 사람들이 그간 MBC 보도를 어떻게 보겠나. MBC에서 언론 운동을 했던 사람들이 모두 친민주당은 아닐 거다. 그러나 MBC 출신들이 너무 많이 특정 정당에 있다. 이들은 MBC를 통해 얼굴을 알려 정치권에 진출하게 된 것이다. 이들이 MBC를 잘 지키고 있었다면 민주주의 발전에 더 기여할 수 있었던 건 아니었는지 꼭 묻고 싶다. 공영 방송을 제대로 정착시키는 일이 국회의원으로 일하는 것보다 의미 있다는 사실을 강조하고 싶다"(손석춘; 〈미디어오늘〉, 2017. 5. 17). 어느 한 정파가 다른 정파보다 '낫다'는 판단은 대게 정책과 도덕 측면에서인데, 이런 연계 또는 유착(노무현이 가장 싫어했던 유

모 KBS 전 부사장이 여당의 비례대표 국회의원이 되었다.

〈한겨레〉나 〈경향신문〉 같은 진보 언론은 이른바 대부분 친족 소유인 보수 언론에 비해 소유 구조나 설립 과정이 완전히 다르다. 〈한겨레〉는 처음부터, 〈경향신문〉은 중도에 바뀌었다. 상대적으로 윤리나 규범에 충실하고, 권력이나 이익 공유에도 초연하다. 이런 이유로 공신력 역시 어떤 조사에서도 수위권을 차지한다. 진보 정부와의 연계도 인위적 비호와 이권(종편)을 거래한 보수와 대조적으로 훨씬 자율적이고 원칙적인 편이다.[224] 특히 앞서 본 대로 '좌파 신자유주의'를 자처하면서 정책적 방향이 '혼합적'이었던 노무현 정부와는 좌파적 방향에서는 찬성을, 신자유주의 방향에서는 반대하는 양가적 관계였다.

노무현 정부에서 언론을 담당했던 실무자인 김성재·김상철(2010)은 정부 입장에서 언론의 문제 사례를 책으로 모았는데, 이에는 조중동뿐 아니라 진보 언론의 것도 적지 않다. 특히 후반기에는 〈경향신문〉 사례가 많다. 김성재는 〈한겨레〉, 김상철은 〈경향신문〉 출신이다. 이들은 진보 신문이 '대안 부재와 무책임함'으로 '빈대 잡으려다 초가삼간을 몽땅 태우고 말았다'고 비판한다. 이들이 제시한 진보 신문의 죄목은 '앞뒤 잘라먹고 맥락 무시하기,' '통계와 익명으로 왜곡하기,' '수구 기득권 언론 프레임 따라 하기,' '특권의식 그리고 증오의 배설,' '무책임하고 대안 없는 정치 공학적 공세' 등 같은 것이다. 초중반 것도 있으나 주로는

착은 달리 있는 게 아니다)은 적어도 도덕 면에서 진보 정부가 보수 정부보다 별반 나을 게 없다는 단적인 증거다.

224 그래서 이것에도 '연합'이란 같은 말을 사용할 수 있는지에 대해 많이 고민했으나 진영론의 현실을 부정할 수 없고 그 한 축에 분명히 진보 언론이 있다는 의미에서 연합이란 말을 쓰기로 했다.

말기에 많았다. '노동 없는 민주주의'라는 노무현 정부에 대한 일반적인 평가(손호철, 2017; 신진욱, 2018)에 더해 말기에는 대연정이나 개헌, 한미 FTA 등 이들 진보 신문의 입장과 반대인 정책이 많았다.[225]

특히 〈경향신문〉이 설정하는 이념에 나름의 영향력이 있어 보이는 이대근(발언 당시, 편집부국장)이 직설적으로 한 다음 발언을 보면, 〈경향신문〉이 노무현 정부를 보는 시각을 단적으로 알 수 있다. 이대근은 노무현 정부가 신자유주의 정착에 앞장섰다고 비판하면서 바로 그였기 때문에 오히려 더 많은 책임이 있다고 주장했다. "만약 보수 세력이 집권했다면 신자유주의 헤게모니가 그렇게 쉽게 빠르게 확산됐을까요? 그렇지는 않을 겁니다. 왜냐하면 민주 세력이 신자유주의를 앞장서 도입함으로써 우리 사회에서 다른 상상력, 다른 세계관, 다른 가치, 다른 삶의 방식이 있다는 생각을 완전히 차단시킨 결과를 가져왔(기 때문입니다)"(이대근; 이재호 외, 2007: 189). 집권 초기라면 몰라도 FTA를 추진하던 말기쯤 되면 경향과 노무현 정부 사이의 진보적 친화성 역시 상당한 와해 상태에 있었다고 해도 큰 과언은 아니다. 그런 면에서 이런 와해의 결과를 개별 사안의 정당성 여부를 떠나 '야만' — 김성재·김상철의 책 제목이 《야만의 언론, 노무현의 선택》이다 — 으로 볼 수는 없다.[226] 그

---

225 〈경향신문〉이 신문발전기금을 수혜할 때, 조중동이 '여권 신문'으로 비판한 데 대해 반론으로 제시한, 주요 쟁점 10가지에 대한 '노무현 정부–조중동–자사'의 입장 비교(〈경향신문〉, 2006. 7. 7)를 보면, '이라크 파병'이나 '한미 FTA' 건을 비롯해 〈경향신문〉보다 오히려 조중동과 노무현 정부 사이의 의견 일치가 더 많다(10개 중 7개). 물론 이 비교에는 〈경향신문〉과 노무현 정부의 입장이 같은 더 중대한 사안들, 예를 들어 남북 관계, 행정 수도, 언론 개혁, 사학법, 대통령 탄핵, 신문법 같은 건 빠져 있다. 그래도 확실히 〈한겨레〉보다는 〈경향신문〉이 좀 더 노무현에게 '까칠했다'고 볼 수 있다.

226 이 책에 대한 〈한겨레〉나 〈경향신문〉의 태도는 사실상 무시에 가깝다. 두 신문

러나 보수가 진보 언론을 '이념적'(경직적, 몰현실적)이라고 비판하는 것은 부분적으로는 맞는 듯하다(김사승·채희상, 2009).

그러나 그렇다고 해서 이들에게 정치병행의 폐해, 곧 진영적 정파성이 전혀 없다는 뜻은 아니다. 〈한겨레〉, 〈경향신문〉의 시민 편집인을 지냈던 이봉수(2017)는 이런 사례들을 제시하며 〈한겨레〉가 왜 영국의 〈가디언〉이 될 수 없는지를 살핀다. 특히 〈한겨레〉가 지속적으로 추적했던 국정 농단(미르·K재단) 보도에서 마지막 결정타인 최순실 테블릿 PC 보도를 jtbc에 빼앗긴 것은 여러모로 생각할 거리를 제공한다고 한다. 이런 거리 중 하나는 오히려 이념에 충실하기보다 특정 정당(지금은, 민주당) 편향을 보인다는 지적일 것이다. 한 〈한겨레〉 기자의 다음 진술은 이를 잘 보여 준다. "민주당과는 1970~1980년대부터 민주화운동 세력으로 엮여 있어서 정치부 기사에 그런 편향적 기사가 많다. 데스크급 이상 선배들 중에는 한나라당보다 민주당을 밀어주는 것이 옳다고 생각하는 확신범들도 많다. 한국에서는 언론이 사실 플레이어로서 기능하고 있는데, (언론의 자유와 관련해) 그게 제일 문제라고 생각한다"(J기자; 이희정, 2011: 73에서 재인용. 괄호 안은 원저자).

다 짧은 '서평' 정도에 그쳐 완전히 피하지는 않았으나 그렇다고 크게 다루지도 않았다. 좀 더 강하게 비난받은 〈경향신문〉이 "언론의 소명은 자유로운 비판이다. 왜 우리가 그(노무현)의 죽음에 부채의식을 느껴야 하느냐"(2010. 2. 2; 괄호는 인용자)는 약간의 항변을 붙인 정도였다. 직접적인 당사자는 아니지만 어느 정도 '관련자'라고 볼 수 있는 〈오마이뉴스〉 역시 이 책의 서평에 "사실을 올바르게 읽는 일이 노무현을 올바르게 보는 법이라면, '노무현 신화 만들기'도 삼가야 한다"(2010. 2. 10)는 짧은 단서를 달았다. 만약 한국 정치에서 노무현을 기린다면, '그때 과연 언론은 어떻게 해야 했을까,' '민주 정부의 언론에 대한 효과적인 대응책은 무엇일까'에 대해서도 반드시 같이 숙고해야 한다. 노 정부와 언론은 결코 분리될 수 없기 때문이다. 이 책에 대해 〈한겨레〉나 〈경향신문〉은 좀 더 진지하고 차원 높은 대응을 해야 했다.

이와 관련해 다음과 같은 상당히 신랄한 지적도 있다. "진보 언론이 보수 언론에 비하여 정파에 관계없이 더욱 공정하고 균형 있는 보도를 행하고 있다는 관점을 뒷받침할 수 있는 객관적 자료는 확보되어 있지 않다. 오히려 보수 언론에 비하여 진보 언론이 더욱 노골적이며, 일관성 있는 편향성을 보이고 있다는 견해마저 대두하고 있다"(박승관, 2017: 32~33). 이 주장이 과연 맞는지는 좀 더 깊이 생각해 봐야 하지만, 그런 연구('객관적 자료')를 쉽게 찾을 수 없는 건 분명한 듯하다.[227] 만약 보수 언론이 '편향'이고 진보 언론이 이에 대응한 '역편향'이라면, 한국에서는 정치에 언론이 일대일로 대응하는 아주 지극한 정치병행성이 나타나는 셈이다.

독자들도 〈한겨레〉의 위상을 공정하지도 꾸준하지도 않았다고 평가한다. 독자들은 자신의 정치적 성향에 따라 진보의 경우에는 상대적으로 높게, 보수의 경우에는 낮게 〈한겨레〉를 평가하였지만, 두 독자층 모두 '신뢰성'이나 '호감도'에서보다 '공정성'에서 〈한겨레〉에 낮은 점수를 주었다(윤수현, 2019). 여기서의 공정성은 이슈의 찬반에 공히 시선을 보내는 균형성에 가까워 보인다. 신문이 외연을 확대하기 위해서는 새로운 층, 특히 적에 대한 반감이 상대적으로 작은 중간층이 필요하지만,

---

227 이재경(2007)의 품질 연구나 한국언론학회·미래미디어연구소의 미디어 신뢰도 조사 등에서 진보 언론이 좀 더 나은 점수를 받거나 우위에 있기는 하다. 연구에서는 2018년에 나온 이종혁·길우영(2018)의 메타연구가 보수 언론이 진보 언론에 비해 상대적으로 정파적 편향성이 더 강했다(정파적 프레임의 사용 빈도 차이: 3.5배 대 2.5배)는 점을 논증했다. 손석춘(2017)은 저널리즘의 본분에서 진보 언론의 우수성을 강하게 주장했지만, '객관적 자료'를 근거로 제시하지는 못했다. 나는 손석춘의 주장에 동의하지만, 이종혁·길우영의 셈 이상으로 크게 주장하기는 어렵다고 생각한다. 예컨대 김춘식이 말하는 "(문재인 정부의) 정책들에 문제가 있다. 그런데 이런 부분들이 〈한겨레〉에는 안 보인다. 문제를 문제로 생각하지 않는 것 같다"(김춘식; 윤수현, 2019; 괄호는 인용자)는 차원의 편향은 상당히 있다는 뜻이다.

지금처럼 공정성이 부족하다면 독자의 확대는 상당히 무망한 일이라 아니할 수 없다.[228]

또 〈한겨레〉는 정치적으로 민감한 시기에는 자발적으로 독자가 유입되었다가 일정 기간이 지나면 이탈해 버리는 양상을 반복해 왔다. 독자를 어떻게 끌어올 것인지에 못지않게 유입된 독자를 어떻게 유지할 것인지가 문제였지만, 여전히 해결하지 못하고 있다(《한겨레》, 2012). 최순실 특종을 주도했던 김의겸이 한 대담에서 지적한 〈한겨레〉가 가진 '더 근본적인 문제'[229] (《기자협회보》, 2017. 10. 24)가 여기에 있다. 〈한겨레〉를 비롯한 진보 언론은 정치적 신조나 정책적 방향의 투철함에 비해 저널리즘적 가치나 비전은 너무 약하다. 내부의 문제를 스스로 지적하고 고쳐나가는 데도 소극적이다(민동기; 박성제, 2017: 72).[230] 그런 면이 진보 '정부,' 진보

228 입사 7년차 이하 젊은 〈한겨레〉 기자 31명은 '조국 사태' 때 다음과 같은 대목이 들어 있는 연명 성명을 발표했다. "타사 기자들은 손발이 묶인 〈한겨레〉 기자들을 공공연하게 조롱한다. 내부에서는 〈한겨레〉가 '신적폐' '구태 언론'이라는 자조 섞인 얘기가 나온다. 문재인 정부가 들어선 뒤 '민주당 기관지'라는 오명을 종종 들었지만, 이 정도로 참담한 일은 없었다"(정진형, 2019). 〈한겨레〉가 진보 정부에 보인 공정하지 못한 태도가 이 기자들을 깊게 실망시킨 것이다.

229 김의겸은 다음과 같이 말했다. "(탄핵 보도에서) 왜 〈한겨레〉가 이룬 결실이나 성과에 비해서 인정받고 충분히 애정을 받지 못했는가. 여기에 대한 고민이 있다. 신문 매체의 영향력이 감퇴하는 구조적인 문제도 있지만 그것만으론 다 설명이 안 된다. 뭔가 더 근본적인 문제가 있을 텐데, 거기에 대해서 고민하고 성찰해야 〈한겨레〉가 다시 설 수 있지 않을까 생각한다"(《기자협회보》, 2017. 10. 24).

230 2020년 5월에 〈한겨레〉는 취재 보도 준칙과 수사 보도 세칙을 새로 제정했다. 여기에서 "사회적으로 중대한 사안, 개인 또는 집단이 대립하거나 논쟁 중인 갈등적 사안, 복잡한 사안 등을 다룰 때는 여러 측면과 다양한 관점을 두루 취재하고, 종합적이고 심층적으로 보도하여 사안의 전체와 맥락을 보여 준다"(《한겨레》, 2020. 5. 14)는 조항은 〈한겨레〉가 그간 부족했던 부분으로 여러 차례 지적받은 것이다.

'권력'에 대한 태도를 너무 안이하게 만들고, 스스로를 '도구화'해 버린다. 이런 것에 대한 고민과 반성이야말로 지금의 정치병행·무한 경쟁판에서 진보 언론이 해야 하는 가장 우선적인 일일 것이다.

(4) 방송과 정치적 후견주의

방송사 사장 선임 과정

방송에서도 격변이 있었다. 세월호 사태 당시 김시곤 KBS 보도국장의 폭로로 널리 알려진 청와대의 외압은 급기야 길환영 사장의 사퇴로 이어졌다. 길영환 사장은 1년 9개월밖에 있지 못했다. 뒤를 이은 조대현 사장 역시 청와대의 뜻은 아니어서('김영한 비망록' 참조) 역시 1년 4개월 정도만을 재임하고 고대영 사장으로 교체되었다. 이 과정은 앞서도 잠시 언급한 정연주 사장의 불법 해임과 더불어 공영 방송의 정치적 독립을 위한 선결 요건이 정단한 사장 선임이라는 점을 다시 한 번 널리 알렸다.

여기에서 그간 수많은 물의와 파쟁을 일으켰고 지금도 해결점을 찾지 못하고 있는 사장 선임 과정의 특징을 정치적 후견주의 이론과 연관 지워 살펴볼 필요가 있다. 1987년 민주화 이후 방송에서 중요했던 것은 정치적 다원주의를 위해 방송 규제 조직에 야당이 참여하는 것이었다. 먼저 목표가 된 것은 방송위원회였다. (당시만 해도 KBS나 MBC(방문진) 이사회는 전혀 실권이 없었다.) 민주화 이후 언론기본법이 폐기되면서 야당도 1명을 추천할 수 있게 된 것을 시초로, 2000년 정권이 교체되고 통합방송법이 만들어지면서 1명이 더 들어가 7 대 2가 되었다. 물론 의사 결정에 영향을 미치기에는 턱없이 부족한 수였지만 그래도 야당 몫이 커진 것은 나름의 의의가 있었다. 국회의 여소야대 비중(곧 국민의 비중)이 반영된 것이 이유였기 때문이다.

표 10. 민주화 이후 방송(통신)위원회와 KBS이사회의 여당 대 야당의 구성

연도	방송(통신)위원회	KBS이사회	비고
1987	12; 11 대 1	12	KBS이사회의 실권 없음
1990	9; 8 대 1	12	
2000	9; 7 대 2 (공동 여당 자민련 2, 상임위원 야당 몫 없음)	11	방송위원회 대법원장 추천이 국회 교섭 단체 추천으로 바뀜
2003	9; 5 대 4 (상임위원 3 대 2)	11; 8 대 3	절차 준수(KBS이사회의 권한 강화), 이때까지는 KBS이사회에 대한 정당 압력이 그렇게 강하지 않았음(KBS 사장≒대통령 권한)
2008 (방송통신위원회)	5; 3 대 2 (비상임 없음, 대통령 권한 강화)	11; 7 대 4	정연주 사장 불법 해임 때부터 사실상 정당 추천 공식화; 정당의 충성도 검증 증가, KBS이사회에서 야당 몫 1인 증가

노태우 정권 초기에 방송위원회(위원장 강원룡)는 KBS와 MBC 사장 선임 과정을 주재해 당시의 사장을 결정했다. 시민단체 출신의 서영훈과 한국 방송 역사에서 몇 안 되는 전문가 중의 하나였던 최창봉은 그런 과정을 거쳐 KBS와 MBC 사장으로 임명되었다. 물론 서영훈이 서기원으로 바뀐 이후부터는 다시 원상으로 돌아와 정치권력이 사장을 사실상 임명했다. 그나마 문민 정부(김영삼 정부)의 기치가 살아 있을 때는 홍두표나 강성구 같은 방송 전문인이 사장이 될 수 있었다.[231]

---

231 '전문성이 정치적 외압을 이겨 방송의 자율성을 견지할 수 있을 것이다'는 오랫동안 방송가를 떠돈 입증 안 된 명제다. 물론 선진국의 경우, 특히 BBC를 통해 정치와 방송의 '절연insulation' 모델을 실천하는 영국에서는 이런 전문성의 비중이 상당히 높다고 할 수 있다. 그러나 BBC의 또 다른 얼굴이 엘리트주의이듯이 전문성과 정치성은 그렇게 쉽게 선후가

그러나 법의 성문이 본격적으로 힘을 발휘하기 시작한 것은 노무현 정부 때부터다. 이 이후로 방송위원은 여야 추천이 근소한 차이인 5 대 4가 되었고, KBS이사회의 제청권도 실권을 얻게 되었다. 당시 이사회는 11명이 정원으로 여야의 비율이 8 대 3이었으나 그때까지만 하더라도 정당이 직접적으로 이사를 추천하지는 않았다. 방송위원회는 공모의 절차를 거쳐 적합한 사람을 이사로 선임하는 과정에서 방송위원회 내부의 야당 위원 몫을 은연중에 상정하는 정도였다.

이사(회)의 정당 또는 정치색이 전면으로 등장한 때는 정연주 사장을 불법으로 해임시킨 2008년이었다. 해임을 위해 상대편 이사 3명을 포섭, 3 대 8을 6 대 5로 역전시켜야 하면서 이사들의 정당 충성도가 여야 모두에 중요해졌다.[232] 그러면서 이명박 정부는 '대통령의 국정 철학을 적극 구현해야 하는' 공기업의 대표쯤으로 KBS 사장을 격하시켰다. 법안에 없는 정당 추천 제도는 그때부터 공식화되었고, 정당은 충성도를 인선의 제1의 기준으로 삼았다. "자신을 고위 공직자에 앉혀준 권력자에게 충성으로 보답하려는 관행"(강준만, 2014)인 미시적 차원의 후견주의가 본격적으로 등장한 것도 이때부터다. 2008년에는 방송위원회

판가름 나지 않으며, 둘 사이가 그렇게 분명하게 구분되지도 않는다. 독일의 경우에는 아예 프로포르츠 같은 공유共有 제도를 통해 전문성과 정치성 사이를 타협시켰다. 이 공유는 정치를 따라 처음부터 자리를 나누고 그 가운데서 전문성을 키우자는 의도다. 우리는 영국 모델을 본받으려 하나 매양 전문성은 정치성의 상대가 되지 못했다. 단적으로 말해 임명권자의 권력이 전문가의 영역을 압도한 것이다. 그런 면에서 공유 제도를 긍정적으로 검토해 볼 여지가 크다(사실 야당 몫이 계속 증가해 온 추세는 공유의 적실성을 예증한다). 그러나 그러려면 여야 사이의 적대가 지금보다는 훨씬 줄어들어야 한다.

232 당시 이명박 정부가 3 대 8을 6 대 5로 만들기 위해 저지른 불법(압박·회유·해임)은 아마도 한국 공영 방송에서 가장 추악했던 정부 개입의 단면으로 기록될 것이다.

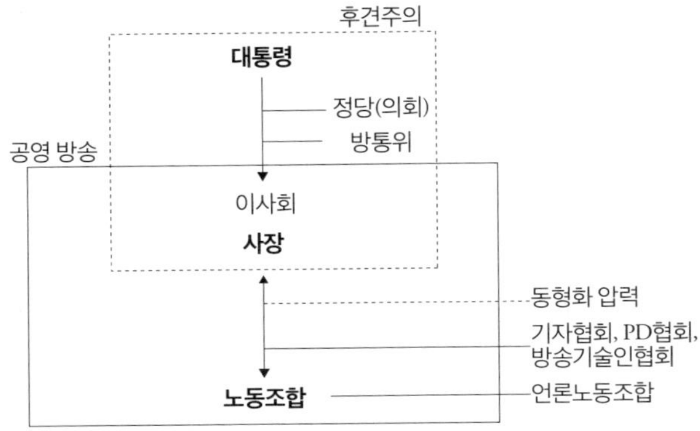

그림 3. **정치적 후견주의에서의 공영 방송의 노사 관계**

가 방송통신위원회가 바뀌어 국무회의에도 참여하는 내각 조직이 되면서 정치적 중립이었던 명목이 사실상 의미를 잃어버렸고, 이사회는 아예 정당 추천이 공식화되면서(그래도 아직까지 명목으로는 아니다) 방송의 정당–정치화는 더욱 강해졌다.

현재의 임명 구조를 분석해 보면 대체로 그림 3에서 보는 바와 같다. 먼저 임명권자는 대통령이지만 임명 제청권은 KBS의 경우 이사회에 있다. 11인으로 구성되는 이 이사회는 방송통신위원회에 의해 구성되는데, 방송통신위원회는 여야가 각각 2인을 추천하고 대통령이 위원장을 임명해 여야의 비율이 3 대 2다. 이사는 이 비율에 맞춰 7 대 4로 구성된다.[233] 사장은 조직 전체를 통괄하며, 노조를 제외하면 견제 장치

233 방통위 3 대 2의 비율이 이사회에서 7 대 4가 된 것에 특별한 원칙이 있지는 않다. 과반의 결정 체계를 크게 위협하지 않는 범위 내에서 야당 몫을 늘려 주다 보니 그 정도 숫자가 된 것이다. 하나를 더 늘려 주면 6 대 5의 1표 차가 되어 불확실성이 커지므로 7 대 4는 여당의 입장에서 볼 때는 의외로 합리적인 수치다. MBC의 방송문화진흥회 이사회가 6 대

가 전혀 없다. 사장은 후견주의적 임명 관계를 기반으로 방송 조직을 일정하게 '동형화isomorphism'[234]해 일종의 친위대 조직을 만들고, 이들은 사장의 인사권·예산권을 기반으로 요직을 독점하고 후견주의적 '오더'를 수행한다.

이런 선임과 위계 구조를 후견주의의 구조, 문화, 행위(Roudakova, 2008)에 비추어 분석해 보면, 다음과 같은 특징을 추출할 수 있다. 첫째, 구조 또는 체제의 문제로, 모든 의사 결정이 과반 다수의 지배로 이루어진다. 그리고 인선은 항상 국민의 지지와 안정을 이유로 정부·여당이 과반을 차지한다. 한국의 권력 구조가 1표라도 많으면 모든 권력을 독점하는 다수주의(승자독식주의)인 것에 사실상 KBS나 MBC의 사장(선임권)도 포함되는 것이다. 물론 공영 방송의 이념이 나름대로 힘을 발휘해 뉴스 등에서 편향이 노골적으로 행사되지는 못하지만, 기계적 중립성 속에 항상 상대적 당파성을 숨겨놓아 후견인을 철저하게 보호하는 것은 여전하다.[235] 특히 이 점에서는 진보 또한 예외가 아니다. 상대적으로 원

3이 된 것 역시 같은 이유다.

234 동형화란 집단적 합리화 조치의 하나로, 환경적 조건에 적응하기 위해 한 단위를 다른 단위와 유사하게 만드는 동질화 안을 말한다. 이런 동형화에는 크게 '제도적인 것'과 '(시장)경쟁적인 것'이 있고, 제도적인 것은 다시 세 가지, '강제적인 것'과 '모방적인 것,' 그리고 '규범적인 것'으로 나뉜다(Dimaggio & Powell, 1983). 후견주의에서 시작되는 동형화는 강제적인 것(대통령-사장의 조직 위계)이 기초가 되고 그 위에 모방적인 것(사장의 내부 친위대 집단 형성)이 더해지는 형태를 띤다고 할 수 있다. 이런 동형화가 관행화되면 규범과 비규범 사이의 구별이 어려워지게 된다. 아예 권력의 내부 논리로 정착되어 버리는 것이다.

235 나는 이를 판단할 수 있는 준거의 하나로 당시 사장(길환영)의 유고 기간에 벌어진 KBS의 '문창극 보도'를 들고자 한다. 총리 지명자 문창극이 한 교회에서 강연한 것을 보도한 것인데, 이에 대해서는 관점에 따라 평가가 다를 수 있다(심의 과정에 대한 자세한 것은, 윤석민, 2015 참조). 그러나 과연 사장이 있는 가운데서도 이 보도가 제대로 될 수 있었을

칙에 충실했던 진보 정부 역시 신문의 '기울어진 운동장'(조중동 지배)에서 나오는 여론 시장 열세를 상쇄하는 지렛대로 공영 방송을 활용하고자 했으므로 후견주의의 탯줄을 완전히 끊지 못했다. 한국 정치가 여야간 충분히 경쟁적인(선거 결과가 불확실한) 상황에도 불구하고 서로의 출혈이 큰 후견주의를 중단하지 못하는 것은 이 때문이다. 이는 경쟁적 정치가 공영 방송의 실질적 독립성을 높인다는 김상유·이준웅(2018)의 비교 연구와 맞지 않는 것으로, 한국의 선거(특히 대선)가 권력을 잃을 것을 염두에 두지 않는 제로섬 게임의 배제적 투쟁이 되면서 공영 방송을 도구화하려는 유인이 오히려 더 강해진 결과로 볼 수 있다.

둘째, 후견주의가 수십 년간 반복되면서, 또 이명박 정부로 시작되는 2기 보수 정부가 약해진 후견주의를 재강화하면서 임명권자의 오더라는 '왜곡된 책무'를 만들었다. 이 책무는 방송의 자율성이라는 공적이지만 추상적인 명분보다 더 직접적으로 행위자들을 구속한다.[236] 허술한 제도[237]가 움을 틔운 이런 후견주의 문화 또는 관행은 권력의 논

까? 나는 그러기 어려웠을 것으로 본다. 당시의 뉴스 작업은 대부분 당파적 보호막 속에서 이루어져 KBS는 신중하다 못해 스스로를 무력하게 만들 지경까지 이르렀다. 이준웅(2009)은 BBC의 예를 빌려 공영 방송이 '공론장을 지배해야' 자신의 의의를 찾을 수 있다고 했는데, 이에 비추어보면, 무력화야말로 오히려 편파성보다 더 반공영적인 것이다.

236 물론 이런 관계가 완전히 견고하지는 않다. 사장이 자신을 희생양으로 삼자 바로 폭로 발언을 한 김시곤 KBS 보도국장의 예에서 본 바대로 후견주의와 파벌 관계는 때로는 깨진다. 피후견자는 후견자로부터 받을 것이 없는 순간, 이전의 관계를 모두 청산하는 방향(배반이다)으로 가 버린다. 물론 후견자 역시 인사 발령으로 보복한다. 배반이나 보복 같은 사적 관계를 지칭하는 용어가 이 영역에서 설명력을 갖는다는 점이야말로 후견주의의 진정한 정체가 무엇인지를 잘 보여 준다.

237 KBS 이사의 경우, "각 분야의 대표성을 고려하여 방송통신위원회에서 추천하고 대통령이 임명한다"(방송법 46조 ③항)는 수준의 약한 요건만 두고 있어 강한 정치적 압

리가 방송 명분을 구현할 수 없다는 하나의 징표가 된다. 국회·방통위·(KBS·방문진) 이사회 같은 조직이 여야가 모두 참여하는 회의체인 이유가 엄연하게 있지만, 궁극적인 결정에서는 모두 허울에 불과하며, 다수결이야말로 승자의 전유물이라는 점을 모두 알고 있는 것이다.

셋째, 추천 정당이나 이데올로기별로 파벌이 조성되고 이는 조직 안으로까지 파고든다(최영재, 2014). 조직 내 사장의 친위대 그룹과 반대 그룹이 형성되고, 배후 정치 세력의 입장에 따라 찬성과 반대가 교대로 이어진다. 보도국 내 파벌은 일종의 정치적 다가성(polyvalence; McCargo, 2011)이 되어 변하는 후견인(정부)에 대응해 조직을 적응시키는 피후견인의 합리적 대응이 된다. 물론 한국의 경우에는 이런 다가성이 결코 원활하게 발휘되지 않고, 교체될 때마다 매우 심한 파열음을 낸다. 적대적 공존은 여기에도 어울리는 말이다.

민주화 이후 KBS, MBC 사장 명단과 재임 기간, 이력은 표 11, 표 12와 같다. 이로 보면 다음과 같은 특징을 찾아볼 수 있다. 우선 안정적으로 임기가 보장되지 않고 교체가 잦았다는 점이 있다. 재임의 절대 기간이 평균 KBS는 2년 7개월, MBC는 2년 3개월밖에 되지 않는다. 특히 임기가 보장되어야 하는 KBS의 경우 비정상 임기를 보낸 사장이 정상 임기를 마친 사장보다 훨씬 더 많다(6/11; MBC의 경우도 굳이 따져 보면, 8/13). 이런 불안정성은 공영 방송의 정치적 자율성이 상당히 허약하다는 점을 반증한다(Hanretty, 2009 참조). 2008년 정연주 사장의 해임 과정에서 드러난 바대로, 이전 법에서 임기를 보장하기 위해 '임면권'을 '임명권'으로 바꾼 것은 법리적으로 양자가 큰 차이가 없다는 법원의 유권

력을 방관·조장한다.

표 11. 민주화 이후 KBS 사장 명단(1988~2019)

임기	성명	기간	이전 경력 및 특기 사항	정상 임기	비고
8대	서영훈	1988.11~1990. 3 (1년 4개월)	흥사단 이사장 (시민단체 출신)	×	
9대	서기원	1990. 4~1993. 3 (2년 11개월)	〈서울신문〉 사장	○	퇴진 투쟁
10, 11대	홍두표	1993. 3~1998. 4 (4년 11개월)	TBC 사장 (최초의 방송 출신)	×	
12, 13대	박권상	1998. 4~2003. 3 (4년 11개월)	〈동아일보〉 편집국장 (해직 언론인)	○	
14대	서동구	2003. 3~2003. 4 (1개월)	한국언론재단 부이사장 (해직 언론인)	×	퇴진 투쟁
15, 16,** 17대	정연주	2003. 4~2008. 8 (5년 4개월)	〈한겨레〉 논설위원 (해직 언론인)	×	불법 해임
18대	이병순	2008. 8~2009. 11 (1년 3개월)	KBS 뉴미디어본부장 (최초의 KBS 출신)	○ (잔여 임기)	
19대	김인규	2009. 11~2012. 11 (3년)	KBS 특임본부장 (대통령 특보 출신)	○	퇴진 투쟁
20대	길환영	2012. 11~2014. 7 (1년 9개월)	KBS 제작본부장	×	적법 해임
21대	조대현	2014. 7~2015. 7 (1년)	KBS 미디어 사장	○ (잔여 임기)	
22대	고대영	2015. 7~2018. 1 (2년 6개월)	KBS 정치부장 KBS 비즈니스 사장	×	퇴진 투쟁
23대	양승동	2018. 3~	KBS 부산방송총국 편성제작국장	현직	

* 출처: 조항제, 2014b: 297에서 민주화 부분만 발췌해서 최신화. 굵은 선은 진보/보수 정부의 구분임

** 당시 이사회가 바뀌면서 사장을 재신임해 1대가 지나갔다.

해석[238]에 따라 사실상 무위로 끝났다. 여기에 더해 KBS의 20대 길환영 사장은 '정당'하게 해임됨으로써 사장의 임기가 재임 시의 잘잘못에 의해 결정되는 전례까지 만들어졌다. 이 점이 과연 어떤 효과를 가질지는 더 생각해 봐야 하는 것이지만, 자리를 늘 위협받아야 하는 사장이 자율성을 지킬 수 없다는 점은 상당히 분명해 보인다.[239]

둘째, KBS의 경우, 진보 정부 당시의 해직 언론인 출신 라인(박권상–서동구–정연주)에 비해 보수 정부의 KBS 라인(이병순–김인규–길환영–조대현–고대영)이 상대적으로 노조 등의 퇴진 투쟁에 시달렸고 조직 내부에서 반발을 많이 샀다는 점이다. 이 점에 대해 한편에선 노조가 가진 특정한(진보적) 정치성을, 반대편에서는 이때 사장들의 정치적 개입주의를 이유로 든다. 그러나 퇴진 투쟁과 관련해 서동구 사장의 빠른 퇴진은 같은 이력을 가졌던 김인규 사장에 비해 진보 정부 시절의 사장이 보다 명분과 원칙에 충실했다는 점을 일깨워 준다. '정치적 임명, 노조 파업, 정부 강행'의 1990년 시간이 좀 더 앞으로 나아간 것이다. 그러나 보수 정부의 경우, 앞서 언급했던 이명박 정부 시절의 공언('국정 철학' 운운)이나 박근혜 정부 시절에 김시곤의 녹취록에 의해 알려진 이정현(홍보수석)–길환영(KBS 사장)–김시곤(KBS 보도국장) 라인이 가진 개입주의 또는 수직적 위계 관계의 정치성 또는 반규범성[240]은 전형적인 후견주의를 보여 주

---

238 임면권은 임명과 해임을 같이 할 수 있고 임명권은 임명만 할 수 있다는 것인데, 법원(대법원서울행정법원)의 유권해석은 양자가 큰 차이가 없다는 것이다(이강혁, 2017).

239 서구의 유수 공영 방송의 경우, 정권의 부침과 관계없이 경영의 연속성을 보장받으므로 임기가 큰 의미를 지니지는 않는다. 그러나 공영 방송의 자율성이 제도적으로 보장되지 않은 한국에서도 그렇다고 보기는 어렵다. 단점이 있기는 하지만, 사장의 임기는 보장하는 게 맞는다(최소한 해임 사유가 엄격해야 한다).

240 여기에서 꼭 짚고 가야 하는 문제는 이 건으로 이정현이 2020년에 법원에서 유

표 12. 민주화 이후 MBC 사장 명단(1988~2019)

임기	성명	재임 기간	이전 경력 및 특기 사항	정상 임기*	비고
9대	김영수	1988. 11~1989. 1 (2개월)	국회의원(유정회)	×	사실상 취임 못함
10대	최창봉	1989. 2~1993. 3 (3년)	방송위원회 부위원장	○	
11대	강성구	1993. 3~1996. 6 (3년 3개월)	마산 MBC 사장	○	퇴진 투쟁
12대	이득렬	1996. 7~1999. 3 (2년 8개월)	MBC 애드컴 사장	×	
13대	노성대	1999. 3~2001. 3 (2년)	광주 MBC 사장	×	퇴임 후, 방송위원장
14대	김중배	2001. 3~2001. 3 (2년)	〈한겨레신문〉 사장 (시민단체 이력)	×	
15대	이긍희	2003. 3~2005. 2 (1년 11개월)	MBC 교양제작국장	×	
16대	최문순	2005. 2~2008. 2 (3년)	MBC 노조 위원장 언론 노조 위원장	○	퇴임 후, 국회 의원, 강원지사
17대	엄기영	2008. 2~2010. 3 (2년 1개월)	MBC 특임이사 (최장수 앵커맨)	×	방문진 퇴진 압 력
18대	김재철	2010. 2~2013. 3 (3년 1개월)	울산 MBC 사장	○	퇴진 투쟁
19대	김종국	2013. 5~2014. 2 (9개월)	MBC 경남 사장	×	
20대	안광한	2014. 2~2017. 2 (3년)	MBC 편성본부장	○	
21대	김장겸	2017. 2~2017.11 (9개월)	MBC 보도이사	×	퇴진 투쟁
22대	최승호	2017. 12~2020. 2 (2년 2개월)	MBC 프로듀서 (해직자 출신)		

* MBC는 매년 주총에서 재신임을 받아야 하는 상법상 주식회사이므로 KBS와 달리 임기 자체가 중요하지 않으나 KBS에 맞춰 3년을 임기로 설정했다.

는 것이다.[241] 후견주의와 관련해 한국의 경우는 일반적인 것과는 다소의 차이를 보인다. 대통령과 사장이 사적 관계가 없는 경우도 많고, 정실주의·엽관주의·극단주의 정도도 상대적으로 심하지 않다. 물론 사적으로도 친분 관계가 상당했던 이명박과 김재철 관계, 오더를 가장 잘 실행했던 이명박-김인규 관계는 전형적인 후견주의로 볼 수 있다. 그러나 다른 경우에는 관계 자체보다 효과에서 후견주의가 더 많이 나타났다.

셋째, 후견주의와 관련해 진보 정부와 당시 임명된 사장 사이도 생각해 볼 수 있을 것이다. 김대중 정부 시절의 박권상, 노무현 정부 시절의 정연주 사이가 그러하다. MBC에서는 양 정부 시절의 이득렬-노성대-김중배-이긍희-최문순을 상정할 수 있다. 여기에서도 특별하게 사적 관계나 수직적 위계 관계, 구태의연한 개입 등이 크게 발견되지 않는다. 물론 이념적 친화성이나 넓은 의미의 동맹 관계(예컨대 노무현-〈한겨레〉-정연주)까지 없었던 것으로 보기는 어려울 것이다. 그런 면에서 나는 "대통령의 임명권이 행사된 방송위원회로부터 내려오는, 눈에 보이지 않는

죄 선고(방송법 위반; 편성 개입)를 받은 점이다. 1심에서는 징역형을 선고 받았으나 2심과 최종심에서 벌금형으로 감형되었다(〈한겨레〉 2020. 1. 16). 이정현의 변호인 주장대로 1987년 방송법이 제정된 이후 31년이 지난 지금까지 이 조항으로 처벌받은 사람이 단 한 명도 없었다는 점에 비추어 볼 때, 이 선고는 방송의 자율화 요구에 비로소 사회(사법부)가 응답한 사례로 볼 수 있다. "관행이라는 이름으로 잘못된 행동을 유지하는 것이야말로 이 사회 시스템의 낙후성을 나타내는 것"이 1심에서 판시한 내용이었다((〈한겨레〉 2018. 12. 14). 이와 더불어 〈조선일보〉의 송희영 주필 역시 배임수재 재판에서 이른바 '스폰서 관계'로 유죄를 선고받았다. 재판부는 "〈조선일보〉의 공정성과 객관성, 나아가 우리 언론 전체에 대한 국민 신뢰를 상실케 했다"(김도연, 2018)고 지적했다. 2심에서는 무죄가 되었지만, 1심만으로도 달라진 사정을 짐작할 수 있다. 미디어 규범은 이제 미디어만의 것이 아니다.

241 한 가지 증거를 더 든다면 김영한 민정수석의 비망록이 적절할 것이다. 그의 비망록에는 당시 대통령(비서실)이 KBS 사장 인사에 개입한 흔적들이 고스란히 들어 있다.

표 13. KBS 사장 선임 관련 의원 발의안 주요 내용(16대~20대)

대수	발의 의원	여/야	주요 내용
16대	고흥길	야	- 이사회 제청과 국회 동의 얻어 대통령이 임명
17대	천영세	야	- **사장추천위원회**의 추천으로 대통령이 임명 - 사장추천위원회 구성은 대통령령에 위임
18대	허원제	여	- 이사회 사장 임명 제청시 **재적 이사 3/4 이상 찬성**
	정장선	야	- 사장은 **재적 이사 2/3 이상 찬성**으로 의결 - 사장 임기 보장: 이사회 재직이사 2/3 찬성으로 해임 건의하거나 그밖에 정당한 사유가 있는 경우 해임 가능
	이계진	여	- **사장추천위원회** 구성: 15~20명으로 이사회가 위촉(위원회 1, 방통위 1, 노동조합 1, 여 2, 야 2, 방송·언론 분야 단체 추천 5인 이상, 교육, 문화, 종교, 법률, 인권, 복지, 시청자 단체 추천 8명 이상 - 사장 추천은 사장추천위원회 재적 위원 2/3 찬성으로 의결 후 이사회가 제청, 대통령이 임명
	전병헌	야	- 사장 임기 보장
19대	이상민	야	- 사장 국회 인사청문 제도 신설
	전병헌	야	- **사장추천위원회** 구성(15인 이내) - 사장추천위원회의 구성과 운영은 이사회에서 결정 - 사장은 사장추천위원회 2/3 이상 찬성으로 결정 - 사장 임기 보장(이사 2/3 이상 찬성으로 해임 가능)
	최민희	야	- **사장추천위원회** 구성: 30명 이상, 대통령령에 위임

일종의 컨센서스가 이들 사장의 선출에 영향을 미쳤을 가능성까지 배제할 수는 없다. 이 판단은 노정부의 차별성을 폄하한다기보다는 그런 절차를 준수하는 조치 자체가 이미 현실에서 작동하는 진영 논리의 한계 내에 머물 수밖에 없다는 당시의 상황이 더 중요하다고 보는 것이다"(조항제, 2014b: 293)라고 추론했다. 제도가 아니라 사람을 중심으로 전체 판을 구성하는 후견주의 관계의 핵심은 유지되었다고 보는 것이다.

	배재정	야	- **사장후보추천위원회** 설치 (15명으로 구성, 여 3, 야 3, 언론학회 1, 방송학회 1, 언론정보학회 1, 전국언론노동조합 1, 방송협회 1, 공사 노동조합 1, 공사 시청자위원회 1, 방송 관련 시청자 단체 2) - 사장후보추천위원회 추천, 이사회 제청, 대통령 임명 - 사장 결격 사유 신설 - 사장 임기 보장(이사회 2/3 찬성으로 해임 의결)
	남경필	여	- 사장 임명 제청은 **재적 이사 2/3 이상 찬성** - 사장 임기(이사회 2/3 찬성으로 해임 의결) 및 결격 사유
20대	추혜선	야	- 이사 및 집행 기관 등의 보수와 업무추진비 내역 공개 의무화
	엄용수	야	- 사장 연임시 인사 청문 생략
	오세정	야	- 사장 자격 기준 신설
	이재정	여	- **사장추천위원회** 구성: 100명 이상 홀수, 만 19세 이상의 남녀 중 지역, 성별, 연령 등을 고려하여 무작위로 선발
	추혜선	야	- 사장 임명은 **재적 이사 2/3 이상 찬성**
	강효상	야	- 사장임명은 **재적 이사 2/3 이상 찬성** - **사장추천위원회** 구성 - 사장 후보자 추천 시 사장추천위원회 재적위원 3분의 2 이상의 찬성으로 의결 - 사장의 임기 및 신분 보장
	박홍근	여	- **사장추천위원회** 구성(15명 이내) - 사장 임명 시 **재적이사 2/3 찬성** - 사장의 임기 및 신분 보장

* 출처: 정영주 · 홍종윤, 2019. 강조는 중복되는 주장.

한국적 후견주의의 성격은 후견주의의 대안을 볼 때, 그 성격이 더 잘 드러난다. 표 13은 16대부터 20대까지 여러 의원들이 제출한 사장 선임 관련 안들이다. 먼저 볼 수 있는 것은 최근으로 올수록 제출되는 안이 많아졌다는 점이다. 이는 이전보다 현재에서 문제가 더 시급해졌다는 반증이다. 또 다른 특징 하나는 여야(20대 들어와서 여/야가 바뀌었다)의 대안이 비슷하다는 점이다. '사장추천위원회'와 과반 다수를 넘는 '특별

다수제'는 여러 안에 공통적으로 나오는 것이다. 기존 이사들이 정당의 영향권 내에 있으므로 정치색이 약한 한시적 추천위원회를 따로 두고, 의사 결정에서도 단순 과반보다 야당의 권한을 증가시킬 수 있는 특별 다수제(2/3)에 동의하고 있다. 그러나 중요한 것은 그럼에도 불구하고 현재가 바뀌지 않았다는 점이다. 여기에는 다음과 같은 여러 이유를 추론해 볼 수 있다.

첫째, 가장 중요하게 어떤 안이든 정당과 방송이 완전히 '절연'될 수 없다는 점이다. 그래서 선호되는 것이 '시민사회'의 참여인데, 문제는 자원자들이 중심이 되는 비제도적 시민사회가 어떻게 국민적 대표성을 확보할 수 있는가에 있다.[242] 이 안을 채택한 독일에 있는 지역 분권(연방)-이익 대표 체계가 한국에는 없다. 또 이 인선이 정당의 직접적 영향은 벗어날 수 있다 해도 진보/보수의 정치색까지 완전히 중립적이기는 어려울 터라 여전히 편파성 문제를 해결하기 어렵다는 점도 지적될 수 있다.

둘째, 각 안이 나름의 한계가 있다는 점을 들 수 있다. 사장추천위원회는 어차피 '이사회의 결정'이 필요하다면 단순히 절차 하나를 늘리는 것에 불과할 수 있다. 야당의 협조가 필요한 특별 다수제는 최선의 인선을 하기 어렵다는 단점이 있다. 이 다수제는 '최선의 인물을 뽑기'보

242 2018년에 나온 방송통신위원회·방송미래발전위원회의 안은 기존의 정당 추천에 시민사회 참여를 같이 넣은 것인데, 의외로 가장 어려운 '시민사회의 대표성 확보' 문제에 대해서는 별다른 해결책을 제시하지 않아 허탈함을 안겨준다. 한국처럼 이익의 대표 체계가 제대로 되어 있지 않고, 상대에 대한 비토가 체질화되어 있는 나라에서는 시민사회 대표를 원활하게 인선하기가 쉽지 않다. 협상을 쉽게 하기 위해서는 정치가 개입하는 수밖에 없는데, 그렇다면 결국 정당 간 나눠 먹기가 되고 만다. 많은 지배 구조 연구들(정준희, 2018; 정용준, 2016)이 이 안을 탈정치화의 이상적 방안으로 여기면서도 당장의 현실성은 별로 없다고 생각하는 이유가 여기에 있다.

다는 (야당의 동의를 얻어) '뽑힌 인물을 최선으로 보자'는 안이기 때문이다.[243] 스페인에서처럼 야당의 비토가 계속될 때, 사장을 계속 공석으로 놔둬야 하는 위험도 있다. 이 때문에 스페인은 정권이 바뀌자 옛날의 과반 결정으로 되돌아갔다(조항제, 2014b). 독일(ZDF)이나 일본(NHK)이 특별 다수제를 채택하면서 이 같은 위험을 피할 수 있는 이유는 여야의 경쟁이 그만큼 적대적이지 않고, 이 경쟁을 조정할 수 있는 중간 세력이 존재하기 때문이다.[244]

셋째, 감시의 눈이 많아지면서 점차 공영 방송의 사장 선임은 적극적으로 자파의 의지를 반영하기보다 소극적으로 타파를 견제하는 의미가 강해진다. 그렇다고 방송에 대한 정치적 압력의 필요성 자체가 없어지는 것도 아니다. 아무리 압력을 가해도 효과가 없거나 오히려 역효과를 일으킬 정도가 되어야 이런 압력이 없어질 수 있겠지만, 현실의 공영 방송이 그렇게 되기는 불가능하다. 관건은 이념을 유지하면서 이런 외

---

243 이 점이 매우 중요한 인식이기는 하다. '인치'(인격적·도구적 관계)가 아닌 '이치'(시스템적)야말로 후견주의를 극복한 진정한 모습이기 때문이다. 이치는 이理, 곧 비인격적 절차와 과정을 따라 나온 결과가 최선이라고 믿는 것이다. 이는 베버가 간파한 근대와 민주주의의 가장 발전적인 양태이기도 하다(좋은 '사람'을 대통령으로 뽑아야 되는 게 아니라 어떤 사람이 대통령이 되든 좋은 결과를 낳게 만드는 '시스템'이 더 중요하다). 사람들은 시스템이 제대로 작동되지 않을 때, 메시아를 기다리는 유혹에 빠진다.

244 특별 다수제를 돕는 부대 조치도 필요하다. 시민사회 구성원을 대거 참여시켜 '시민 모델'로 불리는 독일의 ZDF의 경우, 위원(텔레비전평의회) 수가 상대적으로 많고(60명; 77명에서 줄었다), 정부 및 정당 추천이 1/3로 제한되어 있으며, 여야가 균형적으로 중요 보직을 공유하는 관행proporz(사장과 보도본부장을 진보/보수가 나눠 맡는다)이 있고, 전문적이고 디테일한 경영(재원) 감시를 위해 상대적으로 소수(ZDF 15명)인 경영평의회 Verwaltungsrat를 따로 둔다. 평의회 내 중간 세력(이른바 회색당)이 나름의 입지를 지니고 있다는 점도 타협을 돕는다. 그러나 무엇보다도 기본적인 전제는 시민사회의 대표 체계가 잘 설계되어 있어 참여 단체 선정에 큰 어려움이 없다는 점이다(조항제, 2019a 참조).

압을 잘 소화할 수 있는 고도의 정치력('정치를 잘해 자율성을 지키는 사장')을 어떻게 확보하느냐이고, 이런 정치력이 발휘될 수 있는 제도적 보호막 — 예컨대 앞서의 사장추천위원회 같은 사장 인선 절차의 보장, 임기의 보장, 안정된 재원의 보장, 사장의 향배와 관계없는 제작의 자율성 보장 등 — 을 여하히 잘 구축할 수 있느냐다. 그런 면에서 최선을 찾는 것도 중요하지만, 일단 최악을 면하는 것도 대안이 될 수 있다. 지금이 계속될 경우, 정권이 바뀌면 또다시 적폐 청산부터 시작하는 적대적 갈등이 재연될 것이다.

넷째, 보다 직접적 이유로, 당대 권력을 잡은 쪽이 개정에 소극적이라는 점이다. 제출된 안들은 대부분 과반 다수와 그 배후에 존재하는 후견주의의 문제점을 지적하면서 현행 권력의 영향을 감소시키자는 것이다. 정치적 이익만 생각한다면 이런 안을 실현하는 데 정부·여당이 나서야 할 이유가 하등 없다. 어떻게든 빌미를 잡아 지연시키거나 좌절시키면 과반 권력이 계속 유지되기 때문이다. 2012년의 최장 기간 파업을 다시는 반복하지 말자는 취지에서 전원 국회의원들로 구성되어 의욕적으로 출범했지만, (사장)청문회 외에는 아무런 결실도 보지 못한 2013년의 '방송공정성특별위원회'는 이의 전형이 될 만하다.[245] 그래서 권력이 불확실한 상태, 곧 선거에 즈음해 안을 통과시켜야 한다는 전략이 거론되지만, 아직은 그런 기회를 잡지 못하고 있다.

---

245 특히 이 위원회의 현안은 해직자의 복직이었는데, 이에 대해서도 위원회는 '해결을 촉구한다'는 수준의 아주 원칙적인 성명을 내놓는 데 그치고 말았다(방송공정성특별위원회, 2013). (공영) 방송가에서 보수당(당시는 새누리당)이 신뢰를 주지 못하는 이유가 여기에 있다.

내부 후견주의와 KBS 보도국의 갈등

박근혜 정부 들어 더욱 심각해진 것은 외부의 개입에 대해 대응력을 발휘해야 하는 KBS 내부가 정치적 입장에 따라 심각하게 분열되어 있다는 점이다(최영재, 2014). 이는 2016년 총선을 한 달 앞두고 발표된 'KBS 기자협회의 정상화를 추진하는 모임'(이하 정상화모임)의 성명과 111명의 서명에서 잘 드러난다. 보도국장을 비롯해 정치경제부장, 편집주간, 취재주간 등 주로 간부 사원으로 된 이 모임[246]은 KBS기자협회가 정치적으로 편향되어 있고, 독단적으로 의사를 결정하며, 공정 방송이란 이름 아래 협회원 권익에는 무심하다고 주장했다.

> "기협의 가장 큰 잘못은 정치판보다 더한 독단적인 의사 결정 구조와 편향적 시각을 갖는데 그치지 않고 정치 조직화됐다는 점이다. 기협의 의제 프레임 설정은 사내에서 그치지 않는다. 성명서 정치에 익숙하다. 협회원들의 의견 수렴 없이 밀실에서 작성된 성명서나 내부 정보는 어김없이 특정 몇몇 매체로 흘러가 포털을 장식한다. 이는 명확한 해사 행위다. 설사, 성명서가 정의를 부르짖는 내용이라 해도 외부로 나가는 순간 정치적 행위가 되고 절차적 정당성도 잃게 된다. 일부 소수의 기협 간부들이 기자협회를 사유화해 전체 KBS 기자들이 편향된 정치적 성향을 가진 집단으로 왜곡시켜 왔다. 이제는 중단하라. 또, 기협은 기자는 기사로서 말해야 한다는

---

246 나중에 밝혀진 바에 따르면, 이 모임에는 취재 기자 특파원 12명 중 10명, 또한 보도본부 부장급 이상 보직자 60명 중 88%인 53명이 참여했다. 더구나 "이 모임에 가입한 사람들의 명단을 만들고, 가입하지 않은 사람과 구분해 인사 관리에 악용했다. 가입해서 혜택 본 사람에겐 화이트리스트, 끝내 거부한 사람에겐 사실상 블랙리스트"였다(《CBS노컷뉴스》, 2018. 10. 16).

기자 사회의 기본 원칙도 되새겨보길 촉구한다"(KBS기자협회 정상화를 추진하는 모임, 2016).

이 가운데 가장 눈에 띄는 대목은 이른바 '해사 행위'다. 정상화모임은 KBS기자협회가 마치 '민노총 산하 특정 민주 노조의 2중대'인 것 같은 편향이 있고, 협회가 중심이 되는 모니터 보고서는 스스로를 돌이켜 보는 반성 행위가 아니라 자해 행위나 다름없다며 비판한다. 그러나 협회장이 KBS의 편성 규약[247]이 정한 본부별 편성위원회('보도위원회')의 실무자 측 대표자이고, 기자협회의 모니터는 이 위원회에 보고되는 내용의 일부라는 점을 감안하면, 이 성명은 단순히 동업자 조직 내부에서 벌어지는 불협화음만은 아니다. 데스크의 책임자인 보도국장까지 연명한 것이 특히 그러하다. 더욱이 기자협회의 활동은 보도국 특유의 위계 문화를 중화시켜 KBS에 쏟아지는 각종 정치적 압력을 걸러내는 최소한의 장치여서 이 성명은 공영 방송의 이념을 스스로 무색하게 하는 것이다. 마지막 대목의 "기자는 기사로서 말해야 한다"는 자신들이 사실상 편집과 취재의 권한을 모두 쥐고 있는 상태에서 실무(부하) 기자들에게 마치 남에게 말하듯 비아냥하는 것이다.

편성 규약은 취재 현장의 목소리를 제도적으로 조직의 의사 결정에 반영하겠다는 합의다.[248] 대규모 조직으로서는 불가피한 관료제가 현장을 배제할 위험성이 있고, 전통적으로 관영의 때가 남아 있는 KBS의 사

247 2001년에 노사 합의로 제정했다(주 162 참조).

248 KBS의 편성 규약은 "취재 및 제작 책임자는 실무자의 자율성을 최대한 존중하여 창의적인 취재 및 제작 환경을 조성하고, 구체적인 취재 및 제작 과정에 부당한 압력을 행사하지 않는다"(5조 ②항)고 규정하고 있다(KBS, 2001).

정으로 보아 보신적 자기 검열이 '내부적 타율'의 수준에서 경계되어야 할 필요성이 있다고 보기 때문일 것이다. "취재 및 제작 실무자는 자신의 양심에 따라 자율적으로 업무를 수행하며, 자신의 신념과 실체적 진실에 반하는 프로그램의 취재 및 제작을 강요받거나, 은폐 삭제를 강요당할 경우 이를 거부할 권리가 있다"(6조 ③항)고 규정한 편성 규약이야말로 '언론의 자유'를 '언론 현장의 자유'로 만들어 주는 핵심이다.

이의 필요성을 반증하는 예는 정상화모임이 '국정 농단' 보도에서 게이트키퍼로서 보여 준 거의 유기遺棄 수준의 직무 태만이다. 2017년 1월에 이를 다룬 KBS의 아이템 건수는 139개인데, 이는 jtbc 450개의 30.9%이며 SBS 281개의 반이 채 안 된다. 전체 비중에서도 jtbc는 60.4%, SBS는 37.1%, KBS는 17.8%로, SBS의 반에도 못 미치는 수치다(한국방송공사 대선감시단의 발표; 〈한겨레〉 2017. 2. 10). 이렇게 중요관련성 relevancy을 경시하는 보도를 두고 '공정하다'고 말할 수는 없다.

더구나 이런 보도국의 내부 분열은 앞서 본 길환영 사장의 퇴진을 둘러싸고 KBS가 보여 준 단합 분위기와 현저하게 맞지 않는 것이다. 잘 알려져 있다시피 길 사장의 퇴진은 세월호 취재를 위해 급파된 1~3년차 기자들의 취재 소회가 공개되면서 발단되었다. 이들은 보도 책임자에게 "권력으로부터 '편집권 독립'을 이루세요. 시민들로부터 후배들로부터 '편집권 독립' 외치시지 말고요"(〈한겨레〉 2014. 5. 7)라고 호소했다. 이를 알게 된 세월호 유가족들이 KBS를 항의 방문하고 시청자들까지 덩달아 압박하면서 이정현-길환영-김시곤 라인에 균열이 생겼고 김시곤의 폭로가 이어졌다.[249] 이에 KBS보도국은 최고 책임자인 보도본

249 김시곤이 공개한 이정현과의 대화 녹취록을 들어보면 의외로 김시곤이 잘 버티

부장을 포함해, 한몸이 되어 정치적 독립을 외쳤다. KBS이사회가 불신임을 결의했고, 마침내 길 사장이 중도 하차하게 된다. '간부-평기자'의 수직적 위계보다 '기자와 기자'로 수평적 연대가 중요하게 작용한 이런 현상은 전문직주의의 중요한 표상 중 하나다. 그러나 정상화모임은 이조차도 스스로 부정하면서 기협을 공격한다.

> "(기협·노조의 주요 구성원들의) 영향력은 특히 갓 입사한 후배들에게 강력하다. '왕따'가 되기 싫어 불법 정치 파업에 어쩔 수 없이 동참하거나 남몰래 고민하고 있는 후배들을 우리는 많이 봐왔다. 사적 관계에 있는 기자들을 옹호하기 위해 어린 기자들을 공격하는 만행도 서슴지 않는다. 우리는 이제, 공영 방송 기자로서 부푼 꿈을 안고 입사한 후배들을 적극 보호할 것이다"(괄호는 인용자).

그러나 사실 이런 기협은 협회장조차 하겠다고 나선 이가 없어 억지로 운영되고 있는 조직이다(심인보, 2016). 정상화모임은 마치 이 조직이 불법 정치 파업을 주도하면서 조직을 장악해 젊은 기자들을 '왕따'시킨다고 하나 이들을 감시하고 조직 생활을 피곤하게 만드는 '간부들'은 정작 정상화모임을 구성하는 자신들이다. 이 성명은 편성 규약을 핑계 삼

는 것을 알 수 있다. 이를 두고 이정현 측은 말 그대로 '협조 요청'에 불과했다고 주장한다. 그러나 정치권력의 '협조' 요청은 제재에 가깝다는 게 기자들의 일반적 감각이다. 이 전화에 대해 기자들은 76%가 '청와대의 언론 통제'라고 답한다. '홍보수석의 통상적 업무'에는 12.3%, 이 전 수석의 '개인적 일탈'에는 6%만 그렇다고 동의했다(〈기자협회보〉, 2016. 8. 17). 중요한 것은 권력이 존재하는 한, 검열에 준하는 이런 협조 요청이 사라지지 않을 것이고, 권력을 선virtue으로 보는 한, 당사자들이 자신의 행위에 대해 양심의 가책을 느끼지 않을 것이라는 점이다.

아 그나마 남아 있던 내부 조직의 자율성을 송두리째 부정한 일종의 친위 쿠데타다. KBS를 그만두고 뉴스타파로 간 심인보 기자는 다음처럼 토로한다.

> "벌써 몇 년째 기자협회장을 하겠다고 선뜻 나서는 이가 없어 반강제적인 추대 형식으로 협회장 자리를 떠 안기고 있다는 사실, 잘 아시지 않습니까? 간부들에게 찍히고 조직 생활 피곤해질까 봐 서로 마다하는 기자협회의 간부 자리는, 결국 **양심의 소리에 가장 민감한 후배들이 울며 겨자 먹기로 맡는다**는 사실도 마찬가지로 잘 알고 계시겠죠. 그런 후배에게 미안하지도 않습니까?"(심인보, 2016; 강조는 인용자).

BBC에 대한 최근의 비판(Freedman, 2018a; Mills, 2016)에서 보는 바대로 이념적 공영 방송에 대한 찬사는 많지만 현실의 공영 방송이 이에 가까이 가고 있다는 희망 어린 판단은 거의 찾아보기 어렵다. 그만큼 지금의 신자유주의-미디어 풍요 시대가 공적 공간의 자리를 줄이고 있다는 뜻일 것이다. 한국의 KBS나 MBC도 넓게 보면 이런 어려움을 겪고 있다고 볼 수 있다. 그러나 보수 2기 정부 들어 재구성된 이들의 상층부는 오로지 권력을 위해 민주주의이든 공영 방송이든 '알면서도 할 수 없다'는 일종의 물신화된 부인fetishistic disavowal(Hearns-Branaman, 2016)에 가까운 태도를 보인다. 더 이상 정치가 내부를 파괴하지 않게 미디어 논리를 세워야 할 때이므로 적어도 지금은 제도적 보호막이 절실한 상태다.

(5) 방송노동조합과 파업[250]

방송노동조합의 창립

한국 공영 방송의 노동조합은 상대적으로 민간의 색채를 더 많이 가졌던 MBC가 1987년 11월에 처음으로 창립했다. 〈한국일보〉, 〈동아일보〉, 〈중앙일보〉에 이어 언론사로서는 네 번째였다. 이후에 CBS와 지역 MBC가 만들었고, KBS는 이듬 해 5월에야 노조신고서를 제출했다. 아무래도 국영의 잔재가 많았고 상대적으로 규모가 컸던 만큼 내부의 의지를 모으는 데 시간이 많이 걸렸던 탓이었다(엄민형, 2012).

창립 선언문에서 이들 노조는 자신의 입장과 처지를 비교적 분명하게 밝히고 있다. 먼저 공영 방송의 개념인데, 이들에게 공영 방송은 '독립성을 확보하기 위한 제도'이거나 '정부의 방송이기를 거부하는 국민의 방송'의 의미를 지닌다. 이의 반대, 그러니까 극복하고자 하는 구태는 '관료적이고 권위주의적이며 권력 지향적인 방송,' '구태의연한 타성과 관행, 그리고 무사안일에 젖은 방송'으로 권력에 의해 도구화된, 왜곡과 굴절의 공영 방송이다. 이들은 '뼈아픈 반성'을 통해 이를 거부하면서 '민주화된 방송,' '인간 중심적이고 대중 지향적인 방송'을 선언한다. 이의 수단은 '바람직한 노사 관계'로 확립된 '새로운 방송 문화'다.

> "본래적 의미의 공영 방송이란 국민의 재산인 전파를 당대 권력의 손아귀로부터 보호, 독립성을 확보하기 위해 고안된 제도적 장치였으나 우리의 '공영 방송'은 권력이 방송을 독점하고 도구화하기 위해 허울뿐인 '공영'을 간판으로 내건데 지나지 않고 있다. 우리의 주인인 시청자들로부터 외면

---

250 조항제, 2018a을 수정·보완한 것이다.

당하고 비난받는 현실이 이를 웅변으로 증명하고 있다. 따라서 그동안 왜곡, 굴절되어 온 방송 체제는 전면적으로 고쳐져야 하며…… 이것은 저 빛나는 6월 투쟁으로 우리에게 방송민주화운동의 공간을 확보해 준 국민에 대한 최소한의 보답이기도 하다. …… 우리는 합법적인 노조 활동을 통해 바람직한 노사 관계를 확립함으로써 이 같은 비민주적 요소들을 개선, 극복할 수 있음을 확신한다"(문화방송 노동조합 창립선언문; 〈문화노보〉 창간호, 1987. 12. 14).

"시대는 더 이상 KBS가 한낱 정부의 방송이기를 거부하고 진정한 국민의 방송, 민족의 방송이기를 엄숙히 요청하고 있다. 과거 관료적이고 권위주의적이며 권력 지향적인 옛 모습에서 탈피하여 인간 중심적이고 대중 지향적인 새로운 모습으로 탄생하기를 열렬히 요구하고 있어, 우리는 한국방송공사노동조합을 탄생시키는 것이다. 이제 우리는 KBS의 가족으로서 뼈아픈 반성을 바탕으로 구태의연한 타성과 관행, 그리고 무사안일의 껍질을 깨고 새로운 방송문화의 창조에 주역을 자임한다"(한국방송공사노동조합 창립선언문, 1988. 5. 20).

창립 정신에서 핵심적인 것은 이들이 노조 활동을 경영과의 표면적인 갈등이 아니라 본질적으로 권력과의 투쟁, 곧 정치(적 의미를 띤) 투쟁일 수밖에 없다고 인식한다는 점이다(이채훈, 1989). 지금까지 이들에게 정치–정부–국가는 부당한 압력을 행사해 방송을 도구화시켜 온 '주범'이었다. 따라서 방송의 민주화란 방송이 정치로부터 독립해 스스로를 결정할 수 있는 자율화와 이를 바탕으로 제반 권력을 감시하는 것이다. 그러나 이런 정신이 지난 30년간 얼마나 꾸준하게 이어졌는지는 새삼

표 14. KBS의 파업 개요(1990~2017)

연도	기간	파업 일수	사유	결과
1990 (제작 거부)	4. 12~5. 18	36	사장 취임 반대	실패
1997	1. 7~1. 20	14	노동법 개정 반대 민노총 연대 파업	관철
1999	7. 13~7. 28	15	방송법 개혁 요구 방노련 연대 파업	관철
2000	6. 3~6. 8	5	임금 교섭, 직제 개편	관철
2009	7. 22~7. 25	3	미디어법 반대	실패
2010 (KBS본부 노조)	7. 1~7. 29	29	단체 협약 체결, 공정 방송 쟁취, 조직 개편 저지	실패
2011 (KBS 노조)	12. 19~12. 23	4	임금 교섭	관철
2012 (KBS본부 노조)	3. 6~6. 8	94	사장 퇴진, 부당 인사 철회	실패
2012 (KBS 노조)	5. 4~5. 16	13	방송법 개정	실패
2014	5. 29~6. 5	8	세월호 보도 관련 길환영 사장 사퇴	관철
2017	9. 4~ 2018. 1. 24	143	이사장 및 사장 퇴진	관철

살펴보아야 할 연구의 대상이다.

파업의 성격과 특징

이런 KBS와 MBC의 노동조합은 민주화 이후 지난 30년간 여러 차례 파업을 감행했다.[251] 2012년 MBC의 파업은 무려 170일 동안 진행되어

251 공영 방송의 노동조합은 지금 살펴보는 것 외에도 여러 노조가 있다. 그러나 파업이나 제작 거부를 한 경험이 있고, 방송에서 창의적 작업을 담당하는 기자와 PD가 다수 가

표 15. MBC의 파업 개요(1988~2017)

연도	기간	파업 일수	사유	결과
1988	8. 26~8. 29	4	사장 퇴진, 주요 국장 중간평가제	관철
1989	9. 8~9. 20	13	주요 국장 추천제	관철
1992	9. 2~10. 21	50	해고자 복직	부분적 관철
1996	3. 14~4. 4	23	사장 퇴진	관철
1997	1. 7~1. 19	13	노동법 개정 반대, 민노총 연대 파업	관철
1999	7. 13~7. 27	15	방송법 개혁 요구, 방노련 연대 파업	관철
2008	12. 26~1. 7	13	미디어법 반대	실패
2009	2. 26~3. 3	6	미디어법 반대	실패
2010	4. 5~5. 13	39	사장, 부사장 퇴진	실패
2012	1. 30~7. 18	170	사장 퇴진	실패
2017	9. 4~11. 15	73	이사장 및 사장 퇴진	관철

최장 기간을 기록했다. 표 14와 표 15는 1988년부터 2018년까지 30년간의 KBS와 MBC의 파업의 내역을 보여 주는 것인데 대체로 다음과 같은 특징을 추출할 수 있다.

첫째, 파업의 사유가 대부분 비경제적인 것 또는 넓은 의미에서 '정치적'인 것이다. 경제적인 것으로는 KBS의 경우, IMF 직후(2000)에 있었던 생존권 차원에서 했던 것과 이원화된 이후 기술직·행정직 중심의 KBS 노조가 한 차례 임금 문제로 했던 것뿐이다. MBC에서는 경제적인 이유의 파업이 적어도 명목적으로는 없었다. 그리고 해고자 복직이

입된 노조는 정해져 있다. 노조 최후의 저항 수단인 파업은 성격상 조직의 중추를 이루는 인력이 아니면 감행하기 어려우므로 노조의 질적 비중을 가늠하는 척도가 될 수 있다.

목적이었던 MBC의 1992년 파업(50일)을 제외하면, 기간(일수)이 상대적으로 긴 파업은 대부분 정치적 후견주의의 사유, 곧 사장의 인사와 공정성 시비에 기인함을 알 수 있다. 파업같이 과정에서의 제작 피해(시청률 저하)나 '무노동 무임금,' 실패할 경우 각종 인사상 불이익까지 각오해야 하는 '자해적' 행위를 불사할 만큼 후견 체제에 대한 저항은 절박하게 전개되었다.

앞서 사장 명단에서 본 대로 KBS의 경우, 민주화 이후 30년간 11명의 사장이 거쳐 갔는데, 이 중 5명(서기원, 서동구, 김인규, 길환영, 고대영 등)이 선임 또는 재임 과정에서 파업이 있었다. 서기원은 이전 서영훈 사장의 해임과 연관된 정부의 방송 개입이, 서동구·김인규는 대통령과 직접 연관된 이전 경력(정치특보)이 문제가 되었다. 길환영과 고대영은 외압과 공정성 훼손이 이유였다. 이 중 서동구는 1개월 만에 조기 사퇴했고, 길환영과 고대영 역시 중도 해임되었다. 서기원과 김인규만 임기를 다했다. 서동구를 제외하면 모두 보수 정부 때 임명된 사장들이었다. 노무현 정부 때 임명된 정연주는 정권이 바뀌면서 '부당'하게 해임되었다(법원 판결). 당시 파업은 없었지만 상당수의 조합원들이 '사원 행동'을 결성해 해임에 반발했고, 이의 결과로 새 노조가 생겼다. 이로써 KBS의 노동조합은 'KBS 노조'와 (언론 노조의 KBS)'본부 노조'로 이원화되어 각기 산업적 노조주의와 전문직 노조주의를 대변하게 되었다.[252]

---

252 본부 노조는 출범선언문에서 경제적 처우에 대한 이야기는 단 한마디도 하지 않았다. 이 노조는 구성원을 '언론 자유의 수호자'이자 '공영 방송의 파수꾼'으로 소환한다(전국언론노동조합 KBS본부, 2010). 노조의 이념이나 운용 방식에도 여러 주의ism가 있는데, 이 중에서 산업적 노조주의는 공적 책무에 주력하는 전문직 노조주의에 비해 훨씬 경제적인 것에 민감하다. 사회 정의 노조주의는 사회 정의의 구현을 노조 활동의 주요한 방향으로 설정

MBC의 경우에도 민주화 직후 임명된 김영수 사장은 전력(유신 체제 시절의 유정회 국회의원)에 대한 부담 때문에 사실상 취임 못한 것이나 다름없었다. 11대 강성구 사장 재임 기간에도 23일간의 퇴진 투쟁(파업)이 있었고 이의 여파로 강 사장은 연임하지 못했다. 가장 길고 지난했던 투쟁은 이명박 대통령 시기의 김재철 때였다. 무려 170일을 파업했다. 파업의 이유는 뒤에 나올 이용마의 인터뷰에서 보는 바대로 공정성 훼손이었다.

공정성을 명분으로 행동하는 이런 전문직 노조주의의 파업이 정치성을 띠는 것은 어느 정도 불가피할 것이다. 이를 두고 '정치 파업'으로 부르는 것은 노동법의 유권적 정의, 곧 '정부에 대한 주장을 관철하려는 파업'(오문완, 2010)에 비추어 볼 때, 크게 어긋나는 명칭은 아니다.[253] 그러나 이를 특정한 정파의 목적을 달성하려는 행위로 비약하거나 오해해서는 안 된다. 공정성의 문제 자체가 대각에 서 있는 양측을 쉽게 설득시킬 수 없는 측면을 갖는 것은 맞지만, 정부가 하는 외압적 '작용'에 '반작용'의 의미가 강한 반후견주의적인 자율성이 공정성과 불가분의 관계에 있는 것 또한 부정할 수 없기 때문이다.

노조의 정파성보다 설득력 있는 해석은 MBC가 규제(제도), 규범(철학), 문화적 차원에서 모두 약점이 있어 파행을 자초한다는 것이다. 표 16에 보는 바대로, 규범이 약해 단체 협약이 위배되고 경영진이 편성에

한다(MITUL, 2011). 지금까지 방송 노조는 전문직 노조주의를 위해 노력했다.

253 정치 파업에 대한 평가에는 긍정설과 부정설이 엇갈린다. 한지혜(2014)는 제한적 긍정설을 주장하는데, "공정 방송의 의무는…… 노사 양측에 요구되는 의무임과 동시에…… 근로 조건을 결정짓는 중요한 요소"(서울고법, 2014b: 41)라고 본 고법 재판부 역시 이와 유사하다고 할 수 있다.

표 16. 규제, 규범, 문화적 차원에서 살펴본 공영 방송 MBC의 약점과 파행**

	규제	규범	문화(인지)
행위	• 지배 기구의 오작동	• 방송 독립성/공정성 규범 퇴행	• 공정 방송 담론의 분열 • 전문직주의 위기와 탈구***
	• 규제 기구의 정치병행적 후견주의 작동 및 기능 부전 • 인사권 남용, 역진 인센티브 자행	• 단체 협약 위배, 공정 방송 규범 무력화 • 경영진 편성 개입 심화	• 조직 분열, 담론 투쟁 격화 • 시용 기자 채용, 전문직주의 위기와 탈구 • 정체성의 동요와 분화

* 출처: 정영주 · 홍종윤, 2018: 276에서 일부 표현 수정.

** 표의 원제목은 '제도 변화 분석'이라는 다소 밋밋한 제목으로 되어 있어 좀 더 분명하게 MBC의 문제를 보여 준다는 뜻에서 '약점과 파행'으로 했다.

*** 원문은 '탈각화'이나 '위기와 탈구'로 수정했다. 공적 책무를 위해 파업을 감행해야 한다는 뜻에서 (전문직주의의) '위기'와 정상을 벗어나 본연의 자세를 잃어버렸다는 점에서 (전문직주의의) '탈구dislocation'다.

개입하지만, 제도에서 지배 기구가 정치적 후견주의 때문에 이를 규제하지 못하며, 전문직주의 역시 효과적으로 이를 방어하지 못하면서 결국 파업과 같은 극단적 수단에 호소하게 된다는 게 과정의 전말顚末이다.

둘째, 주로 파업이 보수 2기 정부인 이명박·박근혜 정부에 집중되었음을 알 수 있다(KBS 6회, MBC 4회[254]). 상대적으로 진보 정부 동안에는 파업이 거의 없었다. 이를 두고 보수 정부와 진보 노조 사이에 이념적 갈등이 두드러진 것으로 볼 수도 있지만, 반드시 그렇게 볼 것은 아니다. 왜냐하면 노조의 (사장) 거부 명분은 비교적 일관된 데 비해 보수 정부와 진보 정부는 대응이 반대였기 때문이다. 노무현 정부 때의 서동구와

---

254 4회 이를 이용마는 5회로 기억하나(이용마; 홍유진, 2012: 32), 2011년의 파업은 결의는 했으나 실제 파업 행위에 들어가지는 않은 것으로 김동원 박사(언론 노조)가 확인해 주었다. 그래서 이명박 정부에서는 파업이 네 번 있었다.

이명박 정부 때의 김인규가 그 예다. 앞서 본 대로 두 사람은 모두 대통령의 후보 시절 특보를 한 이유로 거부되었으나 서동구는 조기 퇴진해서 파업이 없었고 김인규는 계속 재임해 파업과 갈등을 불렀다. 노무현 정부 때는 노조가 오히려 보수화되었으나 파업이 없었다. 파업의 경험적 명분이 후견주의인데, 상대적으로 그런 시도가 없었기 때문이다. 이 점은 보수 정부가 상대적으로 더 많이 방송에 개입했고, 상대적으로 더 많은 반발을 불러일으켰음을 알게 해 준다.[255]

후견주의 체제는 보수 때가 진보 때보다 훨씬 강했다. 이런 과정을 통해 임명된 사장은 자신을 후견하는 사람이 외부에 있으므로 스스로 방송의 자율성을 주장할 이유가 없고, 내부의 자율성 요구 역시 같은 이유로 심하게 억압한다(앞서 나온 '정상화모임'의 성명을 보라). 제도로서의 사장(직)이 스스로 언론의 자유와 전문직주의의 직업적 가치를 부정하는 것이다.

역대 사장 가운데 가장 후견주의에 어울리는 사람은 평기자 시절부터 대통령과 개인적 친분을 맺었던 MBC의 김재철 사장이었다. 청와대의 '좌파 대청소 오더'를 받고 내려온 김재철 사장은 제작의 자율성을 침해하는 각종 조치로 MBC가 가진 저널리즘적 기반을 완전히 파괴하

255 다음과 같은 한 일선 기자의 생생한 증언은 보수 정부와 진보 정부 때 KBS가 얼마나 달랐는지를 잘 보여 준다. "자꾸 9년 전(진보 정부 시절)하고 비교하는 사람들이 많은데, 제가 어이가 없는 게, 2006~2007년 그때가 소위 '리즈 시절'이었거든요. 그때 KBS 기자들이 상이란 상은 다 휩쓸던 때였어요. 무슨 보도로 상 받았나 보면 당시 청와대, 여권, 권력 핵심부를 고발했어요. 어떻게 그때랑 지금을 비교합니까. 우리는 그때 청와대 출입기자가 청와대 고발하고, 저도 했지만, 아무 문제없었어요. 징계 받거나 쫓겨나는 일 없었습니다. 근데 2008~2009년 되니까 경제 정책을 조금만 비판해도 방송 안 내줘요. 쫓겨나요. 그러니까 비교하는 건 정말 말이 안 돼요"(박종훈 인터뷰: 임명현, 2017b: 15. 괄호는 인용자).

표 17. **제작 자율성의 침해 형태**

조치의 성격	침해 방법
인사	징계(파면, 해고, 정직 등), 부당 전보(지역, 비제작 부서, 부서 이동, 교육, 대기 등)
조직 개편	본부 이동, 실국 이동
편성	프로그램 명칭 변경, 프로그램 폐지, 편성 시간 변경, 편성 누락, 개편
보도	아이템 누락, 불방, 기사 수정, 불합리한 취재 지시
제작	불방, MC 교체, 외부 출연진 섭외 및 배제

* 출처: 정청천 · 장홍근, 2013: 67

고자 하였다. 표 17은 총 165명이 전보 조치된 부당 인사[256](정철운, 2014a)를 비롯해 징계부터 외부 출연진 배제에 이르기까지 당시 시도된 모든 조치를 망라한 것이다. 그야말로 융단 폭격에 가까운 전방위적 개입이 아닐 수 없다.

이런 MBC가 공정성을 위해 마련한 단체 협상(이하 단협)의 절차를 성실하게 지킬 리가 없다. 사측과 노측이 하는 단협이 공정 방송을 위한 '모든 관계자all affected'의 모임인 것은 결코 아니지만, 방송 내부의 실무자들이 뉴스의 제작 주체라는 점에서 나름의 의의는 분명히 있다.[257] 주

256 이 중 김환균·한학수 등 9명의 기자·PD 등의 비제작부서 전보는 대법원에 의해 부당한 인사로 판결 받았다(정철운, 2014a). 판결문에서 재판부(서울고법)는 파업을 징계 사유로 삼을 수 없다고 하면서 "방송의 공정성이라는 것은 상대적인 개념으로서 주관적 가치에 따라 그 판단을 달리할 수도 있는 것이므로, 단순히 추상적으로…… 쟁의 행위에 나아가는 것은…… 목적의 정당성을 인정할 수 없다. 그러나 방송의 제작, 편성, 보도 등 구체적인 업무 수행 과정에 있어서 방송의 공정성을 실현하기 위하여 마련된 제도적 장치가 제대로 기능을 하지 못해 실제적으로 근로 환경 내지 근로 조건 등에 영향을 미치게 되었다면, 이에 대한 시정을 요구하고 쟁의 행위에 나아가는 것은 노동조합법에서 규정하고 있는 근로 조건에 관한 분쟁에 해당된다"(서울고법, 2014a: 50)고 판결했다.

257 윤석민(2020)은 노사 단협이 공정성을 대변할 수 있다는 의견에 반대한다. 아무

지하는 바대로 방송사의 뉴스룸은 위계성을 강하게 띠는 조직 문화와 저널리즘적 자율성을 추구하는 전문직 문화를 절충·조화시켜야 하는 곳이다(Ahva, 2010). 그러나 사실 양자의 관계는 원만하기 어렵고 그럴 경우 희생은 전문직 문화에 강요되기 일쑤다. 단협은 평사원(노조원)의 입장에서 이를 상쇄시키기 위해 만들어진 장치이지만, 당시 MBC의 경영진은 이를 노골적으로 거부해 파업을 초래했다. 다음의 진술은 2012년 MBC의 파업 이유가 사측의 직무 유기와 불공정성 조장[258]에 있음을 명백히 밝혀 준다. 이 파업 이후 나온 재판이 대부분 노조 측의 승소[259]로 끝난 이유도 사측이 전혀 이런 절차를 지키지 않았기 때문이다(대표적으로 서울고법, 2014a, 2014b).

> "단협을 지키기만 했어도 지금과 같은 사태는 벌어지지 않았을 거예요. 예를 들면, 공정 방송을 훼손하는 일이 2번 이상 벌어지면 그 책임자에 대해 '보직 변경'을 요청할 권리가 단협에 명시되어 있어요.…… 그 이후 가

래도 노사라는 좁은 단위에서 논의가 진행되므로 공정성이라는 사회적 차원의 판단을 온전히 감당하기 어렵다는 주장이다. 그러나 어떤 미디어든지 상품 관리 차원에서라도 내부의 서로 다른 입장을 조율하는 장치는 반드시 필요하다. 그것이 단협이 되어야 하는 이유는 주지하다시피 한국 공영 방송의 뿌리 깊은 폐해인 후견주의가 조직의 위계 서열을 워낙 강하게 만들어서다. '아랫사람'의 입장에서는, 노조가 되어야 대응력이 생길 수 있다는 뜻이다. 단협은 공정성을 위한 최소한의 절차나 과정일 뿐, 사회적 차원에서의 판단은 또 다른 일이다.

258 이들이 공정성을 훼손하는 방식은 '무보도'다(김수정·정연구, 2011; 정수영·남상현, 2012). 문제가 되는 사안은 아예 다루지 않아 저항의 목소리가 텔레비전에 나오는 것을 사전에 제어하는 것이다. 이야말로 뉴스 가치 같은 미디어의 논리를 정치 논리 속에 묻어 버리는 것이다.

259 언론 노조의 집계에 따르면 2011년부터 2017년 1월까지 진행된 MBC본부 관련 재판에서 노조가 승소한 비율은 83%에 달했다(진행 중 제외)(전국언론노동조합, 2017).

장 먼저 발생한 문제가 내곡동 사저와 10·26 보궐선거 문제였어요. 이 부분에 대해 우리가 공방협 1차 요구를 했고 사장 또한 잘못을 인정했어요. …… 그 말을 한 날이 하필 한미FTA가 날치기 처리된 날이었어요. 바로 근처 여의도에서 반대 시위가 열리는데 MBC 뉴스는 이 또한 보도하지 않았어요. 도저히 안 되겠다 싶어서 2차 공방협을 열자고 요구했죠. 그런데 그때부터는 요구를 절대 안 받아들이는 겁니다. 왜냐면 두 번째 걸리면 보직 변경을 해야 하니까. 문제는 거기서 끝나지 않았어요. 김문수 도지사 119상황실 논란이 있었잖아요? 그것도 보도 안 했어요. 이런 식으로 하다 보니 결국 보도본부장, 보도국장, 정치부장, 편집1부장, 사회1부장 이렇게 5명이 2번씩 걸려서 자리에서 물러나야 되는 상황이 된 거예요. 그러니 공방협을 죽어도 안 열죠. …… 결국 1월 5일에 기자 총회가 열리고 기자들이 제작 거부 운동을 시작했잖아요. 그때부터 회사는 계속 무응답이었고 결국 파업이 여기까지 왔죠."(이용마 인터뷰; 홍유진, 2012: 32).

셋째, 단순 빈도 이상의 질적 측면으로, 파업의 명분과 이유(공정성)가 변하지 않았다는 점을 들 수 있다. 민주화 이후 지금까지 한 세대가 넘는 기간 동안 다른 분야에서도 그랬지만 미디어계에서도 '대전환'이라는 말이 조금도 손색이 없을 만큼 격변이 있었다. 그러나 앞서 본 대로 공영 방송에 대한 정부의 후견주의 체제는 여전해서 노동조합 역시 반후견주의·공정성을 계속 견지할 수밖에 없었다. 노조의 구성원에게 이의 포기는 언론인·전문직으로서의 최소한의 자기 기반을 부정하는 것과 다름없었던 것이다. 그러나 달리 보면, 이 점은 노조 활동이 권력과의 투쟁일 수밖에 없다고 인식한 창립 정신의 과제가 뚜렷한 해결을 보지 못한 채 제자리걸음을 하고 있다는 점을 잘 말해 준다. 인터넷 같은 다른 미디어의 비약적 성장을 고려한다면, 상대적으로 퇴보라 해도 크게 틀리지 않을 것이다.

2009년에 발표된 언론 노조 성명의 다음 대목은 '공공성과 공정성의 확립,' '공정 방송과 방송 독립의 실현'으로 구체화된 창립 선언문에서의 방송민주화와 바람직한 노사 관계가 여전히 진행형의 문제임을 잘 보여 준다.

> "지난 87년, 독재 정권에 대한 민주화 항쟁 이후 여덟 번의 파업과 두 번의 제작 거부를 거치면서 방송 공공성과 공정성의 확립은 우리 언론노동자 최고의 가치 실현으로 생각돼 왔다. …… 이는 언론노동자들이 총파업과 해고의 불이익을 견뎌내면서도 이루어낸 투쟁의 산물이었다. 방송 공공성과 공정 방송은 헌법 제33조 제1항에 명시된 민주 언론의 실현을 위한 이 땅의 노동자의 권리다. 언론 종사자로서의 노동자의 권리와 책무는 방송 공공성에 그 가치 기준을 둔다. 이는 공정 방송과 방송 독립의 실현을 통한 방송민주화의 완성을 위해 공정한 여론이 지배하는 민주 사회를 건설하기 위함이다. 이것이 바로 언론 노동운동의 정신이다"(전국언론노조, 2009. 8. 31; 〈미디어오늘〉, 2009. 8. 31).

그러나 오히려 학계의 일각에서는 공정성처럼 '객관적으로 측정하거나 합의를 도출하기 어려운' 것을 파업의 이유로 삼아서는 안 된다고 주장한다(황근, 2017: 211). 방송의 파행이 장기화되고 자칫 방송이 '주관적' 정쟁의 장으로 바뀔 수도 있다는 우려 때문이다. 그러나 이는 다소 본말이 뒤바뀐 사고다. '합의가 어렵다'는 기술적 난점을 앞세워 더 중요한 '논란이 되는' 이유 자체를 사라지게 할 수 있기 때문이다.

한국 방송에서 공정성은 민주화의 지난한 세월을 거쳐 지금처럼 노사의 가장 중요한 의제가 되었다. 논의하는 것 자체가 의미 있는 이런 공정성에 반드시 '물샐틈없는' 합의가 요구된다고는 생각하지 않는다.[260] 더구나 공정성 판단에는 앞서 이용마의 인터뷰에서 본 대로 뉴스로 다루느냐 다루지 않느냐 같은 매우 단순한 기준으로도 가능한 게 많다. 공정성이 파업의 한결같은 명분이 된 데는 주지하다시피 '대통령'으로 표상되는 정치적 후견주의에 대한 반대가 크게 작용했다. 경험적으로 단순화시켜 볼 때, 한국 방송의 노조와 파업권은 사실상 방송의 자율성·공정성 때문에 존재한다고 해도 과언이 아닌 것이다. 이런 노조를 설득시키고 단협의 절차를 준수하는 것이야말로 '협치governance'로 부를 수 있는 사측의 가장 중요한 임무다. 서구의 정치·미디어는 여야 간·노사 간 공유의 체제를 만들면서 이미 이런 갈등을 내부화·사회화했다. 그러나 한국에서는 후견주의를 조장하는 정치 환경, 특히 한 표라도 더 많으면 모든 권력을 독점하는 승자독식의 다수주의 체제가 유지되면서 노조와 파업이 계속해서 공정성의 기제가 될 수밖에 없게 하고 있다.

법조인 박용상(2010)도 공정성이 파업의 이유가 되는 것에 반대한다. 단협 사항인 공정방송협의회가 공정성 같은 방송법적 사항을 노동법적 수단에 의해 달성하려고 하는 것은 '방법론적 제약'을 벗어난 것이라고 한다. 기구의 구성에서도 이른바 노사 동수의 원칙을 잘못 채택함

---

260 아흐바(Ahva, 2010)는 하버마스와 무페의 숙의에 대한 상반된 주장을 종합해, 아무리 불협화음과 갈등 일변도의 양측이라 하더라도 커뮤니케이션의 가치가 떨어지는 것은 아니라는 결론을 도출한다. 후견주의가 약화되면 노사의 공동체성도 강화되어 합의의 가능성이 높아질 것이다. 공정성은 개념의 특성상 논의 자체가 진취적 방향성을 가진다(조항제, 2019b).

으로써 기자 및 PD 등 종사자에게 방송 운영 기관과 대등한 결정권을 부여하고 있다고 비판한다. 방송 종사자의 법적 지위란 입사 계약(고용계약)에 의해 설정되고, 방송법인과 종사자 간의 법적 관계 역시 고용 계약에 의해 설정되는 사법적 노동법적인 성격만 있을 뿐이라는 것이다. 이런 종사자들이 방송의 자유를 주장하기는 어려울 터이다.

그러나 이 지적에는 적어도 다음과 같은 반론이 가능하다고 생각한다. 첫째는 방송 전문직, 방송 노동이 그렇게 조직의 일개 '나사못'에 불과한 사법적·노동법적인 존재에 그치는가 하는 점이다. 방송인을 조직 구성원의 하나로 보고, 노조 역시 경제적 활동에만 국한된 조직으로 보면 결코 틀린 주장이 아니다. 그러나 개개인의 자율성을 어느 정도 인정하는 언론의 직업적 전문직주의 역시 '공적' 언론이 보장해 줘야 하는 매우 중요한 측면이며,[261] 언론의 질과 공정성을 위해 '기관'(정부)에 대한 저항도 불사하는 전문직 노조도 얼마든지 노조 활동의 하나가 될 수 있다. 어느 한쪽만 존재한다는 것은 공영 방송이 하고자 하는 '조직'과 '개인'의 적극적 절충[262]을 폄하하는 것이고, 언론인으로서 방송인의 정체성을 부인하는 것이다.

둘째, 앞서 본 대로 한국의 공영 방송인들은 노동조합을 자신의 방법론적 최적 조직으로 선택했다. 후견주의 체제의 견고성을 감안해 '파

---

261 KBS의 편성 규약은 6조 ③항에서 이를 정확하게 반영한다. "취재 및 제작 실무자는 자신의 양심에 따라 자율적으로 업무를 수행하며, 자신의 신념과 실체적 진실에 반하는 프로그램의 취재 및 제작을 강요받거나, 은폐 삭제를 강요당할 경우 이를 거부할 권리가 있다."

262 (대규모) 조직으로 존재하는 언론은 법이나 의료 같은 전통적 전문직과는 다른 차원에서 시장적이면서 통제적 측면을 갖는다(Guðmundsson & Kristinsson, 2017). 공영 방송은 이런 모순적 측면을 적극적으로 절충할 수 있어야 언론으로서 의의를 다할 수 있다.

업'이라는, 법의 보호를 받는 최고의 권리가 아니면 자신의 정체성을 온전히 살리기 어렵다고 판단해서다. '사적 노동'이냐 '공적 방송'이냐가 아니라 공적 방송이 전제된 상태에서 '노동조합'이냐 '다른 조직'이냐의 선택이 중요한 질문이었다는 뜻이다. 그런 면에서 공정 방송을 논의하는 회의체(공방협)는 반드시 노사 동수이어야 한다.[263] 왜냐하면 후견주의 하에서 경영권은 온전한 의미의 저널리즘–경영이라기보다 자신의 가치를 정치에서 (대리로) 얻기 위해 스스로 언론적 자율성을 포기한 산물이기 때문이다. 그런 경영이라면 적어도 인사나 임금이 아닌 '공정성'에서는 오히려 더욱 다수를 차지해서는 안 된다. 만약 그렇게 된다면, 소수파가 참여는 하지만 의사 결정에는 아무런 영향을 미치지 못하는 방송통신위원회나 (KBS · 방문진)이사회 등의 어리석음을 반복하게 될 것이기 때문이다. 이 점은 '국민의 뜻'을 정치적으로 대리하는 방식과 저널리즘적으로 대리하는 방식이 다르다는 점을 상기시킨다. 정치가 선거와 정책 등을 통해 대리한다면, 후자는 공정성 같은 원칙을 구현하는 전문직주의로 하는 것이다.

셋째, 물론 아무리 '언론' 노동이라 하더라도 고용(사법) · 복지(노동법)적 요소를 무시할 수는 없다. 실제 한국 공영 방송의 평균 임금은 전반적인 수준에 비하면 높은 편임에 틀림없겠지만, 지난 10년간 지상파 방송

---

263 양자의 주장이 끊임없이 평행선을 달릴 경우, 해결할 무언가를 마련해 놓지 않으면 갈등의 비용이 너무 커질 것이라는 지적(황근, 2017)은 나름의 의의를 가진다. 그런 면에서 이사회나 시청자위원회, 옴부즈맨 같이 내부를 아는 외부의 중재는 상당한 도움이 될 것으로 여겨진다. 하지만 주지하다시피 여야의 추천을 받는 이사회를 제외한 나머지 조직들은 모두 사장의 뜻으로 구성되므로 중립성이 제대로 지켜질 수 있을지 의문이다. 이런 책무적 accountability 제도들이 유명무실하다는 지적은 이미 오래되었다.

의 경제적 비중이 급격하게 감소하면서 방송인들의 복지 수준도 크게 낮아졌다. 그러나 노조는 앞서 본 대로 그런 이유로 파업하지는 않았다. 물론 공영 방송(인)이 갖는 다양한 한계 — 권위주의와 가까운 가부장주의paternalism, 특별주의(엘리트주의)와 친화적인 전문직주의, 문화적 규준이라는 이름으로 강제되는 공식주의, 사회적 응집성social cohesion 또는 통합주의가 명분이 되는 국가주의 등 — 때문에 '민주적 세례'가 필요한 것은 틀림없는 듯하다. 그런 면에서 '민주적 전문직주의'가 가진 형용 모순[264]을 스스로 극복해야 하지만, 그렇다고 해서 지금까지 노조가 보여 준 행동이 반민주적이거나 반여론적이라는 증거 또한 제시된 적이 없다.[265] 성격상 그들은 좋든 나쁘든 여론에 매우 민감하기 때문이다.

넷째, 마지막으로 지적하고 싶은 것은 공정성이 시청자들이 느끼는

---

264 '민주주의'와 '전문직주의'가 어울리지 않는다는 뜻이다. 그러나 주르(Dzur, 2008)는 시민 또는 공중과의 협업을 통해 이를 달성할 수 있다고 한다. 이 전문직주의에서 언론은 시민에게 지식과 통찰력을 제공하고, 시민 또한 적극적인 '이해관계자'가 되어 공적인 일에 참여한다. 이의 선구자격인 듀이는 (비리) 폭로자muckraker와 실용주의적 사회과학자의 혼합형이 민주적 전문직주의의 모습이라고 한다(Dewey; Dzur, 2008: 120에서 재인용).

265 그러나 최근 들어 노조에서도 그런 조짐이 나타나고 있다. 예를 들어 (공영) 방송인들의 정치 진출에 대한 KBS노조위원장(이경호)의 다음과 같은 인터뷰 내용이 그러한데, 이를 당장 도덕적 해이라고 하기는 어렵지만, 그럴 가능성은 다분히 있어 보인다. "대기업 사장이 바로 청와대 경제수석으로 간다거나 경제 행정관으로 간다거나 이건 또 문제가 없나요? 마찬가지로 자기가 원래 오랫동안 일했던 직장의 이해관계를 대변할 수 있잖아요. 시민단체에 있는 사람이 시민단체 활동하다가 갑자기 청와대 가서 시민사회 수석 한다고 하면 그것도 문제가 있을 수 있잖아요. 그런 식의 논리라면 정치는 정치꾼들만 해야 해요"(이경호; 이영광, 2019). 사기업의 사장과 자발적으로 활동하는 시민단체 사람을, 권력 감시를 중요한 하나의 준칙으로 삼으면서 수신료까지 받는 공영 방송의 전문직인 기자와 같은 열에 놓는 이런 사고방식은 지금까지 진보가 비판해 왔던 보수의 행태('언론의 정치화')를 그대로 답습하는 것이다. 전 부사장인 정필모가 퇴직 한 달 만에 주변의 반대에도 불구하고 비례대표로 가는 것은 결코 우연이 아니다.

것과 다른 차원에서 전문가들의 판단을 필요로 하는 개념이라는 점이다. 실제 뉴스를 만드는 기자들의 숙고와 토론은 공정성을 실현하는 유효한 방안이라는 점에서 의의가 크다. 노조의 공방협과 유사하게 방송을 감시하는 다른 기제들, 이를테면 옴부즈맨이나 시청자위원회, 방송통신심의위원회 등도 있지만 기본적으로 '외부'라는 한계가 감시의 몫을 제대로 감당하기 어렵게 한다. 뉴스에 대해 현장 논의를 권장하는 미디어는 BBC가 대표적이다.[266] '뉴스룸'이야말로 (앞서 언급한) 조직적 통제와 전문 직업적 자율성이 부딪혀 일정한 결과를 만들어내야 하는 곳인 때문이다(Ahva, 2010). 그러나 만약 한국 공영 방송처럼 제작 관행의 위계성–기계성 자체가 자율과 재량을 허용하지 않는다면(김수영, 2017), 이런 결과가 낳는 생산성은 최소한에 그치고 만다. 따라서 뉴스룸을 담론적으로 개조하는 일은 민주적 전문직주의가 추구해야 하는 가장 중요한 과제의 하나가 된다.

다섯째, 박용상의 비판에서는 아니지만, 정상화모임의 성명에도 나오고, 황근(2017)의 연구에도 나오는 이른바 민노총과의 관계, 나아가 이념 성향(진보성)의 문제다. KBS·MBC의 노조가 민노총의 가맹 기구인 언론 노조의 한 '본부'이고,[267] 민노총이나 언론 노조가 진보적이므로 방송 노조 역시 이런 성향에 치우쳐 있다(중립적이지 않다)는 비판이다. 보

266 특히 BBC트러스트가 제시한 대안이 그러하다(BBC Trust, 2007). 여기에서 BBC의 불편부당성은 '미리 주어진 어떤 것'이 아니라 '경륜'과 '전문 지식'을 가진 기자·제작자들이 '공유된 가정'에 대한 '격렬한 내적 토론'을 거쳐야 얻어질 수 있는 담론적인 것이다. 토론 과정에서는 '과단성 있는 용기'가 필요하면서도, '결코 모든 사람을 만족시킬 수 없는 만큼 방어적이어서는 안 되며,' '심각한 위반이 생긴다면 즉시 이를 정정할 준비가 되어 있어야 한다.'

267 언론 노조는 1000명이 넘는 작업장에는 '본부'를 둔다.

수 정부에서 더 많은 파업이나 저항이 나왔던 것도 앞서 본 대로 이념적 차이 때문이라는 비판도 상당하다. 그러나 사실 이 주장은 방송 노조가 지닌 정치성(반후견주의성)을 심하게 폄하하는 발상에서 나온 주장이다. 앞서 본 대로 MBC는 김재철 이래 개별 방송으로서는 감당하기 힘든 엄청난 탄압을 받았다. 모두 파업이나 노조 활동에 대한 보복성 조치였다. 이런 비상 상황에서 방송 노조가 주관 없이 마치 '위'(민노총)로부터 내려온 명령을 수행하듯이 파업을 한다는 건, 노조 사이의 수평적 연대를 후견주의적 수직 관계와 똑같은 것으로 보는 '방법론적 제약'(박용상의 표현)에 빠진 판단에 불과하다.

또 이런 비판에 대해 먼저 살펴봐야 하는 것은 과연 민노총과 언론 노조가 산하 본부에게 '명령'을 내릴 수 있는 계선적 상위 조직인가 하는 점이다. 사실을 말하면, '전혀 아니다.'[268] 개별 '본부'는 언론 노조의 판단과는 관계없이 독자적으로 파업 같은 중요 사항을 결정할 수 있는 능력이 있고, 민노총 역시 전국 '연맹'으로서 입법을 비롯한 노동 정책 전반을 담당할 뿐, 산하 노조의 결정은 노조 자체에 맡겨져 있다. 그렇다면 왜 꼭 민노총인가가 문제가 되는데, 민노총과 한노총의 관계를 살펴보면 쉽게 답이 나온다(이런 전국적 연맹에 가입이 필요치 않다고 하는 사고는 논외다). 정치 성향 여부는 차치하고 기본적으로 정부와의 관계에서 양 기구는 완전히 상반된다. 한노총이 친정부적이라면 민노총은 정반대인 것이다(최인이, 2011). 이 점만 보아도 반후견주의 기구인 방송 노조가

---

268 이 점은 필자가 서면 인터뷰를 한 전직 노조 지도자들과 김동원 박사(언론 노조) 등이 모두 인정한 부분이다. 총파업은 말할 것도 없고 임금이나 노동 조건과 관련된 일반 사항에 대한 지침에서조차 민노총은 "개별 사업장에 어울리게 신축적으로 대응하라"는 부언을 달았다(김동원 박사).

한노총을 선택할 이유는 전혀 없다. 물론 민노총은 때로 개별 사업장의 사정에 어울리지 않는 '총파업'이나 특정 정당에 대한 지지를 결정하기도 했다. 그러나 지금까지 언론 노조는 자신의 조건에 맞게 자율적으로 이에 응했다.[269]

다음은 과연 방송 노조(구성원)이 정말 진보적인가의 문제인데, 이를 알아볼 수 있는 척도나 지표는 한 번도 제시된 적이 없다.[270] 또 노조의 연수가 30년 이상이 된 지금 사장 이하 고위직들 역시 상당수가 노조 출신이다. 과연 그들이 어떤 경로를 통해 (정상화모임 같은 것에서 볼 수 있듯이) 지금처럼 변하거나 변하지 않았는지에 대해서도 역시 믿을 만한 연구들이 없다. 다만 필자와의 서면 인터뷰에서 전직 노조 지도자 한 사람은 다음처럼 노조의 진보성을 판단했다.

> "한국 공영 방송의 노동조합은 (비록 진정성의 정도에 따라 차이가 있으나) …… 통상적인 의미에서 그 표현을 사용한다면 경향적으로 진보임을 부인

---

269 고작 이 정도 관계를 위해 계속 '좌파' 민노총의 산하(하부)라는 오해를 받아야 하는지에 대해서는 얼마든지 이견이 있을 수 있다. 내 생각으로도 민노총과의 관계는 전향적으로 검토해 볼 만한 가치가 있다. 특히 보수와의 대화를 위해서 그러하다. 민노총 때문에 보수는 기본적으로 노조가 '좌파적'이므로 사장이 '우파적'이어야 균형을 잡을 수 있다고 생각한다.

270 간접적 지표 정도는 알아볼 수 있다. 2017년 언론인 조사에서 지상파 방송인들은 자신의 조직과 자신의 진보/보수 정도를 각각 4.31과 6.50(가장 진보: 1, 가장 보수: 10)으로 답했다. 신문의 경우는 4.48과 6.13이었다. 이로 보면, 방송인은 신문인에 비해 약간 진보적이고, 방송 조직은 신문에 비해 좀 더 보수적이지만 차이는 미미하다. 방송조합원이 신문조합원에 비해 더 진보적이라는 증거는 없다. 다만 언론의 자유를 제한하는 요인에서 정부의 개입은 방송(49.7%)과 신문(22.1%)이 두 배도 넘는 큰 차이를 보인다. 이 점만 봐도 문제는 방송인의 정치성이 아니라 정부의 개입이라는 점을 알 수 있다(한국언론진흥재단, 2017).

할 수는 없습니다. 이는 자본주의 사회에서 노조의 태생 자체가 사회적 약자인 노동자들의 자구책이라는 점, 그동안 방송을 통제해 온 국내외 기득권 집단의 행태가 대항 조직으로서 노조의 성격을 상대적인 차원에서 진보 내지는 자유주의적 지향을 갖게 만들었다는 점 때문입니다. 물론 이른바 온갖 사회적 공공성을 파괴하는 신자유주의 시대에 사회적 약자들과 시민들의 권리를 적극 옹호하지 못하고 연대의 실천에 머뭇거리는 노조의 양태가 과연 진보라는 가치에 걸맞는지, 아니 더 근본적으로는 노조라는 조직이 본원적으로 자본주의의 틀 내의 존재이며 황견주의[271]로의 타락 가능성에 항상적으로 노출되어 있기에 결코 선험적으로 진보적일 수는 없을 것입니다. 그런 의미에서 한국 공영 방송 노조의 진보성은 상대적이며 잠정적인 것으로 봄이 타당할 듯합니다. 노조의 진보성이 별다른 이의 없이 호명되는 이유는 크게 기울어진 한국 사회의 이념 지형과 그에 따른 관성 탓으로 이해되어야 할 것입니다"(이강택 전 언론노조 위원장 서면 인터뷰).

사회적 약자인 노동자의 자구책이라는 점에서 이들이 경향적으로 '진보적'일 수는 있으나 이 진보성은 '틀 내의 것'으로 온건한 편이며, 한국 사회 전체의 기울어진 이념 지형에 비추어 상대적·잠정적인 성격을 띤다는 것이다. 특히 "사회적 약자들과 시민들의 권리를 적극 옹호하지 못하고 연대의 실천에 머뭇거리는 노조," 곧 사회정의 노조주의에 대해 보여 주는 소극적인 태도를 진보적인 것으로 간주하기는 상당히 어렵다는 지적이다. 해직자들의 사회관 또한 그렇게 급진적이지 않다. '기득

---

271 황견주의란 노동조합에 가입하지 않는 것을 조건으로 고용하는 경우를 말한다. 당연히 부당 노동 행위에 해당한다.

권 비판의 필요성'을 강조하는 것(MBC 해직자 박성제 인터뷰; 김세은, 2017) 정도를 언론인 일반보다 더 심한 일탈이나 파격으로 볼 수는 없다. 오히려 이런 제한적 진보성은 권력적 취재 대상에 대해 거리를 두기 위해 언론인들이 흔히 취하는 '기능적 자세functional posture'(Reese, 1991)에 가까울 것이다.

그런 면에서 이들에게 중요한 것은 진보성 여부의 이런 정치 성향이 아니라 언론에 대한 기본적인 자세와 태도다. 이들은 파업과 실직이 가져다준 기회를 이용해 공영 방송의 의의와 필요성, 뉴스의 가치나 본질에 대한 보다 근본적인 과제를 고민한다. 이런 그들의 태도 속에는 개인적 전문직주의의 한계, 기존 전문직주의 관행에 대한 반성이 모두 들어 있다. 이는 아직 충분히 성숙하지 않았지만 공적·민주적 전문직주의의 가능성을 엿보게 해 준다. 이런 전문직주의야말로 공영 방송이 자본 규제, 권력 통제의 '역사적 블록'(그람시의 개념이다; 신광영, 2012)에 가까이 갈 수 있는 첩경이다.

4장

민주적 언론을 위하여

한국 민주주의의 가장 큰 약점 중 하나는 대표되지 않은 집단의 존재였다. 정당에서도 그렇고 의회에서도 그랬으며 심지어는 언론에서도 이 집단은 유효한 대변자를 찾지 못했다. 노동자 대투쟁이 민주화 투쟁과 시차를 두고 각기 다른 주체에 의해 다른 장소에서 벌어졌다는 점이 크게 작용한 결과이지만, 이로써 '노동 없는 민주주의'는 타협으로 이루어진 한국 민주화의 가장 큰 특징 중의 하나로 자리 잡았다. 2000년대 들어 야당이 집권하고, 진보 정당(특히 민노당)이 의석을 얻으면서, 특히 기존의 언론에 비해 시장 장벽이 낮은 인터넷 온라인이 보편화되면서 노동 집단도 비로소 목소리를 얻기 시작했다. 그러나 IMF 위기 이후 스스로 정책적 선택 능력을 상실했던 정부는 신자유주의를 본격화했으며, 이는 가장 개혁적이었다는 이 시기에서조차 예외가 아니었다. 보수 2기 정부는 이 체제를 더욱 강화했다. 위기가 내부로부터 빈발하자 이 정부들은 기왕의 권력적 정치-언론 연합을 강화시켰고, 표현의 자유는 전반적으로 위축되었다. 그나마 있었던 정치적 공간이 크게 줄어들었고 불만 또한 쌓여 갔다. 권력을 분산시키고 갈등을 관리하는 것이 민주주의 정치가 할 일이라면, 보수 2기, 그중에서도 유난히 반시민적·반언론적이었던 박근혜 정부는 직무 유기를 해도 단단히 한 셈이다.

민주화 이후에도 한국의 언론은 크게 변하지 않았다. 카르텔이 해체되고 새로운 언론이 속속 등장했으나 기존 시장의 과점 구조는 깨지지 않았다. 한국의 권위주의 체제는 다른 나라와 달리 언론에 대해 오랜 기간 체계적인 정책을 구사했다. 언론의 양적 성장과 질적 침체는 등가로 교환되었다고 해도 과언이 아니었다. 기존 언론과 다른 성향의 신문(《한겨레》)이 창간되고, 내부에 노동조합도 만들어졌으나 언론의 논리는 변하지 않았다. 편집권은 확보되지 않았고, 전문직주의의 성숙에서 비롯되는 '문화적 변화'는 오지 않았다. 정권이 교체되고, 케이블TV·IPTV 등의 새로운 플랫폼과 진정한 멀티미디어인 인터넷까지 활성화되어서야 비로소 언론의 목소리는 다변화되기 시작했다. 특히 노무현 정부 때의 네티즌이나 이명박 정부 때의 소셜 미디어는 미디어계 전체의 논리까지 바꾸는 듯 보였다. 그러나 '댓글 공작'을 위시한 기성 체제의 반격이 시작되면서 소셜 미디어의 정치성은 탈색되었고, 미디어의 정치적 대체는 다시 유예되었다.

이런 부침은 조중동으로 상징되는 보수적 정치-언론 연합에도 있었다. 이전부터 보수 일색으로 권력화 논쟁을 불러일으켰고, 김대중 정부의 세무 조사 정국 때 뚜렷하게 자기 모습을 드러낸 이 연합은 노무현 정부 때 절정에 달했다. 강력한 사주 중심의 내적 지배와 시장의 안정적 과점, 세 신문의 공동 행위를 통한 블록화, 핵심 수용자층인 중·노년층의 투표 결집력을 통해 세를 모은 이 연합은 공동의 목표인 시장 확대를 위해, 노무현 정부가 든 개혁의 기치와 맞섰다. 노무현 정부의 정책이 매양 민주적이었던 건 아니지만, 그래도 큰 틀에서 어긋남은 없었다. 그러나 민주주의가 언론을 필요로 하는 것에 비해 언론은 민주주의가 큰 소용이 없었다. 언론의 민주주의적 기능은 눈앞에 놓인 당장의 이익이나 미래의 생존을 위해 자주 무시되거나 유보되었다. 법(신문법)을 비롯해 노무현 정부도 언론에 조치를 취했지만, 때로는 예기치 않은 사건에, 때로는 언론의 자유나 시장 구조가 가진 일면적 구속성에 밀려 모두 실패했다. 마지막의 취재 지원 방안은 적절성 여부를 떠나 진보 언론에게조차 거부당하는 몰정치성을 보였다.

민주주의가 단지 언론 때문에 실패한 것은 아니지만 분명하게 언론은 실패를 거들었다. 한국에서 정치의 미디어화는 이처럼 상당 부분 반민주적이었다. 정치가 언론에 의해 지속적으로 영향 받는 현상은 비단 한국 사회의 일만은 아니다. 스트룀베크 등의 미디어화 단계론은 특히 4단계에 이르러 정치가 자신의 정체성을 잃고 미디어 논리를 받아들인다는 주장을 전개한다. 정치의 '자기미디어화,' 언론의 '권력화'로 부를 수도 있는 이런 현상이 미래에 더욱 나빠질 (시장화의) 가능성으로 미루어 민주주의의 미래를 더욱 어둡게 만들 수도 있다. 그러나 이미 한국은 이런 언론의 실패를 경험한 바 있고, 그에 따른 경각심 또한 매우 커져 있는 상태라 반드시 비관적으로만 볼 것은 아니다.

이명박·박근혜의 보수 2기 체제는 KBS와 MBC 등 공영 방송에서 약해진 정치적 후견주의를 복원하려 했다. 비정상이 다시 정상이 되었고, 대통령의 측근이 사장이 되는 퇴영이 이루어졌다. 노동조합이 중심이 된 구성원들이 기록적인 파업으로 저항했지만, 잃어버린 고토를 회복한 보수의 강고한 헤게모니를 넘지는 못했다. 여기에서도 민주주의에 친화적인 공영 방송의 이념은 쉽게 무시되었다. 이들이 공영 방송을 견제하기 위해 도입한 종편은 초반의 어려움을 딛고 타블로이드 TV라는 최적의 비즈니스 모델을 찾아냈다. 종편은 낮은 시청률을 많은 시간으로 보완해 선거(특히 진영 선거로 치러진 18대 대선)에서도 나름의 역할을 했다. 물론, 민주적 공정성과는 거리가 멀었다. 그러나 이들의 대중적 정치 소비 방식인 막말과 편파는 많은 공분을 불러일으켜 미래에도 과연 이런 방식이 지속 가능할지에 대해 상당한 의문을 남겼다.[272]

박근혜 정부는 댓글 공작 수사로 위기에 몰린 박 정부를 〈조선일보〉가 구해내는 채동욱 검찰총장 사건으로 시작되었다. 〈조선일보〉로 인해 채 총장은 낙마했고, 이 사건은 결국 유야무야되었다. 왜 정치가 언론과 연합해야 하는지, 한국에서 언론이 왜 유력한 정치 행위자인지를 전형적으로 보여 주는 사건이었다. 세월호 사태 이후 박 정부는 또다시 위기에 몰렸으나 예의 연합의 침묵 덕분에 무사히 넘길 수 있었다. 정말 심각한 위기가 연합의 외부가 아니라 내부에서 온 것은 어쩌면 자명한 노릇이었다. 권위주의의 색채가 강했던 박 정부는 의회나 정당을 무시하면서 이른바 '국정원 정치,' '시행령 정치'를 해왔다. 이 점은 민심의 이반을 부르고 여당의 내분을 몰고 와, 박 정부는 야당의 분열이라

---

272 이에 대해서는 크게 두 가지 방향성과 시장 경향을 지적할 수 있다. 하나는 방통위가 종편을 의무 송출토록 한 조치를 폐지했지만, 그 시장 효과가 그렇게 크지 않을 가능성이 높다는 점이다. 의무 송출은 종편에 대한 대표적인 특혜였다. 그러나 의무 송출을 없앴다고 해서 SO사업자들이 종편을 채널에서 제외하는 일은 없을 것으로 보인다. 이미 종편이 시장에 안착했기 때문이다. 다른 하나는 TV조선과 채널A에 대한 재승인 심사다. 방통위는 각각 3년과 4년의 유효 기간으로 재승인해 주었지만, 공적 책임 및 공정성에 문제가 있다고 밝혀지면 재승인을 취소할 수 있는 강력한 조건을 붙였다. 언론사 취소라는 정치적 부담을 안지 않으면서 경종을 울리는 효과를 보겠다는 것이다. 그러나 이미 여러 차례 공적 규제의 선線을 넘은 양사이므로 규제가 늦은 감이 있다.

는 호재에도 불구하고 총선에서 참패하게 되었다. 총선 패배는 보수의 차기 정부 가능성에 의문을 제기했고 결국 기왕의 정치 언론 연합에 균열을 내게 된다. 드디어 미디어 논리가 정치에 반反하게 된 것이다.

이 균열은 보수 연합 내부의 조건 변화와 일정한 관계가 있다. 먼저 종편이라는 목표가 충족되면서 조중동의 공동 행위에 물질적 유인이 사라졌다. 종이 신문이 급격하게 사양화되면서 이슈 제기 능력도 약화되었다. 종편을 얻었지만, 파급력이나 발전성에는 한계가 있다. 또 jtbc가 손석희를 가세시켜 모기업인 〈중앙일보〉와도 반대편에 서면서 종편마저 분열되었다. 기왕의 중·노년층이 더 노쇠화되고 86세대들이 50대가 되면서 핵심 수용자층이 분열되었다. 이런 악조건일수록 중요한 것은 광고주(재벌)의 안정적인 유치와 관련 있는 권력과의 지근 거리인데, 이 '권력'이 확실치 않다. 이런 저간의 사정이 〈조선일보〉를 비롯한 주류 신문의 행태를 바꾸었다.

물론 이런 변화는 일시적인 것처럼 보인다. 기본적인 이념(보수) 자체가 바뀐 것은 아니기 때문이다. 〈조선일보〉를 비롯한 〈중앙일보〉와 〈동아일보〉는 중립으로 가기보다 지금까지 걷던 길을 계속 고수하고 있다. 탄핵이 언제였던 양 오히려 노무현 시대를 방불케 하는 퇴영까지 보이기도 한다. 여전히 사실과 준칙이 아니라 이념과 진영을 따른다. 피아彼我의 이분법으로 국민을 가르는 극단적 인식도 크게 달라진 것이 없다. 이런 기조는 여러 면에서 이들보다 나은 진보 언론까지 같은 논리로 끌어들인다. TV조선이 물꼬를 튼 2016년의 촛불은 〈조선일보〉에게도 '명예혁명'이었다. 문제는 이들 언론의 관심이 현실 권력에 있으므로 항상 사고의 지평이 현실의 '보수당'을 벗어나지 못한다는 점이다. 그 결과로 이들은 광주·세월호·탄핵같이 국민 대다수는 이미 딛고 일어선 과

표 18. 한국의 민주화 과정에서 나타난 정치·미디어의 변화와 해석의 자원

과정	정치	미디어	이론적 자원
이행 (보수 1기; 노태우 · 김영삼 정부)	• 제한적 민주화(군부의 재집권) • '1987년 체제': 민주적 역동성의 유지 • 언론의 자유 보장: 시장 개방과 자유화 • 상업 방송의 신설: 시장화	• 카르텔의 해체(언론 시장 장벽의 제거) • 신문 시장 독(과)점의 유지: 1위 신문의 교체(동아 → 조선) • 신문 노조의 신설 및 약화 • 소유주 헤게모니의 강화: 편집권 확보의 실패 • 상업 방송의 신설 • KBS 4월 투쟁의 실패 • 전문직주의의 답보 • 진보 언론의 등장: 〈한겨레신문〉 창간	• 민주화 이행과 언론(단계주의 테제): 마지막 '문화적 변화' 단계의 중요성 • 미디어의 권력화: 시장 주류 신문의 블록화 · 편향화(보수 정치 · 언론 연합) • 정치적 후견주의(공영 방송) • 전문직주의 · 반후견주의 노조주의(방송 노조)
공고화 I (진보 정부; 김대중 · 노무현 정부)	• 정권 교체: 진보 정부의 수립 • '1997년 체제': 노동 없는 민주주의('좌파 신자유주의 체제') • 세무 조사 정국: 진보 정부 대 보수 신문) • 정치 개혁: 국보법 · 사학법 개정 • 언론 개혁 정책 언론 자유의 확대 참조	• 신문법의 제정 및 폐기: 언론 개혁의 실패 • 취재 지원 선진화 방안의 실패 • 방송 노조의 유지 및 강화 • 인터넷의 급속한 보급: 포털의 언론화	• 미디어의 권력화 • 정치병행성(진보 정부 대 보수 신문, 진보 신문 대 보수 신문) • 정치적 후견주의(공영 방송) • 포퓰리즘 체제의 미디어 정책론 • 전문직주의 · 반후견주의 노조주의(방송 노조)
공고화 II (보수 2기; 이명박 · 박근혜 정부)	• 신보수화: 언론 자유의 약화 • 촛불 시위(2008): 대의제도의 약화 • 국정권의 댓글 공작 • 세월호 사건: 제도 불신 증가 • 촛불 혁명(2016): 대통령 탄핵)	• 종편의 신설: 신문의 방송 시장 진출 • KBS 사장의 불법 교체 • 방송 노조의 파업 투쟁 • 소셜 미디어의 정치화 • 미디어의 디지털화 · 모바일화 • '기레기' 논쟁: 제도 언론에 대한 신뢰 약화 • 시민 언론의 급증(유튜브, 블로그 등) • 가짜 뉴스 논쟁	• 정치병행성과 정치적 극(단)화 · 진영화 • 정치적 후견주의(공영 방송) • 전문직주의 · 반후견주의 노조주의(방송 노조) • 포퓰리즘 체제의 미디어 대응론

거에 여전히 집착과 혼란을 보이고 있다. 이 점은 이들의 존재 의의에 대한 의구심을 계속 불러일으키며, 서로 간에 최소한의 공감대와 신뢰가 필요한 민주주의에 이들이 여전히 장애가 되고 있음을 보여 준다. 표 18은 지금까지 살펴본, 한국의 민주화 과정에서 나타난 정치·미디어 현상과 해석을 위한 이론적 자원을 요약한 것이다.

한 세대가 조금 넘는 동안 나름의 성취와 위기를 거친 한국 민주주의에서 심각한 문제로 노출되면서 담론적 전환으로도 이어졌던 쟁점은 다음 네 가지로 보인다. 이 세 가지 모두 언론·미디어와 직간접적인 연관이 있다. 첫째는 이념으로서의 민주주의와 정체 혹은 체제로서 민주주의(민주정)를 구분할 필요성이다. 한국에서 민주주의가 '이상적 사회 또는 정치'와 동일시되면서 그 어느 사회에서보다 큰 부하負荷를 갖게 된 개념이라는 점은 여러 차례 지적된 것이다.[273] 이로 말미암아 민주주의라는 이름으로 벌어지는 갈등은 대체로 협상이나 타협이 어려운 '최대 강령'을 두고 벌어진다. 2019년 광화문과 서초동에서 각기 벌어진 집회의 민주주의가 그러하고, 전통적인 보수 세력과 진보 세력의 민주주의가 경향적으로 그러하며, 특히 이 글의 중심 주제인 언론에서의 〈조선일보〉와 〈한겨레〉의 민주주의가 그러하다. 이런 가운데 서로의 다름을 인정하면서 비폭력과 타협, 견제와 균형, 정해진 절차와 다수결을 통한 민주주의는 설 자리를 찾기 어려웠다. 이 점은 이제 민주주의 담론이

273 "민주주의를 하나의 정치 제도로, 여러 가지 정치적 가치들 사이에서 인민 대중의 정치적 권리를 현저하게 침해하지 않으면서 절충을 시도하는 현실적 지혜의 결정체로 이해할 필요가 있다"(박동천, 2006: 59)는 주장 같은 것이다. 물론 이를 얼마든지 보편적인 현상으로 볼 수도 있다(Blaug, 2002). 그러나 '한국적 민주주의'(유신 체제가 내세운 것이다)라는 심한 기만을 당한 바 있는 한국이 민주주의에 대해 유난히 '거룩하게' 느끼는 점은 분명히 있다.

다소 낮은 추상 수준과 최소 강령을 중심으로 진행될 필요가 있다는 점을 일깨운다.

> "한국 언론 매체들은 민주주의에 대해 서로 다른 전망을 갖고 담론 투쟁을 벌이고 있다. 예를 들어, 외교 안보, 정치 개혁, 환경, 부동산, 교육, 인터넷 규제 등 중요 쟁점 사안에 대한 언론의 논조를 보면, 각 언론이 가정하는 한국 민주주의에 대한 전망의 차이를 파악할 수 있다. 특히 정치병행성이 강화되면서 보수 언론과 진보 언론은 서로 다른 각자의 이념에 따라 제도적 민주화 이후의 민주주의에 대한 전망을 각기 다른 버전으로 정치 체계에 전달하고 있다. 보수 언론의 경우 우리 사회가 시장 자유주의적인 민주주의를 추구한다고 주장하는 반면, 진보 언론은 보다 참여적이며 평등주의적인 민주주의에 대한 전망을 내세운다"(이준웅 외, 2010: 132~123).

여기서 제시된 '시장자유주의적인 민주주의'와 '참여평등주의적 민주주의' 사이의 차이가 작지는 않을 것이다. 둘 사이의 경쟁은 민주주의 역사가 시작된 이후 담론의 장에서뿐만 아니라 현실 권력의 장에서도 지속적으로 진행되어왔다. 그러나 이 과정에서 꼭 기억되어야 하는 전제이자 양자의 교집합은 권위주의나 파시즘 등과의 분명한 차별을 통한 민주적 정체성이고, 경쟁 과정에서 서로를 인정하고 극단을 피하는 상호성이다. 지금까지 한국에서 시장의 주류를 형성해왔던 언론들은 상대를 존중하기보다는 혐오했고, 비판하기보다 일방적으로 비난하고 무시해 왔다. 비주류 또는 소수 언론 역시 담론적 균형이라 치부하면서 덩달아 상대를 적으로 여기는 역편향을 취해 왔다. 이런 상황에서 민주주의는 '적대적인 이념의 언어, 전쟁의 언어'로 전락되기 일쑤였다.

민주주의가 통치 체제의 하나로 군주정이나 귀족정, 금권정plutocracy, 폭민정mobocracy과 대비되어 사용한다면, 상대적으로 이런 적대성은 훨씬 줄어들고 협상도 쉬워질 것이다(박상훈, 2020).

둘째, 그렇게 평화와 협상이 기초를 이룬 가운데 추구되어야 할 또 하나의 가치는 민주주의의 질이다. 질 높은 민주주의는 정치적 제도 혹은 절차로서 고유한 정체성을 지니면서도 다른 제도들에 일정한 영향력을 발휘하는 구성적이면서 능동적인 것이다. 이 민주주의는 "자본이나 기업화된 미디어 권력으로부터 가해지는 외압에 맞서 자체의 권능을 유지하는 상태," 곧 민주주의가 다른 제도들에 '포획되지 않고,' 이들을 자신의 영역으로 '포획하는' 상태를 의미한다(김비환, 2014). 이는 앞서 본문에서 언급했듯 헬드를 비롯해 많은 민주주의자들이 이구동성으로 말하는, 민주화의 '이중 과정' 곧 정치와 시민사회의 동시적 민주화를 뜻한다.[274]

주지하는 바대로 민주주의와 자본주의(또는 시장) 사이는 논리적으로 조화와 결속 못지않게 상충과 긴장을 낳는 관계다. 최근 급진전된 자본의 글로벌화와 금융화는 일국가적 정부가 중심이 되는 민주주의에 적대적이기까지 하다(Merkel, 2014). 자본주의가 조장하는 사회의 불평등 체계는 민주주의의 필수 조건에 해당하는 절차성, 곧 '평등한 참여'를 제한할 수 있다. 이를 교정하려면 지속적으로 참여의 양과 질을 점검할 수 있는 장치가 필요하다. 이 장치는 하버마스 등에 따르면 (정치)권력이

---

274 이 민주화에는 선순환과 악순환이 있다. 시민사회의 활성화된 운동·이념이 민주적 제도화로 이어지는 것이 선순환이라면, '광장민주주의의 과잉'과 '제드적 민주주의의 과소'처럼 과잉과 과소가 각기 따로 노는 것은 당연히 악순환일 것이다(정성흔, 2019).

나 경제로부터 독립적인 시민사회에서의 '공론(의) 장'이다. 이 장은 일부라도 미디어와 일치시킬 수 있는 것이다(Wessler, 2018). 이 공론장-미디어는 한편으로는 민의가 제도(정당·의회)를 통해 여론으로 조정·수렴되는 과정을 감시하고, 다른 한편으로는 그렇게 성안된 여론이 얼마나 전체를 잘 대표·대리할 수 있는지를 다시 환류시켜 성찰한다. 그러나 경험적으로 보아 미디어, 특히 시장 미디어에 이런 성찰의 전체적 역할이 주어지는 것은 무리다. 미디어는 선도하기보다는 오히려 전체적 민주화의 결과를 따르며, 도움 못지않게 해악 또한 끼치는 양가적 존재다(Voltmer, 2013). 동시적 민주화 주장이 기대 가치가 대부분인 '자기충족적 예언self-fulfilled prophecy'이 되는 것(Saffon & Urbiniati, 2013)은 이 때문이다.

그러나 사회 변화의 추세로 보아 미디어 영역에서 이런 변화를 유도해야 하는 것 역시 '선택 사항'이 아니다. 위세가 약화되었지만 아직은 확실히 강자인 조중동을 비롯해 시위 정치에서의 소셜 미디어[275]와 이의 가장 큰 폐해인 '가짜 뉴스'까지 지금의 정치는 사실상 미디어 정치라 해도 과언이 아니다. 유권자가 볼 수 있는 정치 자체가 미디어를 통한 재현[276] 외에는 사실상 존재하지 않는 것이나 다름없다. 정당이나 의회의 '대리' 과정 역시 이제는 미디어의 재-재현re-representation의 대상이 되었다. 그런 면에서 민주주의는 미디어의 개입을 경계하면서 스스로를 강화시킬 수 있는 방법을 찾지 않으면 안된다. 이를 '포스트미디어

---

275 대중 시위에서 소셜 미디어의 역할은 아직 실증적으로 충분히 연구되지 않았다. 이론적 명제들은 베넷 등(Bennett, 2012; Bennett & Segerberg, 2012)이나 조희정(2012), 최재훈(2017) 등에 의해 제시되었으나 경험적 연구는 양질 모두에서 아직 맹아 상태다. 이항우(2012), 장우영·송경재(2017) 정도를 드문 예로 들 수 있을 것이다.

276 이 역시 대표나 대리로 번역했던 리프리젠테이션representation과 같은 뜻이다.

화 민주주의postmediatized democracy'로 부를 수 있을 것이다.[277]

셋째는 2016년 '촛불 혁명'으로 부각된 시민의 정치 참여 문제, 곧 '직접 민주주의' 또는 '시민 민주주의' 문제다. 달리 보아 이를 제도적 성격이 강한 '기존 민주주의incumbent democracy'에 문제를 제기하는 '비판적 민주주의'의 한 양상으로 해석할 수도 있을 것이다.[278] 이 민주주의는 기존 대의제의 실효성에 문제를 제기하면서 정당이나 의회를 무시하거나 우회해 직접 정치를 하려 한다. 물론 기왕에도 참여적 거버넌스가 없지는 않다(장훈·한은수, 2019). 그러나 한국에서 '촛불'로 상징되는 거리 시위와 이와 직간접적으로 연관된 정치 논리(예를 들면, 청와대 국민청원)는 기존 대의제 자체를 상당 부분 대체하는 포퓰리즘의 성격을 지녔다. 포퓰리즘은 민주주의의 효능성을 느끼게 해 주는 장점이 있으나 우리와 적의 극(단)적 구도를 통해 진영화를 조장하는 큰 단점이 있다. 무엇보다 다원주의를 막고 갈등을 극대화시킨다. 지금 한국 사회에서는 다음에 보는 강원택의 지적대로 기왕의 지역 갈등에 세대 갈등, 이념 및 정파 갈등이 중첩되면서 정치 영역을 넘어서는 전방위적 사회 양극화가 나타나고 있다(강원택, 2019). 이렇게 심화되는 갈등 속에서는 민주주의를 위

277 이 민주주의는 미디어에 대해 충분히 잘 대응해 그 논리에 휩쓸리지 않으면서 장점 또한 잘 활용하는 커뮤니케이션에 민감한 체제다(Blumler & Coleman, 2015). 아마 반면교사는 2015년 영국 총선에서 자신의 정체성을 잃고 미디어에 끌려 다녀 '일방적인 미디어화'라는 불명예를 안은 노동당일 것이다(Blumler & Esser, 2018). 비록 지금까지 민주주의는 미디어에 제대로 된 정책이나 대응을 할 수 없었지만, 미디어의 시장 기능이 파편화된 지금부터라도 어떻게 우호적인 환경을 만들 수 있을지 고민해야 한다.

278 이 구분은 블라우흐(Blaug, 2002)의 것이다. 그는 양자가 장단점이 교차하지만 서로 보완하는 점도 있어 양립이 가능하고, 또 그래야 민주주의가 더 많은 의의를 가질 수 있다고 한다.

한 협상이 어려워질 수밖에 없다.

> "한나라당계와 민주당계의 양대 정당은 기존의 지역주의에, 이념 갈등과 세대 갈등을 모두 대표하게 되었다. 영남과 보수, 노령층 유권자가 한쪽으로, 호남과 진보, 젊은 층 유권자가 또 다른 쪽으로 나뉘게 된 것이다. …… 세 가지 균열이 모두 양쪽으로 나뉜 '단절된 소속감,' 어느 한편에 대한 강한 소속감과 충성심을 가져야 하는 구조가 된 것이다. 그런 만큼 타협이나 협상, 상대방에 대한 이해, 공감은 취약해질 수밖에 없는 상황을 맞이하게 되었다. 이 때문에 이념 갈등은 곧 세대 갈등으로 비화되고, 지역 갈등, 정파 간 대립으로 확산될 수 있게 되었다. 또한 역으로 어떤 사건이라도 그것이 정파적 의미를 갖게 되면 그것은 또다시 이념적 갈등을 불러올 수 있게 되었다"(pp.340~341).

사회 각 부문들에 관계를 만들어 이견을 서로 조정할 수 있게 해주는 미디어의 상관 조정 기능(Wright, 1960)은 이런 사회에서는 발휘되기 어렵고, 오히려 미디어는 양 진영의 전사가 되어 편향을 동원하기 바쁜 지경이 되었다. 서구의 정치병행성이 다당제와 다원적 시장 구조 속에서 펼쳐지면서 정언 유착이나 갈등 조장이 아니라 의견 다원주의를 권장한다면, 한국의 경우는 반대로 양극적 진영화를 위한 포퓰리즘적 동원에 빠져 있는 것이다. 이럴수록 공영 방송의 '중립적' 위상이 중요하지만, 아직은 정치적 후견주의의 그늘이 짙어 신뢰의 수준이 높지 않은 데 더해 계속된 주변화의 추세가 행동 반경을 넓히기 어렵게 하고 있다(지상파 방송의 시장 비중은 기록적으로 낮아지고 있다).

넷째, 지금 한국에서는 '비동시성의 동시성'으로 부를 수 있을 만큼 시대를 달리하는 과제들과 성격이 상반된 모순적 경향들이 중첩되어 존재한다. 재권위주의화나 전근대적 불공정 구조 같은 포스트권위주의의 과제들이 한편에 있다면, 다른 한편에는 비민주적 자유주의인 신자유주의나 비자유적 민주주의로 부를 수 있는 포퓰리즘 같은 포스트민주주의적 과제들이 혼재한다(신진욱, 2018).[279] 한국의 민주주의가 앞을 향해 전진하는 '직선이라기보다는 (다시 원점으로 회귀한) 원'[280]이 된 궁극적인 이유가 여기에 있다. 권위주의적 잔재에는 2016년의 촛불 혁명이 비교적 확실하게 종지부를 찍어 준 듯하지만, 실패를 거듭하고 있는 문재인 정부의 여러 시도가 새로운 포스트코로나적 '뉴딜 연합'으로 승화될 수 있을지는 아직 미지수다. '조국 사태'를 비롯해 지난 여러 논란들의 성격으로 미루어 자칫 아무런 변화도 끌어내지 못한 채 시간만 보낼 가능성도 없지 않다.[281]

뉴딜 연합이 성공적으로 결성되기 위해서는 아무리 여당이 거대하더라도 야당을 비롯한 보수 시민사회의 협조가 필수적이고, 무엇보다도 뜻을 같이하는 사람들의 '유대'에 못지않게 다른 사람들 사이의 '가교'

---

279 손호철(2017)이 분석한 2016년 11월 '촛불 혁명'의 원인, 곧 표층적으로는 박근혜 게이트(박정희 체제), 중간으로는 제왕적 대통령제와 불완전한 정치민주화(1987년 헌정체제), 심층적으로는 헬조선에 대한 분노(1997년 신자유주의 체제) 등도 이와 유사하다. 표층은 포스트권위주의, 심층은 포스트민주주의인 셈이다. 표층에는 보수와 진보가 모두 있고, 심층으로 갈수록 진보 쪽의 문제의식이 차지하는 몫이 커진다고 할 수 있다.

280 원래는 볼트머의 말(Voltmer, 2013: 220)인데, 한국의 민주화와 언론 사이의 관계를 연구한 공과 론슬리(Gong & Rawnsley, 2018) 역시 결론 부분에서 이 말을 인용했다.

281 코로나 이전만 하더라도 21대 총선에서 여당이 이렇게 압승한다고 본 전문가는 없었던 것 같다. 한 대담(박명림 외, 2019)에서는 이 선거가 지난 33년 동안 이끌어 내지 못한 진보의 변화를 강제할 수 있다는 예상까지 나왔는데, 총선의 결과로 미루어 이 변화는 나타나지 않을 것 같다.

가 필요하다. 일단 거여巨與가 탄생된 의회의 조건은 나쁘지 않다. 그러나 뉴딜은 한번 통과되면 불가역적으로 진행될 수 있는 법안 같은 것이 아니다. 제도-문화-사람 전반이 외부의 변화에 맞춰 계속해서 진행형적으로 합의가 생성되어야 성공할 수 있다. 글로벌화와 금융화 같은 자본주의 문제 때문에라도 뉴딜 연합은 민주주의를 위해 필수적이다. 신자유주의의 문제에서 본 대로 민주주의가 목적의식적으로 참여-평등-복지를 향해 나아가지 않으면, 최소적 형태인 절차-자유주의적인 것조차 제대로 할 수 없는 게 지금의 위기 상황이기 때문이다.

그러나 이런 합의에 주류 언론들은 도움이 되기는커녕 큰 방해자가 될 것이다. 공영 방송에도 과거 루스벨트 시절의 '노변정담fireside chats' 같은 건 바라기조차 어렵다.[282] 조국 시절의 서초동 시위는 극약 처방에 가까운 것이다. 이제 의회까지 과반이 넘었는데도 다시 포퓰리즘적 동원에 의존한다는 건 오히려 기왕의 진영을 더 공고화해 상대를 강화시켜줄 뿐이다. 그렇다면 방안은 꾸준하게 제도를 통한 여론전을 펼치면서 언론 생태계 전체의 긍정적 변화를 기대하는 것밖에 없다. 민주주의는 권위주의나 파시즘과 달리 아직 언론·미디어를 효과적으로 움직일 수 있는 정책적 수단을 찾지 못했다. 선거에 승리했다고는 하나 정치가, 신문이, 종편이, 출입처가, 정치 소비가, 편향이, 후견주의가 금방 획기적으로 변하지는 않을 것이다. 그러나 '할 일'이 없지는 않다. 공영방송을 비롯해 규제 제도 전반을 잘 정비하고, 미디어의 전문직주의를

---

282 신제도주의자 리페(Ryfe, 2001)는 루스벨트의 노변정담이 '수용자'들을 '공중'으로 바꾸었다고 한다. 그러나 지금 한국에서는 이전 이명박이 이를 시도, 실패한 사례도 있고 해서 쉽게 다시 하기 어려울 것이다.

육성할 수 있는 장기적 정책을 강구하며, 무엇보다 언론·미디어의 일상적 논리에 대응해 민주 체제 스스로의 능력과 진정성을 꾸준히 보여 줘야 한다. 언론·미디어가 민주주의를 중시할 수 있도록 사회 전체가 변화의 단서를 잡고 끝까지 추구해야 한다.

참고 문헌

강명구 (1993).《한국 언론 전문직의 사회학》. 나남.

강명구 (2004). "한국언론의 구조변동과 언론전쟁," 〈한국언론학보〉, 48권 5호, pp.319~348.

강명구·양승목·엄기열 (2001).《한국언론의 신뢰도》. 한국언론재단.

강명구·박상훈 (1997). "정치적 상징과 담론의 정치," 〈한국사회학〉, 31집, pp.123~159.

강상현 외 (2008). "취재지원 선진화 방안 보도, 자성의 목소리는 없어," 〈신문과방송〉, 1월호, pp.56~65.

강원택 (2005). "한국의 이념 갈등과 진보·보수의 경계," 〈한국정당학회보〉, 11(1), pp.171~193.

강원택 (2012). "3당 합당과 한국 정당 정치," 〈한국정당학회보〉, 4권 2호, pp.193~217.

강원택 (2019). "더 나은 한국사회를 위한 분절 문제와 해소 방안: 이념갈등," 강원택 외,《막힌 사회와 그 비상구들》. 아시아.

강준만 (1998). "동아일보에 보내는 고언," 〈인물과사상〉, 10월호, pp.26~36.

강준만 (2014. 5. 25). "이젠 방송을 놓아주자," 〈한겨레〉.

〈경향신문〉 (2005. 1. 26). "87. 7-9월 노동자 대투쟁."

〈경향신문〉 (2006. 7. 7). "신문발전기금 악의적 보도 어디까지? 조 · 중 · 동의 왜곡."

〈경향신문〉 (2009. 10. 27). "DJ '2001년 언론사 세무조사 때 보복 두려워 좀 주눅들었다'."

권영숙 (2018). "촛불의 운동정치와 87년 체제의 이중 전환," 〈경제와사회〉 117, pp.62~103.

권장원 (2004). "한국 언론사의 관계 권력 구조에 대한 연구," 〈한국언론학보〉, 48권 2호, pp.164~188.

〈기자협회보〉 (1988. 11. 11).

〈기자협회보〉 (2014. 6. 11).

〈기자협회보〉 (2016. 8. 17). "기자 76% "'이정현 녹취록' 본질은 정권의 언론통제," 기자 57% "20대 국회 공영방송 지배구조 개선해야.""

〈기자협회보〉 (2017. 10. 24). "팩트에 진보·보수가 어디 있나… 가만히 있으면 언론도 공범자: 김의겸 전 한겨레 선임기자, 이진동 TV조선 에디터가 말하는 촛불집회 1년."

김건우·김균 (2013). "사주의 퍼포먼스와 신문 조직의 문화적 통제," 〈한국언론정보학보〉, 62호, pp.223~243.

김경필 (2017). "한국의 사회운동과 민주주의: 왜 한국사회는 운동으로 문제를 해결할까," 〈사회과학연구〉, 56(2), pp.293~319.
김경환 외 (2013).《보수진영의 여론 형성 기능에 대한 민주당의 전략적 대응 방안 연구》. 민주정책연구원.
김도연 (2018. 2. 3). "법원이 꾸짖은 송희영 전 조선일보 주필," 〈미디어오늘〉.
김도연 (2017. 7. 3.). "황우석 제보자 '지금 PD수첩에 제보하라면? 그냥 죽죠,'" 〈미디어오늘〉.
김동률 (2009). "언론의 정치권력화: 재벌 정책 보도의 정권별 비교 연구," 〈한국언론정보학보〉, 45호, pp.296~340.
김동춘 (1995).《한국사회 노동자연구 — 1987년 이후를 중심으로》. 역사비평사.
김동춘 (2014). "박근혜 정권의 '국정원 정치: '구조적 파시즘'하에서의 국가주의의 재등장,'" 〈경제와사회〉, 101호, pp.27~52.
김대중 (1993. 5. 16). "당근도 채찍도 원치 않는다," 〈조선일보〉.
김대중 (1993. 6. 13). "언론 조심하라구," 〈조선일보〉.
김대중 (1993. 7. 11). "조령조개," 〈조선일보〉.
김대중 (2010. 8. 8). "'김대중 자서전'과 언론사 세무조사," 〈조선일보〉.
김만흠 (2003). "한국의 언론정치와 지식인," 김만흠 외 엮음,《한국의 언론정치와 지식권력》. 당대.
김비환 (2014). "좋은 민주주의의 조건들: 가치, 절차, 목적, 관계 그리고 능력," 〈비교민주주의연구〉, 10-1, pp.33~63.
김사승·채희상 (2009). "뉴스생산 관행분석을 통한 정파성 뉴스생산 이해," 2009년 저널리즘 실행위원회 엮음,《한국언론의 정파성》. 한국언론재단.
김상균 (2017). "MBC 백종문 녹취록 사건으로 본 공영 방송의 위기: 정치권력의 언론통제 기제를 중심으로," 〈한국언론정보학보〉, 81, pp.189~224.
김상유·이준웅 (2018). "경쟁적 정치와 후견주의가 공영 방송의 정치적 독립성에 미치는 영향," 〈한국언론학보〉, 61-6, pp.7~36.
김성태·이영환 (2006). "인터넷을 통한 새로운 의제 설정 모델의 적용: 의제 파급(Agenda-Rippling)과 역의제 설정(Reversed Agenda-Setting)을 중심으로," 〈한국언론학보〉, 50(3), pp.175~204.
김성재·김상철 (2010).《야만의 언론, 노무현의 선택》. 책보세.
김세은 (2017). "'신'해직 언론인의 '압축적' 생애사를 통해 본 한국 정치권력의 언론통제: YTN과 MBC사례를 중심으로," 〈언론과사회〉, 25-3, pp.221~328.
김수영 (2017). "한국 공영 방송 언론인의 직업 정체성에 관한 연구 — KBS 언론인의 '기능 직업인'적 속성을 중심으로," 〈한국언론학보〉, 61-3, pp.55~86.

김수정·정연구 (2011). "무(無)보도 현상과 언론윤리 그리고 한국사회의 이념갈등: 국정원, 기무사 민간사찰 관련 보도 사례를 중심으로," 〈한국언론정보학보〉, 53호, pp.5~28.

김신동 (2001). "권력과 언론의 관계 전환: 일방 통행에서 쌍방 통행으로," 2001년 한국언론학회 세미나 발표문.

김영욱 (2001). "독일의 퀀터위원회와 바이체커위원회," 〈언론 개혁〉, 4, pp.280~291.

김영욱 (2011). "한국언론의 정파성과 사회적 소통의 위기," 한국언론학회 엮음, 《한국사회의 소통위기》. 커뮤니케이션북스.

김영욱·임유진 (2009). "언론의 정부 언론 관계와 언론 정책에 대한 담론 변화 분석: 노무현, 이명박 정부에 대한 보도 이데올로기 차원 비교 평가," 〈한국언론학보〉, 53권 4호, pp.94~115.

김용철 (2016). "한국 민주주의의 품질: 민주화가 정체된 결함 있는 민주주의," 〈현대정치연구〉, 9(2), pp.31~62.

김우창·최장집 (2010). "사람을 위한 민주주의에 대한 구체적 성찰," 우찬제 외, 《4 19와 모더니티》. 문학과지성사.

김의겸 (2016. 9. 28). "조선일보 방상훈 사장님께," 〈한겨레〉.

김정훈·한상익 (2016). "신화의 붕괴, 그리고 희망의 정치?" 〈경제와사회〉, 110호, pp.12~37.

김종엽 엮음 (2009). 《87년 체제론》. 창작과비평사.

김주호 (2016). "자본주의 비판과 민주주의 요구의 결합," 〈경제와사회〉, 111호, pp.205~236.

김춘식·이영화 (2008). "참여정부의 언론정책에 관한 뉴스프레임 연구," 〈한국언론학보〉, 52권 2호, pp.303~327.

김해식 (1993). 〈1960년대 이후 한국 언론의 성격 변화과정에 대한 사회학적 연구〉. 서울대학교 대학원 박사 학위 논문.

남시욱 (2004). "박종철 고문치사사건 특종보도는 6월 항쟁, 6·29 선언의 밑거름," 〈신동아〉 3월호, Available: https://shindonga.donga.com/3/all/13/103216/1.

남재일 (2006). "1987년 민주화 이후 취재관행에 나타난 정권 언론 관계 변화," 〈한국언론학보〉, 50권 4호, pp.95~124.

남재일 (2007). "참여정부의 언론정책과 취재관행 변화," 한국언론정보학회 토론회 자료집.

노무현 (2007). 언론5단체장 토론회–대통령과 언론인과의 대화: 재임중 대통령 발언록.

노중기 (2012). "87년 노동자 대투쟁의 역사적 의의와 현재적 의미," 〈경제와사회〉, 96, pp.178~209.

노현주·윤영철 (2016). "신문, 방송, 포털매체의 의견 다양성 비교분석: '통진당 해산 선고' 관련 보도를 중심으로," 〈한국언론학보〉, 60권 6호, pp.68~99.

더피알 (2016). 종편 5년, 방송지형 이렇게 달라졌다. URL: http://www.the-pr.co.kr/news/articleView.html?idxno=15681
문갑식 (2017). "이진동 TV조선 사회부장 인터뷰," 〈월간조선〉, 1월호, pp.112~129.
문일현 (1999). 성공적 개혁 추진을 위한 외부환경 정비 방안. URL:https://blog.naver.com/lys1917/221026064007
문창극 (2004. 12. 20). "주미대사로 내정된 발행인," 〈중앙일보〉.
문화방송 (2003. 7. 8). "최병렬 대표 대통령으로 인정하고 싶지 않다 강경 발언."
〈문화노보〉 창간호 (1987. 12. 14). "문화방송 노동조합 창립선언문."
〈미디어오늘〉 (1996. 7. 10). "'언론사정 반발로 무산' 박관용의원 '재산공개-세무조사에 강력 저항' 본지 인터뷰서 밝혀."
〈미디어오늘〉 (2009. 8. 31). "전국언론노동조합 성명."
〈미디어오늘〉 (2012. 10. 8). "젊은 사람들, KBS·MBC 뉴스 안 본다."
〈미디어오늘〉 (2013. 10. 28). "경찰 제대로 수사 발표했으면 문재인이 당선됐을 것."
〈미디어오늘〉 (2016. 9. 5). "임직원에게 보내는 편지."
〈미디어오늘〉 (2016. 11. 1). "TV조선 부장, "조선일보 vs 청와대 프레임 부담스러웠다"."
〈미디어오늘〉 (2017. 5. 17). "조중동 종편, 폐지보다 민주 노조 세워야."
민주언론운동협의회 엮음 (1988). 《보도지침》. 두레.
민영 (2016). "신뢰의 조건: 저널리즘 전문성과 정파적 편향성이 언론 신뢰와 정치 신뢰에 미치는 영향," 〈한국언론학보〉, 60권 6호, pp.127~156.
박경신 (2014). "인터넷과 표현의 자유 구제," 〈동향과전망〉, 90호, pp.79~119.
박동천 (2006). "한국 민주주의의 개념과 현실," 〈정치사상연구〉, 12(2), pp.59~79.
박명림·박상훈·이진우·임지현 (2019). "특별좌담: 현대 민주주의의 위기," 〈철학과현실〉, 123, pp.17~76.
박상훈 (2012). "한국 정치, 무엇이 문제이고 무엇이 문제가 아닌가," 〈황해문화〉, 봄호, pp.12~31.
박상훈 (2020). "나는 왜 직접 민주주의론에 비판적인가," 〈역사와현실〉, 115호, pp.3~19.
박성제 (2017). 《권력과 언론: 기레기 저널리즘의 시대》. 창비.
박승관 (2017). "패권(군주)제 사회질서와 정파언론, 그 현실과 기원," 〈언론과사회〉, 25(4), pp.5~58.
박승관·장경섭 (2000). 《언론권력과 의제동학》. 커뮤니케이션북스.
박영흠 (2018). "인터넷 포털: 뉴스생태계의 포식자," 이범수·문종대 외, 《1987년 민주화 이후 30년, 한국의 언론과 언론운동 성찰》. 컬처룩.
박영흠·김균 (2016). "의례로서의 저널리즘," 〈한국언론학보〉, 60권 1호, pp.202~228.

박영흠·이정훈 (2019). "'한경오' 담론의 구조와 새로운 시민주체의 출현," 〈커뮤니케이션이론〉, 15(2), pp.5~50.

박종희 (2016). "세월호 참사 1년 동안의 언론보도를 통해 드러난 언론매체의 정치적 경도," 〈한국정치학회보〉, 50권 1호, pp.239~269.

박진우 (2015). "한국 언론의 전문직주의와 전문직 프로젝트의 특수성: 언론 정치병행관계의 한국적 맥락," 〈한국언론정보학보〉, 74호, pp.177~196.

박홍원·임영호 (2001). 《언론 개혁과 자율규제: 영국 왕립언론위원회 사례연구》. 한국언론재단.

방송공정성특별위원회 (2013). 방송공정성특별위원회 활동 결과보고서.

방송통신위원회·방송미래발전위원회 (2018). 《방송미래발전위원회 정책제안서》.

배정근 (2012). "국내 종합일간지와 대기업 광고주의 의존관계 형성과 변화과정: 자원의존이론의 관점에서," 〈한국언론학보〉, 56권 4호, pp.265~292.

백승구 (2014). "MBC, 순혈주의 극복해야 노영방송 오명 벗는다," 〈월간조선〉, 3월호, pp.462~478.

백영민 (2016). "커뮤니케이션 관점으로 본 포퓰리즘의 등장과 대의 민주주의 위기," 〈커뮤니케이션이론〉, 12권 4호, pp.5~57.

서영남·박종민 (2008). "문민, 국민, 참여정부의 언론중재 현황을 통한 정부의 대언론관계," 〈한국언론학보〉, 52(2), pp.5~39.

성경륭 (1995). 《체제 변동의 정치사회학》. 한울.

성한용 (2001). 《DJ는 왜 지역갈등 해소에 실패했는가》. 중심.

〈세계일보〉 (2017. 7. 10). "국정원 '댓글' 전 靑에 "SNS 장악" 보고서 올렸다." URL:http://www .segye.com/newsView/20170709001584

손석춘 (1998). "'낙하산 개혁,' 독립성 법제화에 성패 달려: 공영 방송 25년 KBS의 개혁방향," 〈신문과방송〉, 333호. pp.30~33.

손석춘 (2012). 《한국 언론 바로보기 100년》. 다섯수레.

손석춘 (2017). "'보수·진보 프레임'의 한계와 미디어비평의 과제," 〈한국언론정보학보〉, 82, pp.7~28.

손호철 (1995). 《현대 한국정치》. 사회평론.

손호철 (2009). "'사회학적 서술주의'와 추상성의 혼돈을 넘어서," 〈마르크스주의연구〉, 6권 4호, pp.253~289.

손호철 (2017). 《촛불혁명과 2017년 체제》. 서강대학교 출판부.

송건호 (1983). "한국현대언론사론," 한국기독교 사회문제연구원 엮음, 《언론과 사회》. 민중사.

송현주 (2015). “정파성의 강도와 정책 이슈에 대한 뉴스 프레임이 정파적 양극화에 미치는 영향,” 〈한국언론학보〉, 59권 6호, pp.221~245.

송호근 (2005). “언론의 보수적 권력화와 지체된 전환,” 임상원 엮음,《한국사회와 언론》(한국사회와 언론 콜로키움 보고서). 한국언론학회.

〈CBS노컷뉴스〉 (2018. 10. 16). “과거 잘못 바로잡으려 진미위 출범… KBS 달라지고 있어.”

〈시사저널〉 (2016. 9. 13). “[2016 누가 한국을 움직이는가] 언론매체 / 신뢰도 JTBC, 영향력 KBS.” URL: http://www.sisapress.com/journal/article/157632

신광영 (2012). “한국의 민주화, 시장화와 언론노조운동,” 〈한국언론정보학보〉, 57호, pp.69~83.

신윤진 (2000). “언론 개혁/개혁 논의 어디까지 왔나,” 〈신문과방송〉, 6월호, pp.118~121.

신진욱 (2016). “한국에서 결손민주주의의 심화와 ‘촛불’의 시민정치,” 〈시민과세계〉, 29호, pp.1~26.

신진욱 (2018). “촛불집회와 한국 민주주의의 진자운동, 1987~2017,” 〈기억과전망〉, 39, pp.55~100.

신현기·우지숙 (2011). “트위터에서 일어나는 정치적 담론활동에 대한 탐색적 연구,” 〈언론과 사회〉, 19권 3호, pp.45~76.

심인보 (2016. 3. 17). “정상화 돼야 할 것은 기자협회가 아니라 KBS,” 〈미디어오늘〉.

심인보 (2018. 7. 17). “TV조선 간부의 ‘팀 킬,’ 최순실 게이트 덮을 뻔,” 뉴스타파.

심재철 (2008). “미디어법 통과 이후 방송시장의 판세 변화.” Available: http://163.152.6.72/contents/vod/21/20121128153623/20121128153623.pdf.

심재철·이경숙 (1999). “국민의제 형성에서 탐사보도의 역할,” 〈한국언론학보〉, 43(3), pp.73~108.

안병진 (2012). “시민네트워크 정치로의 가능성과 한계,” 〈동향과전망〉, 85호, pp.7~49.

안종묵 (2002). “제5공화국의 대언론 홍보정책에 관한 연구: 6·29선언을 전후한 언론정책과 보도태도,” 〈언론과학연구〉, 2(2), pp.79~114.

안철홍 (2001. 8. 2). “〈동아일보〉, 길 잃은 ‘늙은 무관의 제왕’,” 〈시사저널〉.

양승목 (1995). “한국의 민주화와 언론의 성격 변화: ‘자율언론’의 딜레마,” 유재천 외 엮음,《한국사회변동과 언론》. 소화.

양승목 (2001). “세무조사와 언론 개혁의 담론투쟁,” 한국언론학회 세미나 자료집.

양승목 (2007). “신뢰도 하락과 한국 언론,” 임상원 외,《민주화 이후의 한국언론》. 나남.

양정철 (2004. 7. 9). “‘조선·동아는 저주의 굿판을 당장 걷어치워라’ 전문,” 〈중앙일보〉.

언론개혁시민연대 (2000).《신문개혁 이렇게 합시다》.

〈언론노보〉 (1989. 1. 17).

〈언론노보〉 (1990. 2. 7).

엄민형 (2012. 7. 3). 이메일 인터뷰(전 KBS 노조 정책실장).

엄호동 (2009. 11. 6). "방통위의 무리수 누굴 위한 것인가," 〈경향신문〉.

〈오마이뉴스〉 (2003. 4. 8). "고흥길 인터뷰: "노무현 정부 DJ 때보다 더 공격적, 언론 개혁의 집권 기반 구축 목적"."

〈오마이뉴스〉 (2004. 9. 3). "조중동과 싸우는 척만 하지 말고 노대통령은 언론정책 똑바로 해라."

〈오마이뉴스〉 (2004. 12. 21). "박인규 〈프레시안〉 대표 '언론 개혁은 말짱 황' 홍 회장 인사에 독설."

오문완 (2010). "정치파업의 정당성: 판례분석을 중심으로," 〈노동법학〉, 35호, pp.137~158.

오현철 (2008). "진보적 사회상을 추구하는 보수적 민주주의론," 〈경제와사회〉, 79호, pp.274~286.

오형일 (2014). 〈한국의 공영 방송은 어떠한 공익을 실천하고 있는가?: 2003~2012년 KBS 편성분석을 중심으로〉. 서울대학교 대학원 박사 학위 논문.

우지숙 · 최정민 (2015). "공기업에 대한 언론의 프레임 유형 연구: 5개 일간지 사설 분석을 중심으로," 〈행정논총〉, 53권 2호, pp.315~343.

유시민 (1999). "조선일보에 제 몫을 찾아주는 방법," 김민웅 외, 《조선일보를 아십니까?》. 개마고원.

유종성 (2014). "한국 민주주의와 표현의 자유: '자유민주주의'의 위기," 〈동향과 전망〉, 90호, pp.9~44.

윤석민 (2015). 《미디어의 공정성 연구》. 나남.

윤석민 (2020). 《미디어거버넌스》. 나남.

윤성이 (2012). "SNS와 참여민주주의의 미래," 한국언론학회 엮음, 《정치적 소통과 SNS》. 나남.

윤수현 (2019. 6. 5). "한겨레 노동조합이 본 한겨레는?," 〈미디어스〉.

윤영철 (2000). "권력이동과 신문의 대북정책보도: '신문과 정당의 병행관계'를 중심으로," 〈언론과사회〉, 27호, pp.48~81.

윤영철 (2002). 《한국 민주주의와 언론》. 유민문화재단.

원용진 · 이수엽 (2010). "인터넷 공론장의 현실적 기술(記述)을 위한 이론적 제안: 의사소통적 '합의'에서 '협력'으로," 〈언론과사회〉, 18권 3호, pp.71~109.

원희영 · 윤석민 (2016). "종합편성채널의 보도 공정성에 관한 연구," 〈한국방송학보〉, 29권 1호, pp.117~148.

이갑윤 · 문용직(1995). "한국의 민주화: 전개과정과 성격," 〈한국정치학회보〉, 29-2호,

pp.217~232.

이강혁 (2017. 10. 20). "공영방송 경영진의 임기는 무조건 보장될까," 〈미디어오늘〉.

이광일 (2015). "신자유주의시대 한국의 '포퓰리즘': 김대중, 노무현 정권에 대한 논의를 중심으로," 〈민족문화연구〉 68, pp.507~540.

이남주 (2012). "시민정치의 부상과 정당정치," 〈역사비평〉, 98호, pp.57~87.

이내영 (2011). "한국사회 이념갈등의 원인," 〈한국정당학회보〉, 10권 2호, pp.251~287.

이민웅·윤영철·최영재·윤태진·김경모·이준웅 (2008). 《방송 저널리즘과 공정성 위기》. 지식산업사.

이상록·이지연·성경 (2012). "트위터 안의 정치 담론에 나타난 매개 유력자 분석," 〈미디어경제와 문화〉, 10권 4호, pp.7~38.

이상신 (2012). "웹2.0에서 소셜 네트워크 서비스로," 박찬욱 외 엮음, 《한국 유권자의 선택 1: 2012 총선》. 아산정책연구원.

이선민·이상길 (2015). "세월호, 국가, 미디어: 〈조선일보〉와 〈한겨레〉의 세월호 의견기사에 나타난 '국가 담론' 분석," 〈언론과 사회〉, 23권 4호, pp.5~66.

이소영 (2012). "4·11총선과 SNS 선거캠페인," 한국언론학회 엮음, 《정치적 소통과 SNS》. 나남.

이수인 (2008). "[1970~80년대 민주화운동의 사상과 이념] 1980년대 학생운동의 민족주의 담론," 〈기억과전망〉, 18호, pp.98~131.

이수정 (1983). 연설문. 미간행.

이승경 (2006. 11. 3). "호남에선 동아가 1위… 조선·한겨레는 '마이너'," 〈미디어오늘〉.

이영광 (2019. 1. 28). "이경호 언론 노조 KBS본부장 인터뷰; 언론인이 바로 가면 안된다? 그럼 정치는 쓰레기만 하라는 건가," 〈고발뉴스〉.

이용성 (2006). "신문법 위헌소송의 주요 쟁점에 관한 연구," 〈한국언론정보학보〉, 33호, pp.227~251.

이은주 (2007). "한국 신문의 경제적 위기," 〈커뮤니케이션이론〉, 4권 2호, pp.73~111.

이인우·심산 (1998). 《세상을 바꾸고 싶은 사람들》. 한겨레신문사.

이재경 (2007). "한국 언론과 글로벌 스탠더드," 임상원 외, 《민주화 이후의 한국 언론》. 나남.

이재호 외 (2007). "6월 민주항쟁 20년, 한국 민주주의 성장과 과제," 〈관훈저널〉, 104, pp.186~204.

이정환 (2019. 5. 15). "노무현의 미완의 개혁, 한국 언론은 달라졌을까," 〈미디어오늘〉.

이정훈·김균 (2006). "한국 언론인의 직업 정체성," 〈한국언론학보〉, 50권 6호, pp.59~88.

이정훈·이상기 (2015). "민주주의의 위기와 언론의 선정적 정파성의 관계에 대한 시론," 〈한국언론정보학보〉, 77호, pp.9~35.

이종혁 · 길우영 (2018). "보도프레임 메타분석(meta-analysis)을 통한 보수-진보 매체의 공정성 모형 검증: 정파성(partisanship), 양가성(ambivalence), 이중성(biccnceptualism)을 중심으로," 〈커뮤니케이션학 연구〉, 29(1), pp.117~154.

이준웅 (2005). "비판적 담론공중의 등장과 언론에 대한 공정성 요구: 공정한 담론 규범 형성을 위하여," 〈방송문화연구〉, 17권 2호, pp.139~172.

이준웅 (2009). "공적인 것, 정치적인 것, 그리고 불편한 것: 공영 방송 위기론 고찰," 〈한국방송학보〉, 23권 3호, pp.485~525.

이준웅 (2011). "정치적 설득의 실패," 강원택 · 장덕진 엮음, 《노무현정부의 실험》. 한울.

이준웅 · 조항제 · 송현주 · 정준희 (2010). "한국 사회 매체 체계의 특성: '민주화 이행모형'의 제안," 〈커뮤니케이션이론〉, 6권 1호, pp.87~143.

이진영 · 박재영 (2010). "한국 신문 보도의 다양성 연구: 한겨레 시장 진입 전후(1986~2005)를 중심으로," 〈한국언론학보〉, 54권 3호, pp.301~325.

이채훈 (1989). "방송민주화 운동이란 무엇인가," 〈문학과사회〉, 2권 2호, pp.692~710.

이하늬 (2016. 11. 1). "TV조선 부장, '조선일보 vs 청와대' 프레임 부담스러웠다," 〈미디어오늘〉.

이항우 (2012). "네트워크 사회운동과 하향적 집합행동: 2008년 촛불시위," 〈경제와사회〉 93, pp.244~274.

이효성 (1997). 《한국 언론의 좌표》. 커뮤니케이션북스.

이희정 (2011). 〈사주 및 경영진의 내적 통제에 대한 기자들의 인식과 대응 연구〉. 연세대학교 언론홍보대학원 석사 학위 논문.

임명현 (2017a). 〈2012년 파업 이후 공영 방송 기자들의 주체성 재구성에 관한 연구: MBC 사례를 중심으로〉. 성공회대학교 문화대학원 석사 학위 논문.

임명현 (2017b). "2017 총파업, 왜 우리는 다시 일어섰는가? KBS 박종훈 기자, MBC 왕종명 기자," 〈방송기자〉, 38호, pp.10~15.

임성학 (2015). "민주화의 제3의 물결과 6 · 29 선언," 강원택 엮음, 《6 · 29 선언과 한국 민주주의》. 푸른길.

장덕진 (2011). "트위터 공간의 한국정치," 〈언론정보연구〉, 48권 2호, pp.80~107.

장덕진 (2014). "박근혜 정부 지지율의 비밀," 〈황해문화〉, 82호, pp.32~47.

장덕진 (2017). SNS와 한국 정치의 변화. Available: http://post.naver.com/viewer/postView.nhn? olumeNo=6168190&memberNo=9831125&vType=VERTICAL.

장우영 · 조화순 (2012). "포털뉴스의 정치경제: 뉴스서비스 트래픽 분석을 중심으로," 〈시민사회와 NGO〉 10(2), pp.149~190.

장우영 · 송경재 (2017). "정치참여와 소셜 미디어 정보순환 효과: 2016년 촛불집회 참가자 현장 설문조사를 중심으로," 〈선거연구〉, 8호, pp.59~80.

장하용 (1997). "한국 언론의 이슈화 과정에 대한 연구: '신문전쟁' 보도의 분석," 〈한국언론정보학보〉 9호, pp.197~215.

장호순 외 (2001). "언론 개혁, 어디로 갈 것인가," 〈창작과비평〉, 29(3), pp.14~52.

장훈 (2007). "한국 민주화 20년의 성과와 과제," 〈관훈저널〉, 104, pp.171~185.

장훈(2009). 민주화 20년의 정당정치: 회색지대 속의 현실과 이론의 전개. 〈한국과 국제정치〉, 25권 1호, pp.1~31.

장훈 (2010). 《20년의 실험: 한국정치개혁의 이론과 역사》. 나남.

장훈 · 한은수 (2019). "대의제 공고화론과 시민 민주주의: 한국 민주주의 이론과 현실의 불균형," 〈현대정치연구〉, 12(1), pp.39~70.

전국경제인연합회 (2009). 《미디어 관련법 개정안의 주요 쟁점과 현실》.

전국언론노동조합 (2017). 언론노동조합 MBC본부 소송현황. 내부 자료.

전국언론노동조합 KBS본부 (2010. 3. 11). 전국언론노동조합 KBS본부 출범선언문.

정동우 (2009). "신문기업의 생존전략이 저널리즘적 가치 수행에 미치는 영향," 〈한국언론학보〉, 53권 3호, pp.395~416.

정성훈 (2019). "민주의 과잉과 민주의 과소: 이른바 '조국 대전'을 통해 드러난 한국 민주주의의 현재에 대한 진단," 〈철학과현실〉, 114호, 137~151.

정수영 · 남상현 (2012). "지상파TV 3사 종합뉴스프로그램의 무보도와 단독보도 뉴스에 관한 연구," 〈한국방송학보〉, 26권 4호, pp.265~309.

정영주 · 홍종윤 (2018). "공영방송 제도의 위기와 재정립-신제도주의 관점에서 바라본 공영방송으로서의 MBC," 〈언론정보연구〉, 55(1), pp.230~291.

정영주 · 홍종윤 (2019). "방송법 개정 과정을 통해 본 국회 입법 활동의 특성," 〈방송통신연구〉, 105호, pp.41~81.

정용준 (2016). "공영 방송의 지배 구조에 대한 고찰," 〈방송통신연구〉, 96, pp.136~158.

정인숙 (1998). "김영삼 정부에서의 언론의 자유도와 비공식적 통제," 〈한국언론학보〉, 42권 4호, pp.57~99.

정준희 (2016). "종합편성채널의 부상과 오락적 정론장의 형성: 정치 미디어 체계간 구조적 접속의 새로운 양상," 〈한국언론정보학보〉, 77호, pp.73~107.

정준희 (2018). "시민사회의 확장을 통한 정치적 후견주의의 제어," 〈언론정보연구〉, 55(1), pp.56~118.

정진형 (2019. 9. 6). "〈한겨레〉 평기자들 '〈한겨레〉가 부끄럽다,'" 〈뷰스앤뉴스〉.

정책브리핑 (2007). "동아일보의 거짓기사 시리즈," http://www.korea.kr/special/policyFocusView.do?newsId=148632766&pkgId=49500277

정철운 (2014a. 4. 14). “170일 파업 이후 MBC기자들은 어떻게 죽어갔나,” 〈미디어오늘〉.

정철운 (2014b. 6. 15). “반론 · 정정보도 청구에 적극적이었던 노무현,” 〈미디어오늘〉.

정철운 (2016a. 11. 10). “TV조선 · 한겨레 · JTBC가 합작한 ‘박근혜 퇴진’ 100일의 기록,” 〈미디어오늘〉.

정철운 (2016b). 《박근혜 무너지다》. 메디치.

정철운 (2019. 11. 29). “종편 의무송출 특혜, 8년 만에 폐지”, 〈미디어오늘〉.

정청천 · 장홍근 (2013). “2012년 방송 3사 동시파업 사태와 시사점,” 〈노동리뷰〉, 6월호, pp.63~74.

정필모 (2013). 〈공영 방송 보도의 공정성 저해요인에 관한 연구: 언론통제 메커니즘의 관점에서 KBS 사례를 중심으로〉. 성균관대학교 대학원 박사 학위 논문.

정현상 (2008). “박재완 청와대 국정기획수석비서관: KBS사장, 이명박 정부 국정철학 적극 구현할 사람 돼야,” 〈신동아〉, 51권 8호, pp.93~108.

조기숙 (2016). “노무현과 선거 제도개혁론,” 김종철 외 엮음, 《노무현의 민주주의》. 인간사랑.

〈조선일보〉 (2001. 6. 28). “조선일보 기자총회 결의문 전문.”

〈조선일보〉 (2016. 7. 18). “우병우 민정수석의 처가 부동산, 넥슨, 5년전 1326억에 사줬다.”

〈조선일보〉 (2016. 12. 10). “朴 대통령 탄핵소추, 이제 대한민국의 나침반은 法治다.”

조성민 · 양승목 (2005). “신문법과 간섭주의: 국가개입의 논리와 한계,” 〈언론정보연구〉, 42권 1호, pp.91~125.

조성식 (2015). 《너는 어느 편이냐? 한국 언론 프레임 전쟁》. 책밭.

조수경 (2014. 12. 26). “동아일보의 변신, 무죄인가 유죄인가,” 〈미디어오늘〉.

조은영 · 유세경 (2014). “종합편성 채널 도입과 방송 뉴스 보도의 다양성,” 〈한국언론학보〉, 58권 3호, pp.433~461.

조항제 (1998). “한국의 민주화와 언론, 언론학,” 학술단체협의회 엮음, 《한국 인문사회과학의 현재와 미래》. 푸른숲.

조항제 (2003a). 《한국의 민주주의와 미디어 권력》. 한울.

조항제 (2003b). 《한국방송의 역사와 전망》. 한울.

조항제 (2008). 《한국방송의 이론과 역사》. 논형.

조항제 (2014a). “한국의 민주화와 언론의 자유 · 언론학에 대한 비판적 성찰,” 〈커뮤니케이션 이론〉, 10권 2호, pp.41~76.

조항제 (2014b). 《한국 공영 방송의 정체성》. 컬처룩.

조항제 (2017). “한국의 민주화와 언론, 1987~2017,” 〈언론과 사회〉, 25권 3호, pp.11~78.

조항제 (2018a). “한국 공영 방송 노동조합의 자율성 투쟁: 반후견주의와 전문직주의 노조주의,” 〈언론정보연구〉 55권 2호, pp.112~168.

조항제 (2018b). “한국의 (공영)방송과 민주화 30년: 역사적 제도주의의 입장,” 이범수 · 문종대 외, 《1987년 민주화후 이후 30년, 한국의 언론과 언론운동 성찰》. 컬처룩.

조항제 (2019a). 한국 공영 방송의 정치적 후견주의와 극복. 한국언론정보학회 봄철학술대회 발표문.

조항제 (2019b). 《한국 언론의 공정성: 이론적 구성》. 컬처룩.

조희연 (2012). 《민주주의 좌파, 철수와 원순을 논하다》. 한울아카데미.

조희연 · 서영표 (2009). “체제논쟁과 헤게모니전략,” 〈마르크스주의 연구〉, 6권 3호, pp.154~187.

〈중앙일보〉 (1987. 9. 5).

〈중앙일보〉 (2005. 8. 5). “중앙일보 기자들은 다짐합니다.”

〈중앙일보〉 (2006. 6. 30). “시장점유율 60% 넘으면 규제한다는 신문법 위헌.”.

채장수 (2018). “한국 보수진영의 위기와 보수주의의 특성,” 〈정치정보연구〉, 21(2), pp.37~62.

최영묵 (2012). “이명박 정부 언론장악 실패 ‘전말기,’” 〈황해문화〉, 75호, pp.10~27.

최영재 (2005). “언론의 정파성과 대통령 보도, 그리고 언론 자유,” 〈언론과 법〉, 4권 2호, pp.49~80.

최영재 (2011a). “분열 정치와 분열 언론 그리고 분열 여론의 악순환이론,” 한국언론학회 엮음, 《한국사회의 소통위기》. 커뮤니케이션북스.

최영재 (2011b). “대통령 커뮤니케이션과 대통령 보도: 1948~2008 대통령과 언론관계 분석,” 〈언론과학연구〉 11(3), pp.349~380.

최영재 (2014). “공영 방송 보도국의 정파적 분열,” 〈커뮤니케이션이론〉, 10권 4호, pp.476~510.

최영태 (2001). “세법 적용 형평성에는 논란 소지 없다. 적발된 조세 포탈 봐줄 수는 없는 노릇,” 〈신문과방송〉 8월호, pp.21~28.

최인이 (2011). “한국노총과 민주노총의 조직과 운동전략 비교: 양대 노총의 제도적 매개역할(1997~2005)을 중심으로,” 〈기억과전망〉, 24, pp.79~128.

최장집 (1994). “한국 민주주의와 언론,” 〈언론과사회〉, 6호, pp.40~64.

최장집 (2009). 《민중에서 시민으로: 한국 민주주의를 이해하는 하나의 방법》. 돌베개.

최장집 (2010). 《민주화 이후의 민주주의》 (개정2판). 후마니타스.

최장집 (2011). “한국 민주주의를 이해하는 방법에 관한 하나의 논평,” 〈경제와사회〉, 85호, pp.93~120.

최장집 외 (2017). 《양손잡이 민주주의》. 후마니타스.

최재훈 (2017). “집합행동의 개인화와 사회운동 레퍼토리의 변화,” 〈경제와사회〉, 113호,

pp.66～99.

최준영 (2012). “3당 합당: 민주화 이후 한국 정당정치의 분기점,” 강원택 엮음, 《노태우시대의 재인식》. 나남.

최현주 (2010). “한국 신문 보도의 이념적 다양성에 대한 고찰: 6개 종합일간지의 3개 주요 이슈에 대한 보도 성향 분석을 중심으로,” 〈한국언론학보〉, 54권 3호, pp.399～426.

KBS (2001). 〈KBS 편성 규약〉.

KBS기자협회의 정상화를 추진하는 모임 (2016). “KBS기자협회 정상화를 위한 모임을 결성하며……”

〈프레시안〉 (2003. 8. 14). “정부·언론 불필요하고 감정적인 긴장관계: 일부 언론보도 지나치게 감정적–기자협회 설문조사.”

〈한겨레〉 (1994. 12. 25). “‘언론사 세무조사 결과 공개를’/시민단체, 국세청 상대 소송.”

〈한겨레〉 (1996. 9. 4). “‘신문판매규정 안 지켜질 것’.”

〈한겨레〉 (2001. 2. 10). “YS 일문일답/당시 적당히 추징하고 끝내라 했다.”

〈한겨레〉 (2012). “2001～2012 2R HRC 분석 및 시사점.”

〈한겨레〉 (2012. 1. 16). “SNS가 99%의 개인 결집시켜 총선대선 첫 ‘소셜 선거’될 것.”

〈한겨레〉 (2012. 3. 9). “MB캠프 인사보다 더 캠프적인 인사가 김재철.”

〈한겨레〉 (2014. 5. 7). “KBS 젊은 기자들의 글 ‘순간의 비겁함이 개병신 만들어.’”

〈한겨레〉 (2017. 2. 9). “KBS의 ‘국정농단’ 보도, JTBC의 3분의 1도 안돼.”

〈한겨레〉 (2018. 12. 14). “‘세월호 보도개입’ 이정현 유죄 판결… 사상 첫 방송법 위반 처벌.”

〈한겨레〉 (2020. 1. 16). “‘세월호 보도 개입’ 이정현 의원 벌금 1000만원 확정.”

〈한겨레〉 (2020. 5. 14). “[전문] 한겨레미디어 취재보도준칙.”

한국언론연구원 (1989). 《언론인의 책임과 윤리》. 한국언론연구원.

한국언론연구원 (1990). 《90신문방송연감》. 한국언론연구원.

한국언론연구원 (1993). 《언론인의 책임과 윤리》. 한국언론연구원.

한국언론연구원 (1995). 《언론인의 책임과 윤리》. 한국언론연구원.

한국언론연구원 (1996a). 《한국신문 과당경쟁 구조와 개혁방향》. 한국언론연구원.

한국언론연구원 (1996b). 《96한국신문방송연감》. 한국언론연구원.

한국언론진흥재단 (2015). 《2015 언론수용자 의식조사》. 한국언론진흥재단.

한국언론진흥재단 (2016). 《선거 여론조사에 대한 여론조사》. 한국언론진흥재단.

한국언론진흥재단 (2017). 《한국의 언론인 2017》. 한국언론진흥재단.

한귀영 (2012). “‘여론조사’에 의해 점령된 정치,” 〈황해문화〉, 74호, pp.33～53.

한상진 (2010). 김우룡과 MBC, 8개월 전쟁: “김재철 사장, ‘큰집’에 불려가 조인트 맞고 깨진 뒤 좌파 정리했다.” http://shindonga.donga.com/3/all/13/109267/1.

한윤형 (2010). 《안티조선운동사》. 텍스트.

한지혜 (2014). "언론사 내부에 있어서의 언론의 자유 침해와 정치파업의 문제: MBC파업사태와 징계무효판결과 관련하여," 〈서강법률논총〉, 3-1, pp.89~112.

한혜경 (2010). "온라인 공론장과 오프라인의 대인/언론매체 공론장의 연계성: 트위터 이용의 매개효과를 중심으로," 〈언론과학연구〉, 10권 2호, pp.618~661.

홍경수 (2012). 〈공영 방송사 제작체계 변화가 피디 전문직주의에 미치는 영향: 2008년 이후 KBS를 중심으로〉. 서울대학교 대학원 박사 학위 논문.

홍원식 (2014). "인터넷 공론장 돌아보기," 〈커뮤니케이션이론〉, 10권 4호, pp.263~300.

홍유진 (2012). "이용마 인터뷰: 되찾아야 할 언론의 자유, 열쇠는 우리가 쥐고 있다," 〈인물과사상〉, 169, pp.15~37.

홍윤기 (2000). "반입장의 입장: 우리 시대의 권력비판과 권력감수성," 〈인물과사상〉, 10월호, pp.90~125.

황근 (2017). "노·사 협상의제로서 '공영 방송 공정성 확보방안'에 관한 평가 연구," 〈정보법학〉, 21-1, pp.203~246.

황치성 (2001). "10명 중 9명이 '언론 개혁' 요구," 〈신문과 방송〉, 362호, pp.17~19.

Abercrombie, A., Hill, S., & Turner, B. (1984). *The dominant ideology thesis*. London: Allen & Unwin.

Ahva, L. (2010). *Making news with citizens: Public Journalism and professional reflexivity in Finnish newspapers*. Tampere: Univ. of Tampere Press.

Albuquerque, A. (2013). "Media/politics connections: Beyond political parallelism," *Media, Culture & Society*, 35(6), pp.742~758.

Albuquerque, A. (2018). "Political parallelism." Available: https://www.researchgate.net/profile/Afonso_Albuquerque/publication/326356208_Political_Parallelism/links/5b478b94a6fdccadaec40422/Political-Parallelism.pdf?origin=publication_detail.

Albuquerque, A. (2019). "Protecting democracy or conspiring against it? Media and politics in Latin America: A glimpse from Brazil," *Journalism*, 20(7), pp.906~923.

Allen, D. S. (2008). "The trouble with transparency: The challenge of doing journalism ethics in a surveillance society," *Journalism Studies*, 9(3), pp.323~340.

Allern, S. & Pollack, E. (2017). "Journalism as a public good: A Scandinavian perspective," *Journalism*, Online First, pp.1~17.

Althusser, L. (1971). *Lenin and Philosophy and other essays*. NY: Monthly Review Press.

Alvares, C., & Dahlgren, P. (2016). "Populism, extremism and media; Mapping an uncertain terrain," *European Journal of Communication*, 31(1), pp.46~57.

Andersen, J. (2018). "Archiving, ordering and searching: Search engines, algorithms, databases, and deep mediatization," *Media, Culture & Society*, 40(8), pp.1135~1150.

Artero, J. P. (2015). "Political parallelism and media coalitions in Western Europe." Retrieved from https://reutersinstitute.politics.ox.ac.uk/sites/default/files/Political%20Parallelism%20and%20Media%20Coalitions_0.pdf.

Aslanidis, P. (2017). "Populism and social movement." Available: https://www.researchgate.net/profile/Paris_Aslanidis/publication/305264381_Populism_and_Social_Movements_Oxford_Handbook_of_Populism/links/5a08f1c00f7e9b68229cd361/Populism-and-Social-Movements-Oxford-Handbook-of-Populism.pdf?origin=publication_detail.

Asp, K. (2014). "New media logic in a new institutional perspective," *Journalism Studies*, 15(3), pp.256~270.

Bachrach, P. & Baratz, M. S. (1962). "The two faces of power," *American Political Science Review*, 56, pp.947~952.

Bachrach, P. & Baratz, M. S. (1963/1994). "Decisions and nondecisions: An analytical framework," In J. Scott(ed.), *Power: Critical concetps*. London: Routledge, pp.95~110.

Bannerman, S., & Haggart, B. (2015). "Historical institutionalism in communication studies," *Communication Theory*, 25, pp.1~22.

Baker, E. D. (2002). *Media, markets and democracy*. Cambridge: Cambridge Univ. Press.

BBC Trust (2007). "From seesaw to wagonwheel: Safeguarding impartiality in the 21st century." Available: http://news.bbc.co.uk/2/shared/bsp/hi/pdfs/18_06_07impartialitybbc.pdf.

Bennett, W. L. (1990). "Toward a theory of press-state relations," *Journal of Communication*, 40(2), pp.103~125.

Bennett, W. L. (2012). "The personalization of politics: Political identity, social media and changing patterns of participation," *The Annals of the American Academy of Political and Social Science*, 644, pp.20~39.

Bennett, W. L., Pickard, V., Iozzi, D., Schroder, C., Lagos, T., & Caswell, E. (2004). "Managing the public sphere: Journalistic construction of the great globalization debate," *Journal of Communication*, 54(3), pp.437~455.

Bennett, W. L., & Iyengar (2008). "A New Era of Minimal Effects? The Changing Foundations of Political Communication," *Journal of Communication*, 58, pp.707~731.

Bennett, W. L., & Segerberg, A. (2012). "The logic of collective action: Digital media and the personalization of contentious politics," *Information, Communication & Society*, 15(5), pp.739~768.

Benson, R., Powers, M., & Neff, T. (2017). "Public media autonomy and accountability: Best and worst practices in 12 leading democracies," *International Journal of Communication*, 11, pp.1~22.

Blaug, R. (2002). "Engineering democracy," *Political Studies*, 50, pp.102~116

Blumler, J. G. (2015). "Core theories of political communication: Foundational and freshly minted," *Communication Theory*, 25, pp.426~438.

Blumler, J. G., & Kavanagh, D. (1999). "The third age of political communication: Influences and features," *Political Communication*, 16, pp.269~230.

Blumler, J. G., & Cushion, S. (2014). "Normative perspectives on journalism studies: Stock-taking and future directions," *Journalism*, 15(3), pp.259~272.

Blumler, J. G., & Coleman, S. (2015). "Democracy and the media-revisited," *Javnost-The Public*, 22(2), pp.111~128.

Blumler, J. G., & Esser, F. (2018). "Mediatization as a combination of push and pull forces: Examples during the 2015 UK general election campaign," *Journalism*, 20(7), pp.855~872.

Brandão, A. B. (2014). "Mediatization beyond Western democracies: A three-dimensional proposal to measure the influence of the media in Brazil," *Cuadernos.info*, 34, pp.153~164.

Brants, K., & Voltmer, V. (2011). "Introduction: Mediatization and de-centralization of political communication," In K. Brants & K. Voltmer (eds.), *Political communication in postmodern democracy: Challenging the primacy of politics* (pp.1~18). London, UK: Palgrave Macmillan.

Brants, K., & van Praag, P. (2017). "Beyond media logic," *Journalism Studies*, 18(4), pp.395~408.

Brüggemann, M., Engesser, S., Büchel F., Humprecht, E., & Castro, L. (2014). "Hallin and Mancini revisited: Four empirical types of western media systems," *Journal of Communication*, 64(6), pp.1037~1065.

Campbell, J. L. (2004). *Institutional change and globalization*. Princeton, NJ: Princeton University Press.

Castells, M. (2013). *Communication power*. [박행웅 옮김. 《커뮤니케이션 권력》. 한울. 2014].

Chalaby, J. K. (1996). "Journalism as an Anglo-American invention," *European Journal of Communication*, 11(3), 303～326.

Christians, C. G., Glasser, T. L., McQuail, D., Nordenstreng, K., & White, R. A. (2009). *Normative theories of the media*. Urbana, IL: University of Illinois Press.

Ciaglia, A. (2013). "Politics in the media and the media in politics: A comparative stury of the relationship between the media and political system in three European countries," *European Journal of Communication*, 28(5), pp.541～555.

Cohen-Almagor, R. (2014). "After Leveson: Recommendations for instituting the public and press council," *The International Journal of Press/Politics*, 19(2), pp.202～225.

Cook, T. E. (1998). *Governing with the news*. Chicago, IL: Chicago Univ. press.

Corner, J. (2011). *Theorizing media: Power, form and subjectivity*. NY: Manchester Univ. Press.

Couldry, N. (2000). *The place of media power: Pilgrims and witnesses of the media age*. London & New York: Routeldge.

Couldry, N. (2008). "Mediatization or mediation?: Alternative understandings of the emergent space of digital storytelling," *New Media & Society*, 10(3), pp.373～391.

Couldry, N., & Hepp, A. (2017). *The mediated construction of reality*. London: Polity.

Curran, J. (1979). "Press freedom as private property: The crisis of press legitimacy," *Media, Culture & Society*, 1(1), pp.59～82.

Curran, J. (2000). "Press reformism 1918～1998: A study of failure," In Tumber, H. (ed.), *Media power, professionals and policies* (pp.35～55). London: Routledge.

Curran, J. (1998). "Crisis of public communication: A reappraisal," In T. Liebes & J. Curran (eds.), *Media, ritual and identity* (pp.175～202). London, UK: Routledge.

Curran, J. (2002). *Media and power*. London: Routledge.

Curran, J. (2012). "Witness statement to Leveson Inquiry: James Curran." Available: https://www.mediareform.org.uk/wp-content/uploads/2013/04/Curran-statement-to-Leveson-Inquiry.pdf.

Curran, J., & Seaton, J. (2018). *Power without responsibility*(8th ed.). London: Routledge.

Curran, J., Fenton, N., & Freedman, D. (2016). *Misunderstanding the internet* (2nd ed.). [김예란·박성우 옮김.《인터넷, 신화를 넘어 공공성으로》. 컬처룩. 2017].

Dahlgren, P. (2009). *Media and political engagement*. Cambridge: Cambridge Univ. Press.

Davis, A. (2007). *The mediation of power*. London, UK: Routledge.

Deacon, D., & Stanyer, J. (2014). "Mediatization: Key concept or conceptual bandwagon?" *Media, Culture & Society*, 36(7), pp.1032～1044.

Deacon, D., & Stanyer, J. (2015). "'Mediatization and' or 'mediatization of'? A response to Hepp et al.," *Media, Culture & Society*, 37(4), pp.655~657.

Debatin, B. S. (2016). "Fourth estate," In G. Mazzoleni et al. (eds.), *The international encyclopedia of political communication* (pp.396~404). Malden, MA: Wiley Blackwell.

de Vreese, C. H. (2014). "Mediatization of news: The role of journalistic framing," In F. Esser & J. Strömbäck (eds.), *Mediatization of politics: Understanding the transformation of western democracies* (pp.137~155). New York, NY: Palgrave Macmillan.

Demsetz, H., & Lehn, K. (1985). "The structure of corporate ownership: Causes and consequences," *Journal of Political Economy*, 93(6), pp.1155~1177.

Dewey, J. (1927/1984). "The public and its problems." Reprinted in *John Dewey: The later works*. Carbondale, IL: Southern Illinois University Press.

Diamond, L., & Morlino, L. (2004). "The quality of democracy: An overview," *Journal of Democracy*, 15(4), pp.20~31.

Dimaggio, J., & Powell, W. W. (1983). "The iron cage revisited: Institutional isomorphism and collective rationality in organizational fields," *American Sociological Review*, 48, pp.147~160.

Dimaggio, J., Evans, J., & Bryson, B. (1996). "Have American's social attitudes become more polarized?" *American Journal of Sociology*, 102(3), pp.690~755.

Donohue, G. A., Tichenor: J., & Olien, C. N. (1995). "A guard dog perspective on the role of media," *Journal of Communication*, 45(2), pp.115~132.

Downey, J., & Neyazi, T. A. (2014). "Complementary and competitive logics of mediatization: Political, commercial, and professional logics in Indian media," *The International Journal of Press/Politics*, 19(4), pp.476~495.

Dreier, P. (1978). "Newsroom democracy and media monopoly: The dilemmas of workplace reform among professional journalists," *Critical Sociology*, 8(2–3), pp.70~86.

Dryzek, J. S., (2009). "Democratization as deliberative capacity building," *Comparative Political Studies*, 42(11), pp.1379~1402.

Dryzek, J. (2013). "The deliberative democrat' Idea of Justice," *European Journal of Political Theory*, 12(4), 329~346.

Dzur, A. W. (2008). *Democratic professionalism: Citizen participation and the reconstruction of professional ethics, identity, and practice*. Pennsylvania, PA: The Pennsylvania University Press.

Esser, F. (2013). "Mediatization as a challenge: Media logic versus political logic," In H. Kriesi et al., *Democracy in the age of globalization and mediatization* (pp.155~176). Basingstoke: Palgrave Macmillan.

Esser, F., & Matthes, J. (2013). "Mediatization effects on political news, political actors, political decisions and political audiences," In H. Kriesi et al., *Democracy in the age of globalization and mediatization* (pp.177~201). Basinstoke, England; Palgrave Macmillan.

Esser, F., & Umbricht, A. (2014a). "Competing models of journalism? Political affairs coverage in US, British, German, Swiss, French and Italian newspapers," *Journalism*, 14(8), pp.989~1007.

Esser, F., & Umbricht, A. (2014b). "The evolution of objective and interpretive journalism in the Western Press: Comparing six news systems since the 1960s," *Journalism & Mass Communication Quarterly*, 91(2), 229–249.

Eberwein, T., Porlezza, C., & Splendore, S. (2015). "Media as political actors," In G. Mazzoleni et al. (eds.), *The international encyclopedia of political communication* (pp.703~711). Malden, MA: Wiley Blackwell.

Ekström, M., Fornäs, J., Jansson, A., & Jerslev, A. (2016). "Three tasks of mediatization research: Contributions to an open agenda," *Media, Culture & Society*, 38(7), pp.1090~1108.

Fenton, N. (2014). "Defending whose democracy? Media freedom and media power," *Nordicom Review*, 35, pp.31~43.

Fern ndez-Quijada, D., & Arboledas, L. (2013). "The clientelistic nature of television policies in democratic Spain," *Mass Communication & Society*, 16, 200~221.

Ferree, M., Gamson, W., Gerhards, J., & Rucht, D. (2002). *Shaping abortion discourse: Democracy and the public sphere in Germany and United States*. Cambridge, UIK: Cambridge Univ. Press.

Finnemann, N. O. (2011). "Mediatization theory and digital media," *Communications*, 36(1), pp.67~89.

Flynn, J. (2004). "Communicative power in Habermas's theory of democracy," *European Journal of Political Theory*, 3(4), 433~454.

Fox, E. (1994). "The difficult transition from clientelism to citizenship," *World Politics*, 46(2), pp.151~184

Freedman, D. (2014a). "Metrics, models and the meaning of media ownership," *International*

Journal of Cultural Policy, 20(2), pp.170～185.

Freedman, D. (2014b). "The puzzle of media power: Notes toward a materialist approach," *International Journal of Communication*, 8, pp.319～334.

Freedman, D. (2015). "Paradigms of media power," *Communication, Culture & Critique*, 8, pp.273～289.

Freedman, D. (2018a). ""Public service" and the journalism crisis: Is the BBC the answer?" *Television & New Media*, Online First, pp.1～16.

Freedman, D. (2018b). "Populism and media failure," *European Journal of Communication*, 33(6), 604～618.

Friedland, L., & Hove, T. (2016). "Habermas's account of truth in political communication," In J. Hannan (ed.), *Truth in the public sphere* (pp.23～39). Lanham, MA: Lexington Books.

Fuchs, C. (2015). "Power in the age of social media," *Heathwood Journal of Critical Theory*, 1(1), pp.1～29.

Fukuyama, F. (2015). *Political order and political decay*. NY: FSG.

Gallie, W. B. (1956). "Essentially contested concepts," *Proceedings of the Aristotelian Society*, 56, 167–198.

George, C. (2012). "Diversity around a democratic core: The universal and the particular in journalism," *Journalism*, 14(4), pp.490～503.

Gerbaudo, P. (2018). "Social media and populism: An elective affinity?" *Media, Culture & Society*, 40(5), pp.745～753.

Ghersetti, M. (2014). "Still the same? Comparing news content in online and print media," *Journalism Practice*, 8(4), pp.373～389.

Glynn, K. (1997). "Tabloid television," In H. Newcomb (ed.), *Encyclopedia of Communication*. NY: Fitzroy Dearbon Publishers.

Gong, Q., & Rawnsley, G. (2018). "Media freedom and responsibility in South Korea: The perceptions of journalists and politicians during the Roh Moo-hyun presidency," *Journalism*, 19(9-10), pp.1257～1274.

Graber, D. (2003). "The media and democracy: Beyond myths and stereotypes," *Annual Review of Political Science*, 6, pp.139～160.

Guðmundsson, B., & Kristinsson, S. (2017). "Journalistic professionalism in Iceland: A framework for analysis and an assessment," *Journalism*, Online First, pp.1～20.

Gustafsson, Karl-Erik (1980). "The press subsidies of Sweden: A decade of experiment." In A.

Smith (ed.), *Newspapers and democracy. International essays on a changing medium* (pp.104~126). Cambridge, MA: MIT Press.

Hafez, K. (2002). "Journalism ethics revisited: A comparison of ethics code in Europe, North Africa, the Middle East, and Muslim Asia," *Political Communication*, 19, pp.225~250.

Hall, P. A., & Taylor, R. C. R. (1996). "Political science and the three institutionalism," *Political Studies*, 44, pp.936~957.

Hallin, D. (1994). *We keep America on top of the world: Television journalism and the public sphere*. London, UK: Routledge.

Hallin, D. (2000). "Media, political power, and democratization in Mexico," In J. Curran & M-J. Park(Eds.), *Dewesterning media studies* (pp.85~97). London: Routledge.

Hallin, D., & Papathanassopoulos, S. (2001). "Political clientelism and the media: Southern Europe and Latin America in comparative perspective," *Media, Culture & Society*, 24(2), pp.175~195.

Hallin, D., & Mancini, P. (2004). *Comparing media systems*. Cambridge, UK: Cambridge University Press.

Hameleers, M. (2018). "A typology of popuylism: Twoard a revised theoretical framework on the sender side and receiver side of communication," *International Journal of Communication*, 12, pp.2171~2190.

Hampton, M. (2008). "The "objectivity" ideal and its limitations in 20th-century British journalism," *Journalism Studies*, 9(4), pp.477~493.

Hanitzsch, T. (2007). "Deconstructing journalism culture: Toward a universal theory," *Communication Theory*, 17, 367~385.

Hanitzsch, T. & Vos, T. P. (2017). "Journalistic roles and the struggle over institutional identity: The discursive construction of journalism," *Communication Theory*, 27, pp.115~135.

Hanretty, C. (2009). "Explaining the de facto independence of public broadcasting," *British Journal of Political Science*, 40(1), pp.75~89.

Hanretty, C. (2014). "Media outlets and their moguls: Why concentrated individual or family ownership is bad for editorial independence," *European Journal of Communication*, 29(3), pp.335~350.

Haugaard, M. (2012). "Rethinking the four dimensions of power: Domination and empowerment," *Journal of Political Power*, 5(1), pp.33~54.

Haugaard, M. (2015). "Power." Available: https://www.researchgate.net/

publication/299489874_Power_Encyclopedia_entry.

Hearns-Branaman, J. O. (2016). *Journalism and the philosophy of truth*. London, UK: Routledge.

Held, D. (1996). *Models of democracy* (2nd. ed.). Standford, CA: Standford Univ. Press.

Hepp, A. (2013). *Culture of mediatization*. Cambridge, UK: Polity.

Hepp, A., Hjarvard, S., & Lundby, K. (2015). "Mediatization: Theorizing the interplay between media, culture and society," *Media, Culture & Society*, 37(2), pp.314~324.

Hicken, A. (2011). "Clientelism," *Annual Review of Political Science*, 14, pp.289~310.

Hilgers, T. (2011). "Clientelism and conceptual stretching: Differentiating among concepts and among analytical levels," *Theory & Society*, 40, pp.567~588.

Hjavard, S. (2008). "The mediatization of society: A theory of the media as agents of social and cultural change," *Nordicom Review*, 29(2), pp.105~134.

Hobson, C. (2012). "Liberal democracy and beyond: Extending the sequencing debate," *International Political Science Review*, 33(4), pp.44~454.

Hopmann, D. N., & Strömbäck, J. (2010). "The rise of the media punditocracy? Journalists and media pundits in Danish election news," *Media, Culture & Society*, 32(6), pp.943~960.

Horwitz, S. N., & Nir, L. (2015). "How politics-news parallelism invigorates partisanship strength," *International Political Science Review*, 36(2), pp.153~167.

Humphreys, P. J. (1996). *Mass media and media policy in Western Europe*. Manchester: Manchester Univ. Press.

Im, H. B. (2011). "Better democracy, better economic growth? South Korea," *International Political Science Review*, 32(5), pp.579~597.

Inglehart, R. F., & Norris (2016). "Trump, Brexit, and the rise of pupulism: Economic have-nots and cultural backlash." Available: https://pdfs.semanticscholar.org/3c95/fbe8050 6796bd64e0c7a6c9b6e08356eb74f.pdf?_ga=2.230000156.1600009389.1588058388-924566655.1556849260.

Iosifidis, P., & Papathanassopoulos, S. (2019). "Media, politics and state broadcasting in Greece," *European Journal of Communication*, 34(4), pp.345~359.

Jakubowicz, K. (1995). "Media as agents of change," In D. Paletz, K. Jakubowicz, & P. Novosel (eds.), *Glasnost and after* (pp.19~48). Cresskill, NJ: Hampton Press, Inc.

Jakubowicz, K. (2002). "Media in transition: The case in Poland," In M. Price, B. Rozumilowicz, & S. Verhulst (eds.), *Media reform: Democratizing the media, democratizing the state* (pp.203~231). London, UK: Routledge.

Jessop, B. (2014). "Marxist approaches to power." Retrieved from https://bobjessop.org/2014/03/27/marxist-approaches-to-power/

Jessop, B., Bonnett, K., Bromley, S., & Ling, T. (1984). "Authoritarian populism, two nations, and Thatcherism," *New Left Review*, 25(1), pp.32~60.

Josephi, B. (2013). "De-coupling journalism and democracy: Or how much democracy does journalism need?" *Journalism*, 14(2), pp.441~445.

Kaiser, J., & Kleinen-von Königslöw, K. (2019). "Partisan journalism and the issue framing of the Euro crisis: Comparing politicla parallelism of German and Spanish online news," *Journalism*, 20(2), pp.331~348.

Kaplan, R. (2010). "The origins of objectivity in American journalism," In S. Allan (ed.), The *Routledge companion to news and journalism* (pp.25~37). London: Routledge.

Figenschou, T. U., Karlsen, R., Kolltveit, K., & Schillemans, T. (2019). "Mounting media pressure: Push and pull forces influencing agendas, resourse allocation and decision-making in public bureaucracies," *European Journal of Communication*, Online First, 1~18.

Kellam, M., & Stein, E. A. (2016). "Silencing critics: Why and how presidents restrict media freedom in democracies," *Comparative Political Studies*, 49(1), pp.36~77.

Kelly, D., & Donway, R. (1990). "Liberalism and speech," In J. Lichtenberg (ed.), *Democracy and the mass media* (pp.66~101). New York, NY: Cambridge Univ. press.

Kenny, D. (2019). ""The enemy of the people": Populists and press freedom," *Political Research Quarterly*, Online First, pp.1~15.

Kepplinger, H. M. (2002). "Mediatization of politics: Theory and data," *Journal of Communication*, 52(4), pp.972~986.

Kitschelt, H. (2007). "The demise of clientelism in affluent capitalist democracies," In H. Kitschelt & S. I. Wilkinson (eds.), *Patrons, Clients, and Policies: Patterns of Democratic Accountability and Political Competition* (pp.298~321). Cambridge: Cambridge Univ. Press.

Kitzberger, P. (2017). "Against the current: The emergence of a media democratization policy," *Global Media & Communication*, Online First, pp.1~20.

Kleinsteuber, H. (2010). "Public service broadcasting councils in Germany," In G. F. Lowe (Ed.), *The public in public service media* (pp.213~225). Goteborg: Nordicom.

Kligler-Vilenchik, N. (2017). "Alternative citizenship models: Contextualizing new media and the new 'good citizen,'" *New Media & Society*, pp.1~17.

Klinger, U., & Svensson, J. (2016). "The emergence of network media logic in political communication: A theoretical approach," *New Media & Society*, 17(8), pp.1241~1257.

Kovach, B., & Rosenstiel, T. (2014). *The elements of journalism* (3rd ed.). [이재경 옮김. 《저널리즘의 기본원칙》. 한국언론진흥재단. 2014].

Krämer, B. (2014). "Media populism: A conceptual clarification and some theses on its effects," *Communication Theory*, 24(1), pp.42~60.

Kunelius, R., & Reunanen, E. (2016). "Changing power of journalism: The two phases of mediatization," *Communication Theory*, 26(4), pp.369~388.

Krotz, F. (2007). "The meta-process of 'mediatization' as a conceptual frame," *Global Media & Communication*, 3(3), pp.256~260.

Krotz, F. (2009). "Mediatization: A concept with which to grasp media and societal change," In K. Lundby (ed.), *Mediatization: Concept, changes, consequences* (pp.21~40). New York, NY: Peter Lang.

Laclau, E. (2005). *On populist reason*. New York: Verso.

Landerer, N. (2013). "Rethinking the logics: A conceptual framework for the mediatization of politics," *Communication Theory*, 23, pp.239~258.

Lau, R. W. (2004). "Critical realism and news production," *Media Culture & Society*, 26(5), pp.693~711.

LeBas, A. (2018). "Can polarization be positive? Conflict and institutional development in Africa," *American Behavioral Scientist*, 62(1), pp.59~74.

Lee, C. C., He, Z., & Huang, Y. (2007). "Party-market corporatism, clientelism, and media in Shanghai," *The International Journal of Press/Politics*, 12(3), 21~42.

Linz, J., & Stepan. A. (1996). *Problems of democratic transition and consolidation*. Baltimore, ML: Johns Hopkins University Press.

Lowi, T. (1985). "The personal president: Power invested, promise unfulfilled," New York, NY: Cornell Univ. Press.

Lukes, S. (2005). *The power: Radical view*. 2nd ed.. NY: Palgrave Macmillan.

Lundby, K. (2009). "Media logic: Looking for social interaction," In K. Lundby (ed.), *Mediatization: Concept, changes, consequences* (pp.101~119). New York, NY: Peter Lang.

Lunt, P. & Livingston, S. (2016). "Is 'mediatization' the new paradigm for our field? A commentary on Deacon and Stanyer (2014, 2015) and Hepp, Hjarvard and Lundby (2015)," *Media, Culture & Society*, 38(3), pp.462~470.

Mancini, P. (2012). "Instrumentalization of the media vs. political parallelism," *Chinese Journal of Communication*, 5(3), pp.262~280.

Mancini, P. (2016). "Parallelism, political," In G. Mazzoleni et al. (eds.), *The international encyclopedia of political communication* (pp.919~923). Malden, MA: Wiley Blackwell.

Maras, S. (2013). *Objectivity in journalism*. Cambridge: Polity.

Mattoni, A., & Treré, E. (2014). "Media practices, mediation process, and mediatization of social movements," *Communication Theory*, 24, pp.252~271.

Mauersberger, C. (2012). "To be prepared when the time has come: Argentina's new media regulation and the social movement for democratizing broadcasting," *Media, Culture & Society*, 34(5), pp.588~605.

Mazzoleni, G. (1995). "Towards a 'videocracy'?: Italian political communication at a turning point," *European Journal of Communication*, 10(3), pp.291~319.

Mazzoleni, G. (2014). "Mediatization and political populism," In F. Esser & J. Strömbäck (eds.), *Mediatization of politics: Understanding the transformation of western democracies* (pp.42~56). Basingstoke: Palgrave Macmillan.

Mazzoleni, G. (2017). "Changes in contemporary communication ecosystem ask for a "new look" at the concept of mediatisation," *Javnost-The Public*, 24(2), pp.136~145.

Mazzoleni, G., & Schulz, W. (1999). ""Mediatization" of politics: A challenge for democracy," *Political Communication*, 16, pp.247~261.

McCargo, D. (2011). "Partisan polyvalence: Characterizing the political role of Asian media," In Hallin, D. C. & Mancini, P. (eds.), *Comparing media systems beyond the Western World*. New York: Cambridge University Press. pp.201~223.

McCoy, J., & Somer, M. (2019). "Theory of pernicious polarization and how it harms democracies: Comparative evidence and possible remedies," *The American Academy of Political & Social Science*, 681, pp.234~271.

McCoy, J., Rahman, T., & Somer, M. (2018). "Polarization and global crisis of democracy: Common patterns, dynamics and pernicious consequences for democratic polities," *American Behavioral Scientist*, 62(1), pp.16~42.

Meng, B., & Rantanen, T. (2013). "Go 'Esat' A new agenda for comparative research in communication," Paper presented at the ICA conference. London, 18, June.

Merkel, W. (2014). "Is capitalism compatible with democracy?" *Zeitschrift für Vergleichende Politikwissenschaft*, 8, pp.109~128.

Meyer, T. (2002). *Media democracy: How the media colonize politics*. Cambridge, UK: Polity.

Milhej, S., & Stanyer, J. (2018). "Theorizing media, communication and social change: Towards a processual approach," *Media, Culture & Society*, 41(4), pp.482~501.

Mills, T. (2016). *The BBC: Myth of public service*. London, UK: Verso.

Mindich, D. (1998). *Just the facts: How "objectivity" came to define American journalism*. NY: New York Univ. Press.

MITUL(The Mooney Institute for Teacher and Union Leadership) (2011). Constructing "progressive unionism" out of three frames. Available: http://mceanea.org/wp-content/uploads/sites/12/2014/05/2.1-aMITUL-Three-Frames-of-Unionsm-v5.0.pdf.

Møller, J., & Skaaning, S-E. (2010). "Beyond the radial delusion: Conceptualizing and measuring democracy and non-democracy," *International Political Science Review*, 31(3), pp.261~283.

Mudde, C., & Kaltwasser, C. R. (2017). *Populism*. [이재만 옮김. 《포퓰리즘》. 교유서가. 2019].

Murdock, G. (1983). "Large corporations and the control of the communications industries," In M. Gurevitch et al. (eds.), *Culture, society and the media* (pp.118~122). London: Methuen.

Murdock, G. (2017). "Mediatisation and the transformation of capitalism: The elephant in the room," *Javnost: The Public*, 24(2), pp.119~135.

Nechushtai, E. (2018). "From liberal to polarized liberal? Contemporary U.S. news in Hallin and Mancini's typology of news systems," *The International Journal of Press/Politics*, 23(2), pp.183~201.

Nerone, J. (2012). "The historical roots of the normative model of journalism," *Journalism*, 14(4), pp.446~458.

Nerone, J. (2015). "Journalism's crisis of hegemony," *Javnost-The Public*, 22(4), pp.313~327.

Nielsen, R. K. (2017). "The one thing journalist might to do for democracy," *Journalism Studies*, 18(10), pp.1251~1262.

Oakeshott, M. (1996). *The politics of faith and the politics of scepticism*. New Haven, CT: Yale University Press.

O'Donnell, G. (1994). "Delegative democracy," *Journal of Democracy*, 5(1), pp.55~69.

Ognianova, E., & Endersby, J. W. (1996). "Objectivity revisited: A spatial model of political ideology and mass communication," *Journalism & Mass Communication*

Monographs, 159, pp.1~32.

O'Neil, P. (1998). "Democratization and mass communication: What is the link?" In P. O'Neil (ed.), *Communicating democracy: The media and political transition* (pp.1~19). Lynne Rienner Publishers.

Örnebring, H. (2012). "Clientelism, elites, and the media in Central and Eastern Europe," *The International Journal of Press/Politcs*, 17(4), pp.497~515.

Parkinson, J. (2006). *Deliberating in the real world: Problems of legitimacy in deliberative democracy*. Oxford: Oxford University Press.

Pew Research Center. (2016). "Partisanship and political animosity in 2016." Washington, Available: http://www.people-press.org/2016/06/22/partisanship-and-politicalanimosity-in-2016/

Pfetch, B. (2004). "From political culture to political communications culture: A theoretical approach to comparative analysis," In F. Esser & B. Pfetch (eds.), *Comparing political communication: Theories, cases, and challenges* (pp.344~366). Cambridge: Cambridge University Press.

Piattoni, S. (2001). "Clientelism in historical and comparative perspective," In S. Piattoni (ed.), *Clientelism, interests, and democratic representation: The European experience in historical and comparative perspective* (pp.1~30). Cambridge: Cambridge University Press.

Pickard, V. (2010). "Reopening the postwar settlement for U.S. media: The origins and implications of the social contract between media, the state, and the polity," *Communication, Culture & Critique*, 3, pp.170~189.

Pickard, V. (2015a). *America's battle for media democracy*. NY: Cambridge Univ. Press.

Pickard, V. (2015b). "The return of the nervous liberals: Market fundamentalism, policy failure, and recurring journalism crises," *The Communication Review*, 18, pp.82~97.

Pickard, V. (2017). "Rediscovering the news: Journalism studies' three blind spots," In P. Boczkowski and C. W. Anderson (eds.), *Remaking the News: Essays on the Future of Journalism Scholarship in the Digital Age* (pp.47~60). Boston: The MIT Press.

Pickard, V. (2020a). "Restructuring democratic infrastructures: A policy approach to the journalism crisis," *Digital Journalism*, Online first, pp.1~16.

Pickard, V. (2020b). *Democracy without journalism? Confronting the misinformation society*. NY: Oxford Univ. Press.

Poulantzas, N. (1973). *Political power and social classes*. London: Verso.

Putnam, D. (2000). *Bowling alone: The collapse and revival of American community.* [정승현 옮김.《나 홀로 볼링: 사회적 커뮤니티의 붕괴와 소생》. 페이퍼로드. 2009].

Randall, V. (1998). "Introduction," In V. Randall (ed.), *Democratization and the media* (pp.1~5). London: Frank Cass Publishers.

Rawls, J. (2005). *Political liberalism.* [장동진 옮김.《정치적 자유주의》. 동명사. 2016].

Rawnsley, M. T., & Feng, C. (2014). "Anti-media-monopoly policies and further democratisation in Taiwan," *Journal of Current Chinese Affairs*, 3, pp.105~128.

Reese, S. (1991). "Setting the media's agenda: A power balance perspective," *Communication Yearbook*, 14, pp.309~340.

Reese, S., & Shoemaker, P. (2016). "A media sociology for the networked public sphere: The hierarchy of influences model," *Mass Communication & Society*, 19, pp.389~410.

Roniger, L. (2004). "Political clentelism, democracy, and market economy," *Comparative Politics*, 36(3), 353~375.

Roudakova, N. (2008). "Media-political clientelism: Lessons from anthropology." *Media, Culture & Society*, 30(1), 41~59.

Repucci, S. (2019). "Freedom and the media 2019: A downward spiral." Available: https://freedomhouse.org/sites/default/files/FINAL07162019_Freedom_And_The_Media_2019_Report.pdf.

Rozumilowicz, B. (2002). "Democratic change: A theoretical perspective," In M. Price et al (eds.), *Media reform: Democratizing the media, democratizing the state* (pp.9~26). London: Routledge.

Ryfe, D. M. (2001). "From media audience to media public: A study of letters written in reaction to FDR's fireside chats," *Media, Culture & Society*, 23(6), pp.767~781.

Saffon, M. P., & Urbiniati, N. (2013). "Procedural democracy, the bulwark of equal liberty," *Political Studies*, 41(3), pp.441~481.

Sanders, K., & Canel, M. J. (2004). "Spanish politicians and the media: Controlled visibility and soap opera politics," *Parliamentary Affairs*, 57, pp.196~208.

Sartori, G. (1987). *The theory of democracy revisited.* [이행 옮김.《민주주의이론의 재조명》. 인간사랑. 1999].

Schattschneider, E. E. (1975). *The semisovereign people.* [현재호·박수형 옮김.《절반의 인민주권》. 후마니타스. 2008].

Schudson, M. (1978). *Discovering the news. Society: A Social History of American Newspapers.* NY: Basic Books.

Schudson, M. (1995). "The power of news," Cambridge, MA: Harvard Univ. Press.

Schudson, M. (2001). "The objectivity norm in American journalism," *Journalism*, 2(2), pp.149 ~170.

Schudson, M. (2005). "Autonomy from what?" In R. Benson & E. Neveu (eds.), *Bourdieu and the journalistic field* (pp.214~223). Cambridge: Polity Press.

Schudson, M. (2009). *Why democracies need an unlovable press*. Cambridge, UK: Polity.

Schulz, W. (2014). "Mediatization and new media," In F. Esser & J. Strömbäck (eds.), *Mediatization of politics: Understanding the transformation of western democracies* (pp.57~73). New York, NY: Palgrave Macmillan.

Scott, J. (2001). *Power*. Cambridge, UK: Polity.

Seymour-Ure, C. (1974). *The political impact of mass media*. London: Constable; Beverly Hills, Calif.: Sage Publications.

Sjøvaag, H. (2018). "Journalism's social contract," In Oxford Research Encyclopedia of Communication. DOI: 10.1093/acrefore/9780190228613.013.828.

Slater, D. (2013). "Democratic Careening," *World Politics*, 65(4), pp.729~763.

Somer, M., & McCoy, J. (2019). "Transformations through polarizations and global threats to democracy," *The American Academy of Political & Social Science*, 681, pp.8~22.

Sparks, C. (2008). "Media systems in transition: Poland, Russia, China," *Chinese Journal of Communication*, 1(1), 7~24.

Splichal, S. (2002). "The principle of publicity, public use of reason and social control," *Media, Culture & Society*, 24(1), pp.5~26.

Splichal, S., & Dahlgren, P. (2016). "Journalism between de-professionalisation and democratisation," *European Journal of Communication*, 31(1), pp.5~18.

Stanyer, J., & Mihelj, S. (2016). "Taking time seriously: Theorizing and researching change in communication and media studies," *Journal of Communication*, 66(2), pp.266~279.

Stavrakakis, Y. (2018). "Paradoxes of polraization: Democracy's inherent division and the (anti-) populist challenge," *American Behavioral Scientist*, 62(1), pp.43~58.

Stewart, A. (2001). "Theories of power and domination: The politics of empowerment in late modernity," London, UK: Sage.

Stokes, S. (2005). "Perverse accountability: A formal model of machine politics with evidence from Argentina," *American Political Science Review*, 99(3), pp.315~325.

Stokes, S. (2007). "Political clientelism," In C. Boix & S. Stokes (eds.), *Oxford handbook of comparative politics* (pp.604~627). Oxford: Oxford Univ. Press.

Streckfuss, R. (1990). "Objectivity in journalis: A search and a reassessment," *Journalism Quarterly*, 67(4), pp.973~983.

Strömbäck, J. (2008). "Four phases of mediatization: An analysis of the mediatization of politics," *International Journal of Press/Politics*, 13(3), pp.228~246.

Strömbäck, J. (2016). "Mediatization," In G. Mazzoleni et al. (eds.), *The International encyclopedia of political communication* (pp.827~835). Malden, MA: Wiley Blackwell.

Strömbäck, J., & Nord, L. W. (2006). "Do politicians lead the tango? A study of the relationship between Swedish journalists and their political sources in the context of election campaigns," *European Journal of Communication*, 21(2), pp.147~164.

Strömbäck, J., & van Aelst, P. (2013). "Why political parties adapt to the media: Exploring the fourth dimension of mediatization," *Gazette*, 18, pp.341~358.

Strömbäck, J., & Dimitrova, D. (2011). "Mediatization and media interventionism: A comparative analysis of Sweden and the United States," *International Journal of Press/ Politics*, 16(1), pp.30~49.

Strömbäck, J., & Esser, F. (2014). "Mediatization of politics: Towards a theoretical framework," In F. Esser & J. Strömbäck (eds.), *Mediatization of politics: Understanding the transformation of western democracies* (pp.3~28). New York, NY: Palgrave Macmillan.

Stroud, N. J. (2010). "Polarization and partisan selective exposure," *Journal of Communication*, 60, pp.556~576.

Suchman, M. C. (1995) "Managing legitimacy: Strategic and institutional approaches," *The Academy of Management Review*, 20(3), pp.571~610.

Swanson, D. (1992). "The political-media complex," *Communication Monographs*, 59, pp.397 ~400.

Swanson, D. (1997). "The political-media complex at 50," *American Behavioral Scientist*, 40(8), pp.1264~1282.

Thesen, G. (2014). "Political agenda-setting as mediatized politics? Media-politics interactions from a party and issue competition perspective," *The International Journal of Press/ Politics*. 19(2), pp.181~201.

Thompson, J. B. (1995). *The media and modernity: A social theory of the media*. Cambridge: Polity.

Vaca-Baqueiro, M. T. (2014). "Do old habits die hard? Change and continuity in the political-media complex at the outset of the Mexican democracy." A thesis submitted to the London School of Economics and Political Science for the degree of Doctor of Philosophy.

van Aelst, P., Thesen, G., Walgrave, S., & Vliegenthart, R. (2014). "Mediatization and the media's political agenda-setting influence," In F. Esser & J. Strömbäck (eds.), *Mediatization of politics: Understanding the transformation of western democracies* (pp.200~220). New York, NY: Palgrave Macmillan.

van Aelst et al. (2016). "Political communication in a high-choice environment: A challege for democracy?" *Annals of The International Communication Association*, 41(1), pp.3~27.

van Dahlen, A. (2019). "Rethinking journalist-politician relations in the age of populism: How outsider politicians delegitimize mainstream journalists," *Journalism, Online First*, pp.1~18.

van der Pas, D. J., van der Brug, W., & Vliegenthart, R. (2017). "Political parallelism in media and political agenda-setting," *Political Communication*, 34(4), pp.491~510.

van Kempen, H. (2007). "Media-party parallelism and its effects: A cross-national comparative study," *Political Communication*, 24, pp.303~320.

Varraich, A. (2014). "Corruption: An umbrella concept." Available: http://qog.pol.gu.se/digital Assets/1551/1551604_2014_05_varraich.pdf.

Vliegenthart, R., & van Zoonen, L. (2011). "Power to frame: Bringing sociology back to frame analysis," *European Journal of Communication*, 26(2), pp.101~115.

Voltmer, K. (2013). *The media in transitional democracies*. London, UK: Polity.

Voltmer, K., & Sorensen, L. (2016). *Mediatised transions: Democratisation in an age of media abundance*. Retrieved from http://www.mecodem.eu/wp-content/uploads/ 2015/05/ Voltmer-Sorens en-2016_Mediatised-transitions.pdf

Waisbord, S. (2006). "In journalism we trust? Credibility and fragmented journalism in Latin America," In K. Voltmer (ed.), *Mass media and political communication in new democracies* (pp.76~91). Abingdon, UK: Routledge.

Waisbord, S. (2011). "Between support and confrontation: Civic society, media reform, and populism in Latin America," *Communication, Culture & Critique*, 4, pp.97~117.

Waisbord, S. (2012). "Democracy, journalism, and Latin American populism," *Journalism*, 14(4), pp.504~521.

Waisbord, S. (2013). *Reinventing professionalism: Journalism and news in global perspective*.

London, UK: Polity.

Waisbord, S. (2017). "An argument for contrarian thinking," *Journalism Studies*, 18(10), pp.1224~1238.

Waisbord, S. (2018). "Why populism is troubling for democratic communication. Communication," *Culture & Critique*, 11, pp.21~34.

Walgrave, S., & van Aelst, P. (2006). "The contingency of the mass media's political agenda setting power: Toward a preliminary theory," *Journal of Communication*, 56, pp.88~109.

Wessler, H. (2018). *Habermas and the media*. Cambridge: Polity.

Wikipedia. "The politico-media complex." Available: https://en.wikipedia.org/wiki/Politico-media_complex.

Wikipedia. "Manufactured controversy." Available: https://en.wikipedia.org/wiki/Manufactured_controversy.

Wikipedia. "Mensalão scandal." Available: https://en.wikipedia.org/wiki/Mensal%C3%A3o_scandal.

Wikipedia. "Vetocracy." Available: https://en.wikipedia.org/wiki/Vetocracy.

Wirth, W., et al. (2016). "The appeal of populist ideas, strategies and styles: A theoretical model and research design for analyzing populist political communication." Available: https://www.researchgate.net/publication/309807783_The_appeal_of_populist_ideas_strategies_and_styles_A_theoretical_model_and_research_design_for_analyzing_populist_political_communication.

Wolfsfeld, G. (2011). *Making sense of media and politics. Five principles in political communication*. New York, NY: Routledge.

Wright, C. R. (1960). "Functional analysis and mass communications," *Public Opinion Quarterly*, 24, pp.605~620.

Zakaria, F. (1997). "The rise of illiberal democracy," *Foreign Affairs*, 76(6), pp.22~43.

Zaller, J. (2003). "A new standard of news quality: Burglar alarm for the monitorial citizen," *Political Communication*, 20, pp.109~130.

Zellizer, B. (1993). "Journalists as interpretive communities," *Critical Studies in Mass Communication*, 10, pp.219~237.

Zelizer, B. (2012). "On the shelf of democracy in journalism scholarship," *Journalism*, 14(4), pp.459~473.

찾아보기